种植业标准应用手册

植保植检分册

张华荣　主编

中国农业出版社

图书在版编目（CIP）数据

种植业标准应用手册. 植保植检分册 / 张华荣主编.
—北京：中国农业出版社，2018.1
　　ISBN 978 - 7 - 109 - 23061 - 3

　　Ⅰ.①种…　Ⅱ.①张…　Ⅲ.①种植业-标准工作-中
国-手册②植物保护-标准工作-中国-手册③植物检疫
-标准工作-中国-手册　Ⅳ.①F326.1 - 65②S4 - 65

　　中国版本图书馆 CIP 数据核字（2017）第 135029 号

中国农业出版社出版
（北京市朝阳区麦子店街 18 号楼）
（邮政编码 100125）
责任编辑　廖　宁

北京通州皇家印刷厂印刷　　新华书店北京发行所发行
2018 年 1 月第 1 版　　2018 年 1 月北京第 1 次印刷

开本：889mm×1194mm　1/16　印张：23.25
字数：800 千字
定价：98.00 元
（凡本版图书出现印刷、装订错误，请向出版社发行部调换）

《种植业标准应用手册 植保植检分册》编委会

主　　任：曾衍德

副 主 任：张华荣　何才文　潘文博　陈友权

委　　员：刘玉国　朱恩林　董洪岩　方晓华

　　　　　王建强　杜建斌　常雪艳　孔　巍

本 书 编 写 组

主　　编：张华荣

副 主 编：刘玉国

编写人员（按姓氏笔画排序）：

　　　　　王　伟　王　强　王祥云　孔　巍

　　　　　齐沛沛　孙彩霞　苍　涛　李　岗

　　　　　吴长兴　汪小福　汪志威　张　棋

　　　　　陈列忠　陈丽萍　郑蔚然　赵学平

　　　　　赵首萍　姚佳蓉　胡桂仙　俞瑞鲜

　　　　　袁玉伟　钱鸣蓉　徐　萍　徐明飞

　　　　　徐俊锋　路馨丹　戴　芬

前言

为贯彻国务院深化标准化工作改革的精神，落实《国家标准化体系建设发展规划（2016—2020 年）》工作部署，需要充分利用标准制修订工作成果，切实加强标准释义解读，促进标准宣传普及和推广应用，推动提高标准化水平。

植保植检是农业领域一个重要传统学科，植保植检技术对于保障作物的产量和质量都具有重要意义。为了有效推动植保植检技术的标准化，近年来农业部门组织制定了一大批植物有害生物（包括病、虫、草害等）检测检疫、监测预报和防治技术方面的行业标准。标准因其语言的精炼性和规范性要求，必然会存在通俗性不足的问题；加上标准使用者广泛，专业基础和对标准语言的理解能力千差万别，影响了标准的正确使用。为了解决这一问题，我们特编写了《种植业标准应用手册　植保植检分册》一书。

本书以植保植检类标准内容为基础，对涉及的 98 个植保植检类标准进行了通俗化的解读，并采用大量图表，直观性强。为方便读者查阅，本书按照产品类别分为 9 个部分，分别为粮食作物、棉花、油料作物、麻类作物、糖料作物、蔬菜、水果、花卉和其他。

本书适用于种植业领域的生产经营、技术推广、植物检疫与病虫草害监测预报和防治等技术活动及其标准化工作，也可供农产品质量安全管理等方面技术人员及大专院校师生参考。

编　者

2017 年 9 月

目 录
MULU

第一章　粮食作物

第一节　水　　稻

一、稻水象甲防治技术规范

>> **术语定义**

1. 防治指标（prevention and control index）　又称经济阈值、防治阈值，为虫害防治适期的虫口密度达到此标准时，应采取的防治措施，以防止为害损失超过经济损害水平。

2. 防治适期（suitable period for control）　为病虫害安全、经济、有效的防治适宜时期。

>> **总　　则**

实施植物检疫措施，控制稻水象甲的传播蔓延；在已有该虫发生又难以将其扑灭的稻区，本着"安全、经济、有效"的原则，采用农业防治与化学防治相结合、以化学防治为主的措施。

防治措施

>> **植物检疫**

严格执行植物检疫法规，禁止携带带有稻水象甲的稻苗、稻草、稻种、草坪和蟹苗等物品运出稻水象甲发生区。

>> **农业防治**

（1）选用生长势强、耐虫或抗虫的水稻品种。

（2）推迟移栽稻田的插秧期或直播稻田的播种期，避开成虫迁入高峰期，减少迁入稻田的稻水象甲成虫量，缩短稻水象甲成虫的为害和产卵期。

（3）实施浅水灌溉和间歇灌溉，采用不利于稻水象甲发生而有利于水稻生长的栽培措施，减轻稻水象甲的为害，提高水稻的抗虫补偿能力。

>> **化学防治**

掌握好防治指标和防治适期，选用低度高效农药，只在水稻生育前施药，通过防治迁入水稻本田或直播田的稻水象甲越冬代成虫，控制其成虫直接为害，并预防下一代幼虫和成虫的发生。

防治指标：成虫虫口密度 0.3 头/丛或 10 头/m²。

防治适期：水稻秧苗移栽前 1~2 d 在秧田施药 1 次，使秧苗带药进本田；从越冬场迁入水稻本田或直播田的稻水象甲成虫达防治指标时施药 1 次；此后继续迁入的稻水象甲成虫虫口密度若又达防治指标时，再次施药。此期施药 2~3 次。

防治方法：所用药剂需连续施药 2 次以上时，提倡交替使用不同种类的农药。

>> **虫口密度测试方法**

1. 取样　在稻水象甲成虫向稻田迁入期，每块田按 Z 形不少于 5 点取样，每样点 1 m×1 m，用 4 根 1 m 长的苇棍将所取样点围成正方形。

>> **虫口密度测试方法**

2. 调查记录　计数每点稻苗丛数、稻苗上和在水中游动的稻水象甲成虫虫量。水层浅时可直接计数虫量；水层深或田水混浊时，可用双手将稻苗连同根部泥土轻轻从水中抠出计数虫量。

3. 计算　按公式（1-1）或公式（1-2）计算：

$$A=\Sigma B/\Sigma C \qquad (1-1)$$
$$D=\Sigma B/\Sigma E \qquad (1-2)$$

式中：

A——平均每丛稻苗稻水象甲成虫虫量，单位为头；

B——每样点稻水象甲成虫虫量，单位为头；

C——每样点稻苗丛数，单位为丛；

D——平均每平方米稻水象甲成虫虫量，单位为头；

E——每样点面积，单位为平方米（m^2）。

防治稻水象甲药剂种类、用药量及施药方法见表1-1。

表1-1　防治稻水象甲药剂种类、用药量及施药方法

药剂名称	剂型	单次用药量（mL/hm²）	施药方法及注意事项
辛硫磷	50%乳油	750～1 500	对水75～100 kg/hm² 喷雾。稻田施药时连同田边杂草及附近玉米苗上的稻水象甲成虫一起防治。水稻本田或直播田施药时田间水层3～5 cm，保水5～7 d
倍硫磷	50%乳油	750～1 500	
醚菊酯	10%悬浮剂	600～900	
乙氰菊酯	10%乳油	1 500～2 000	

注：除表中的5种药剂外，也可使用其他对稻水象甲防治有效的药剂，但需符合有关农药安全使用标准及农药合理使用准则。

二、稻水象甲检疫鉴定方法

>> **形态特征**

1. 成虫　雌虫长2.6～3.8 mm，宽约1.5 mm，体表被覆淡绿色至灰褐色鳞片，自前胸背板的端部到基部，有一个由黑色的鳞片组成的广口瓶状的暗斑，在鞘翅的基部向下延伸至鞘翅的约3/4处形成一个不整齐的黑斑，触角赤褐色，膝状，索节6节，第1节膨大呈球形，第2节细长，长大于宽，第3～6节宽大于长，棒状基节无毛，具光泽，端部1/3密生细毛，前胸腹板上无沟。中足胫节两侧各有一列白色长毛（游泳毛），胫节末端有钩状突起或内角突起。

2. 幼虫　为无足型，白色，老熟幼虫体长约8 mm，腹节9节，第2～7腹节的背面各有一对长而略向前弯的钩状突起（气门），在幼虫淹水时得以从根内和根周围获得空气（稻水象甲幼虫的重要特征）。幼虫共4龄，各龄头宽分别是0.14～0.18 mm、0.2～0.22 mm、0.33～0.35 mm、0.44～0.45 mm。

3. 卵　长肾形，两端圆，乳白色，长约0.8 mm，宽约0.2 mm，大多产在植株基部水面下叶鞘近中肋组织内。

4. 蛹　老熟幼虫先在寄主根系上作土茧，然后在土茧中化蛹，土茧长约5 mm、宽约3 mm。卵圆形，表面光滑。蛹白色，大小和成虫相似，但喙紧贴于胸部，复眼黑色。

>> **生物学特征**

1年发生1代，经历成虫、卵、幼虫和蛹4个阶段。以休眠成虫在越冬场所越冬至翌年春季。4月初出土后的越冬成虫先在附近的白茅、芦苇等杂草上取食补充营养，4月下旬出现秧苗，大部分迁飞到秧田取食为害，5月上旬插秧后，陆续迁飞到本田取食，迁飞到本田的成虫当天可产卵。

卵期 5～7 d。幼虫期 5～6 月，此时正值水稻分蘖盛期。幼虫共 4 龄，生育期共约 1 个多月，老熟幼虫附在稻根上结茧化蛹，蛹期为 6～7 月。第 1 代成虫羽化盛期在 7～8 月，新羽化的成虫在田间或迁飞到越冬场所取食幼嫩的杂草以储备能量越冬。

≫ 田间抽样

1. 土壤抽样　在越夏越冬场所检查稻水象甲，采取随机取样，样点数量不少于 30 个点，每个点的面积为 0.25 m²，将样点内土表（0～3 cm）的土壤用 8 目和 40 目筛重叠筛样，再将中间土样带回实验室检测。

2. 稻谷抽样　对同一批稻谷（含稻种）按总件数 2%～10% 抽样，抽样最低数不少于 10 件。在取样时，按对角线 5 点、棋盘式或分层取样，每件取样 1 000 g（对邮包邮寄的少量稻谷种子，在报检时进行全样检测）。

3. 植株抽样　①成虫。在秧苗移栽前，选秧板两端及两侧取样，每亩* 10 点，抽样最低数不少于 10 点，每样点取 50 株秧苗检测。在秧苗捆扎后，按 5%～10% 随机抽样检测。在秧苗移栽后，5～7 d，在靠近越冬场所的稻田，采用 5 点取样法，每样点取 100 株稻苗检测。②虫卵。在每次调查成虫样点各取 10 株稻苗，带回室内检测。③幼虫和蛹。大田水稻植株，采用 5 点取样法，每点挖取 5 丛带泥土的完整稻株检测。

4. 稻桩抽样　用于繁种或生产的再生稻稻桩，按 10% 抽样检测。抽样最低数不少于 10 丛。稻水象甲发生地区的稻桩，采取 5 点取样法，每点挖取 10 丛带泥土的完整稻桩检测。

5. 稻草抽样　按 0.5%～5% 比例抽样，每个稻草堆，每堆分上、中、下层，每层抽查不少于 5 把稻草。

6. 抽样结果记载　将抽样结果进行记录，记录表格见"植物有害生物调查抽样记录表"。

室内检测

≫ 检测方法

根据检测对象选择一种或几种检测方法。

土壤样品检测：先筛后洗法、直接冲洗法。

稻谷样品检测：通过肉眼或手持放大镜检查稻谷（稻种）是否带有或混有疑似稻水象甲成虫。

植株样品检测：成虫检测。

卵和幼虫检测：剖检法、染色法、水培法。

幼虫和土茧（蛹）检测：纱网法、清水漂洗法、食盐漂洗法。

稻桩样品检测：直接检验、漂洗法。

稻草样品检测。

疑似昆虫收集：将检测到的疑似稻水象甲成虫、幼虫、蛹和卵保存在装有 70% 酒精的试管中供鉴定。

≫ 鉴定

1. 形态鉴定　在解剖镜下对上述方法检测到的疑似稻水象甲成虫、幼虫、蛹和卵的形态特征进行观察、测量和记述，并与稻水象甲形态特征记述的稻水象甲各形态特征比较。

2. 结果判定　以成虫、幼虫的形态特征为依据，符合稻水象甲形态特征记述的形态特征的昆虫可确定为稻水象甲，将检测鉴定结果填入植物有害生物样本鉴定报告。

---

* 亩为非法定计量单位，1 亩≈667 m²。

（一）植物有害生物调查抽样记录表

见表 1-2。

表 1-2 植物有害生物调查抽样记录表

编号：

生产/经营者			地址及邮编		
联系/负责人			联系电话		
调查日期			抽样地点		

样品编号	植物名称（中文名和学名）	品种名称	植物生育期	调查代表株数或面积	植物来源

症状描述：

发生与防控情况及原因：

抽样方法、部位和抽样比例：

备注：

抽样单位（盖章）：	生产/经营者：
抽样人（签名）：	现场负责人：
年 月 日	年 月 日

注：本单一式两联，第一联抽样单位存档，第二联交受检单位。

（二）植物有害生物样本鉴定报告

见表1-3。

表1-3　植物有害生物样本鉴定报告

编号：

植物名称				品种名称	
植物生育期		样品数量		取样部位	
样品来源		送检日期		送检人	
送检单位				联系电话	
检测鉴定方法：					
检测鉴定结果：					
备注：					
鉴定人（签名）：					
审核人（签名）：					
鉴定单位盖章：					
					年　月　日

注：本单一式两联，第一联抽样单位存档，第二联交受检单位。

三、水稻条纹叶枯病测报技术规程

>> **病　原**

水稻条纹叶枯病毒。

>> **病害循环**

病毒仅靠介体昆虫传播，其他途径不传病。介体昆虫主要为灰飞虱，白背飞虱在自然界虽可传毒，但作用不大。病毒侵染禾本科的水稻、小麦、大麦、燕麦、玉米、粟、黍、看麦娘、狗尾草等50多种植物。但除水稻外，其他寄主在侵染循环中作用不大。病毒在带毒灰飞虱体内越冬，成为主要初侵染源。在大、小麦田越冬的若虫，羽化后在原麦田繁殖，然后迁飞至早稻秧田或本田传毒为害并繁殖，早稻收获后，再迁飞至晚稻上为害，晚稻收获后，迁回冬麦上越冬。水稻在苗期到分蘖期易感病。叶龄长潜育期也较长，随植株生长抗性逐渐增强。条纹叶枯病的发生与灰飞虱发生量、带毒虫率有直接关系。春季气温偏高，降水少，虫口多，发病重。稻、麦两熟区发病重，大麦、双季稻区病害轻。

>> **症状**

　　苗期心叶基部出现褪绿黄白斑，后扩展成与叶脉平行的黄色条纹，条纹间仍保持绿色。不同品种表现不一，糯、粳稻和高秆籼稻心叶黄白、柔软、卷曲下垂、成枯心状。矮秆籼稻不呈枯心状，出现黄绿相间条纹，分蘖减少，病株提早枯死。与三化螟为害造成的枯心苗相似，但无蛀孔，无虫粪，不易拔起，也别于蝼蛄造成的枯心苗。分蘖期发病，先在心叶下一叶基部出现褪绿黄斑，后扩展形成不规则黄白色条斑，老叶不显病。籼稻品种不枯心，糯稻品种半数表现枯心。病株常枯孕穗或穗小畸形不实。拔节后发病，在剑叶下部出现黄绿色条纹，各类型稻均不枯心，但抽穗畸形，结实很少。

防 治 方 法

　　物理防治与农业防治：
　　（1）选用适合当地种植的抗（耐）病虫良种。
　　（2）应用小苗抛栽、机插等栽培措施，在适期范围内适当调整播栽期，使水稻易感病期避开灰飞虱迁入高峰期。
　　（3）集中育秧，秧田选址应远离麦田，集中连片育秧。
　　（4）清洁田园，稻田及麦田耕翻，恶化灰飞虱生存和食料条件；人工或化学方法清除田埂和稻田周边禾本科杂草。
　　（5）物理防治措施，秧田全程覆盖无纺布或防虫网，即在水稻落谷出苗前或覆膜育苗揭膜后，选用 15～20 g/m² 规格的无纺布或 20 目以上的防虫网覆盖秧苗。防虫网覆盖时要于四周设立支架，支架顶端与秧苗保持 30 cm 以上高度，以利于通风透光。
　　（6）发病田块管理，秧田移栽时要剔除病株，适当增加每穴株数，保证基本苗数量；分蘖盛期前及时拔除病株，同时调余补缺，剥蘖补苗，加强肥水管理，促进苗情转化。对病株率大于 50% 的大田要翻耕改种。

　　化学防治：遵守农药使用原则：稻田禁止使用拟除虫菊酯类农药品种；慎用三唑磷、杀虫双等农药品种；轮换、交替使用农药，每种农药每个生长季节使用不超过 2 次。

　　（一）灰飞虱虫源田防治

　　1. 基本原则　提倡防治麦田和冬闲虫源田灰飞虱，可结合麦田赤霉病、蚜虫等病虫防治一并进行，减少水稻秧田与大田基数。

　　2. 施药时期　灰飞虱低龄若虫盛期。

　　3. 防治药剂　每亩可选用 25% 吡蚜酮悬浮剂 25～30 g 或 20% 异丙威乳油 150～200 mL 等药剂喷雾，或 80% 敌敌畏乳油 250～300 mL 毒土熏蒸。

　　4. 施药方法　喷雾法，采用手动喷雾器或机动弥雾机，手动喷雾每亩用水量 30～45 kg，机动弥雾亩用水量 15～20 kg，应避免在雨天或风速大于 8 m/s 时施药。毒土法，将适当剂量药剂加入适量水中，混匀后拌入 15～20 kg 细土，充分拌匀制成毒土，毒土要求握之成团、松之即散，于晴天下午均匀洒施，施药时田间保持干燥。

　　5. 药剂拌种法　选用噻虫嗪，吡虫啉等药剂拌种。每千克稻种选用 30% 噻虫嗪种子处理悬浮剂 1.2～3.5 g 或 60% 吡虫啉种子悬浮剂 2～4 mL 均匀拌种。

　　（二）水稻秧田期防治

　　对未实施无纺布或防虫网覆盖的秧田进行药剂防治。

　　1. 防治时期和防治对象　灰飞虱迁入秧田盛期，稻麦连作区通常为当地麦收盛期。于灰飞虱迁移盛期，对带毒灰飞虱虫量高、品种感病的秧田进行防治，用药间隔期为 3～5 d，连续防治 2～3 次；对带毒虫量低或品种较抗病的秧田，可延长用药间隔期，减少用药次数。秧苗移栽前 2～3 d 用药防治 1 次，带药移栽。

2. 防治指标　一代成虫防治指标，即每平方米有带毒虫 10 头。二代若虫防治指标，每平方米有带毒虫 15 头。

3. 防治药剂　应坚持速效性强与持效期长的药剂结合使用。每亩可选用 25％吡蚜酮悬浮剂 25～30 mL 或 20％烯啶虫胺水剂 25 mL 或 20％异丙威乳油 150～200 mL 或 10％醚菊酯乳油 80 mL 或 25％噻虫嗪水分散粒剂 4～6 g 等药剂。

4. 施药方法　采用喷雾法，均匀喷施，药后保持 3～5 cm 水层 3～5 d，避免在雨天或风速大于 8 m/s 的天气进行防治作业。

（三）移栽稻田防治

1. 施药时期　水稻返青活棵后，灰飞虱低龄若虫盛期。

2. 防治指标　二代、三代若虫防治指标为百丛水稻有带毒灰飞虱 10 头。

3. 防治药剂　每亩可选用 25％吡蚜酮悬浮剂 25～30 mL 或 20％烯啶虫胺水剂 25 mL 或 20％异丙威乳油 150～200 mL 或 10％醚菊酯乳油 80 mL 或 25％噻虫嗪水分散粒剂 4～6 g 等药剂。

4. 施药方法　采用喷雾法，手动喷雾每亩用水量 30～45 L，机动弥雾每亩用水量 15～20 L，喷施要均匀，药后保持 3～5 cm 水层 3～5 d；避免在雨天及风速大于 8 m/s 的天气进行防治作业。

（四）直播稻田防治

1. 防治时期　于播种后 7～10 d（秧苗现青期）第 1 次用药，之后视虫情进行防治。

2. 防治指标　每平方米有带毒灰飞虱 15 头。

3. 防治药剂　每亩可选用 25％吡蚜酮悬浮剂 25～30 mL 或 20％烯啶虫胺水剂 25 mL 或 20％异丙威乳油 150～200 mL 或 10％醚菊酯乳油 80 mL 或 25％噻虫嗪水分散粒剂 4～6 g 等药剂。

4. 施药方法　采用喷雾法，手动喷雾每亩用水量 30～45 L，机动弥雾每亩用水量 15～20 L，喷施要均匀，药后保持 3～5 cm 水层 3～5 d；避免在雨天及风速大于 8 m/s 进行防治作业。

（一）灰飞虱带毒率和有效虫量计算方法

1. 灰飞虱带毒率计算公式　见公式（1-3）。

$$Lc = \frac{Nc}{Nt} \times 100 \tag{1-3}$$

式中：

Lc——灰飞虱带毒率，单位为百分率（％）；

Nc——带毒灰飞虱虫量，单位为头；

Nt——测定灰飞虱总虫量，单位为头。

2. 灰飞虱有效虫量计算公式　见公式（1-4）。

$$Ne = Ns \times Lc \tag{1-4}$$

式中：

Ne——单位面积灰飞虱有效虫量，单位为头；

Ns——单位面积灰飞虱总虫量，单位为头。

（二）灰飞虱药剂防治效果及条纹叶枯病防治效果计算方法

1. 灰飞虱虫口减退率　见公式（1-5）。

$$D = \frac{N_0 - N_1}{N_0} \times 100 \qquad (1-5)$$

式中：

D——虫口减退率，单位为百分率（%）；

N_0——防治前虫量，单位为头；

N_1——防治后虫量，单位为头。

2. 灰飞虱防治效果　见公式（1-6）。

$$P_t = \frac{D_p - D_k}{100 - D_k} \times 100 \qquad (1-6)$$

式中：

P_t——灰飞虱防治效果，单位为百分率（%）；

D_p——防治区虫口减退率，单位为百分率（%）；

D_k——空白对照区的虫口减退率，单位为百分率（%）。

3. 水稻丛（株）发病率　见公式（1-7）。

$$I = \frac{N_d}{N} \times 100 \qquad (1-7)$$

式中：

I——发病丛（株）率，单位为百分率（%）；

N_d——发病丛（株）数，单位为丛（株）；

N——调查总丛（株）数，单位为丛（株）。

4. 条纹叶枯病病情指数　见公式（1-8）。

$$R = \frac{\sum (N_d \times D_i)}{N \times D_m} \times 100 \qquad (1-8)$$

式中：

R——病情指数；

N_d——各级病叶数；

D_i——各级代表值；

N——调查总叶数；

D_m——最高级代表值。

5. 条纹叶枯病防治效果（任选其一）　见公式（1-9）、公式（1-10）。

$$P = \frac{CK_1 - P_{t1}}{CK_1} \times 100 \qquad (1-9)$$

式中：

P——防治效果，单位为百分率（%）；

CK_1——喷药后不施药对照区的病情指数［病株率百分率（%）］；

P_{t1}——喷药后处理区的病情指数［病株率百分率（%）］。

$$P = \frac{I_k - I_t}{I_t} \times 100 \qquad (1-10)$$

式中：

P——防治效果，单位百分率（%）；

I_k——防治后空白对照区丛（株）发病率，单位为百分率（%）；

I_t——防治后处理区丛（株）发病率，单位为百分率（%）。

四、水稻褐飞虱抗药性监测技术规程

>> 术语定义

1. 抗药性（resistance）　一种农药当用其标签推荐的剂量防治某种害虫时，即使重复试验也无法达到所期望的防治效果，该种群的敏感性所出现的遗传变化称作抗药性。

2. 敏感基线（susceptibility baseline）　在某种农药使用之前，该种药剂对褐飞虱敏感品系的毒力基线及 LD_{50} 或 LC_{50}。

3. 稻茎浸渍法（rice-stem dipping method）　稻褐飞虱接触、取食浸药稻茎而中毒死亡的毒力测定方法，适用于稻褐飞虱对杀虫作用较快、具有触杀和内吸作用的有机磷酸酯、氨基甲酸酯、氯化烟碱类、昆虫生长调节剂、苯基吡唑类、有机氯类等杀虫剂的抗药性监测。

4. 稻苗浸渍法（rice-seedling dipping method）　稻褐飞虱接触、取食浸药的杯栽稻苗而中毒死亡的毒力测定方法，适用于稻褐飞虱对杀虫作用特慢而持效期长的吡啶甲亚胺杂环类杀虫剂的抗药性的监测。

>> 试剂与材料

稻褐飞虱：田间采集，经室内饲养 1～2 代的 3 龄中期若虫。

供试水稻：TN1 或汕优 63（温室笼罩内盆栽的无虫、未用药处理的水稻）。

试验药剂：原药或母药（分析纯）。

>> 仪器设备

- 电子天平（感量 0.1 mg）。
- 培养杯（直径 7 cm，高 27 cm）。
- 塑料小杯（直径 5 cm，高 4.5 cm）。
- 恒温培养箱、恒温养虫室或人工气候箱。
- 塑料圆筒（直径 16 cm，高 15 cm）。
- 吸虫器。

>> 分级标准

见表 1-4。

表 1-4　水稻褐飞虱抗性水平的分级标准

抗性水平分级	抗性倍数
敏感	≤3
敏感性下降（或早期抗性）	3.1～5
低水平抗性	5.1～10
中等水平抗性	10.1～40
高水平抗性	40.1～160
极高水平抗性	≥160.1

抗性倍数计算见公式（1-11）。

$$抗性倍数 = \frac{测试种群的 LC_{50}}{敏感品系的 LC_{50}} \qquad (1-11)$$

>> 数据统计与分析

计算方法：根据调查数据，计算各处理的校正死亡率。按公式（1-12）和公式（1-13）计算，计算结果均保留到小数点后两位。

$$P_1 = \frac{K}{N} \times 100 \qquad (1-12)$$

式中：

P_1——死亡率，单位为百分率（%）；

K——表示死亡虫数，单位为头；

N——表示处理总虫数，单位为头。

$$P_2 = \frac{P_t - P_0}{1 - P_0} \times 100 \qquad (1-13)$$

式中：

P_2——校正死亡率，单位为百分率（%）；

P_t——处理死亡率，单位为百分率（%）；

P_0——空白对照死亡率，单位为百分率（%）。

若对照死亡率＜5%，无需校正；对照死亡率在 5%～20%，应按公式（1-13）进行校正；对照死亡率＞20%，试验需重做。

统计分析：采用 SAS、EPA、POLO、BA、DPS 等统计分析系统软件的几率值分析法进行统计分析，求出每个药剂的毒力回归方程式、LC_{50} 值及其 95% 置信限、b 值及其标准误。

>> 试验过程

1. 试材准备

（1）试虫　选当地具有代表性的稻田 3～5 块。每块田随机多点采集生长发育较一致的稻褐飞虱成虫或若虫或卵，每地采集虫（卵）1 000 头（粒）以上，供室内饲养。采集的成虫接入供试水稻上分批产卵（2～3 d 一批）。采集的若虫或卵在供试水稻上饲养到成虫后再分批产卵，取 3 龄中期若虫供试。

（2）水稻　连根挖取分蘖至孕穗初期、长势一致的健壮稻株，洗净，剪成 10 cm 长的带根稻茎，3 株一组，于荫凉处晾至表面无水痕，供测试用。或：在温室内用塑料小杯播种水稻，每杯20～30 株稻苗，选择生长至 10 cm 高的稻苗供试。

2. 药剂配制　原药用有机溶剂（如丙酮、乙醇等）溶解，加入 10%（m/v）用量的 Triton X-100（或吐温 80），加工成制剂，并用蒸馏水稀释。根据预备试验结果，按照等比例方法设置 5～7 个系列质量浓度。每质量浓度药液量不少于 400 mL。

3. 处理方法

（1）稻茎浸渍　将供试稻茎在配制好的药液中浸渍 30 s，取出晾干，用湿脱脂棉包住根部保湿，置于培养杯中，每杯 3 株。按试验设计剂量从低到高的顺序重复上述操作，每浓度处理至少4 次重复，并设不含药剂的处理做空白对照。

（2）稻苗浸渍　在稻苗高约 10 cm 的塑料小杯土表加约 2 mL 的 1.5%琼脂水溶液，静置 1 h待凝固。将杯栽供试稻苗倒置在配制好的药液中，浸渍到稻苗基部 30 s，取出晾干，将杯放入搁物架并盖上通气的盖子。按试验设计剂量从低到高的顺序重复上述操作，每浓度处理至少 4 次重复，并设不含药剂的处理做空白对照。

（3）接虫与培养　用吸虫器将试虫移入培养杯或塑料小杯中，每杯 10～15 头，杯口用纱布或盖子罩住，转移至温度为（25±1）℃、相对湿度为 60%～80%、光周期为 L∶D=16 h∶8 h 条件下饲养和观察，特殊情况可适当调整试验环境条件，应如实记录。

4. 结果检查　稻茎浸渍法于处理后 5 d、稻苗浸渍法于处理后 10～15 d 检查试虫死亡情况，记录总虫数和死虫数。

防治药剂见表 1－5。

表 1－5　防治药剂

药　剂	回归线	LC$_{50}$（95%置信限）(mg a. i. /L)	备注
阿维菌素 EC	$9.030\,6+2.396\,9x$	0.021（0.018～0.24）	
氟虫腈 EC	$8.039\,7+2.149\,3x$	0.039（0.03～0.05）	
噻嗪酮 5%EC	$10.019+4.248\,6x$	0.066（0.06～0.07）	
噻嗪酮 25%WP	$6.649\,9+2.886\,5x$	0.268（0.21～0.32）	
噻虫嗪 EC	$7.134+2.184\,0x$	0.105（0.09～0.12）	
呋虫胺 SL	$7.353\,7+2.716\,2x$	0.136（0.11～0.18）	
吡虫啉 EC	$6.676\,6+1.511\,9x$	0.078（0.05～0.10）	
吡虫啉 10%WP	$7.142\,2+2.079\,2x$	0.09（0.08～0.11）	
氯噻啉 EC	$6.003+2.098\,5x$	0.333（0.27～0.40）	稻茎浸渍法
烯啶虫胺 EC	$5.708\,5+2.173\,8x$	0.472（0.25～9.51）	
啶虫脒 EC	$2.836\,2+2.465\,2x$	7.546（6.42～9.01）	
毒死蜱 EC	$4.259\,1+3.143\,9x$	1.721（1.40～12.81）	
异丙威 EC	$3.657+2.280\,9x$	3.880（3.29～4.59）	
硫丹 EC	$6.649\,6+2.642\,4x$	0.238（0.19～0.30）	
吡蚜酮 EC	$4.810\,3+0.660\,4x$	1.938（1.17～3.48）	稻苗浸渍法

注：①江浦敏感品系（JPS）的毒力基线制订：1993 年采集于江苏省江浦县植保站预测圃水稻田的第一代褐飞虱成虫，在室内经单对纯代筛选得敏感品系，在不接触任何药剂的情况下用油优 63 杂交稻在室内饲养。②杭州敏感品系（HZS）的毒力基线制订：2005 年 7 月由杭州化工集团提供。该品系于 1995 年采自杭州市蒋家湾村单季水稻大田，在室内不接触任何药剂的情况下用油优 63 杂交稻饲养。

五、稻瘿蚊测报技术规范

>> **术语定义**

1. 出葱（shallot appearing） 由于稻瘿蚊幼虫侵入为害，稻苗基部膨大，随后心叶停止生长且由叶鞘部伸长形成淡绿色中空的类似葱管的稻叶。

2. 甲型葱管（the first shallot） 稻株茎部显著膨大，贴在叶鞘内侧，用手轻捏有硬物感，称甲型葱管。

3. 乙型葱管（the second shallot） 类似葱管的稻叶抽出叶鞘，称乙型葱管。

4. 丙型葱管（the third shallot） 类似葱管的稻叶内稻瘿蚊的蛹已羽化，称丙型葱管。

田间调查方法与内容

>> **冬前虫源调查**

1. 调查时间 最后一代稻瘿蚊出葱结束后至下霜前调查1次。

2. 调查地点 选择当年发生较重的田块，并将其作为冬后虫源调度地。

3. 调查对象 中、晚稻。

4. 调查方法 每类型稻田，采用平行跳跃法抽取5个点，每个点5丛，共查25丛。记载调查株数、葱管株数，按公式（1-14）计算出葱率，结果记入表1-6。见"农作物病虫害调查资料表册"。

$$A=\frac{B}{C}\times100 \qquad (1-14)$$

式中：

A——出葱率，单位为百分率（％）；

B——葱管株数，单位为株；

C——调查株数，单位为株。

>> **冬后虫源调查**

1. 调查时间 在各代化蛹始盛期进行。在每年早稻播种前（3月初至3月中旬）调查2次。

2. 调查地点 选择冬前虫源调查地。

3. 调查对象（寄生植物） 再生稻、游草。

4. 调查方法 每类型稻田随机取样，采用平行跳跃取样法抽取10个点，每个点0.5 m²，共查5 m²，其中包含有田埂和稻田周围沟边区域，剥开植株茎秆，按公式（1-15）计算死亡率，计算越冬虫源虫口密度（再生稻、落谷苗、游草上的虫口密度计算，可以调查株数和虫数，根据种植的规格，估算亩丛数、丛株数，推算亩虫量）。结果记入表1-7。

$$D=\frac{E}{E+F}\times100 \qquad (1-15)$$

式中：

D——死亡率，单位为百分率（％）；

E——死虫数，单位为头；

F——活虫数，单位为头。

田间调查方法与内容

>> **秧田、大田各代虫口密度和出丛葱调查**

1. 调查时间　田间出现乙型葱管后。

2. 调查对象田　秧田和各种稻作类型田。

3. 调查方法　秧田系统调查选择早、中、迟播类型田各一块，普查选择不同播期及长势类型田 20 块，随机 5 点取样，每点 0.1 m² 共查 0.5 m²，记载调查总株数、葱管数、幼虫和蛹数及存活状况、被寄生数，按公式（1-14）、公式（1-16）、公式（1-17）分别计算出葱率、化蛹率、寄生率和亩虫口数量，结果记入表 1-8。大田系统调查选择早、中、迟播稻类型田各一块，普查选择早、中、迟播稻类型田各一块，普查选择早、中、迟播，长势好、中、差的不同病类型田共 20～30 块，采用平行跳跃取样法，每块田查 5 个点，每个点查 10 丛，5 d 调查一次，连续两次，调查记载方法同秧田。

$$G = \frac{H}{H+I} \times 100 \qquad (1-16)$$

式中：

G——化蛹率，单位为百分率（％）；

H——空蛹数，单位为个；

I——活蛹数，单位为个。

$$J = \frac{K}{K+L} \times 100 \qquad (1-17)$$

式中：

J——寄生率，单位为百分率（％）；

K——被寄生虫（蛹），单位为头（个）；

L——活虫（蛹）数，单位为头（个）。

>> **发育进度调查**

1. 调查时间　依据历史资料或前一代的发生期推测，于主害代成虫盛发期前 10 d 开始调查。

2. 调查对象田　选择早、中、迟播稻类型田各一块，虫口密度少时适当扩大调查面积。

3. 调查方法　每类型田剥查活虫数、蛹各 30～50 头（个），5 d 调查 1 次，连续 2 次，把调查的虫蛹数分龄、分级计算其发育进度，结果记入表 1-9。

>> **羽化率调查**

1. 调查时间　大田开始出现葱管时。

2. 调查对象田　选择早、中、迟播类型田各一块。

3. 调查方法　每天调查 1 次，连续 10 d，每丛调查葱管 50 根以上，记载丙型葱管数，按公式（1-18）计算羽化率，结果记入表 1-10。

$$M = \frac{N}{O} \times 100 \qquad (1-18)$$

式中：

M——羽化率，单位为百分率（％）；

N——丙型葱管数，单位为根；

O——调查葱管总数，单位为根。

田 间 调 查 方 法 与 内 容

》》 成虫灯诱调查

1. 调查时间　4～10月。

2. 调查生境地　远离村民居住地，较平坦，有成片水田的稻瘿蚊重发区。

3. 调查方法　在调查生境地按常规安装200 W白炽灯的虫情测报灯，逐日记载成虫数量。

》》 预测预报

1. 发生期预测　成虫发生期：根据上代残留虫量发育进度调查，对照常年各虫态发育历期，预测下代成虫发生期。

2. 幼虫发生期　根据成虫发育进度，对照产卵前期、卵历期，推算幼虫发生期，确定防治适期。

3. 发生量预测　成虫发生量：根据上代残留有效活虫量，结合水稻生育期、气象条件等因子，进行综合分析预测。

4. 幼虫发生量　根据当代灯下成虫发生量，结合气象条件进行预测。

5. 发生程度预测　根据田间各虫态有效残留量，结合水稻生育期、气象条件，对照发生程度分级指标，预报当代或下代发生程度。

》》 调查资料表册

全国制订统一的调查资料表册的样表一份（见"农作物病虫害调查资料表册"），供各地应用时复制。用来规范各区域测报调查行为，保证为全国数据库积累统一、完整的测报调查资料。其中的内容不能随意更改，各项调查内容须在调查结束时，认真统计和填写。

（一）稻瘿蚊各虫态形态特征

（1）成虫　形似小蚊，雌虫体长3.5～4.5 mm，翅展8.5～9.0 mm；雄虫体长3 mm，翅展6～7 mm，头细小，几乎全为黑色复眼所占。触角镶毛型，细长，黄色，雌雄虫均为15节，但雄虫触角更长。

（2）卵　长椭圆形，头端略大，尾端较小，长0.4～0.5 mm，初产卵为乳白色，中期橙红色，后为紫红色。

（3）幼虫　共3龄，纺锤形，1龄体长0.3～0.6 mm，表皮无色透明，中肠红褐色；2龄体长0.6～1.3 mm，表皮半透明；3龄体长1.3～3.3 mm，表皮不透明，第2节腹面中央有红褐色Y形胸骨片；预蛹体长4 mm，体近圆筒形，胸骨片特别明显。

（4）蛹　共6级，主要特征表现为复眼颜色变化，1级复眼未现形，2级复眼粉红色，3级复眼变鲜红，4级复眼枣红色，5级复眼黑褐色，6级当天羽化。

（二）稻瘿蚊调查资料表册

农作物病虫害调查资料表册

稻　瘿　蚊

（　　年）

站　名＿＿＿＿＿＿＿＿＿＿＿＿盖章

站　址＿＿＿＿＿＿＿＿＿＿＿

（北纬：＿＿＿＿＿东经：＿＿＿＿＿海拔：＿＿＿＿）

测报员＿＿＿＿＿＿＿＿＿＿

负责人＿＿＿＿＿＿＿＿＿＿

全国农业技术推广服务中心编制

见表1-6～表1-9。

表1-6　稻瘿蚊冬前虫源调查记载表

调查时间	调查地点	稻田类型	调查丛数	调查株数（株）	出葱数（株）	出葱率（%）	当代亩虫量（头）

注：稻田类型指中、晚稻。

表1-7　稻瘿蚊冬后虫源调查记载表

调查时间	调查地点	稻田类型	生境地	主要寄生植物	害虫数		亩虫口密度（头）

注：稻田类型指中、晚稻。

表1-8　稻瘿蚊虫口密度调查记载表

时间	地点	稻作田类型	剥查株数（株）	有虫株数（株）	出葱率（%）	活虫数		化蛹率（%）	被寄生数（头）	寄生率（%）	亩虫量（头）
						幼虫（头）	蛹（头）				

注：稻田类型指秧田和大田（早、中、晚稻）。

表1-9　稻瘿蚊发育进度调查记载表

调查时间	调查地点	稻田类型	调查虫数（头）	幼虫期头数（头）				蛹期头数（头）					
				1龄	2龄	3龄	预蛹	1级	2级	3级	4级	5级	6级

注：稻田类型指早、中、迟播。

葱管调查羽化率统计表见表1-10。

表1-10　葱管调查羽化率统计表

调查时间	调查地点	稻田类型	调查葱管数（株）	丙型葱管数（株）	羽化率（%）

注：稻田类型指早、中、迟播。

稻瘿蚊成虫灯诱调查记载表见表1-11。

表1-11　稻瘿蚊成虫灯诱调查记载表

调查时间	调查地点	稻田类型	成虫数量（头/台）	天气状况	备注

注：稻田类型指早、中、迟播。

（三）稻瘿蚊各虫态历期表

见表1-12。

表1-12　稻瘿蚊各虫态历期表（d）

代别	卵期	1龄幼虫	2龄幼虫	3龄幼虫	预蛹	蛹期	全代
一	5	6.0	6.0	6.6	2.5	6	32.1
二	4	5.5	4.5	5.5	2	6	27.5
三	3	5	5.5	5	2	5	25.5
四	3	4.4	4.5	4.5	2	5	23.5
五	5	4.5	5	4	3	6	27.5
六	6	5.0	4.0	4.0	1.5	6	26.5
七	7	5.5	5	5	2.5	6	31

（四）稻瘿蚊发生程度划分

稻瘿蚊发生程度主要以秧苗出葱率、大田有效分蘖出葱率划分，发生面积比率为参考指标。具体数值如表1-13所示。

表1-13　稻瘿蚊发生程度划分指标

项目	发生程度				
	1级	2级	3级	4级	5级
	轻发生	偏轻发生	中等发生	偏重发生	大发生
秧苗出葱率（%）	<1	1～5	5～15	15～30	>30
大田有效分蘖出葱率（%）	<1	>1～5	5～10	10～20	>20
发生面积比率（%）	>80	≥20	≥20	≥20	≥20

六、水稻品种抗条纹叶枯病鉴定技术规范

≫ 简　介

水稻条纹叶枯病是由灰飞虱为主要媒介传播的病毒病，其病原为水稻条纹枯叶病毒（Rice stripe virus，简称RSV）。

≫ 典型症状

如在苗期发病，心叶基部出现褪绿黄白斑，后扩展成与叶脉平行的黄色条纹，条纹间仍保持绿色；如在分蘖期发病，先在心叶下一叶基部出现褪绿黄斑，后扩展形成不规则黄白色条斑，老叶不显病；如在拔节后发病，在剑叶下部出现黄绿色条纹，导致抽穗畸形，结实很少，因而水稻条纹叶枯病又有"水稻的癌症"之称。

≫ 传播途径

本病毒仅靠介体昆虫传染，其他途径不传病。介体昆虫主要为灰飞虱，一旦水稻条纹叶枯病病株获毒可终身并经卵传毒，至于白背飞虱在自然界虽可传毒，但作用不大。最短吸毒时间10 min，循回期4～23 d，一般10～15 d。病毒在虫体内增殖，还可经卵传递。

鉴定分级标准

>> **水稻条纹叶枯病病害鉴定分级标准**

根据病害症状严重程度，可将水稻条纹叶枯病病害等级从高到低划分为5个等级，症状级别为2级和2级以上的水稻植株称为病株，具体分级标准如下：

0级，无症状；

1级，有轻微黄绿色斑驳症状，病叶不卷曲，植株生长正常；

2级，病叶上褪绿扩展相连成不规则黄白色或黄绿色条斑，病叶不卷曲或略有卷曲，生长基本正常；

3级，病叶严重褪绿，病叶卷曲呈捻转状，少数病叶出现黄化枯萎症状；

4级，大部分病叶卷曲呈捻转状，叶片黄化枯死，植株呈假枯心状或整株枯死。

>> **水稻品种抗水稻条纹叶枯病评定标准**

根据水稻各品种抗病程度的不同，即发病率（病株占调查水稻植株总数的百分率）不同，可将水稻品种抗性从高到低划分为6个等级，具体分级标准如下：

免疫（I），发病率为0；

高抗（HR），发病率为0.1%～5%；

抗病（R），发病率为5.1%～15%；

中感（MS），发病率为15.1%～30%；

感病（S），发病率为30.1%～50%；

高感（HS），发病率大于50.1%。

检验检测与鉴定

>> **鉴定方法**

水稻抗病品种鉴定方法包括田间鉴定和室内鉴定。田间鉴定方法又包括田间自然诱发鉴定（表1-14）和田间人工接种鉴定（表1-15）两种方法，当田间有效接种虫量不能满足水稻条纹叶枯病田间自然诱发鉴定的条件时，可采用田间人工接种鉴定作为辅助鉴定方法。水稻抗病品种的室内鉴定方法详见表1-16。

>> **水稻品种抗条纹叶枯病性状评定**

当品种抗性在不同地区间、不同年度间、不同批次间鉴定结果表现不一致时，以最高的发病率为最终标准。

1. 高抗条纹叶枯病水稻品种的评定

（1）选用田间抗性鉴定方法时，同一参鉴品种应在2年2点的有效重复试验中均表现为高抗或免疫。

（2）选用室内鉴定方法时，同一参鉴品种应在独立有效的3次重复试验均表现为高抗或免疫。

2. 抗条纹叶枯病水稻品种的评定

（1）选用田间抗性鉴定方法时，同一参鉴品种应在2年2点的有效重复试验中均表现为抗病以上。

（2）选用室内鉴定方法时，同一参鉴品种应在独立有效的3次重复试验均表现为抗病以上。

3. 中感条纹叶枯病水稻品种的评定

（1）选用田间抗性鉴定方法时，同一参鉴品种应在2年2点的有效重复试验中均表现为中感以上。

（2）选用室内鉴定方法时，同一参鉴品种应在独立有效的3次重复试验均表现为中感以上。

鉴定方法见表 1-14～表 1-16。

表 1-14　水稻抗病品种自然诱发鉴定

<table>
<tr><td rowspan="13">自然诱发鉴定</td><td colspan="2">鉴定圃选择</td><td>选择常年重发水稻条纹叶枯病田块（上年度感病对照品种发病率大于30%）作为鉴定圃，四周种植小麦作为灰飞虱寄养区</td></tr>
<tr><td colspan="2">播栽方式</td><td>种子经浸种（200 mL 水＋1 g 井冈霉素＋135 mL 咪鲜胺）、催芽（并确保墒情能保证水稻出芽）；选择直播或移栽方式进行鉴定。直播方式：每品种播50～60株，间距50 cm，行距80 cm；播种时间为灰飞虱寄养区收割前10～15 d；鉴定圃周围麦田小麦于水稻秧苗1.5叶期后收割。移栽方式：每品种栽插50～60株，采用水育秧方式，播种密度为450～600 kg/hm²，播种后20～30 d移栽，移栽密度同直播规格，其他条件也与直播方式相同</td></tr>
<tr><td colspan="2">试验设计</td><td>在参鉴品种四周栽种保护行，株行距与参鉴品种相同；保护行采用感病品种。各品种采用随机排列，每10个参鉴品种设1个感病对照，整个鉴定圃设2个抗病对照，试验重复3次</td></tr>
<tr><td rowspan="3">灰飞虱虫量及带毒率调查</td><td>虫量调查</td><td>于灰飞虱一代成虫发生峰期和二代若虫发生峰期各调查1次鉴定圃灰飞虱的虫量。虫量调查方法为整个鉴定圃采用对角线法5点取样，每点拍查0.1 m²；用长方形（33 cm×45 cm）白搪瓷盘为查虫工具，用水湿润盘内壁。在水稻秧苗中下部，连拍3下，每次拍查计数后，清洗白搪瓷盘，再进行下次拍查。统计成、若虫数量，并折算为公顷虫量</td></tr>
<tr><td>带毒率检测</td><td>于田间一代灰飞虱成虫发生峰期和二代若虫发生峰期分两次在鉴定用田块中捕捉2龄以上若虫或成虫500头以上，从中随机选取100头，按照 NY/T 2059—2011 检测灰飞虱群体带毒情况，计算灰飞虱群体的带毒率</td></tr>
<tr><td>有效接种虫量计算</td><td>$$FVS = n \times PVS$$
式中：
FVS——田间鉴定的有效接种虫量，单位为头每公顷（头/hm²）；
　n——灰飞虱虫量，单位为头；
PVS——灰飞虱带毒率，单位为百分率（%）。
结果精确到小数点后两位。
FVS 于 $0.8 \times 10^6 \sim 3.6 \times 10^6$ 头/hm² 范围内认为试验有效</td></tr>
<tr><td colspan="2">鉴定圃寄养区管理</td><td>鉴定圃及其周围10 m范围内田块在二代成虫峰期结束前不使用任何杀虫剂和防治病毒药剂</td></tr>
<tr><td colspan="2">调查部位</td><td>水稻茎叶</td></tr>
<tr><td colspan="2">调查时期</td><td>于灰飞虱一代成虫发生峰期和二代若虫发生峰期后10～20 d进行调查，每代次至少调查两次，两次调查间隔期不少于4～7 d</td></tr>
<tr><td colspan="2">调查方法</td><td>2～4级直接记为病株；1级在7 d后再次调查确认，若表现出2级及更高级别症状，则记为病株，否则记为不发病；0级记为不发病</td></tr>
<tr><td colspan="2">发病率计算</td><td>根据两次田间发病高峰感病对照的平均发病率确定发病率计算方式，若第1次发病高峰感病对照平均发病率达到50%以上，而抗病对照平均发病率在15%以下，则直接采用参鉴品种第1次病株数计算发病率；若第1次发病高峰感病对照平均发病率不到50%，但两次发病高峰感病对照累计平均发病率超过30%，同时两次发病高峰抗病对照累计平均发病率在15%以下，则累计参鉴品种两次发病高峰的病株数计算发病率；若出现两次发病高峰感病对照累计平均发病率仍未超过30%或抗病对照平均发病率在15%以上任一种情况，则应分析原因，并重新进行试验。
$$Ri = ni/nt \times 100$$
式中：
Ri——发病率，单位为百分率（%）；
ni——病株数，单位为株；
nt——总株数，单位为株。
计算结果精确到小数点后两位</td></tr>
</table>

表 1-15　水稻抗病品种田间人工接种鉴定

<table>
<tr><td rowspan="14">田间人工接种鉴定（有效接种虫量不足时采用）</td><td>育苗方法</td><td>种子（含抗病对照和感病对照）经浸种、催芽，于一代若虫发生盛期前 10 d 至盛期后 5 d，选取发芽良好的种子 50～60 粒条播于秧床上，3 次重复</td></tr>
<tr><td>保护行</td><td>在参鉴品种四周栽种保护行，株行距与参鉴品种相同；保护行采用感病品种</td></tr>
<tr><td>接种准备</td><td>播种后以高 25 cm，孔径小于 0.1 cm 的网笼将参鉴品种及保护行罩住</td></tr>
<tr><td>接种体准备</td><td>于若虫发生盛期从重病区捕捉的 2～4 龄灰飞虱作为接种体，选择带毒率在 25% 以上群体</td></tr>
<tr><td>接种时间</td><td>1.5 叶龄期</td></tr>
<tr><td>接种</td><td>根据带毒率计算田间人工接种鉴定的有效接种虫量，用 IVS 表示，其值须在 2～6 头/苗范围内，计算接虫数量后将接种体接入网笼，接种时间为 3 d，且每天上午和下午各赶虫一次，使灰飞虱分布均匀。3 d 后用杀虫剂将接种灰飞虱全部扑杀。人工接种鉴定的有效接种虫量下式计算：
$$IVS = N \times PVS$$
式中：
IVS——人工接种鉴定的有效接种虫量，单位为头每公顷（头/hm²）；
N——接种灰飞虱数量，单位为头；
PVS——灰飞虱带毒率，单位为百分率（%）。
计算结果精确到小数点后一位。</td></tr>
<tr><td>田间肥水管理</td><td>田间肥料运筹、灌溉水管理与常规生产一致，不使用任何杀虫剂和防治病毒药剂</td></tr>
<tr><td>调查时期</td><td>接种后 15～25 d 进行调查，至少调查两次，且两次调查的间隔期不少于 4～7 d</td></tr>
<tr><td>调查部位</td><td>水稻茎叶</td></tr>
<tr><td>调查方法</td><td>2～4 级直接记为病株；1 级在 7 d 后再次调查确认，若表现出 2 级及更高级别症状，则记为病株，否则记为不发病；0 级记为不发病</td></tr>
<tr><td>发病率计算</td><td>若出现感病对照的平均发病率小于 30% 或抗病对照平均发病率在 15% 以上中任一种情况，则应分析原因，并重新进行试验</td></tr>
</table>

表 1-16　水稻抗病品种的室内鉴定

<table>
<tr><td rowspan="13">室内鉴定</td><td rowspan="5">接种用灰飞虱准备</td><td>灰飞虱采集</td><td>从病害发生地采集灰飞虱的若虫或成虫</td></tr>
<tr><td>饲养灰飞虱的基本设备</td><td>具有调温和光照设备的养虫室，使温度保持在 25～28 ℃并保证每天 12 h 的光照时间；玻璃杯、尼龙网布（网眼规格 0.1 cm）、养虫架、适宜灰飞虱繁殖的水稻种子（宜采用灰飞虱喜食性品种武育粳 3 号或当地适宜的感虫品种）；转移灰飞虱用黑布、毛笔、吸虫管等</td></tr>
<tr><td>灰飞虱群体的饲养</td><td>选取饲喂灰飞虱的水稻种子经药剂（200 mL 水＋1 g 井冈霉素＋135 mL 咪鲜胺）浸种、催芽，选取发芽良好的种子 25～30 粒均匀播于盛有自然肥力土壤的玻璃杯（内径为 6～20 cm）中；待苗长至 1.5 叶期时，将灰飞虱移入玻璃杯中进行饲养，15～20 d 后需灰飞虱转移至另一 1.5 叶期秧龄稻苗中进行饲养</td></tr>
<tr><td>接种用灰飞虱群体筛选</td><td>将同一发病区采回的后代集中饲养，待长至成虫期后任其自由交配，再将雌虫取出单独置于一玻璃杯中产卵；同一雌虫产的卵孵化后编号集中饲养，并任其自由交配，如此饲养 2～3 代至灰飞虱群体数量大于 500 头后，从群体中随机取虫检测带毒率，选取带毒率在 60% 以上的群体继续加代饲养，同时跟踪检测各代带毒率，最后获得连续 5 代带毒率均在 50% 以上的灰飞虱群体作为接种体</td></tr>
<tr><td colspan="2">育苗方法</td><td>品种（含抗病对照和感病对照）经浸种、催芽，选取 30 粒左右发芽良好的种子均匀播于盛有自然肥力土壤的玻璃杯（内径为 6～9 cm）中。重复 3 次</td></tr>
</table>

<table>
<tr><td>接种时期</td><td>1.5 叶龄期</td></tr>
<tr><td>接种方法</td><td>选取处于 2～4 龄期的接种群体，计算接虫数量，于 26～28 ℃条件下接入玻璃杯中，同时从接种群体中随机抽取 100 头以上灰飞虱，测定带毒率，若带毒率小于 50%，则需分析原因并重新育苗接种；接种期间每天上午和下午各赶虫一次，接种 2 d 后将秧苗移出玻璃杯，至 15～30 ℃条件下培育</td></tr>
<tr><td>调查部位</td><td>水稻茎叶</td></tr>
<tr><td>调查时期</td><td>接种后 15～25 d 进行调查；至少调查 3 次，且相邻两次调查间隔应在 4～7 d</td></tr>
<tr><td>调查方法</td><td>2～4 级直接记为病株；1 级在 7 d 后再次调查确认，若表现出 2 级及更高级别症状，则记为病株，否则记为不发病；0 级记为不发病</td></tr>
<tr><td>发病率计算</td><td>若出现感病对照的平均发病率小于 30% 或抗病对照平均发病率在 15% 以上中任一种情况，则应分析原因，并重新进行试验</td></tr>
</table>

七、灰飞虱携带水稻条纹病毒检测技术（免疫斑点法）

》》范围和原理

1. 范围 本标准规定了灰飞虱携带水稻条纹免疫斑点检测方法。本标准适用于灰飞虱携带水稻条纹病毒的检测。

2. 原理 硝酸纤维素膜在中性条件下有效地吸附生物大分子，将抗原吸附于硝酸纤维素膜后，进行抗原抗体反应，当抗体与膜上的抗原结合后，通过再次结合有标记的抗体，经底物作用使斑点着色。

》》试剂与材料

1. 试剂 碳酸钠（Na_2CO_3）、碳酸氢钠（$NaHCO_3$）、氯化钠（$NaCl$）、氯化钾（KCl）、磷酸二氢钾（KH_2PO_4）、磷酸氢二钠（Na_2HPO_4）、盐酸（HCl）、无水乙醇（C_2H_5OH）、过氧化氢（H_2O_2）、4 -氯- 1 -萘酚、吐温 20（Tween 20）、脱脂奶粉、小牛血清蛋白（BSA）、辣根过氧化物酶。

2. 溶液配制

（1）磷酸盐缓冲液（0.02 mol/L） 准确称取 40.00 g 氯化钠、1.00 g 氯化钾、1.00 g 磷酸二氢钾和 15.00 g 磷酸氢二钠于 2 500 mL 的容量瓶中加水定容至刻度，用盐酸调节 pH 至 7.5，4 ℃ 保存。

（2）磷酸盐吐温 20 缓冲液（0.01 mol/L） 准确称取 40.00 g 氯化钠，1.00 g 氯化钾、1.00 g 磷酸二氢钾和 15.00 g 磷酸氢二钠于 5 000 mL 的容量瓶中加水定容至刻度，用盐酸调节 pH 至 7.5，再加入 2.5 mL 磷酸盐吐温 20 缓冲液，4 ℃ 保存。

（3）包被缓冲液（0.05 mol/L） 准确称取 1.59 g 碳酸钠和 2.93 g 碳酸氢钠于 1 000 mL 的容量瓶中加水定容至刻度，用盐酸调节 pH 至 9.6，4 ℃ 保存。

（4）1%脱脂奶粉封闭液 准确称取 1.00 g 脱脂奶粉加入 100 mL 磷酸盐吐温 20 缓冲液，混匀后 4 ℃ 保存。

（5）2%小牛血清蛋白封闭液 准确称取 0.2 g 小牛血清蛋白加入 100 mL 磷酸盐吐温 20 缓冲液，混匀后 4 ℃ 保存。

（6）辣根过氧化物酶固体显色底物溶液 准确称取 6.00 mg 4 -氯- 1 -萘酚，于 2 mL 无水乙醇中，4 ℃ 保存备用，使用时加入 10 mL 磷酸盐缓冲液，再加入 10 mL 过氧化氢。

（7）单抗：效价为 1∶10 000，−18 ℃ 保存；二抗：效价为 1∶5 000，−18 ℃ 保存。

》》仪器设备

（1）台式离心机、加盖塑料离心管（200 pL）。

（2）恒温摇床。

（3）玻璃培养皿。

（4）塑料盒（长 100 mm、宽 50 mm、高度 10～50 mm）。

（5）硝酸纤维素膜。

》》标准程序

1. 灰飞虱的准备 选择 2 龄以上单头灰飞虱置于离心管中，用牙签捣碎后加 100 μL 包被缓冲液，离心（5 000 r/min）3 min，取上清液（灰飞虱提取液）备用。

2. 封闭 预先用铅笔将硝酸纤维素膜划成 5 mm×5 mm 的正方格，取 3 pL 灰飞虱提取液点于

>> 标准程序

硝酸纤维素膜中央（以不超出正方格一半为准），同时取 3 pL 提纯的水稻条纹病毒（也可用已采用本方法测定为阳性的带毒灰飞虱提取液）和 3 pL 的蒸馏水分别点于硝酸纤维素膜上预先标记好的正方格内，分别作为阳性对照和阴性对照，室温晾干膜。将干后的膜置于塑料盒或玻璃培养皿中，再加入 1% 脱脂奶粉或 2% 小牛血清蛋白封闭液至膜完全浸没，于 37 ℃ 摇床上摇晃 30 min。

3. 孵育　将水稻条纹病毒单克隆抗体和封闭液按比例 [1:（20 000～40 000）] 配制孵育液，弃去封闭液后将膜完全浸入孵育液，于 37 ℃ 摇床上孵育 1～1.5 h，弃去孵育液，再加入磷酸盐吐温 20 缓冲液，将膜完全浸没，摇床上摇晃 3～5 min，倒弃洗液，并重复洗膜 3 次。

4. 二抗孵育　倒弃洗液，以辣根过氧化物酶标记的二抗和封闭液按比例（1:2 500）配制孵育液，将膜完全浸入二抗孵育液，于 37 ℃ 摇床上孵育 1.5～2 h。倒弃二抗孵育液，加入磷酸盐吐温 20 缓冲液，至膜完全浸没，再于摇床上洗膜 3～5 min，倒弃洗液，并重复洗膜 3 次。

5. 显色　向倒弃洗液的膜加入辣根过氧化物酶固体显色液至完全浸没，室温下静置显色 30 min，用蒸馏水冲洗膜 1～2 次，室温晾干。

6. 结果　显色后观察对照的颜色反应，阳性对照应显蓝紫色，阴性对照应不显色，若待测样呈蓝紫色，确认该头灰飞虱携带水稻条纹病毒；若不显色，则确认该头灰飞虱不携带水稻条纹病毒；若出现阳性对照不显色或阴性对照显蓝紫色中任一者，则应重新检测。

>> 简化程序

1. 灰飞虱的准备　选择 2 龄以上单头灰飞虱置于离心管中，用牙签捣碎后加 100 pL 包被缓冲液摇匀，取上清液（灰飞虱提取液）备用。

2. 封闭　预先用铅笔将硝酸纤维素膜（NC）划成 5 mm×5 mm 的正方格，用牙签蘸少许灰飞虱提取液点于硝酸纤维素膜中央（以不超出正方格一半为准）；同时用牙签蘸少许提纯的水稻条纹病毒（也可用已采用本方法测定为阳性的带毒灰飞虱提取液）和蒸馏水点于膜上预先标记好的正方格内，分别作为阳性对照和阴性对照，室温晾干膜。将干燥的膜置于塑料盒或玻璃培养皿中，再加入 1% 脱脂奶粉或 2% 小牛血清蛋白封闭液至膜完全浸没，室温条件下（15～30 ℃）轻轻摇晃，封闭 60 min。

3. 孵育　将水稻条纹病毒单克隆抗体和封闭液按比例 [1:（20 000～40 000）] 配制孵育液，弃去封闭液后将膜完全浸入孵育液，室温条件下轻轻摇晃孵育 3 h，弃去孵育液，再加入磷酸盐吐温 20 缓冲液，将膜完全浸没，用手轻轻摇晃 3～5 min，倒弃洗液，并重复洗膜 3 次。

4. 二抗孵育　倒弃洗液，以辣根过氧化物酶标记的二抗和封闭液按比例（1:2 500）配制孵育液，将膜完全浸入二抗孵育液，室温条件下轻轻摇晃孵育 3 h。倒弃二抗孵育液，加入磷酸盐吐温 20 缓冲液，至膜完全浸没，再轻轻摇晃洗膜 3～5 min，倒弃洗液，并重复洗膜 3 次。

5. 显色　向倒弃洗液的膜加入辣根过氧化物酶固体显色液至完全浸没，室温下静置显色 1～2 h。以蒸馏水冲洗膜，室温晾干。

6. 结果　显色后观察对照的颜色反应，阳性对照应显蓝紫色，阴性对照应不显色，若待测样呈蓝紫色，确认该头灰飞虱携带水稻条纹病毒；若不显色，则确认该头灰飞虱不携带水稻条纹病毒；若出现阳性对照不显色或阴性对照显蓝紫色中任一者，则应重新检测。

灰飞虱携带水稻条纹病毒结果记录表见表1-17。

表1-17 灰飞虱携带水稻条纹病毒结果记录表

样品采集日期	样品采集地点	灰飞虱代次	测定样品数量（头）	阳性样品数（头）	阴性样品数（头）	带毒率（%）	鉴定技术负责人

八、水稻主要病害防治技术

水稻主要病害及发生特点见表1-18。

表1-18 水稻主要病害及发生特点

主要病害	发生特点	类型
水稻真菌性病害	由病原真菌侵染引起的病害	稻瘟病、水稻纹枯病、稻曲病、稻粒黑粉病、叶鞘腐败病、稻叶黑粉病、水稻菌核病、褐色叶枯病、稻颖枯病、恶苗病、霜霉病、水稻立枯病、水稻叶尖枯病、水稻胡麻斑病等
水稻细菌性病害	由病原细菌侵染引起的病害	水稻白叶枯病、水稻细菌性条斑病、水稻基腐病等
水稻病毒性病害	由病原病毒侵染引起的病害	水稻条纹叶枯病（SRV）、水稻黑条矮缩病（RBSDV）、南方水稻黑条矮缩病（SRBSDV）、水稻锯齿叶矮缩病（SRSV）等
水稻线虫性病害	由病原线虫侵染引起的病害	水稻干尖线虫病、水稻根结线虫病等

》》 防治原则

以选用抗（耐）病品种，合理调控水肥，实行健身栽培为基础，适期药剂防治，辅以生物防治、物理防治等综合防治措施，将病害为害损失控制在经济允许水平之内。

主要病害防治措施

》》 播种前准备

1. 品种选择 因地制宜选择高产、优质、多抗（耐）病品种。品种合理布局与轮换种植。播种前对种子进行精选去杂、晾晒，选用健康无病种子育秧。加强种子的调运检疫，避免疫区带病种子传入非疫区。

2. 田园卫生

（1）选择病害轻发生或未发生的田块作为秧田。病毒病传毒介体灰飞虱重发生区，秧田应尽量远离麦田，实施集中连片育秧。南方水稻黑条矮缩病发生区，中稻和晚稻秧田应尽量远离感病早稻田。

（2）实行耕翻，平整地块。灰飞虱传播的病毒病重发地区，尽量减少小麦-水稻套播，有条件的地区应实行水稻与非灰飞虱寄主作物如棉花、大豆、薯芋、蔬菜、瓜类轮作换茬。施足基肥，多施充分腐熟的有机肥。

（3）防除稻田周边杂草，减少病害的过度寄主。

3. 病残体处理 播种前集中处理散落于田间或堆放在田边的病稻草，清除病残体。水稻纹枯病、水稻菌核病重发区，翻耕平田后打捞残渣菌核，带出田外销毁。

》》 播种期

此时期需预防的病害主要有：恶苗病、干尖线虫病、稻瘟病、白叶枯病、细菌性条斑病、水稻条纹叶枯病、南方水稻黑条矮缩病等。

1. 种子处理

（1）播种前做好种子消毒处理，减少种子带菌和初次侵染源。晒种后，选用25％咪鲜胺乳油2 000～4 000倍液，或5.5％二硫氰基甲烷乳油5 000～7 000倍液，浸稻种后催芽播种，可预防恶苗病。干尖线虫与恶苗病混合发生区，可选用6％杀螟丹水剂0.5～1 g与咪鲜胺混用，或单用二硫氰基甲烷，浸种1 kg稻种。

（2）预防白叶枯病、细菌性条斑病和侵染性烂秧，选用80％乙蒜素乳油2 000倍液，或20％噻枯唑可湿性粉剂500～600倍液，或5.5％二硫氰基甲烷乳油5 000～7 000倍液浸种。浸种后用清水洗净，催芽播种。

（3）预防条纹叶枯病、黑条矮缩病、南方水稻黑条矮缩病，选用10％吡虫啉可湿性粉剂500～1 000倍液，或25％吡蚜酮可湿性粉剂8 g，兑水2 L，浸种3～5 kg。

2. 调整播栽期　水稻条纹叶枯病、黑条矮缩病重发区，尽量同期播种，避免部分田块零星早播，适度推迟播栽期，使秧苗感病敏感期避开传毒介体灰飞虱的发生盛期，减少传毒概率。提倡应用机插秧、小苗抛栽秧等有利于适度推迟播栽期的轻型简便栽培措施。

〉〉秧苗期

此时期发生的病害主要有：稻瘟病、霜霉病、立枯病、白叶枯病、细菌性条斑病、条纹叶枯病、黑条矮缩病、南方水稻黑条矮缩病等。

1. 农业防治措施　加强沟系配套，防止深灌、漫灌、串灌。整平秧田，实行湿润育秧，培育壮秧。避免用病稻草盖秧、扎秧把。

2. 物理防治措施　条纹叶枯病、黑条矮缩病、南方水稻黑条矮缩病等病毒病重发区，使用20～30目无色防虫网或13～15 g/m² 规格的无纺布，于水育秧出苗前或揭开塑料薄膜后迅速覆盖秧田，覆盖物顶端与秧苗植株顶部距离30～50 cm，可阻断传毒介体的迁入传毒。移栽前，揭开防虫网或无纺布，炼苗1～2 d再移栽。移栽前剔除田间感病苗（株），带出田外销毁。

3. 药剂防治措施

（1）防治适期或防治指标　对稻瘟病、白叶枯病、细菌性条斑病、霜霉病、立枯病等病害，于发病初期或出现发病中心时，进行药剂防治或封锁发病中心；对传毒介体灰飞虱，于迁入秧田盛期，当带毒虫量达到每平方米15～20头时防治。预防稻瘟病和病毒病，于移栽前2～3 d施药，带药移栽，或移栽前药剂浸根处理。

（2）选用药剂

① 稻瘟病。每公顷选用75％三环唑可湿性粉剂300 g，或2％井冈·8亿芽孢/g蜡芽菌悬浮剂1 500～2 250 g，或25％咪鲜胺乳油750～1 125 mL。

② 立枯病。每公顷选用20％甲基立枯磷乳油2 250～3 300 g，或每平方米选用3％甲霜·噁霉灵水剂12～18 g。

③ 霜霉病。选用68％精甲霜灵·代森锰锌水分散粒剂600～800倍液。

④ 条纹叶枯病和黑条矮缩病传毒介体灰飞虱、南方水稻黑条矮缩病传毒介体白背飞虱。每公顷选用10％吡虫啉可湿性粉剂150～300 g，或25％吡蚜酮可湿性粉剂300～450 g，或10％醚菊酯悬浮剂750～1 050 mL，或10％烯啶虫胺可溶液剂150～300 mL。

⑤ 白叶枯病、细菌性条斑病。每公顷选用20％噻菌铜悬浮剂1 500～2 250 g，或20％叶枯唑可湿性粉剂1 500～1 875 g。

施药方法：将所选药剂按剂量每亩对水45～60 L，苗床均匀喷细雾或泼浇。药后保持3～5 cm水层2～3 d。药后24 h内遇雨补治。

主要病害防治措施

主要病害防治措施

>> 分蘖期

此时期发生的病害主要有：稻瘟病、病毒病、纹枯病、霜霉病、白叶枯病、细菌性条斑病。

1. 农业防治措施　实行浅水勤灌（每次灌水 3 cm），分蘖末期适当晒田，促进稻株有效分蘖，减少无效分蘖。在保证有效分蘖数的前提下，尽量保持水稻植株群体的通透性，避免过量施用氮肥，防止稻株贪青徒长。

条纹叶枯病、黑条矮缩病、南方水稻黑条矮缩病等病毒病发生田，及时拔除感病苗（株），踩入泥中，或带出田外销毁，并从健丛（株）上掰蘖补苗。

2. 药剂防治措施

（1）防治适期或防治指标

① 稻瘟病。于田间出现发病中心或急性病斑时，及时进行药剂防治或封锁发病中心。

② 纹枯病。植株生长正常的丰产区，病丛率 20%～25%，生长过旺的肥田，病丛率 25%时药剂防治。

③ 细菌性病害。该病害常发区，台风暴雨到来之前施用杀细菌剂预防。

④ 病毒病。条纹叶枯病、黑条矮缩病发生区，带毒灰飞虱成虫和若虫量百丛 12～15 头。南方水稻黑条矮缩病发生区，于带毒白背飞虱发生初期防治。

（2）选用药剂

① 稻瘟病。每公顷选用 75%三环唑可湿性粉剂 300 g，或 2%井冈·8 亿芽孢/g 蜡芽菌悬浮剂 2 250 g，或 1 000 亿芽孢/g 枯草芽孢杆菌可湿性粉剂 150～180 g，或 6%春雷霉素水剂 900 g。

② 纹枯病。每公顷选用 20%井冈霉素可湿性粉剂 750～1 050 g，或 5%井冈霉素水剂 4 500～5 250 mL，或 12.5%井冈·蜡芽菌水剂 1 800 mL，或 25%丙环唑乳油 300～375 mL，或 24%噻呋酰胺悬浮剂 225～300 mL。

③ 霜霉病。选用 68%精甲霜灵·代森锰锌水分散粒剂 600～800 倍液，或每公顷选用 72%霜脲·锰锌可湿性粉剂 2 100～2 550 g，或 64%噁霜·锰锌可湿性粉剂 2 550～3 000 g。

④ 条纹叶枯病和黑条矮缩病传毒介体灰飞虱、南方水稻黑条矮缩病传毒介体白背飞虱。每公顷选用 10%吡虫啉可湿性粉剂 150～300 g，或 25%噻嗪酮可湿性粉剂 600～750 g，或 10%醚菊酯悬浮剂 750～900 mL，或 25%吡蚜酮可湿性粉剂 300～450 g。

⑤ 白叶枯病、细菌性条斑病。每公顷选用 20%噻菌铜悬浮剂 1 500～2 250 g，或 20%叶枯唑可湿性粉剂 1 500～1 875 g，或 72%农用硫酸链霉素可溶性粉剂 225～450 g。

施药方法：将所选药剂按剂量每亩兑水 45～60 L，均匀周到喷细雾，药后保持 3～5 cm 水层 2～3 d。药后 24 h 内遇雨补治。防治稻瘟病，如遇连阴雨天气，应在第 1 次施药后 5～7 d 同剂量第 2 次施药。

>> 穗　期

此时期是水稻中后期病害防治的关键时期，主要病害有：稻瘟病、纹枯病、稻曲病、白叶枯病、细菌性条斑病、稻粒黑粉病、叶鞘腐败病、稻叶黑粉病、菌核病、褐色叶枯病、病毒病等。不同种植区水稻穗期发生的病害种类不同，各地区应根据当地病害实际发生情况，确定穗期的主要防治对象，以流行范围广、面积大、产量损失风险大的病害为重点，兼顾次要病害，采取以健身栽培为基础，适时开展药剂预防和治疗，做好田间病稻草处理的综合防治措施。

1. 农业防治措施　科学管水：水稻生长中后期适时排水晒田，湿润灌溉，总的原则应以浅为主，浅、湿、干间歇灌溉。水稻抽穗扬花至灌浆期是水分敏感期，要保持田内有水层，防止断水；灌浆后可坚持浅、湿、干间歇灌溉，降低稻丛间的相对湿度，提高植株抗病力。对白叶枯病和细菌性条斑病等细菌性病害发生田，排、灌分开，不串灌、漫灌，防止涝渍。

合理施肥：根据苗情长势、品种类型、叶龄进程，确定穗肥施用时间和施用量。提倡复合肥作穗肥，增加磷、钾素供应量，增强植株的抗倒伏、抗病力。

2. 药剂防治

（1）防治适期或防治指标、施药方法

稻瘟病：重点施药预防孕穗期剑叶发病的田块。施药适期，第 1 次约在 5％破口抽穗期，第 2 次在齐穗期。选用内吸性杀菌剂，细雾均匀喷洒在穗部和叶片表面，每 667 m² 喷水量 45～60 L。

纹枯病：施药适期为病害由水平扩展向垂直扩展阶段。防治指标：植株生长正常的丰产田，孕穗期病丛率 20％～30％，生长过旺的肥田，孕穗期病丛率 15％～20％时药剂防治。细雾均匀喷雾，并将药液施到稻株下部，每亩喷水量 45～60 L。用井冈霉素防治时可用泼浇方法将药液施到稻株下部，并在施药时保持田间浅水层 3～5 d。连续施药 2～3 次，每次间隔 5～7 d。

白叶枯病和细菌性条斑病：水稻孕穗至抽穗期易感白叶枯病，孕穗期易感细菌性条斑病。应在台风雨后加强田间调查，发现感病株时施药挑治，封锁发病中心，将病害控制在点发阶段。连续施药 2～3 次，每次间隔 7 d。施药后遇雨应补施。

稻曲病：该病侵染发生在孕穗期至抽穗期，应掌握在孕穗末期抽穗前 3～7 d，重发地区还需在始穗期至齐穗期第 2 次施药。细雾均匀周到喷洒于穗部、穗层下部和叶面，每亩喷水量 45～60 L。

稻粒黑粉病：杂交稻制种田为该病常发田，防治适期为盛发期。制种田母本盛花始期第 1 次施药，间隔 2～3 d 第 2 次施药。施药应在 15～17 时闭花后进行。

其他水稻后期病害：当田间发生稻叶黑粉病、叶鞘腐败病、菌核病、褐色叶枯病、稻颖枯病等病害时，可结合稻瘟病、纹枯病、稻曲病和稻粒黑粉病的防治实行兼治。

（2）选用药剂

稻瘟病、纹枯病、白叶枯病、细菌性条斑病：同分蘖期防治药剂。

稻曲病：可每公顷选用 2％井冈·8 亿芽孢/g 蜡芽菌悬浮剂 1 500～2 250 g，或 30％苯醚甲环唑·丙环唑乳油 225～300 g。

稻粒黑粉病：可每公顷选用 30％苯醚甲环唑·丙环唑乳油 225～300 g。

3. 其他措施 该阶段可采用预防措施，减轻下一季水稻病害发生程度。观察品种抗病性综合表现，选留丰产、抗病的优良品种或无病的常规稻种子。细菌性条斑病为国内检疫对象，该病发生区不能留种。水稻收割后处理病稻草，如腐熟做有机肥、移出田外等，减少病菌源基数。

主要病害防治措施

九、三化螟测报技术规范

》》术语定义

1. 越冬（hibernation） 当地秋季三化螟最后 1 代 3～5 龄幼虫进入滞育状态，到来年春季解除滞育前的行为。

2. 虫口密度（population density） 单位面积内三化螟幼虫、蛹、成虫的数量，通常以"头/亩"表示。

3. 卵块密度（ovum density）　单位面积内三化螟卵块数量，通常以"块/亩"表示。

4. 发生期（emergence period）　成虫、卵、幼虫、蛹等各虫态的数量在被调查三化螟总虫量中所占比例分别达 16%、50%、84%时，该虫态分别进入始盛期、高峰期和盛末期。

5. 螟害率（damage ratio of paddy stem borer）　受三化螟为害后，水稻表现出枯心、枯孕穗、白穗等症状的株数或丛数占调查总株数或总丛数的百分率。

调查内容——虫口密度和死亡调查

>> 越冬代

调查时间：越冬前调查 1 次，于水稻收割前结合末代螟害率调查；越冬后调查 1 次，在当地稻田春耕前或越冬代幼虫化蛹始盛期进行。

调查方法：冬前虫口密度和死亡率调查与发生末代螟害率调查结合进行。按稻作方式、品种、水稻生育期早晚，选择螟害程度不同的代表类型田，每种类型田调查 3 块田，总数不少于 10 块。每块田调查枯心团或白穗团 20 团，不足 20 团的以实际团数计数，记录水稻丛数，剥查活虫、死虫数，计算虫口密度和死亡率。冬后选择有代表性的田块，根据上年末代螟害发生程度和秋冬播时翻耕、免耕情况分成 2 种类型，每种类型调查 3 块田，每块田采用 5 点取样，每点拾捡 4~5 m² 的外露稻桩，剥查稻桩中的活虫数、死虫数，计算各类型田平均活虫虫口密度、死亡率。调查结果记入"白背飞虱越冬带毒情况调查表"。

>> 发生代

调查时间：在各代化蛹始盛期进行。

调查方法：按稻作方式、品种、水稻生育期早晚，选择螟害程度不同的代表类型田。每种类型田调查 3 块田，总数不少于 10 块。每块田调查枯心团或白穗团 20 团，不足 20 团的以实际团数计数，记录水稻丛数，剥查活虫数、死虫数，计算虫口密度和死亡率。调查结果记入"三化螟幼虫发育进度调查表"。

调查内容

>> 幼虫、蛹发育进度调查

调查时间：幼虫发育进度调查可结合各次虫口密度调查进行，调查 2 次；蛹发育进度调查，在各代常年化蛹始盛期开始第 1 次调查，隔 5~7 d 后调查第 2 次。

调查方法：取样方法同发生代调查方法。每次剥查活虫数不少于 50 头，记载幼虫龄级、蛹级和蛹壳数，计算化蛹和羽化进度，同时观察幼虫、蛹的寄生率。幼虫分龄、蛹分级标准，参见"幼虫、蛹发育进度"和"卵块密度"，调查结果记入"三化螟蛹发育进度调查表"和"三化螟幼虫发育进度调查表"。

>> 成虫诱测

诱测时间：从越冬代化蛹始盛期开始，至秋季末代螟蛾终见后 1 周止。每天傍晚天黑开灯，翌日早晨天亮关灯。

诱测方法：在三化螟常年发生稻区，设置 1 台 20 W 黑光灯或 200 W 白炽灯，灯具周围没有高大建筑物或树林遮挡，没有强光源影响。灯管下端与地表垂直距离为 1.5 m，上方架设防雨罩，下方装集虫漏斗和杀虫装置。逐日清点三化螟雌雄成虫数，并记入"三化螟灯下诱测记载表"。

调查内容

>> **卵块密度和孵化进度调查**

　　调查时间：每代调查 3 次，分别于各代成虫始盛、高峰、盛末期后 2 d 各调查 1 次。

　　调查方法：按稻作类型、水稻品种，以及播期、栽插期、抽穗期早晚等，将稻田划分成几种主要类型田。每种类型田选择有代表性的稻田 3 块，秧田每块田调查 10～20 m²；本田采用平行跳跃式取样，每块田取 5 个样点，每样点调查 50 丛水稻，计算卵块密度。将调查时摘取的卵块按点分放至试管内，1 管放 1 块，管口用湿脱脂棉塞住，保湿培养，室内观察卵块情况，累计孵化进度，同时记载卵块和卵粒寄生数。调查结果记入"三化螟卵块密度和孵化进度调查表"。

>> **螟害率调查**

　　调查时间：在各代为害造成枯心苗、白穗（枯孕穗）基本稳定后各调查 1 次。可结合各发生代虫口密度调查同时进行。

　　调查方法：取样方法同发生代调查方法，调查被害丛、株数。同时查 20 丛水稻的分蘖数或有效穗数，以及每平方米水稻丛数，计算螟害率。调查结果记入表 1 - 24。

>> **苗情和农事活动调查**

　　调查观测区内水稻不同熟制类型及面积比例、主要品种的种植比例、耕作栽培、药剂防治情况及气象情况等。根据水稻生育期常规记载要求，分别观察记载主要品种的播种期、移栽期、分蘖期、拔节期、孕穗破口期、抽穗期等主要生长发育阶段。调查结果记入表 1 - 25。

>> **调查数据记录与归档**

　　在各项调查结束后，填写调查资料表册（表 1 - 19～表 1 - 25），用于各地留档保存当年发生预测报资料；植保系统内按规定格式、时间和内容填报模式报表（表 1 - 26～表 1 - 28），并采用互联系统等传输工具及时上报。

预测预报

　　根据各代虫口密度，幼虫、蛹发育进度，水稻品种布局、生育期及天气预报，结合历年三化螟发生资料，预测发生为害趋势。

>> **发生期预测**

　　发生期按各虫态发育进度划分为始见期、盛发期和终见期。

　　化蛹进度预测法：根据田间幼虫、蛹发育进度调查结果，参考气象预报，加上相应的虫态历期，预测成虫发生盛期。方法是幼虫分龄、蛹分级，计算各龄幼虫数、各级蛹数及其占总数的百分率，然后从最高级发育级向下一次逐龄（级）累加，计算累加百分率，做成成虫发生始盛、高峰和盛末期预报。再加上产卵前期和常年当代卵历期，预测卵孵化始盛、高峰和盛末期。

　　期距预测法：积累有多年历史资料的，可采用期距法预测。根据当地多年的历史资料，计算出两个世代或两个虫态之间的间隔天数（即期距），计算历年期距的平均值时，还要计算这一平均值的标准差，以衡量平均数的变异大小，并找出早发、中发和迟发年份的期距。在环境条件变化较大时，除参考历年期距平均值外，结合选用历史上气象、苗情等相似年期距，做出预报。

（一）三化螟调查资料表册

三化螟调查资料见表1-19～表1-25。

表1-19　白背飞虱越冬带毒情况调查

调查日期	调查地点	类型田	调查面积（m²）	调查丛数（丛）	每亩丛数（丛）	活虫数（头）	死虫数（头）	死亡率（%）	折合亩活虫数（头）	占越冬螟虫总数百分率（%）	备注

表1-20　三化螟幼虫发育进度调查表

调查日期	世代	类型田	品种	生育期	总虫数			各龄幼虫数量及百分比											合计（头）	幼虫寄生率（%）	备注
					活虫数（头）	死虫数（头）	死亡率（%）	1龄		2龄		3龄		4龄		5龄		预蛹				
								虫数（头）	百分比（%）	虫数（头）	百分比（%）	虫数（头）	百分比（%）	虫数（头）	百分比（%）	虫数（头）	百分比（%）	虫数（头）	百分比（%）			

表1-21　三化螟蛹发育进度调查表

调查日期	世代	类型田	品种	生育期	总虫数			各龄幼虫数量（头）及百分比（%）															合计（头）	蛹寄生率（%）	备注
					活虫数（头）	死虫数（头）	死亡率（%）	1级		2级		3级		4级		5级		6级		7级		蛹壳				
								蛹数（头）	百分比（%）	蛹数（头）	百分比（%）	蛹数（头）	百分比（%）	蛹数（头）	百分比（%）	蛹数（头）	百分比（%）	蛹数（头）	百分比（%）	蛹数（头）	百分比（%）	蛹数（头）	百分比（%）			

表1-22　三化螟灯下诱测记载表

诱测日期	地点	蛾量（头）		开灯时间内气象要素	备注

表1-23　三化螟卵块密度和孵化进度调查表

调查日期	世代	地点	类型田	品种	生育期	取样数量或面积（丛或m²）	当天卵块数（块）	累计卵块数（块）	折合亩卵块数（块）	当天孵化		累计孵化		累计寄生率（%）	备注
										块数（块）	百分率（%）	块数（块）	百分率（%）		

表1-24　三化螟为害情况调查表

调查日期	地点	类型田	品种	生育期	调查面积（m²）	调查丛数（丛）	调查株数（株）	螟害数		螟害率（%）		防治情况	备注
								为害丛数（丛）	为害株数（株）	为害丛率	为害株率		

表 1－25　水稻苗情及农事活动调查记载表

调查日期	水稻类型	品种	占观测区面积比例（%）	播种期	移栽期	分蘖盛期	拔节盛期	孕穗盛期	抽穗盛期	成熟期	耕作栽培	防治情况	气象情况	备注

（二）三化螟模式报表

三化螟模式报表见表 1－26～表 1－28。

表 1－26　冬前越冬虫口密度调查模式报表

填报单位	填报日期	越冬虫源面积（亩）	各类型田加权平均活虫数（头/亩）	死亡率（%）

注：汇报时间为每年 10 月底至 11 月初。

表 1－27　冬后活虫数及发育进度调查模式报表

填报单位	填报日期	各类型田加权平均活虫数（头/亩）	死亡率（%）	预计羽化盛期（月/日）	预计卵孵化盛期（月/日）	预计一代发生程度级	预计一代发生面积比例（%）

注：汇报时间在越冬代幼虫化蛹始盛期，华南、江南南部稻区 3 月底至 4 月中旬，长江、江淮稻区在 5 月上旬前。

表 1－28　各代三化螟发生实况调查及下代预测模式报表

填报单位	填报日期	世代	全代蛾量（头）	羽化高峰期（月/日）	卵孵高峰期	螟害率（%）为害丛率	螟害率（%）为害株率	螟害率（%）	虫口密度（头/亩）	预计下一代 发生程度级	预计下一代 蛾盛期（月/日）	预计下一代 卵孵盛期（月/日）	预计下一代 发生面积比例（%）

注：在各代三化螟螟害率调查完成后上报。

（三）三化螟调查资料计算方法

1. 虫口密度　按公式（1－19）或公式（1－20）计算各类型田每亩活虫数，按公式（1－21）计算当地各类型田加权平均每 667 m² 活虫数。按公式（1－22）计算某一类型田面积比例。

$$P = \frac{C \times Z}{D} \tag{1－19}$$

式中：

P——每亩活虫数，单位为头每亩（头/亩）；

C——查的总活虫数，单位为头（头）；

Z——每亩稻丛（或稻根）数，单位为丛（根）；

D——调查稻丛（或稻根）数，单位为丛（根）。

$$P = \frac{C \times I}{S} \tag{1－20}$$

式中：

P——每亩活虫数，单位为头每亩（头/亩）；

C——查的总活虫数，单位为头（头）；

I——亩；

S——调查面积，单位为平方米（m²）。

$$X = \Sigma(P \times R) \qquad (1-21)$$

式中：

X——加权平均活虫数，单位为头每亩（头/亩）；

P——某一类型田每亩活虫数，单位为头；

R——某一类型田面积比例，单位为百分率（%）。

其中：

$$R = \frac{Si}{S} \times 100 \qquad (1-22)$$

式中：

R——某一类型田面积比例，单位为百分率（%）；

Si——该类型田面积，单位为亩；

S——各类型田总面积，单位为亩。

2. 死亡率　按公式（1-23）、公式（1-24）计算各类型田死亡率，按公式（1-25）计算各类型田加权平均死亡率。

$$W = \frac{L+Y}{N} \times 100 \qquad (1-23)$$

式中：

W——每块田的死亡率，单位为百分率（%）；

L——死幼虫数，单位为头（头）；

Y——死蛹数，单位为头（头）；

N——总虫数，单位为头（头）。

$$V = \frac{W_z}{H} \qquad (1-24)$$

式中：

V——每类型田平均死亡率，单位为百分率（%）；

W_z——该类型田调查田死亡率的总和；

H——该类型田调查田块数，单位为块。

$$W_1 = \Sigma(V_1 \times R) \qquad (1-25)$$

式中：

W_1——各类型田加权平均死亡率，单位为百分率（%）；

V_1——某类型田平均死亡率，单位为百分率（%）；

R——某类型对应的面积比率，单位为百分率（%）。

3. 幼虫、蛹发育进度　按公式（1-26）计算各龄幼虫或各级蛹占百分率，按公式（1-27）计算加权发育进度。

$$P_P = \frac{L_P}{Z_P} \times 100 \qquad (1-26)$$

式中：

P_P——某龄幼虫（或某级蛹）占百分率，单位为百分率（%）；

L_P——某龄幼虫数（或某级蛹数），单位为头（头）；

Z_P——剥查活幼虫、蛹和蛹壳总数。

$$P_w = \Sigma(E_1 \times A_1) \qquad (1-27)$$

式中：

P_w——某龄幼虫（或某级蛹）平均百分率，单位为百分率（%）；

E_1——某类型田某龄幼虫（或某级蛹）百分率，单位为百分率（%）；

A_1——该类型田代表百分率，单位为百分率（%）。

其中，该类型田代表百分率按公式（1-28）计算。

$$A_1 = \frac{O_1 \times T_1}{\sum(M_1 \times N_1)} \times 100 \qquad (1-28)$$

式中：

A_1——该类型田代表百分率，单位为百分率（%）；

O_1——该类型田面积，单位为平方米（m²）；

T_1——该类型田虫口密度，单位为头（头）；

M_1——某类型田面积，单位为平方米（m²）；

N_1——某类型田平均虫口密度，单位为（头）。

4. 卵块密度 按公式（1-29）计算每块田累计卵块密度，按公式（1-30）计算每块秧田累计卵块密度，按公式（1-31）计算当地加权平均累计卵块密度。

$$K_C = \frac{L_C \times S_C}{M_C} \qquad (1-29)$$

式中：

K_C——每块田累计卵块密度，单位为块每亩（块/亩）；

L_C——查的累计卵块数，单位为块；

S_C——每亩稻丛总数，单位为丛；

M_C——调查水稻丛数，单位为丛。

$$K_S = \frac{L_S}{S_S} \times 667 \qquad (1-30)$$

式中：

K_S——每块秧田累计卵块密度，单位为块每亩（块/亩）；

L_S——查得累计卵块数，单位为块；

S_S——调查的秧田面积，单位为平方米（m²）。

$$K_R = \sum(L_R \cdot P_R) \qquad (1-31)$$

式中：

K_R——当地平均卵块密度，单位为块每亩（块/亩）；

L_R——某类型田平均卵块密度，单位为块每亩（块/亩）；

P_R——某类型田对应的面积百分率，单位为百分率（%）。

5. 卵块寄生率 按公式（1-32）计算卵块寄生率。

$$S = \frac{J}{Z} \times 100 \qquad (1-32)$$

式中：

S——卵块寄生率，单位为百分率（%）；

J——卵块被寄生总数，单位为块；

Z——卵块总数，单位为块。

6. 螟害率 按公式（1-33）计算调查田块的枯心（或白穗）率，按公式（1-34）计算一种类型田平均枯心（白穗）率，按公式（1-35）计算当地平均枯心（白穗）率，按公式（1-36）计算螟害率。

$$K_X = \frac{C_X}{Z_X \times 10} \times 100 \qquad (1-33)$$

式中：

K_X——调查田块的枯心（或白穗）率，单位为百分率（%）；

C_X——100 丛稻内的枯心（白穗）数，单位为穗；

Z_X——10 丛稻分蘖数（穗数），单位为穗。

$$L_V = \frac{K_Z}{K} \times 100 \tag{1-34}$$

式中：

L_V——一种类型田平均枯心（或白穗）率，单位为百分率（％）；

K_Z——调查同一类型田块枯心（或白穗）率（％）的总和；

K——调查同一类型田块数，单位为块。

$$B_A = \Sigma(L_A \times P_A) \tag{1-35}$$

式中：

B_A——当地平均枯心（或白穗）率，单位为百分率（％）；

L_A——一类型田块枯心（或白穗）率，单位为百分率（％）；

P_A——该类型田的面积百分率，单位为百分率（％）。

$$M_3 = K_3 + (1 - K_3) \times B_3 \tag{1-36}$$

式中：

M_3——螟害率，单位为百分率（％）；

K_3——枯心率，单位为百分率（％）；

B_3——白穗率，单位为百分率（％）。

(四) 三化螟发生程度及发育进度分级指标

三化螟发生程度及发育进度分级指标见表 1-29～表 1-33。

表 1-29　三化螟发生为害程度分级标准

项目	轻发生（1级）	偏轻发生（2级）	中等发生（3级）	偏重发生（4级）	大发生（5级）
卵块（块/亩）	<50	51～150	151～300	301～500	>500
面积比例（％）	80 以上	25～50	20～50	20～50	50 以上

表 1-30　三化螟卵的分级标准

级别	卵块底面颜色	卵粒颜色
1	乳白色	白色、半透明
2	浅褐到灰褐	黄白到灰白、半透明
3	灰白	灰白
4	灰黑到黑色	可见卵内幼虫

表 1-31　三化螟幼虫分龄标准

龄期	体长（mm）	体色	头壳宽（mm）	头壳色	其他特征
1	1.2～3	灰黑	0.20～0.29	黑	前胸背板黑色，第 1 腹节背面白色
2	4～7	黄白	0.30～0.46	黄褐	前胸和中胸交界处可以透见 1 对纺锤形的隐斑，连接头壳后缘上，腹足趾钩 12～16 个
3	7～9	浅黄	0.44～0.70	浅褐	背部中央可透见背血管（半透明线），前胸背板后部有 1 块淡黄褐色三角形隐斑，腹足趾钩 16～22 个
4	9～15	黄绿	0.61～0.85	褐	前胸背板后部有 1 对新月形的褐斑，靠中央排列，腹足趾钩 21～27 个
5	15～20	绿	>1	褐	前胸背板与 4 龄幼虫相同，但趾钩比 4 龄粗壮，有 29～32 个
预蛹					幼虫老熟，体节缩短，稻茎上已咬出羽化孔

表 1-32 三化螟蛹分级标准（浙江）

蛹 级	特 征
1	复眼后缘处有1/4眼面变淡红褐色
2	复眼褐色范围扩大到1/3～1/2
3	复眼褐色范围扩大到3/4以上，近头顶部分界线不明显
4	复眼全部褐色、雌蛹尾节背面由黄绿色变稠白色
5	复眼变黑或黑褐色，翅芽变蜡白色
6	复眼蒙上白色薄膜，但能透见内部黑色
7	复眼全部蒙上金色薄膜，但仍能透见内部黑点，翅芽开始变色（雄的变灰褐色至茶褐色、翅点与斜纹开始显现；雌的变鲜橙红色，翅点明显）；腹部背面后期现淡金黄色
8	复眼由褐变灰黑色，雄蛹全身银灰色，翅芽由茶褐色变黑色，雌蛹全身金黄色，翅芽变鲜金黄色；腹节开始膨胀，后期节间伸长

表 1-33 三化螟蛹分级标准（江苏）

级别	体 色	主要形态 复眼色泽	翅点	雌蛹尾节	分级口诀
1	淡青白色	透明，眼点蓝紫色，眼表明有褐斑	无	淡黄绿色	1级复眼同体色
2	淡黄绿色	灰褐色，眼表明褐斑大	无	淡黄绿色	2级复眼褐半边
3	淡黄褐色转乳白色	全呈深褐色，眼点消失	无	蜡白色	3级复眼全褐色
4	乳白色	乌黑色	无	银白色	4级复眼乌黑色
5	头、胸和翅基淡褐色	乌黑色，外包乳白色薄膜	不明显	银灰色	5级复眼银灰色
6	头、胸和翅基全褐色，翅芽外缘及腹部背面橙黄色，腹渐显金色光泽	外包金色薄膜	明显	金褐色	6级复眼转赤金
7	全体金黄色，有光泽	外包金色薄膜加厚	不明显	金褐色	7级羽化待天黑

（五）三化螟不同虫态发育历期

三化螟不同虫态发育历期见表1-34～表1-36。

表 1-34 三化螟卵各级历期

级别	发育平均所需天数（d） 第1代	第2代	第3代	第4代
1	3	1	1	2
2	3	2	2	2
3	4	3	3	3
4	2～3	1～2	1～2	2
温度范围（℃）	21 d左右	28 d左右	28 d左右	24 d左右

表 1-35 三化螟幼虫各龄历期

代别	1龄	2龄	3龄	4龄	5龄
1	4.7	5.4	5.6	12.3	—
2	3.5	3.8	3.7	6.2	—
3	3.7	4.0	4.3	8.0	—

表 1-36　三化螟各级蛹历期和到羽化的天数

蛹级	越冬代		第 1 代		第 2 代	
	当级需要天数（d）	到羽化平均天数（d）	当级需要天数（d）	到羽化平均天数（d）	当级需要天数（d）	到羽化平均天数（d）
1	2.8	19.6	1.0	8.7	1.2	7.9
2	2.5	16.8	1.6	7.7	1.2	6.7
3	3.5	14.3	1.5	6.1	1.0	5.5
4	1.4	10.8	1.0	4.6	1.0	4.5
5	4.3	9.4	1.5	3.6	1.3	3.5
6	1.9	5.1	1.0	2.1	1.2	2.3
7	3.2	3.2	1.1	1.1	1.1	1.1
温度（℃）	19～24，平均20		26～31.7，平均27		27.2～30.4，平均29	

（六）三化螟各代雌成虫卵数及造成的螟害数

三化螟各代雌成虫卵数及造成的螟害数见表 1-37。

表 1-37　三化螟各代雌成虫卵数及造成的螟害数

世代	一头雌蛾产卵块数（块）	一个卵块平均卵粒数（粒）	一个卵块平均孵化幼虫数（头）	一个卵块可能造成的为害	
				枯心苗（枝）	白穗（枝）
1代	3	56.8	31	20～30	—
2代	2	106.7	61.7	40～50	30～40
3代	2	112.0	95.4	40～50	30～40

十、水稻条纹叶枯病防治技术规程

>> 简　介

水稻条纹叶枯病是由灰飞虱为媒介传播的病毒病，俗称水稻上的"癌症"。病株常枯孕穗或穗小畸形不实。拔节后发病在剑叶下部出现黄绿色条纹，各类型稻均不枯心，但抽穗畸形，结实很少。

>> 防治策略

以选用抗（耐）病品种、适当调整播栽期、秧田期覆盖无纺布或防虫网为基础，与药剂防治灰飞虱"治虫控病"相结合的综合控制策略。

>> 形态特征

1. 成虫　长翅型体长（连翅）雄虫 3.5 mm，雌虫 4.0 mm；短翅型体长雄虫 2.3 mm，雌虫 2.5 mm。头顶与前胸背板黄色，雌虫则中部淡黄色，两侧暗褐色。前翅近于透明，具翅斑。胸、腹部腹面雄虫为黑褐色，雌虫黄褐色，足皆淡褐色。

2. 卵　呈长椭圆形，稍弯曲，长 1.0 mm，前端较细于后端，初产乳白色，后期淡黄色。

3. 若虫　共 5 龄。

1 龄若虫体长 1.0～1.1 mm，体乳白色至淡黄色，胸部各节背面沿正中有纵行白色部分。

2 龄体长 1.1～1.3 mm，黄白色，胸部各节背面为灰色，正中纵行的白色部分较第 1 龄明显。

3龄体长1.5mm，灰褐色，胸部各节背面灰色增浓，正中线中央白色部分不明显，前、后翅芽开始呈现。

4龄体长1.9~2.1mm，灰褐色，前翅翅芽达腹部第1节，后翅翅芽达腹部第3节，胸部正中的白色部分消失。

5龄体长2.7~3.0mm，体色灰褐渐浓，中胸翅芽达腹部第3节后缘并覆盖后翅，后胸翅芽达腹部第2节，腹部各节分界明显，腹节间有白色的细环圈。越冬若虫体色较深。

主要防治技术要点

>> 防治要点

（1）选用适合当地种植的抗（耐）病虫良种。

（2）应用小苗抛栽、机插等栽培措施，在适期范围内适当调整播栽期，使水稻易感病期避开灰飞虱迁入高峰期。

（3）集中育秧，秧田选址应远离麦田，集中连片育秧。

（4）清洁田园，稻田及麦田耕翻，恶化灰飞虱生存和食料条件；人工或化学方法清除田埂和稻田周边禾本科杂草。

（5）发病田块管理，秧田移栽时要剔除病株，适当增加每穴株数，保证基本苗数量；分蘖盛期前及时拔除病株，同时调余补缺，剥蘖补苗，加强肥水管理，促进苗情转化。对病株率大于50%的大田要翻耕改种。

>> 物理防治

秧田全程覆盖无纺布或防虫网，即在水稻落谷出苗前或覆膜育苗揭膜后，选用15~20 g/m²规格的无纺布或20目以上的防虫网覆盖秧苗。防虫网覆盖时要于四周设立支架，支架顶端与秧苗保持30 cm以上高度，以利于通风透光。

>> 化学防治

秧田全程覆盖防虫网或无纺布，即在水稻落谷出苗前或覆膜育苗揭膜后，选用20目以上的防虫网或15~20 g/m²规格的无纺布覆盖育苗。防虫网覆盖时要于四周设立支架，支架顶端与秧苗保持30 cm以上高度，以利于通风透光。

化学防治

>> 灰飞虱虫源田防治

（1）提倡防治麦田和冬闲虫源田灰飞虱，可结合麦田赤霉病、蚜虫等病虫防治一并进行，减少水稻秧田与大田基数。

（2）施药时期　灰飞虱低龄若虫盛期。

（3）防治药剂　每亩可选用25%吡蚜酮悬浮剂25~30 g或20%异丙威乳油150~200 mL等药剂喷雾，或80%敌敌畏乳油250~300 mL毒土熏蒸。

（4）施药方法　喷雾法，采用手动喷雾器或机动喷雾机，手动喷雾每亩用水量30~45 kg，机动喷雾亩用水量15~20 kg，应避免在雨天或风速大于8 m/s时施药。毒土法，将适当剂量药剂加入适量水中，混匀后拌入15~20 kg细土，充分拌匀制成毒土，毒土要求握之成团、松之即散，于晴天下午均匀洒施，施药时田间保持干燥。

>> 药剂拌种

选用噻虫嗪，吡虫啉等药剂拌种。每千克稻种选用30%噻虫嗪种子处理悬浮剂1.2~3.5 g或60%吡虫啉种子悬浮剂2~4 mL均匀拌种。

化学防治

>> **秧田期防治**

对未实施无纺布或防虫网覆盖的秧田进行药剂防治。

1. 防治时期和防治对象　灰飞虱迁入秧田盛期，稻麦连作区通常为当地麦收盛期。于灰飞虱迁移盛期，对带毒灰飞虱虫量高、品种感病的秧田进行防治，用药间隔期为 3～5 d，连续防治 2～3 次；对带毒虫量低或品种较抗病的秧田，可延长用药间隔期，减少用药次数。秧苗移栽前 2～3 d 用药防治 1 次，带药移栽。

2. 防治指标　一代成虫防治指标，即每平方米有带毒虫 10 头。二代若虫防治指标，每平方米有带毒虫 15 头。

3. 防治药剂　应坚持速效性强与持效期长的药剂结合使用。每亩可选用 25％吡蚜酮悬浮剂 25～30 mL 或 20％烯啶虫胺水剂 25～30 mL 或 20％烯啶虫胺水剂 25 mL 或 20％异丙威乳油 150～200 mL 或 25％噻虫嗪水分粒剂 4～6 g 等药剂。

4. 施药方法　采用喷雾法，均匀喷施，药后保持 3～5 cm 水层 3～5 d 避免在雨天或风速大于 8 m/s 进行防治作业。

>> **大田防治**

1. 移栽大田防治

（1）施药时期　水稻返青活棵后，灰飞虱低龄若虫盛期。

（2）防治指标　2 代、3 代若虫防治指标为百丛水稻有带毒灰飞虱 10 头。

（3）防治药剂　每亩可选用 25％吡蚜酮悬浮剂 25～30 mL 或 20％烯啶虫胺水剂 25 mL 或 20％异丙威乳油 150～200 mL 或 10％醚菊酯乳油 80 mL 或 25％噻虫嗪水分散粒剂 4～6 g 等药剂。

（4）施药方法　采用喷雾法，手动喷雾每亩用水量 30～45 L，机动喷雾每亩用水量 15～20 L，喷施要均匀，药后保持 3～5 cm 水层 3～5 d；避免在雨天及风速大于 8 m/s 进行防治作业。

2. 直播稻田防治

（1）防治时期　于播种后 7～10 d（秧苗现青期）第 1 次用药，之后视虫情进行防治。

（2）防治指标　每平方米有带毒灰飞虱 15 头。

（3）防治药剂　每亩可选用 25％吡蚜酮悬浮剂 25～30 mL 或 20％烯啶虫胺水剂 25 mL 或 20％异丙威乳油 150～200 mL 或 10％醚菊酯乳油 80 mL 或 25％噻虫嗪水分散粒剂 4～6 g 等药剂。

（4）施药方法　采用喷雾法，手动喷雾每亩用水量 30～45 L，机动喷雾每亩用水量 15～20 L，喷施要均匀，药后保持 3～5 cm 水层 3～5 d，避免在雨天或风速大于 8 m/s 进行防治作业。

十一、水稻黑条矮缩病防治技术规程

>> **简　介**

水稻黑条矮缩病（rice black-streaked dwarf disease）是一种由灰飞虱为主要传毒介体，在我国南方稻区广为发生流行的一种水稻病毒性病害。

>> 防治策略

以选用抗（耐）病品种、适当调整播栽期为基础，秧田期覆盖防虫网或无纺布、药剂防治灰飞虱"治虫控病"相结合的综合治理策略。

>> 形态特征

成虫：长翅型体长（连翅）雄虫 3.5 mm，雌虫 4.0 mm；短翅型体长雄虫 2.3 mm，雌虫 2.5 mm。头顶与前胸背板黄色，雌虫则中部淡黄色，两侧暗褐色。前翅近于透明，具翅斑。胸、腹部腹面雄虫为黑褐色，雌虫黄褐色，足皆淡褐色。

卵：呈长椭圆形，稍弯曲，长 1.0 mm，前端较细于后端，初产乳白色，后期淡黄色。

若虫：共 5 龄。

1 龄若虫体长 1.0～1.1 mm，体乳白色至淡黄色，胸部各节背面沿正中有纵行白色部分。

2 龄体长 1.1～1.3 mm，黄白色，胸部各节背面为灰色，正中纵行的白色部分较第 1 龄明显。

3 龄体长 1.5 mm，灰褐色，胸部各节背面灰色增浓，正中线中央白色部分不明显，前、后翅芽开始呈现。

4 龄体长 1.9～2.1 mm，灰褐色，前翅翅芽达腹部第 1 节，后翅翅芽达腹部第 3 节，胸部正中的白色部分消失。

5 龄体长 2.7～3.0 mm，体色灰褐渐浓，中胸翅芽达腹部第 3 节后缘并覆盖后翅，后胸翅芽达腹部第 2 节，腹部各节分界明显，腹节间有白色的细环圈。越冬若虫体色较深。

>> 防治指标

主要防治指标

防治指标：杂交稻秧田每亩灰飞虱带毒虫量 1 000 头、大田初期每亩灰飞虱带毒虫量 3 000 头，其他品种类型稻田可适当放宽。

调查方法：根据稻作、品种、生育期划分类型田，每类型田查 3 块田，秧田每块田查 10 个点，采用白瓷盆扫查，棋盘式取样，每点 0.15 m²；大田每块田查 50 丛，平行跳跃式取样，每点取样 2 丛，采用白瓷盆拍查，记载灰飞虱数量。测定灰飞虱带毒率，计算灰飞虱带毒虫量。

防治对象田：水稻秧苗 2～5 叶期、大田移栽后 20 d 内，带毒灰飞虱数量达到防治指标的田块，确定为防治对象田。

灰飞虱带毒率按公式（1-37）计算：

$$Lc = \frac{Nc}{Nt} \times 100 \qquad (1-37)$$

式中：

Lc——灰飞虱带毒率，单位为百分率（%）；

Nc——带毒灰飞虱虫量，单位为头；

Nt——测定灰飞虱总虫量，单位为头。

灰飞虱带毒虫量按公式（1-38）计算：

$$Ne = Ns \times Lc \qquad (1-38)$$

式中：

Ne——单位面积灰飞虱带毒虫量，单位为头；

Ns——单位面积灰飞虱总虫量，单位为头。

防治技术要点

>> **农业防治**

种植抗（耐）病品种：因地制宜，推广应用优质、高产、抗（耐）病良种。

调整水稻播栽期：依据灰飞虱迁入期，适当调整水稻播栽期，使水稻感病敏感期避开灰飞虱迁入高峰期。

集中育秧：秧田选址应远离麦田和荒草地，集中连片育秧。加强田间肥水管理，科学合理施用氮肥、磷肥、钾肥，促进水稻健壮生长，提高植株抗逆性和抗病性。

清洁田园：结合农田翻耕、中耕除草和化学除草等方法，做好春季稻田和冬闲田的虫源地杂草防除，减少越冬虫源基数。

>> **物理防治**

秧田全程覆盖防虫网或无纺布，即在水稻落谷出苗前或覆膜育苗揭膜后，选用20目以上的防虫网或$15\sim20\ g/m^2$规格的无纺布覆盖育苗。防虫网覆盖时要于四周设立支架，支架顶端与秧苗保持30 cm以上高度，以利于通风透光。

>> **化学防治**

麦田和休闲地防治：重病区结合麦田赤霉病、蚜虫等病虫防治，兼治灰飞虱。每亩可选用25%吡蚜酮可湿性粉剂30 g，或20%异丙威乳油150～200 mL，兑水30～45 L喷雾。

药剂拌种：选噻虫嗪、吡虫啉等药剂拌种。每千克稻种选用30%噻虫嗪种子处理悬浮剂1.2～3.5 g或60%吡虫啉种子处理悬浮剂2～4 mL均匀拌种。

秧田防治：每亩可选用25%吡蚜酮可湿性粉剂30 g，或20%异丙威乳油150～200 mL，或20%烯啶虫胺水剂25 mL，或10%醚菊酯悬浮剂60～80 mL，兑水30～45 L，叶面均匀喷雾。第1次施药后，进行田间防治效果调查，视虫（病）情，连续防治2～3次，防治间隔7～10 d。水稻秧苗移栽前2～3 d或覆盖育秧揭网（布）的同时防治1次，带药移栽。

大田防治：大田秧苗移栽后20 d之内应防治1次。每亩可选用20%烯啶虫胺水剂25 mL，或10%醚菊酯悬乳剂60～80 mL，或25%吡蚜酮可湿性粉剂30 g，或20%异丙威乳油150～200 mL，或25%噻虫嗪水分散粒剂4～6 g，兑水30～45 L，叶面均匀喷雾。施药后保持3～5 cm水层3～5 d，保证防治效果。

应急补救

>> **应急补救**

水稻发病初期，每亩可选用8%宁南霉素水剂50 mL，或30%毒氟磷可湿性粉剂60 g等抗病毒剂，兑水30～45 L。叶面均匀喷雾1～2次，缓解症状。发病较重田块，在分蘖期及时拔除病株，补栽秧苗，或从健丛上剥蘖补栽。

十二、稻水象甲监测技术规范

>> **监测植物**

水稻、白茅、芦苇、狗尾草、玉米苗等禾本科或莎草科植物。

>> **监测区域**

发生区监测区域：重点监测发生疫情的地块和发生边缘区，主要监测稻水象甲发生动态和扩散趋势。

未发生区监测区域：重点监测水流及交通沿线、寄主植物分布区、来自疫情发生区的寄主植物及其产品集散地等高风险区域。主要监测稻水象甲是否传入。

〉〉 发生程度分级

零级：水稻生育期内无发生。

一级：轻度，水稻秧田期平均每平方米稻水象甲成虫数≤5头，或者本田期平均每百丛稻水象甲幼虫数≤50头。

二级：中度，水稻秧田期平均每平方米稻水象甲成虫数6～15头，或者本田期平均每百丛稻水象甲幼虫数51～500头。

三级：重度，水稻秧田期平均每平方米稻水象甲成虫数≥15头，或者本田期平均每百丛稻水象甲幼虫数＞501头。

〉〉 鉴　定

监测中发现可疑的稻水象甲样本，应妥善保存并带回实验室按 NY/T 1483—2007 中的方法进行鉴定，鉴定结果填入表1-42。

⇨

〉〉 监测报告

记录监测结果并填写表 1-43。植物检疫机构对监测结果进行整理汇总形成监测报告。

⇨

〉〉 标本保存

经鉴定为稻水象甲的标本，置于酒精中保存，并注明标本寄主、采集时间、采集地点、采集人、制作时间及制作人等，标本保存时间不少于2年。

监测方法

〉〉 未发生区监测

访问调查：在稻水象甲成虫活动期进行访问调查，观察寄主植物上是否有成虫或其为害状，向水稻及其他寄主植物种植户、农技人员和农资经销商等相关人员询问相关信息，调查结果填入表1-38。

灯光诱集：稻水象甲成虫发生期，将诱虫灯设置在稻田中或水稻产品集散地等高风险区，灯管距离地面1.5 m，日落前开灯，次日日出后闭灯，查看是否诱到成虫。

〉〉 发生区监测

越冬成虫监测：当稻水象甲迁入山坡、草地、田埂、沟渠等越冬场所后，选择3～5处调查点，每处调查点随机取5个长30 cm、宽30 cm、深5 cm的样点进行筛土检查。将样点土、植物残枝落叶、根等过32目筛后，挑出成虫放在铁盘上加热至50～60 ℃，成虫在热铁盘四周爬行时拣出，将相关记录数据填入表1-39。

秧田成虫监测：秧田揭膜后至移栽前，采用棋盘式10点取样，每点调查0.1 m²，观察是否有成虫为害。将相关记录数据填入表1-40。

成虫灯光诱集：稻水象甲成虫发生期，将诱虫灯设置在稻田中或水稻产品集散地等高风险区，灯管距离地面1.5 m，日落前开灯，次日日出后闭灯，查看是否诱到成虫。

本田幼虫监测：插秧后1～2个月内，采用对角线5点取样法，每点选择3丛进行调查。将待查植株根部直径9～10 cm，深20 cm的根系及土壤一并带回实验室检查。将样品根系和土壤放入60～80目的纱网袋内筛洗，观察是否有稻水象甲幼虫为害。将相关记录数据填入表1-41。

（一）稻水象甲疫情访问调查表

见表 1-38。

表 1-38 稻水象甲疫情访问调查表

访问单位	
访问地点	
访问对象	
寄主植物来源及种植情况	
寄主植物及产品调运情况	
是否发现过稻水象甲害虫	
为害情况及虫态数景	
其他	

调查记录人： 调查日期：

（二）稻水象甲越冬成虫调查表

见表 1-39。

表 1-39 稻水象甲越冬成虫调查表

监测单位（盖章）			
调查地点	县（市） 乡（镇） 村		
	东经	北纬	海拔高度（m）
	单位（农户）名称：		
寄主种类		寄主生育期	
寄主地形		调查面积（m²）	
越冬成虫数量	活虫： 死虫：		
样本采集编号			
其他说明			

调查记录人： 调查日期：

（三）稻水象甲成虫秧田调查记录表

见表 1－40。

表 1－40　稻水象甲成虫秧田调查记录表

监测单位（盖章）				
调查地点（乡镇/村）			调查日期	
代表面积（m²）			与地时间	
调查样点序号	调查秧田类型	调查点秧苗株数（株）	成虫数量（头）	每平方米成虫数（头）

（四）稻水象甲幼虫本田调查记录表

见表 1－41。

表 1－41　稻水象甲幼虫本田调查记录表

监测单位（盖章）						
调查地点（乡镇/村）					调查日期	
代表面积（m²）					寄主生育期	
调查样点序号	调查本田类型	调查点株数（株）	幼虫数量（头）	蛹数量（头）	蛹壳数（个）	百丛幼虫数（头）

（五）植物有害生物样本鉴定报告

见表 1 - 42。

表 1 - 42　植物有害生物样本鉴定报告

植物名称				品种名称	
植物生育期		样品数量		取样部位	
样品来源		送检日期		送检人	
送检单位				联系电话	
检测鉴定方法：					
检测鉴定结果：					
备注：					
鉴定人（签名）： 审核人（签名）：					
				鉴定单位盖章： 年　月　日	

注：本单一式三份，检测单位、受检单位和检疫机构各一份。

（六）稻水象甲调查监测记录表

见表 1 - 43。

表 1 - 43　稻水象甲调查监测记录表

监测对象		监测单位	
监测地点		联系电话	
监测到有害生物（或疑似有害生物）的名称		数量	备注
监测方法：			
疫情描述：			
备注：			
	监测单位（盖章）： 监测人（签名）： 年　月　日		

十三、水稻二化螟抗药性监测技术规程

(一) 试材准备

1. 试虫采集　选当地具有代表性的水稻秧田或本田3块以上,每地采集二化螟卵块100块以上,或白天在田间用捕虫网、养虫笼等工具或夜晚在黑光灯下诱集成虫200头以上,供室内饲养。

2. 试虫饲养

(1) 成虫产卵　采集的成虫放入恒温培养箱中的养虫笼中,相对湿度为85%~90%,在未用药处理的感虫、生长嫩绿的秧苗上分批产卵(1~2 d一批),所产卵块分批在恒温培养箱中培育至黑头。

(2) 幼虫饲养　将大田采集或室内饲养已黑头的卵块接入盛有人工饲料或栽有5~6 cm高稻苗的玻璃广口瓶中(每瓶幼虫密度控制在约100头),置于温度为(28±1)℃、光周期为16 h∶8 h(L∶D)的恒温培养箱、恒温养虫室或人工气候箱中,设弱下光照,以免幼虫逃逸。饲养至生理状态一致、体重范围在每头6~9 mg的4龄幼虫供试。

(3) 供试水稻　取一定量水稻种子,在适宜温度下(一般28℃)浸种2 d,催芽至露白后,播入玻璃广口瓶或果酱瓶中,瓶口封上一层保鲜膜并扎少量透气孔,置于适宜温度下培养,待稻苗长至5~6 cm时供初孵幼虫取食。

(4) 试验人工饲料　配制人工饲料,现配现用,或于4℃冰箱中保存,试验前从冰箱中取出,待回温至室温,即可用于试验(每小号培养皿内加长约2 cm、厚约0.5 cm的条状饲料)。饲料配方及配制步骤见表1-44。

表1-44　饲料配方及配制步骤

组分编号	配料	含量
1	葡萄糖	5 g
2	酪蛋白(干酪素)	15 g
3	干酵母	10 g
4	麦芽粉	20 g
5	稻茎叶粉	10 g
6	威氏盐	2 g
7	胆固醇	0.2 g
8	蔗糖	5 g
9	氯化胆碱	0.5 g
10	山梨酸	1 g
11	琼脂	10 g
12	自来水	400 mL
13	1%甲醛	2 mL
14	抗坏血酸	2 g

3. 人工饲料配制

(1) 根据饲养种群的数量,确定所需配制人工饲料的量。在天平(感量1 g)上分别称取表1-44中1~10号成分,倒入钢精锅中,加入所需水量的一半,搅拌均匀,盖上锅盖放入高压锅内蒸煮,喷气后15 min即可停止,等待自动放气或慢慢人为放气。

(2) 在天平上称取琼脂,倒入钢精锅中,并加入剩下的水,调节电炉边煮边搅,防止焦枯。

(3) 琼脂完全溶化后,将锅内的混合物倒入装有琼脂的锅中,充分混匀。

(4) 冷却至55℃后,加入抗坏血酸、甲醛,充分混匀。

(5) 冷却(待锅中上层开始凝固)后,倒入大培养皿或搪瓷盆内,冷却后加盖或封上保鲜膜,放

入冰箱备用。

（6）药液的配制　在电子天平上用容量瓶称取一定量的原药，用有机溶剂溶解，配制成一定浓度的母液。用移液管或移液器吸取一定量的母液加入青霉素瓶，用上述溶剂配制成一定质量浓度的药液供预备试验，根据预备试验的结果，再按照等比法用青霉素瓶配制5～7个系列质量浓度，每个浓度的药液量不少于2 mL。

（二）检测方法

1. 处理方法　挑取每头体重为6～9 mg 4龄幼虫置于盛有人工饲料的小号培养皿中，每皿5头，每浓度重复6次，共30头。供试药液浓度按从低到高的顺序处理，用容积为0.04～0.06 μL的毛细管点滴器将药液逐头点滴于幼虫胸部背面处理后将培养皿转移至温度为(28±1)℃，光周期为16 h：8 h（L：D）的条件下饲养和观察。

空白对照组以点滴丙酮（或丙酮：水＝1：1）代替药液为空白对照。

2. 结果检查　分别于处理后2 d（有机磷类杀虫剂）、3 d（大环内酯类杀虫剂）、4 d（沙蚕毒素类杀虫剂）、5 d（昆虫生长调节剂类杀虫剂）检查试虫死亡情况，记录总虫数和死虫数。

3. 死亡判断标准　用毛笔轻触虫体，虫体不能协调运动即判断为死亡。

（三）数据统计与分析

1. 计算方法　根据调查数据，计算各处理的校正死亡率。按公式（1-39）和公式（1-40）计算，计算结果均保留到小数点后两位：

$$P_1(\%)=\frac{K}{N}\times100\%\qquad(1-39)$$

式中：

P_1——死亡率，单位为百分率（%）；

K——表示死亡虫数，单位为头；

N——表示处理总虫数，单位为头。

$$P_2(\%)=\frac{P_1-P_0}{100-P_0}\qquad(1-40)$$

式中：

P_2——校正死亡率，单位为百分率（%）；

P_t——处理死亡率，单位为百分率（%）；

P_0——空白对照死亡率，单位为百分率（%）。

若对照死亡率＜5%，无需校正；对照死亡率在5%～20%，应按公式（1-40）进行校正；对照死亡率＞20%，试验需重做。

2. 统计分析　以上述方法的浓度与实际得到校正死亡率绘制 x、y 散点图，添加恰当的趋势线，得到趋势线的函数方程，计算每个药剂的半数致死率（LD_{50}）及其95%置信限、b值及其标准误差。

（四）抗药性水平的计算与评估

1. 敏感毒力基线　水稻二化螟对部分杀虫剂的敏感毒力基线见表1-45。

表1-45　二化螟敏感品系对部分杀虫剂的毒力基线（毛细管点滴法）

药剂	LD-P线	LD_{50}（95%置信限）（μg/头）
阿维菌素	$Y=16.553+3.0725X$	0.000 17（0.000 14～0.000 20）
氟虫腈	$Y=19.841+4.9672X$	0.001 0（0.000 9～0.001 2）
辛硫磷	$Y=17.338+5.2746X$	0.004 6（0.003 9～0.005 2）
三唑磷	$Y=11.911+3.1340X$	0.006 2（0.005 1～0.007 4）

（续）

药剂	LD-P线	LD$_{50}$（95%置信限）（μg/头）
毒死蜱	$Y=15.661+5.138\,8X$	0.008\,4（0.007\,3～0.095）
杀螟硫磷	$Y=14.623+4.724\,1X$	0.009\,2（0.008\,0～0.010\,3）
二嗪磷	$Y=15.593+7.608\,1X$	0.004\,05（0.036\,8～0.045\,8）
敌百虫	$Y=8.809+3.357\,3X$	0.073\,4（0.061\,0～0.089\,1）
乙酰甲胺磷	$Y=6.537\,1+4.058\,8X$	0.418\,1（0.350\,9～0.498\,5）
虫酰肼	$Y=7.734\,8+1.509\,2X$	0.015\,4（0.010\,7～0.020\,8）
硫丹	$Y=8.741\,0+5.326\,8X$	0.198\,5（0.176\,5～0.223\,2）
杀虫单	$Y=6.172\,1+2.149\,4X$	0.284\,9（0.229\,3～0.357\,9）

2. 抗药性的分级标准 见表1-46。

表1-46 抗药性水平的分级标准

抗药性水平分级	抗性倍数（倍）
敏感	$RR<3.0$
敏感性下降	$3.0\leqslant RR<5.0$
低水平抗性	$5.0\leqslant RR<10.0$
中等水平抗性	$10.0\leqslant RR<40.0$
高水平抗性	$40.0\leqslant RR<160.0$
极高水平抗性	$RR\geqslant160.0$

3. 抗药性水平的计算 根据敏感品系的 LD$_{50}$ 值和测试种群的 LD$_{50}$ 值，按公式（1-41）计算测试种群的抗性倍数。

$$RR=\frac{T}{S} \tag{1-41}$$

式中：

RR——测试种群的抗性倍数；

T——测试种群的 LD$_{50}$；

S——敏感品系的 LD$_{50}$。

按照抗药性水平的分级标准，对测试种群的抗药性水平做出评估。

十四、南方水稻黑条矮缩病测报技术规范

>> **术语定义**

1. 南方水稻黑条矮缩病毒（Southern rice black-streaked dwarf virus）（以下简称 SRBSDV） 属斐济病毒属（Fijivirus），病毒粒体球状，直径 70～75 nm，病毒基因组由 10 片段 dsRNAs 组成。该病毒可在传毒介体白背飞虱体内增殖，循回期（从获毒至可传毒的间隔时间）5～7 d，最短传毒取食时间为 5～10 min。

2. 传毒介体（transmission vector） 携带可以侵染水稻的 SRBSDV 的昆虫。SRBSDV 的传毒介体为白背飞虱（Sogatella furcifera Horváth，white-backed planthopper，以下简称 WBPH），属昆虫纲、同翅目、飞虱科。成虫与若虫皆能传毒，且若虫传毒效率高于成虫，但不经卵传毒。

3. 传毒方式（virus transmission manner） 白背飞虱传播 SRBSDV 的方式为持久性传毒，又称循回型传毒或增殖型传毒。白背飞虱在毒源植物上经较长时间吸食获得病毒，经数小时或更长时间的循回期后即可传毒。获毒后，白背飞虱持毒期长，终身带毒。

4. 带毒率（rate of viruliferous WBPH） 携带 SRBSDV 的白背飞虱虫量占白背飞虱调查总

虫量的百分比率。

5. 显症（symptomatic appearance）　水稻感染 SRBSDV 一段时间后表现出植株矮缩、倒生根、纵向排列的小瘤突等症状，一般感染 15 d 左右达显症高峰。

6. 病丛（株）率〔diseased cluster（plant）rate〕　发病水稻丛（株）数占调查总丛（株）数的百分比率。

7. 见病面积（diseased occurrence area）　指田间出现南方水稻黑条矮缩病的田块面积总和。

8. 发生面积（diseased epidemic area）　指田间南方水稻黑条矮缩病实际发生病丛率大于 1% 的田块面积总和。

白背飞虱带毒率调查检测

>> 带毒率检测方法

采用 dot - ELISA 检测试剂盒或采用商品化 PCR 试剂盒测定白背飞虱的带毒率情况。每批次检测白背飞虱数量应在 100 头以上（如果 1 次采虫不足 100 头，可采用连续几天收集或采集的虫体标本进行检测）。然后逐个检查反应类型（带毒白背飞虱呈现阳性反应），记载带毒虫量。根据公式（1-42）计算带毒率。

通过公式计算带毒率。

$$H = \frac{S}{Z} \times 100\% \tag{1-42}$$

式中：

H——带毒率，单位为百分率（%）；

S——带毒虫量，单位为头（头）；

Z——检测总虫量，单位为头（头）。

>> 越冬白背飞虱虫口密度调查及带毒率检测

1. 调查时间　每年 2 月中旬至翻耕前调查 1 次，各地每年调查时间应大致相同。

2. 调查地点　白背飞虱常年可越冬区域或间歇越冬区域（广东、广西、福建、云南、海南）。

3. 调查方法　在冬种稻、再生稻苗、落谷苗、稻桩、田边和沟边杂草（游草）等越冬场所调查，用网扫法（针对成、若虫），每点扫 10 复网次（左右摆幅 3 m，总共 30 m² 以上）。若收集到的白背飞虱少于 50 头，则检测所有白背飞虱，计算带毒率；若多于 50 头，则检测 50 头白背飞虱，计算带毒率。

>> 灯下白背飞虱带毒率调查检测

1. 调查时间　分早、中、晚稻，在每季水稻秧苗期至分蘖期，逐日收集白背飞虱，每周集中检测 1 次；如遇白背飞虱集中迁入峰，则单独检测峰日白背飞虱。

2. 调查地点　南方水稻黑条矮缩病发生省份或可能发生省份。

3. 调查方法　采用自动虫情测报灯，逐日收集白背飞虱，将每日白背飞虱样品置于 1.5 mL 尖底或 2 mL 平底小离心管中。为防止虫体腐烂，管内再放入适量经 70% 酒精浸润的纸巾或棉球，盖紧管盖。管壁标明地点和日期，初处理后及时进行检测。如灯下监测出现白背飞虱明显迁入峰，则需要对迁入峰日的白背飞虱带毒情况进行单独检测。

水稻田间发病情况调查

>> **系统调查**

1. 调查时间 自白背飞虱迁入高峰后，每 10 d 调查 1 次（可结合白背飞虱虫量调查同时进行），至水稻蜡熟期结束。

2. 调查地点 水稻本田期，在白背飞虱带毒虫量高、常年南方水稻黑条矮缩病发病比较重、有代表性的地区，选取不同抗感病品种、不同播栽期的类型田各 1 块，作为系统观测圃。

3. 调查方法 采用平行跳跃 10 点取样，每点查 20 丛，记载发病丛数、病株数。

4. 通过公式计算病丛（株）率 根据公式（1-43）分别计算病丛率、病株率。

$$I = \frac{P_i}{P_m} \times 100\% \tag{1-43}$$

式中：

I——病丛（株）率，单位为百分率（%）；

P_i——病丛（株）数，单位为丛（株）；

P_m——调查总丛（株）数，单位为丛（株）。

>> **病情普查**

1. 调查时间 根据水稻不同播期与抗性，分别选择早、中、晚及不同抗感类型田各 3～5 块，于双季早稻、中稻及双季晚稻的分蘖末期和齐穗期各调查 1 次。

2. 调查地点 南方水稻黑条矮缩病发生省份或可能发生省份。

3. 调查方法 在观察区和辖区范围内调查每种主要水稻类型田不少于 20 块，面积不少于 1 hm²，可结合白背飞虱大田普查同时进行。采用平行跳跃 10 点取样，本田每点调查 20 丛。记录调查情况，并进行带毒率检测（记载发病田块数、发病丛数，计算病田率、病丛率）。每季水稻病情稳定后，根据各生育期发病普查结果，统计水稻种植及南方水稻黑条矮缩病见病、发生、防治面积。

数据报送和传输

>> **模式报表**

按统一汇报格式、时间和内容汇总上报。其中，发生程度分别用 1、2、3、4、5 表示。同历年比较的早、增、多、高用"＋"表示，晚（迟）、减、少、低用"－"表示；与历年相同和相近，用"0"表示；缺测项目用"××"表示。

>> **信息共享平台**

全国农作物重大病虫害数字化监测预警系统南方水稻黑条矮缩病发生与监测信息共享平台，网址：http://202.127.42.217。

调查资料表

>> **信息共享平台**

全国制订统一的"调查资料表册"，其中的内容不能随意更改，各项调查内容须在调查结束时，认真统计和填写。

南方水稻黑条矮缩病由迁飞性害虫白背飞虱传播，其发生为害与白背飞虱的虫源基数和带毒率、耕作制度、气候条件、白背飞虱迁入期与水稻敏感期的吻合度等密切相关。预测预报可根据南方水稻黑条矮缩病田间发病丛数调查结果，结合白背飞虱的虫源基数和带毒率、耕作制度、气候条件、白背飞虱迁入期与水稻敏感期的吻合度等因素综合分析，预报南方水稻黑条矮缩病发生程度趋势。

》虫源基数和带毒率

南方水稻黑条矮缩病毒主要由白背飞虱携带传播，白背飞虱一旦获毒可终身带毒，若虫、成虫均能传毒，且传毒效率非常高，但不经卵传毒。带毒白背飞虱通过吸食传毒为害。南方水稻黑条矮缩病发生流行主要取决于白背飞虱种群数量及其带毒率高低。带毒率高，种群数量大，有利于病害发生流行。

》耕作制度

田间稻作复杂、杂草多，有利于带毒白背飞虱的辗转传毒为害；调查研究结果表明，育秧移栽田重于直播田；杂交稻重于常规稻；水稻混栽区重于连片稻作区；田块间发病程度差异显著；中、晚稻发病重于早稻等。

》气候条件

冬季气温偏高有利于白背飞虱越冬和其北界向高纬度延伸，扩大越冬范围和越冬虫源数量，增加毒源积累。春季强对流天气多，多雨有利于大量的南方越冬区白背飞虱随气流北迁。特别是 5～8 月强降水天气增多，迁入的白背飞虱虫量大，如果带毒率高，极有利于南方水稻黑条矮缩病发生流行，病害有可能加重流行。

》白背飞虱迁入期与水稻敏感期的吻合度

水稻秧苗期至分蘖前期对南方水稻黑条矮缩病毒的抵抗力比较差，为南方水稻黑条矮缩病侵入敏感期，若此期间遇上白背飞虱迁入峰（且白背飞虱带毒），极有利于病毒侵染发病。

预测预报方法

（一）农作物病虫调查资料表册

南方水稻黑条矮缩病
（　　年）

调查单位＿＿＿＿＿＿＿＿＿盖章

地址＿＿＿＿＿＿＿＿

（北纬：＿＿＿＿＿　东经：＿＿＿＿＿　海拔：＿＿＿＿＿）

测报员＿＿＿＿＿＿＿＿

负责人＿＿＿＿＿＿＿＿

见表 1-47~表 1-52。

表 1-47　白背飞虱越冬带毒情况调查

调查地点：_____省_____县（市、区）站

调查日期（月-日）	取样地点	取样面积（m²）	检测虫量（头）	带毒虫量（头）	带毒率（%）	备注（环境类型）

表 1-48　灯下白背飞虱带毒情况调查

调查地点：_____省_____县（市、区）站

调查日期（月-日）	取样地点	高峰期（月-日）	检测虫量（头）	带毒虫量（头）	带毒率（%）

表 1-49　灯下高峰日白背飞虱带毒情况调查

调查地点：_____省_____县（市、区）站

高峰期（月-日）	取样地点	高峰日虫量（头）	检测虫量（头）	带毒虫量（头）	带毒率（%）

表 1-50　南方水稻黑条矮缩病田间发病系统调查表

调查地点：_____省_____县（市、区）站

调查日期（月-日）	类型田	品种	生育期	调查总丛数	病丛数（丛）	病丛率（%）	调查总株数（株）	病株数（株）	病株率（%）	备注

表 1-51　南方水稻黑条矮缩病田间病情普查表

调查地点：_____省_____县（市、区）站

调查日期（月-日）	品种	生育期	调查田块（块）	发病田块（块）	病田率（%）	调查丛数（丛）	发病丛数（丛）	病丛率（%）

表 1-52　南方水稻黑条矮缩病发生基本情况

调查地点：_____省_____县（市、区）站

水稻类型	水稻播种面积（亩）	见病面积（亩）	发生面积（亩）	防治面积（亩）
双季早稻				
双季晚稻				
单季中晚稻				
其　他				
合　计				
简述发生概况和特点：				

（二）南方水稻黑条矮缩病模式报表

见表 1-53～表 1-56。

表 1-53　越冬代白背飞虱南方水稻黑条矮缩病毒带毒率检测模式报表

序　号	报表内容	报表程序
1	调查日期	
2	取样面积（m²）	
3	捕获白背飞虱虫量（头）	
4	捕获虫量比上年增减比例（%）	
5	捕获虫量比常年增减比例（%）	
6	检测白背飞虱虫量（头）	
7	带毒白背飞虱虫量（头）	
8	白背飞虱带毒率（%）	
9	带毒率比上年增减比例（%）	
10	带毒率比历年平均增减比例（%）	
11	发生面积比率（%）	
12	填报单位	

注：此表由白背飞虱越冬区各区域站在 3 月 30 日前调查汇报 1 次。

表 1-54　灯诱白背飞虱南方水稻黑条矮缩病毒带毒率检测模式报表

序　号	报表内容	报表程序
1	调查日期	
2	检测白背飞虱虫量（头）	
3	带毒虫量（头）	
4	平均带毒率（%）	
5	平均带毒率比上年增减比例（%）	
6	平均带毒率比常年平均增减比例（%）	
7	水稻生育期	
8	预计南方水稻黑条矮缩病发生程度（级）	
9	预计南方水稻黑条矮缩病发生面积比例（%）	
10	填报单位	

注：此表在 5 月 5 日、6 月 5 日、7 月 5 日、8 月 5 日前调查上报。

表 1-55　南方水稻黑条矮缩病田间发生情况系统调查模式报表

序　号	报表内容	报表程序
1	调查日期	
2	田间虫量（头/百丛）	
3	田间虫量比上年增减（%）	
4	田间虫量比常年增减（%）	
5	稻作类型	
6	本田病丛率（%）	
7	本田病株率（%）	
8	填报单位	

注：此表自田间见病后每月逢 1 日调查汇报 1 次。

表 1 - 56　南方水稻黑条矮缩病田间发生情况普查模式报表

序　号	报表内容	报表程序
1	调查日期	
2	稻作类型	
3	生育期	
4	本田病田率（%）	
5	本田病丛率（%）	
6	本田病株率（%）	
7	见病面积（亩）	
8	发生面积（亩）	
9	防治面积（亩）	
10	填报单位	

注：此表于每季水稻发病稳定后调查汇报 1 次（早稻 6 月 10 日、中稻 7 月 30 日、晚稻 9 月 20 日）。

（三）南方水稻黑条矮缩病病情划分指标

见表 1 - 57～表 1 - 58。

表 1 - 57　南方水稻黑条矮缩病病情严重度分级指标

级　别	症　状
0 级	健株，无症状
1 级	植株矮缩不明显，能抽穗，但穗小，结实率低，在中上部叶片基部可见纵向皱褶；在茎秆下部节间和节上可见蜡白色或黑褐色隆起的纵向排列小瘤突
2 级	植株矮缩丛生，高度不及正常株的 3/4，有的能抽穗，但相对抽穗迟而小、实粒少、粒重轻，半包在叶鞘里，剑叶短小僵直
3 级	植株分蘖增多丛生，矮缩明显，高度不及正常株的 1/2，主茎及早生分蘖尚能抽穗，但穗头难以结实，或包穗，或穗小，似侏儒病
4 级	植株严重矮缩，高度不及正常株的 1/3，后期不能抽穗，常提早枯死

表 1 - 58　南方水稻黑条矮缩病发生程度分级指标

发生程度	轻发生（1 级）	偏轻发生（2 级）	中等发生（3 级）	偏重发生（4 级）	大发生（5 级）
发生面积占种植面积比例（%）	<30	≥30	≥30	≥30	≥30
病丛率（%）	<1.0	1.1～3.0	3.1～10.0	10.1～20	>20

（四）南方水稻黑条矮缩病毒（SRBSDV）dot - ELISA 检测方法

1. 试验原理　dot - ELISA 是以硝酸纤维素膜（NC 膜）为固相载体的 ELISA 检测方法，具有简便、快速、特异、敏感、便于推广、不需特殊仪器等优点，目前在人类、动植物病原检测中广泛应用。携带南方水稻黑条矮缩病毒的白背飞虱（或水稻植株）样品的匀浆液点到 NC 膜上，干燥形成固相抗原；加入抗南方水稻黑条矮缩病毒的鼠单抗，则单抗与固相抗原（SRBSDV）形成抗原-抗体复合物；再加入辣根过氧化物酶（HRP）［检测植株时加入碱性磷酸酶（AP）］标记的抗鼠 IgG 抗抗体（即二抗），则抗抗体与上述抗原-抗体复合物结合形成抗原-抗体-酶标抗抗体复合物；加入显色底物，复合物上的酶催化底物生成沉淀型有色产物而显色。由于每步之间均有洗涤的步骤，若待测白背飞虱（水稻植株）样品中不含 SRBSDV，则酶标抗体将被洗掉，底物不显色而呈阴性反应。肉眼观察斑点颜色有无及深浅来进行样品中 SRBSDV 的定性和半定量检测。

2. 白背飞虱样品检测

（1）主要试剂与材料准备

0.01 mol/L PBS	10 mL
SRBSDV 单克隆抗体	0.1 mL
HRP 标记羊抗鼠 IgG 二抗	0.04 mL
TMB 显色底物液	4 mL
10×浓缩封闭液	5 mL
10×抗体稀释液	5 mL
20×浓缩洗涤液	10 mL
以上试剂均保存于 4 ℃下	
NC 膜	2 张

（2）操作步骤

① 一头白背飞虱放入 1.5 mL 的离心管中后加入 50～200 μL 0.01 mol/L PBS，用牙签或 200 μL 枪头捣碎飞虱。

② 5 000rpm 离心 3 min，如无条件此步可以省略。

③ 取 3 μL 上清点到硝酸纤维素膜（NC）上，室温干燥 10～20 min。

④ NC 膜浸入到封闭液中室温封闭 30 min。

⑤ NC 膜放入用抗体稀释液 1∶1 000 倍稀释的单抗中室温孵育 30～60 min。

⑥ 水平摇床上用洗涤液洗膜 3～4 次，每次 3 min。

⑦ NC 膜放入用抗体稀释液 1∶1 000 倍稀释的 HRP 标记羊抗鼠 IgG 二抗中室温孵育 30～60 min。

⑧ 水平摇床上用洗涤液洗膜 4～5 次，每次 3 min。

⑨ 将 TMB 底物显色液滴加到膜表面进行显色反应，待阳性对照显色明显，而阴性没有任何显色时终止反应，即在自来水中漂洗一下，肉眼观察结果，并记录检测结果。

（3）缓冲液配方

① 磷酸盐缓冲液（PBS，0.01 mol/L，pH7.4）：NaCl 8 g，KCl 0.2 g，KH_2PO_4 0.2 g，Na_2HPO_4·$12H_2O$ 3 g，加蒸馏水 950 mL 溶解后调 pH 至 7.4，定容至 1 000 mL。

② 封闭液：用去离子水将 10×封闭液按 1∶9 体积比进行稀释（1 份 10×封闭液＋9 份去离子水），稀释后的封闭液在 4 ℃环境可保存一个月。

③ 洗涤液：用去离子水将 20×浓缩洗涤液按 1∶19 体积比进行稀释（或按需量稀释）（1 份 20×浓缩洗涤液＋19 份去离子水），稀释后的洗涤液在 4 ℃环境可保存一个月。

④ 抗体稀释液：用去离子水将 10×抗体稀释液按 1∶9 体积比进行稀释（1 份 10×封闭液＋9 份去离子水），稀释后的抗体稀释液在 4 ℃环境可保存一个月。

（4）注意事项

① 硝酸纤维素膜位于 2 张保护纸中间，不要用手直接触摸膜，用镊子和戴一次性 PE 手套取膜。

② NC 膜 CK＋处为阳性对照（点带 SRBSDV 的白背飞虱匀浆液）。

③ NC 膜 CK－处为阴性对照（点无 SRBSDV 的白背飞虱匀浆液）。

④ NC 膜上滴加检测样品的一面为正面，整个实验过程中应朝上。

⑤ 抗体在使用前 10 min 之内稀释。

⑥ 阳性对照和阴性对照来自于带毒和非带毒的白背飞虱，仅用于 dot－ELISA 检测。

⑦ 该试剂盒反应温度为 4～38 ℃，最佳反应温度为 37 ℃。

（5）储藏条件及保存期　试剂盒于 2～8 ℃避光保存，冷冻保存更佳。该产品有效期为 6 个月。

3. 水稻植株样品检测

（1）主要试剂与材料

0.01 mol/L PBS	10 mL
SRBSDV 单克隆抗体	0.1 mL
AP 标记羊抗鼠 IgG 二抗	0.04 mL
10×浓缩封闭液	5 mL
10×抗体稀释液	5 mL
20×浓缩洗涤液	20 mL
NBT 储备液	0.15 mL
BCIP 储备液	0.1 mL
底物缓冲液	20 mL

以上试剂均保存于 4 ℃下

NC 膜	2 张

（2）操作步骤

① 水稻叶片称重后用液氮研磨成粉末，按 1∶(10～30)加入 0.01 mol/L PBS 后研磨。

② 5 000 r/min 离心 3 min。

③ 取 2 μL 上清点到硝酸纤维素膜（NC）上，室温干燥 10～20 min。

④ NC 膜浸入到封闭液中室温封闭 30 min。

⑤ NC 膜放入用封闭液 1∶1 000 倍稀释的单抗中室温孵育 30～60 min。

⑥ 水平摇床上用洗涤液洗膜 3～4 次，每次 3 min。

⑦ NC 膜放入用封闭液 1∶1 000 倍稀释的 AP 标记羊抗鼠 IgG 二抗中室温孵育 30～60 min。

⑧ 水平摇床上用洗涤液洗膜 4～5 次，每次 3 min。

⑨ 66 μL NBT 和 33 μL BCIP 底物加到 10 mL 底物缓冲液中混匀，洗好的膜放入底物显色液中反应，待阳性对照显色明显，而阴性没有任何显色时终止反应，即在自来水中漂洗一下，肉眼观察结果，并记录结果。

（3）缓冲液配方

① 磷酸盐缓冲液（PBS，0.01 mol/L，pH7.4）：NaCl 8 g、KCl 0.2 g、KH_2PO_4 0.2 g、$Na_2HPO_4 \cdot 12H_2O$ 3 g，加蒸馏水 950 溶解后调 pH 至 7.4，定容至 1 000 mL。

② 封闭液：用去离子水将 10×封闭液按 1∶9 体积比进行稀释（1 份 10×封闭液＋9 份去离子水），稀释后的封闭液在 4 ℃环境可保存一个月。

③ 洗涤液：用去离子水将 20×浓缩洗涤液按 1∶19 体积比进行稀释（或按需量稀释）（1 份 20×浓缩洗涤液＋19 份去离子水），稀释后的洗涤液在 4 ℃环境可保存一个月。

④ 抗体稀释液：用去离子水将 10×抗体稀释液按 1∶9 体积比进行稀释（1 份 10×封闭液＋9 份去离子水），稀释后的抗体稀释液在 4 ℃环境可保存一个月。

⑤ 底物显色液：66 μL NBT 和 33 μL BCIP 加到 10 mL 的底物缓冲液混匀。

（4）注意事项

① NC 膜位于 2 张保护纸中间，不要用手直接触摸膜，用镊子和戴一次性 PE 手套取膜。

② NC 膜上滴加检测样品的一面为正面，整个实验过程中应朝上。

③ 硝酸纤维素膜 CK＋处为阳性对照（点含 SRBSDV 病毒的水稻叶片汁液）。

④ 硝酸纤维素膜 CK－处为阴性对照（点健康水稻叶片汁液）。

⑤ 抗体在使用前 10 min 之内稀释。

⑥ 底物显色液要现配现用。

⑦ 阳性对照和阴性对照来自于水稻病叶，仅用于 dot‑ELISA 检测。

⑧ 该试剂盒反应温度为 4～38 ℃，最佳反应温度为 37 ℃。

（5）储藏条件及保存期　试剂盒于 2～8 ℃避光保存，冷冻保存更佳。该产品有效期为 6 个月。

第二节　小　麦

一、小麦赤霉病防治技术规范

〉〉 简　介

　　小麦赤霉病别名"麦穗枯""烂麦头""红麦头"，是小麦的主要病害之一。小麦赤霉病在全世界普遍发生，主要分布于潮湿和半潮湿区域，尤其气候湿润多雨的温带地区受害严重。从幼苗到抽穗都可受害，主要引起苗枯、茎基腐、秆腐和穗腐，其中为害最严重的是穗腐。

〉〉 防治策略

　　以选用抗病优良品种为基础，适期药剂预防为关键，农业措施为辅助的综合控病策略。常发区适期施药预防，其他地区根据 GB/T 15796 预测预报实施防治。

〉〉 防治措施

1. 选用抗（耐）病品种

2. 农业措施

（1）适期播种　根据当地常年小麦扬花期雨水情况适期播种，避开扬花期多雨天气。

（2）播前深耕灭茬　清除和处理携带赤霉病菌的稻草（桩）、玉米秸（茬）、麦秆（茬）等作物残体及杂草，减少初侵染来源。

（3）合理排灌　保持麦田适宜的湿度条件，雨水多的情况下，及时清沟排渍，防止田间积水。

（4）合理作物布局　常发区小麦不宜与大麦、燕麦、玉米、水稻、棉花、甘薯、红麻等作物混作或轮作。

3. 化学防治

（1）防治指标　预测病穗率达到 5% 进行防治。

（2）防治适期　小麦扬花期。

（3）用药次数　常发区，小麦扬花 10% 时第 1 次施药；用药后如遇 3 个以上连阴雨天气，间隔 7～10 d 进行第 2 次施药。偶发区在小麦扬花期如遇 3 个以上连阴雨天气，进行施药防治。

（4）常用药剂及用量　苯并咪唑类：多菌灵、硫菌灵、噻菌灵等，有效成分用量每亩40～60 g；福美类：福美双，有效成分用量每亩 50～100 g；唑类：戊唑醇、咪鲜胺等，有效成分用量每亩 20～30 g。其他：已登记用于小麦赤霉病防治的药剂，按推荐剂量使用。不同类型药剂应交替使用或混合使用，防止抗药性。

（5）施药方法　宜采用低剂量或常量喷雾，应针对穗部均匀喷雾。喷药后遇雨，应及时进行补喷。

防治措施

二、小麦黄花叶病预报技术规范

》 病情严重度

定义及划分：指植株各部分及整体发病的程度。小麦黄花叶病的病情严重度，以叶片花叶、黄化和坏死程度、条纹斑占叶面比率、心叶受害程度、植株整体矮化程度等要素划分，共分为4级：

0级：无症状。

1级：轻度花叶（即一般不产生明显的条纹斑），叶片不黄化或仅有少数叶片黄化，植株矮化不明显。

2级：花叶明显（即条纹斑明显、但占叶面积的50%以下），部分叶面黄化，少数叶片枯死，分蘖黄化萎缩，病株轻度矮化。

3级：严重花叶（即条纹斑占叶面积的50%以上），心叶扭曲或呈缩顶状，叶片普遍黄化，部分叶片及分蘖或整株枯死，植株明显矮化。

》 发生程度分级指标

小麦黄花叶病发生程度以平均病情指数为主要指标，以地区内的病田率为参考指标确定。发生程度划分为5级，即轻发生（1级）、偏轻发生（2级）、中等发生（3级）、偏重发生（4级）、大发生（5级），各级指标见表1-59。

表 1-59　小麦黄花叶病发生程度分级指标

发生程度指标	1级	2级	3级	4级	5级
平均病情指数（I_m）	$0.01 < I_m \leqslant 1$	$1 < I_m \leqslant 5$	$5 < I_m \leqslant 10$	$10 < I_m \leqslant 20$	$I_m > 20$
病田率（F），%	$1 < F \leqslant 5$	$5 < F \leqslant 10$	$10 < F \leqslant 20$	$20 < F \leqslant 30$	$F > 30$

》 病情指数

1. 病情指数　反映某一田块内病害发生的普遍性和严重程度的综合指标，用以表示病害发生的平均水平，按公式（1-44）计算：

$$I = \frac{\sum_{i=0}^{3}(i \times l_i)}{L \times 3} \times 100 \tag{1-44}$$

式中：

I——病情指数；

i——各严重度级值；

l_i——各严重度级值对应病株数，单位为株；

L——调查总株数，单位为株。

2. 平均病情指数　指某一地区病情普查中，各种发病水平的田块在总调查田块中所占比例的综合权重值。按公式（1-45）计算：

$$I_m = \frac{\sum_{n=1}^{N} I_n}{N} \times F \tag{1-45}$$

式中：

I_m——平均病情指数；

>> **病情指数**

n——病情普查中病田序号（$n=1$，2，3，…，N）；

N——病情普查中详细调查的病田数，单位为块；

I_n——各病田响应病情指数；

F——病情普查病田率，单位为百分率（%）。

>> **病情调查**

1. 系统调查

调查时间：小麦播种后 30 d 至越冬前，以及小麦返青期至抽穗期，每 15 d 调查一次。

调查地点：选择常年发病严重、地势低洼、种植感病品种、播种期偏早的 3 块田作为系统调查对象田。

调查方法：每块田单对角线 5 点取样，两头的点距地边 2 m 以上，其余 3 点等距取样，每点查 50 株，调查病株率、病情严重度，并计算病情指数。将调查结果记入小麦黄花叶病定点病情系统调查表。

2. 病情普查

调查时间：秋苗期在系统调查田见病 5～7 d 后普查一次，春季返青期在系统调查田见病 5～7 d 后及发病高峰期各普查一次。

调查方法：选择能代表当地小麦主栽品种、种植方式（播期早晚、播种量、条播或撒播）、栽培条件（施肥和灌溉水平）和长势（好、中、差）的 100 块田，用目测法观察田块中有无病株，计算病田率。

在病田中随机选择 10 块田进行病情详细调查。

根据各病田病情指数和病田率，计算该次普查平均病情指数。

结果记入小麦黄花叶病病情普查表及小麦黄花叶病模式报表。

>> **根际土壤和小麦植株带毒率测定**

调查时间：在秋苗期普查以及返青期第 1 次普查进行时。

采样方法：在发病田块调查的 5 个采样点中，每点随机选择 10 株（丛）作为采样点，每点取小麦根系 3 cm 以内，距土表 10 cm 左右的根际土壤 10 g 及对应植株小麦叶片 5 片作为测定标样。

测定方法：根据酶联免疫吸附检测法原理进行测定；根据测定标样呈阳性反应（带毒）情况，按公式（1-46）计算根际土壤或小麦叶片带毒率：

$$V=\frac{S}{Z} \tag{1-46}$$

式中：

V——带毒率，单位为百分率（%）；

S——带毒标样数，单位为个；

Z——测定总标样数，单位为个。

>> **预测方法**

根据小麦品种感病性，早播小麦面积比率，根据土壤和小麦植株带病率、小麦越冬期及返青期天气情况，采用综合分析法预报发生趋势。若以下条件皆满足，则病害将严重发生。

①品种感病；

②早播小麦面积比率大（占 20% 以上）；

>> **预测方法**

(1) 上年发病情况严重（达中等以上程度发生）。

(2) 秋季播种后多雨且气温较低（4～13 ℃，最适气温为 10 ℃）。

(3) 冬季（小麦越冬期）寒冷（气温为 5 ℃以下）。

(4) 春季连续低温（气温保持在 5～17 ℃，持续 30 d 以上，最适气温为 15 ℃）。

>> **测报资料收集、汇总和汇报**

1. 资料收集　小麦播种期和各期播种的小麦面积，及其他必需的栽培管理材料，主要品种的栽培面积、生育期和抗病性，以及当地气象台（站）主要气象要素的预测值和实测值。

2. 资料汇总　对小麦黄花叶病发生期和发生量进行统计汇总，记载小麦种植和病害发生、防治情况，总结发生特点，进行原因分析，结果记入表 1 - 62。

3. 资料汇报　全国区域性测报站每年定时填写小麦黄花叶病早春模式报表，报上级测报部门。

（一）农作物病虫害调查资料表册

小麦黄花叶病

（　　年）

站　名_____盖章

站　址_____

(北纬：_____东经：_____海拔：_____)

测报员_____

负责人_____

全国农业技术推广服务中心编制

见表1-60～表1-62。

表1-60 小麦黄花叶病病情系统调查表

调查日期	调查地块				调查总株数（株）	各点病株数（株）						病株率（%）	各级严重度病株数（株）				病情指数	备注
	序号	品种	播期	面积（亩）		1	2	3	4	5	合计		0	1	2	3		
	1																	
	2																	
	3																	
…	…																	
…																		

表1-61 小麦黄花叶病病情普查表

调查日期	调查地点	调查田块总数块	病田率（%）	发病田块调查													病情指数	平均病情指数	备注
				序号	种植品种	播期（早/中/晚）	栽培条件	长势	调查总株数（株）	病株数（株）	病株率（%）	各级严重度病株数（株）						
												0	1	2	3			

表1-62 小麦黄花叶病发生防治基本情况记录表

（小麦收后汇总全省情况，省站及时上报）

小麦种植情况：		
小麦面积（hm²）	耕地面积（hm²）	小麦面积占耕地面积比率（%）
主栽品种		
早播面积（hm²）		占小麦面积比率（%）
灌溉面积（hm²）		占小麦面积比率（%）
施肥面积（hm²）		占小麦面积比率（%）
小麦黄花叶病发生情况：		
发病面积（hm²）		占小麦面积比率（%）
成灾（减产30%以上）面积（hm²）		占发病面积比率（%）
防治情况：		
抗病品种种植面积（hm²）		追肥（返青期施氮肥）面积（hm²）
最终发生程度	实际损失（t）	挽回损失（t）
发生和防治概况与原因简述		

（二）小麦黄花叶病测报模式报表（MWYMA） 见表 1-63。

表 1-63　要求汇报时间：秋苗期普查和返青期第 1 次普查后汇报

序号	查报内容	查报结果
1	病虫模式报表名称	MWYMA
2	调查日期（月/日）	
3	根际土壤带毒率（%）	
4	小麦叶片带毒率（%）	
5	小麦早播面积比率（%）	
6	小麦早播比历年平均值增减（%）	
7	病田率（%）	
8	平均病情指数	
9	平均病情指数比历年平均值增减（%）	
10	预计发病程度（级）	
11	预计发病面积（hm²）	

冬孢子形态检测方法

>> **适用范围**

小麦植株，麦粒、麦麸或下脚料、形成菌瘿的植株。

>> **仪器、试剂与用具**

仪器及用具：显微镜、测微尺、低速离心机、高压灭菌器、天平、可调微量加样器。

试剂（分析纯）：吐温 20、乙酸钾（CH_3COOK）、甘油（$C_3H_8O_3$）、乙醇（C_2H_5OH）、柠檬酸（$C_6H_8O_7$）、蒸馏水（H_2O）、磷酸氢二钠（Na_2HPO_4）。

>> **席尔氏浮载剂配制**

称取 6 g 乙酸钾溶于 300 mL 麦克凡氏缓冲液中，加甘油 120 mL 和乙醇 180 mL 混匀。麦克凡氏缓冲液：配制 0.1 mol 的柠檬酸溶液，称取 19.21 g 柠檬酸溶于 500 mL 蒸馏水中，加蒸馏水至 1 000 mL。配制 0.2 mol 的磷酸氢二钠溶液。称取 28.40 g 磷酸氢二钠溶于 500 mL 蒸馏水中，加蒸馏水至 1 000 mL。取 0.1 mol 的柠檬酸溶液 5.5 mL 和 0.2 mol 的磷酸氢二钠溶液 194.5 mL 混合，得 pH 为 8 的麦克凡氏缓冲液。

>> **制　样**

一般样品：称取样品 50 g 倒入经干热灭菌的 250 mL 三角瓶内，加蒸馏水 100 mL 和表面活性剂吐温 20 1～2 滴。将三角瓶封口后放在往复式振荡器上振荡洗涤 5 min。取下三角瓶，将洗涤悬浮液注入经干热灭菌的 10～20 mL 刻度离心管内，1 000 r/min 离心 3 min。取出离心管，倾去上清液，再将三角瓶内剩余洗涤悬浮液加入刻度离心管，混合离心，直至所有洗涤悬浮液离心完毕，留沉淀物；在沉淀物中加入 1～3 mL 席尔氏浮载剂使之悬浮。

腥黑粉菌菌瘿样品：刮取少许冬孢子粉加适量席尔氏浮载剂悬浮。

>> **制片、镜检和测量**

用微量加样器吸取 5～20 μL 沉淀物悬浮液或孢子悬浮液至载玻片上，加盖玻片，以悬浮液不外溢为宜。

每份样品的沉淀物悬浮液至少镜检 5 张玻片，每片按视野依次全部检查。如发现可疑小麦矮腥黑穗病菌冬孢子，在油镜（100×）下随机测量 10～30 个成熟冬孢子的网脊高度值。如冬孢子数量不足，增加检查玻片数量，直至所有沉淀物悬浮液用毕。计算平均网脊高度值。

>> **结果判定和报告**

10～30 个成熟冬孢子的网脊高度平均值大于或等于 1.43 μm 时，确定为小麦矮腥黑穗病菌；平均值小于或等于 0.70 μm 时，不是小麦矮腥黑穗病菌；平均值为 0.71～1.42 μm 时，可采用冬孢子自发荧光显微学鉴定方法、冬孢子萌发生理学鉴定方法和 Q-PCR 检测作进一步鉴定。将实验室检验鉴定结果填入《植物有害生物样本鉴定报告》。

冬孢子自发荧光显微学鉴定方法

>> **适用范围**

发现菌瘿时适用冬孢子自发荧光显微学鉴定方法。该方法不适用于小麦植株生长期矮腥黑穗病检验，已形成菌瘿的植株除外。

>> **鉴定方法**

冬孢子自发荧光显微学鉴定方法按《小麦矮化腥黑穗病菌检疫鉴定方法》（GB/T 18085—2000）进行。

>> **结果判定和报告**

冬孢子自发荧光显微学鉴定方法结果判定标准按《小麦矮化腥黑穗病菌检疫鉴定方法》进行（GB/T 18085—2000）。将实验室检验鉴定结果填入《植物有害生物样本鉴定报告》。

冬孢子萌发生理学鉴定方法

>> **适用范围**

当发现菌瘿，但形态学和自发荧光显微学均不能正确鉴定时，可选择进行冬孢子萌发生理学鉴定方法进行检测。

>> **鉴定方法**

冬孢子萌发生理学鉴定方法按《小麦矮化腥黑穗病菌检疫鉴定方法》（GB/T 18085—2000）进行。

>> **结果判定和报告**

冬孢子自发荧光显微学鉴定方法结果判定标准按《小麦矮化腥黑穗病菌检疫鉴定方法》（GB/T 18085—2000）进行。将实验室检验鉴定结果填入《植物有害生物样本鉴定报告》。

Q-PCR检测方法

>> **适用范围**

Q-PCR 检测适用于小麦植株，麦粒、麦麸或下脚料中冬孢子的小麦矮腥黑穗病检测。

>> **仪器、试剂与用具**

仪器及用具：Q-PCR 检测仪、高速台式冷冻离心机（离心力 16 000 g 以上）、常规冰箱（冷藏室 4 ℃和冷冻室 −20 ℃）、微量可调移液器（10 μL、100 μL、1 000 μL）及配套带滤芯吸头。

试剂（分析纯）：淀粉酶（Amylase）、液氮（N_2）、磷酸盐缓冲液、冬孢子裂解液、DNA 释放剂、DNA 提取液、TE 缓冲液、DNA 洗涤液、SYBR Q-PCR 反应混合液等。

A 液：0.2M 磷酸二氢钠水溶液，取 $NaH_2PO_4 \cdot H_2O$ 27.6 g，加蒸馏水溶解，定容至 1 000 mL。

B 液：0.2M 磷酸氢二钠水溶液，取 $Na_2HPO_4 \cdot 7H_2O$ 53.6 g，也可用 $Na_2HPO_4 \cdot 12H_2O$ 71.6 g 或 $Na_2HPO_4 \cdot 2H_2O$ 35.6 g，加蒸馏水溶解，定容至 1 000 mL。

磷酸盐缓冲液（PBS）：A 液 14 mL，加 B 液 36 mL 混匀，pH7.2。

冬孢子裂解液：3M NaOH，取 NaOH 6.0 g 溶于 450 mL 水中，加水定容至 500 mL。

Q-PCR检测方法

>> **仪器、试剂与用具**

DNA 释放剂：

含有 2% CTAB，100 mmol/L Tris - HCl，20 mmol/L EDTA，1.4 mmol/L NaCl，pH8.0。使用前加入终浓度 0.5%（v/v）的 β-巯基乙醇。

DNA 提取液：

Tris 饱和酚：氯仿：异戊醇按 25：24：1 比例混合。

TE 缓冲液：

0.1 mol/L Tris - HCl（pH 7.4）20 mL 加入 0.5 mol/L EDTA（pH 8.0）40 mL，用超纯水定容至 200 mL，4 ℃保存。

DNA 洗涤液：

75%乙醇溶液，—20 ℃预冷。

SYBR Q - PCR 反应混合液（SYBR Green Real time PCR Master mix）：

含 dNTPs、Mg^{2+}、热启动 DNA 聚合酶、PCR 缓冲液、SYBR Green Ⅰ染料等，使用按市售产品要求进行。

>> **样品 DNA 制备**

1. 麦粒、麦麸或下脚料中冬孢子 DNA 提取

（1）目测有无菌瘿　如有菌瘿直接拣出，取菌瘿 1/4 粒捣碎加入灭菌的 1.5 mL 离心管，加适量淀粉酶处理，离心去掉上清液。加入灭菌的 1.5 mL 离心管，每管加入 600 μL 冬孢子裂解液，65 ℃水浴 30 min；取出离心管，1 mol/L HCl 中和，8 000 g 离心 1 min；收集沉淀，用无菌水冲洗至 pH 为 7~8。

如无菌瘿，过网目为 40 目、80 目、200 目的分样套筛；收集 200 目样品备用。取过筛样品 0.5 g，按前述方法处理。

（2）冬孢子 DNA 提取　将沉淀（冬孢子）小心转置于载玻片上，取另一载玻片与其滑动摩擦碾压破碎冬孢子外壁，每隔一段时间在显微镜下检查冬孢子至绝大多数孢子外壁破碎；加入 100 μL DNA 提取液于玻片上，将液体吸起转移到一支新离心管中，再用 400 μL DNA 提取液分次清洗玻片，转移清洗液于上述离心管中。65 ℃水浴 1 h。将离心管进行 11 000 g 离心 10 min，吸取上清液加入微滤柱中，10 000 g 离心 1 min，弃滤过液；向离心微滤柱中加入预冷的 DNA 洗涤液 750 μL，10 000 g 离心 1 min，弃滤过液；重复一次。将微滤柱 10 000 g 离心 1 min，除去残余乙醇；向微滤柱中加入 50 μL TE 缓冲液，10 000 g 离心 1 min 洗脱 DNA，收集洗脱液，即为 PCR 检测的待测模板 DNA。

2. 小麦植株组织中菌丝体 DNA 提取　取待检小麦植物组织样品 1.0 g 剪碎于灭菌预冻的研钵中加液氮充分研磨，加 10 mL PBS 液混匀，4 ℃ 8 000 g 离心 15 min；取沉淀转入 1.5 mL 离心管中，离心管中加入 400 μL DNA 释放剂，65 ℃水浴保温 1 h，其间每隔 10 min剧烈振荡混匀一次；加入等体积的 DNA 提取液，10 000 g 离心 20 min。取上层水相至微滤柱中（如有机相与水相间界面不清晰，可用 DNA 提取液再抽提一次），10 000 g 离心 1 min，弃滤液；向微滤柱中加入预冷的 DNA 清洗液 750 μL，10 000 g 离心 1 min，弃滤液，重复清洗一次。将微滤柱 10 000 g 离心 1 min，除去残余乙醇；向微滤柱中加入 50 μL TE 缓冲液，10 000 g 离心 1 min，收集滤液，即为 PCR 检测的待测模板 DNA。

3. 阳性对照和阴性对照 DNA 制备　制备样品 DNA 时，同时使用相应材料和方法制备阳性对照 DNA 和阴性对照 DNA。

4. 模板 DNA 的保存　提取的模板 DNA 最好在 24 h 内使用；在 4 ℃ 条件下保存应不超过一周，在—20 ℃ 冻存不超过 30 d，避免反复冻融。

Q‑PCR检测方法

>> **检测方法**

1. 特异性引物对 用无菌超纯水配制 25 μM TCK 特异引物对 TCK‑U 和 TCK‑L 母液，引物序列为：CQUTCKf‑5'‑AGTGCTGAGGCCGAAAAGGT‑3'，CQUTCKr‑5'‑TTCTGGGCTCCA CGA CGTAT‑3'。所扩增的 TCK 特异性片段大小为 200 bp。

2. 反应体系 取待检小麦植物组织样品 1.0 g 剪碎于灭菌预冻的研钵中加液氮充分研磨，加 10 mL PBS 液混匀，4 ℃ 8 000 g 离心 15 min；取沉淀转入 1.5 mL 离心管中，离心管中加入 400 μL DN PCR 反应体积为 25 μL，其中包括 1×PCR 荧光染料主混合反应液（含 dNTPs、Mg^{2+}、热启动 DNA 聚合酶、缓冲液、dNTPS、SYBR Green Ⅰ 染料）、0.4 μmol/L 引物对、CQUTCKf/CQUTCKr。同时设定阳性对照和阴性对照。加样完成后，3 000 g 瞬时离心。

3. 扩增程序 Q‑PCR 仪扩增程序为：95 ℃，4 min；94 ℃，15 s；61 ℃，30 s；72 ℃，30 s。共 40 个循环，在每个循环的延伸阶段 72 ℃时采集荧光 10 s；72 ℃，7 min。不同 Q‑PCR 仪扩增程序参数可能稍有变化。

4. 熔解曲线分析 熔解曲线的程序为：95 ℃，1 min；55 ℃，1 min；从 55 ℃开始每升高 0.5 ℃保持 10 s，连续升高 80 次，到 95 ℃止。

>> **结果判定和报告**

1. 有效性判定 阴性对照无 Ct 值并且无扩增曲线；阳性对照 Ct 值<28.0，并出现典型的 S 形扩增曲线；检测视为有效，否则无效。

2. 结果判定 在检测有效的前提下，测试样品无 Ct 值和扩增曲线，结果为阴性，即样品中无小麦矮腥黑穗病菌。测试样品 Ct 值≤35，出现典型的 S 形扩增曲线，结果为阳性，即样品带有小麦矮腥黑穗病菌。测试样品 Ct 值为 35~40，将样品模板浓度加倍，再次进行实时荧光 PCR 检验；再次扩增后样品 Ct 值≤35，且出现典型的上升扩增曲线，结果为阳性，即样品带有小麦矮腥黑穗病菌；再次扩增后样品 Ct 值为 35~40，结果为阴性，即样品中无小麦矮腥黑穗病菌。

3. 结果报告 将实验室检验鉴定结果填入"植物有害生物样本鉴定报告"。

三、小麦矮腥黑穗病菌检疫检测与鉴定方法

>> **方法原理**

小麦矮腥黑穗病菌（*Tilletia controversa* Kühn，TCK），属担子菌门（Basidiomycota），冬孢菌纲（Teliomycetes），黑粉菌目（Ustilaginales），腥黑粉菌科（Tilletiaceae），腥黑粉菌属（*Tilletia*）。病菌主要对小麦、大麦、黑麦等禾本科 18 属的农作物和杂草形成系统侵染，被侵染作物结实时形成菌瘿。病菌以冬孢子附着在种子外表或混入粪肥、土壤中越夏，随着受害种子、土壤和肥料的远距离运输而传播；也可以以菌瘿形式混杂于种子中，远距离传播。小麦矮腥黑穗病菌的冬孢子形态、Q‑PCR 反应结果是本标准快速鉴定该病原菌的依据。

小麦矮腥黑穗病菌的冬孢子网脊高度值是小麦矮腥黑穗病菌和其近似种小麦网腥黑穗病菌冬孢子最重要的区别特征，冬孢子自发荧光和萌发生理试验也可以作为进一步鉴定的依据。本标准采用 Q‑PCR 荧光染料法进行检测。利用病菌特有 DNA 序列设计引物，在 PCR 扩增时加入荧光染料，荧光染料结合 dsDNA 扩增产物而发出荧光，由荧光检测器实时检测。由于初始模板量的不同，反应管内的荧光物质达到设定的可检测阈值时所经历的 Ct 值不同，因此，在模板定量的情况下，Ct 值可以用于判定检测样品的初始菌量，实现定量 PCR 检测。

>> 形态特征

菌瘿：菌瘿有明显腥味，一般情况下呈黄褐或黑褐色，近圆而硬，不易压碎。菌瘿形状、大小差别很大，大似豌豆、小如米粒。

冬孢子：冬孢子直径 $16\sim25\ \mu m$，平均 $19.9\ \mu m$，外边为多边形的网状纹饰，偶见脑纹状；孢子网脊高度为 $0.8\sim1.8\ \mu m$，平均 $1.43\ \mu m$，网目大小为 $3\sim5\ \mu m$；胶质鞘明显，无色至淡色的透明，常略延伸至或超过网脊顶端，其厚度达 $1.5\sim5\ \mu m$，有时胶质鞘不明显。不孕细胞球形，透明，胞壁光滑，大小为 $10\sim18\ \mu m$，平均 $13.7\ \mu m$，偶有胶质壳包围。冬孢子在 $4\sim5\ ℃$，散射光照条件下，置于 2% 的水琼脂上，3 周后开始萌发。萌发时形成先菌丝，顶端产生担孢子数 $8\sim66$ 个。

>> 采样及处理

小麦种子或小麦籽粒、产品：在小麦种子调运检疫过程中，按照《农业植物调运检疫规程》（GB 15569—2009）取样送实验室检验。直接取菌瘿、小麦籽粒、产品及麦麸、加工下脚料等送实验室检验。

小麦植株：小麦生长期，按《小麦种子产地检疫规程》（GB 7412—2003）实施检疫，从田间采集可疑病株，送实验室检验，保证植株样品新鲜。

除害处理：检验过程中使用的有关材料和用具，在使用完毕后须参照相关规程进行消毒和除害处理；经检疫鉴定后的样品，应在样品适宜的条件下保存三个月。保存期满后，需进行灭活处理。

植物有害生物样本鉴定报告

见表1-64。

表1-64　植物有害生物样本鉴定报告

植物名称				品种名称	
植物生育期		样品数量		取样部位	
样品来源		送检日期		送检人	
送检单位				联系电话	
检测鉴定方法：					
检测鉴定结果：					
备注：					
鉴定人（签名）： 审核人（签名）： 鉴定单位盖章： 年　月　日					

注：本单一式三份，检测单位、受检单位和检疫机构各一份。

第三节　玉　　米

一、玉米螟测报技术规范

>> **范　围**

规定了玉米螟发生世代分区、发生程度分级指标、越冬基数调查、各代化蛹和羽化进度调查、成虫调查、卵量调查、幼虫调查、发生期和发生程度预报方法及测报资料收集、汇总和汇报等方面的技术方法。

适用于玉米田玉米螟调查和预报。

>> **发生世代分区**

一代区：北纬45°以北的黑龙江和吉林长白山区及内蒙古、山西北部高海拔地区。

二代区：北纬40°～45°的北方春玉米主产区，包括吉林、辽宁、河北北部和内蒙古大部地区。

三代区：河南、山东、河北等黄淮海平原春、夏播玉米主产区，以及山西、陕西、江苏、安徽、四川、湖北、湖南等省及京津地区。

四代区：浙江、福建、湖北东部、广东西北部及广西北部。

五至六代区：广西中部、广东曲江和台湾台北一带。

六至七代区：广西南部和海南。

>> **发生程度分级指标**

玉米螟发生程度分为5级，即轻发生（1级）、偏轻发生（2级）、中等发生（3级）、偏重发生（4级）、大发生（5级）。一、二、三代为主害代，其中一代以虫株率、二代和三代以百株虫量为指标，各代以最终调查数据确定其发生程度。各级具体数值见表1-65。

表1-65　玉米螟发生程度分级指标

发生指标		发生程度级别				
		1级	2级	3级	4级	5级
一代	虫株率（X，%）	$X \leqslant 10$	$10 < X \leqslant 30$	$30 < X \leqslant 50$	$50 < X \leqslant 70$	$X > 70$
二代、三代	百株虫量（Y，%）	$Y \leqslant 50$	$50 < Y \leqslant 100$	$100 < Y \leqslant 300$	$200 < Y \leqslant 300$	$Y > 300$
发生面积比率（Z，%）		$Z \leqslant 30$	$Z > 30$	$Z > 30$	$Z > 30$	$Z > 30$

>> **越冬基数调查**

1. 冬前基数调查

（1）调查时间　玉米收获后、储存秸秆时调查一次，每年调查时间相对固定。

（2）调查地点　选取玉米秸秆、穗轴等不同储存类型且储存量较大或集中的地点进行调查。

（3）调查方法　每种储存类型随机取样5点以上，每点剖查不少于20株（穗），检查出的总虫数不少于20头。剖查方法：在被害秸秆（或穗轴）蛀孔的上方或下方，用小刀划一纵向裂缝，撬开秸秆（或穗轴），将虫取出。区别螟虫种类及每种螟虫的活死，计数，分别计算各种螟虫的冬前百秆活虫数和幼虫死亡率。死亡原因按真菌、细菌、蜂寄生、蝇寄生及其他等进行辨别，分别计算所占比率。根据当地玉米秸秆、穗轴等寄主作物的储存量，用加权平均法计算当地玉米螟冬前平均百秆活虫量。

>> **越冬基数调查**

以上结果记入玉米螟越冬基数调查表和玉米螟冬前基数调查模式报表。同时选择一批含虫量大、冬季储存安全的秸秆，按当地习惯堆存，备翌年春季调查化蛹、羽化进度用。

2. 冬后基数调查

（1）调查时间 在春季化蛹前（一代区 5 月中旬，二代区 5 月上旬，三代区 4 月下旬，四代区 3 月中旬，五、六、七代区 3 月上旬）调查一次。

（2）调查地点 在冬前调查的场所进行。

（3）调查方法 方法同冬前基数调查方法，计算结果计为各种螟虫的冬后百秆活虫数、幼虫死亡率和冬后玉米螟平均百秆活虫量。

以上结果记入玉米螟越冬基数调查表和玉米螟冬后基数调查模式报表。

>> **各代化蛹和羽化进度调查**

1. 越冬代调查

（1）调查时间 在"冬后基数调查"时开始，每 5 d 调查一次，化蛹率达 90％以上时停止。

（2）调查地点 在冬前选留的秸秆上进行。

（3）调查方法 调查方法同"越冬基数调查"，每次剖查的活虫不少于 30 头，检查死、活虫或蛹（壳）及其数量，按公式（1-47）～公式（1-49）分别计算化蛹率、羽化率和死亡率，结果记入玉米螟化蛹和羽化进度调查表。

$$A = \frac{P + P_m}{P + P_d + P_m + L + L_d} \times 100 \qquad (1-47)$$

$$B = \frac{P_m}{P + P_d + P_m + L + L_d} \times 100 \qquad (1-48)$$

$$C = \frac{P_d + L_d}{P + P_d + P_m + L + L_d} \times 100 \qquad (1-49)$$

式中：

A——化蛹率，单位为百分数（％）；

B——羽化率，单位为百分数（％）；

C——死亡率，单位为百分数（％）；

P——活蛹数，单位为头；

P_d——死蛹数，单位为头；

P_m——蛹壳数，单位为头；

L——活幼虫数，单位为头；

L_d——死幼虫数，单位为头。

2. 其他各代调查

（1）调查时间 在各代幼虫近老熟时开始，每 5 d 调查一次，到羽化率达 50％时停止。

（2）调查地点 选择长势好、种植主栽品种的玉米田一块，作为系统调查田。

（3）调查方法 采用多点取样，见玉米植株上有蛀孔时，按越冬基数方法剖查方法进行，每次剖查的活虫不少于 30 头，检查和记载死虫、活虫或蛹（壳）及其数量，按公式（1-46）～公式（1-48）计算化蛹率、羽化率和死亡率，结果记入玉米螟化蛹和羽化进度调查表。

>> 成虫调查

1. 调查时间　一代区 5 月中旬，二代区 5 月上旬，三代区 4 月下旬，四代区 3 月中旬，五代区、六代区、七代区 3 月上旬开始，至成虫终见为止。

2. 灯具诱测

（1）调查地点和环境　在生长茂密的玉米田块附近，装设 1 台以 20 瓦黑光灯为光源的测报灯，要求其四周没有高大建筑物或树木遮挡，并远离路灯和其他光源，灯管下端与地表面垂直距离为 1.5 m，每年更换一次灯管。

（2）调查方法　每天检查统计灯下的玉米螟成虫雌、雄蛾数量，并注明当天 20：00 时的气象要素，结果记入玉米螟灯具诱测情况记载表。

3. 性诱剂诱测

（1）诱盆制作方法　用直径 30 cm 的瓷盆或塑料盆，内盛 2/3 容积的 0.2% 肥皂（或洗衣粉）水，盆口中央横挂一枚性诱剂诱芯，诱芯与水面保持 2～3 cm，水分不足时要及时补足，每 15 d 更换一次性诱剂诱芯。

（2）性诱剂组分和含量　顺（Z）- 十四碳烯醇乙酸酯和反（E）- 12 - 十四碳烯醇乙酸酯，Z、E 比例为 3：1。每枚诱芯含有效成分 1 000 μg。

（3）设置地点　选择长势好、种植主栽品种的玉米田一块，在田中按三脚形设置诱盆 3 个，各诱盆相距 50 m；诱盆放置在木、竹或铁制的三脚架上，高度应超过作物 20 cm。

（4）调查方法　每天上午检查统计诱盆中玉米螟数量，结果记入玉米螟性诱剂诱测情况记载表。

>> 卵量调查

1. 卵量系统调查

（1）调查时间　在进行各代化蛹和羽化进度调查时，见新鲜蛹皮或灯下出现当代成虫时开始，每 3 d 调查一次，成虫或卵终见 3 d 后止。

（2）调查地点　选择长势好、种植主栽品种的玉米田 3 块，作为系统调查田。

2. 孵化率调查　按公式（1 - 50）计算。

$$D = \frac{Eh}{Eh + Ei + Epa + Epr + Ef + Ew} \times 100 \qquad (1-50)$$

式中：

D——孵化率，单位为百分数（%）；

Eh——已孵化卵粒数，单位为粒；

Ei——未孵化卵粒数，单位为粒；

Epa——被寄生卵粒数，单位为粒；

Epr——被捕食卵粒数，单位为粒；

Ef——脱落卵粒数，单位为粒；

Ew——干瘪卵粒数，单位为粒。

3. 卵量普查

（1）调查时间　在系统调查田出现产卵高峰时，进行大田卵量普查。

（2）调查地点　每个县（市、区）依据不同生态类型、作物布局等，选择玉米种植面积大的 3～5 个乡（镇）开展普查，每个乡（镇）选择有代表性的玉米田 5～10 块。

（3）调查方法：每块田棋盘式 10 点取样，每点 10 株，逐叶观察，尤应注意检查叶背面中脉附近，区分正常卵块、寄生卵块和孵化卵块数等，并计算出平均百株有效（即正常）卵块数，结果记入玉米螟卵量普查表。

>> **幼虫调查**

1. 调查时间　在各代幼虫进入老熟期分别调查 1 次。

2. 调查地点　每县（市、区）依据不同生态类型、作物布局等，选择玉米种植面积大的 3～5 个乡（镇）开展普查，每个乡（镇）选择有代表性的玉米田 5～10 块。

3. 调查方法　每块田采用棋盘式 10 点取样，每点 10 株。首先观察植株心叶或叶腋被害、蛀茎、折株及雌、雄穗受害状和植株表面的幼虫；再剥查被害植株心叶、叶腋和雌雄穗内幼虫，然后观察茎秆有无蛀孔，发现有蛀孔时，用小刀在蛀孔的上方或下方划一纵向裂缝，撬开茎秆将虫取出。分别判别幼虫种类、死活和数量，将结果记入玉米螟幼虫数量和为害程度调查表，以此表明当地当代发生程度、为害等情况。

>> **预报方法**

1. 发生期预报

（1）期距法　依据化蛹、羽化进度调查中蛹的始盛期、高峰期，按各地虫态历期来推算卵、幼虫发生和为害的始盛期、高峰期。

（2）积温法　依据化蛹进度调查中蛹的始盛期、高峰期，利用玉米螟各虫态或全世代的发育起点、有效积温，结合气象预报，根据有效积温公式，计算卵和幼虫发生时期。

2. 发生程度预报

（1）一代发生程度预测　根据越冬代基数、存活率、灯下越冬代蛾量、一代发生期降水、温度等气象情况，结合玉米种植面积、品种布局及其长势，进行一代发生程度预测。

（2）二代以后各代发生程度预测

①综合分析预测：根据前一代为害的轻重、残虫量、春播与夏播种植面积、品种布局及其长势等因素，结合气象条件，预测下一代发生程度。

②数理统计预测：各地可利用本地多年历史虫情、气象和栽培资料，建立预测模型，进行数理统计预报。

>> **测报资料收集、汇总和汇报**

1. 资料收集　玉米、高粱栽培面积和其主要栽培品种，玉米播种期和各期播种的玉米面积；当地气象台（站）主要气象要素的预测值和实测值。

2. 测报资料汇总　对玉米螟发生期和发生量进行统计汇总，记载玉米种植和玉米螟发生及防治情况，总结发生特点，进行原因分析，记入玉米螟发生防治基本情况记载表。

3. 测报资料汇报　全国区域性测报站每年定时填写玉米螟测报模式报表，报上级测报部门。

二、玉米霜霉病菌检疫检测与鉴定方法

>> **寄主范围**

寄主范围：高粱、玉米、甘蔗等禾本科植物叶片、茎秆上。

>> **生物学特性**

体外存活期：病菌在病株残体内、落入土中的卵孢子、种子内潜伏的菌丝体及杂草寄主上的游动孢子囊越冬。卵孢子经过两个生长季仍具致病力，在干燥条件下能保持发芽力长达 14 年之久，带病种子是远距离传播的主要载体。

>> 生物学特性

1. 形态　孢囊梗无色透明，长 $150\sim200\,\mu m$，上部肥大而分枝，分枝为双分叉，小梗近圆锥形、弯曲，每小梗顶生 1 个孢子；分生孢子无色透明，长椭圆形或长卵形，顶端稍圆，基部较尖，大小 $16.2\,\mu m\times28.5\,\mu m$；卵孢子黄色，球形，大小 $40\sim50\,\mu m$。

2. 发病条件　气候潮湿或雨水充沛、地势低洼等高湿环境，特别是降水和结露是影响发病的决定性因素。种植密度过大，通风透光不良，株间湿度高发病重。重茬连作，造成病菌积累发病重。

>> 典型症状

苗期发病，全株淡绿色至黄白色，后逐渐枯死，俗称"白苗病"。

成株期发病，多由中部叶片基部开始，逐渐向上蔓延。发病初期叶片上出现淡绿色、淡黄色、苍白色或紫红色的条纹或条斑，宽度不等，多与叶脉平行，以后变褐枯死或叶片互相连合。

在潮湿的环境下，病叶的正背两面均长白色霉状物，这是病菌的孢囊梗和孢子囊。

>> 传播途径

1. 传播方法　随玉米等材料包装物传入无病区引起发病。病菌常以游动孢子囊萌发形成的芽管或以菌丝从气孔侵入玉米叶片，在叶肉细胞间扩展，经过叶鞘进入茎秆，在茎端寄生，再发展到嫩叶上。

2. 侵染循环　病菌在种子、病株残体、土壤中均可越冬，成为第 2 年的初侵染来源。在田间，生长季病株上产生的游动孢子囊，借气流和雨水反溅进行再侵染。

3. 流行与环境　高湿，特别是降水和结露是影响发病的决定性因素。相对湿度 85% 以上，夜间结露或降水有利于游动孢子囊的形成、萌发和侵染。游动孢子囊的形成和萌发对温度的要求不严格。玉米种植密度过大，通风透光不良，株间湿度高发病重。重茬连作，造成病菌积累发病重。发病与品种也有一定关系，通常马齿种比硬粒种抗病。

检验检测与鉴定

>> 检疫鉴定

1. 形态观察　在作物生长期，选择有疑似病害的地块，根据玉米霜霉病典型症状逐行踏查。

2. 寄主叶片等病残体检测　寄主叶片等病残体检测方法参见"玉米霜霉病菌寄主叶片等病残体检测方法"。

3. 种子检测　种子检测方法参见"玉米霜霉病菌种子检测方法"。

4. PCR 检测　PCR 检测方法参见"玉米霜霉病菌 PCR 检测方法"。

>> 结果判定与报告

1. 形态观察结果判定　植株符合玉米霜霉病典型特征的可直接判定，必要时做其他检测。

2. 寄主叶片等病残体检测结果判定　显微镜下病菌形态与玉米霜霉病菌模式图一致的可直接判定，必要时做其他检测。

3. 种子检测结果判定　洗涤检测时，显微镜下观察到的卵孢子形态与"玉米霜霉病菌模式图"一致的可直接判定；透明染色检测时，显微镜下检查卵孢子和菌丝，卵孢子被染成蓝色，菌丝通常无隔多核、粗壮、有分支；种植检测时，植株的系统症状符合玉米霜霉病典型特征的可直接判定。必要时做其他检测。

检验检测与鉴定

≫ **结果判定与报告**

　　4. PCR 检测法结果判定　观察电泳结果，在阳性对照在 200 bp 处有条带出现，且阴性对照无条带出现的前提下，待测样品在 200 bp 处有条带出现，判断样品携带玉米霜霉病菌、否则判定为阴性反应，即样品不带玉米霜霉病菌。

　　5. 结果报告　将实验室检验鉴定结果填入"植物有害生物样本鉴定报告"。

≫ **除害处理**

　　检验过程中使用的有关材料和用具，在使用完毕后须进行消毒和除害处理。经检疫鉴定后的种子样品应保存在 4 ℃冰箱内，叶片等样品应保存在－20 ℃以下或冻干保存 3 个月备查，保存期满后，进行灭活处理。

（一）玉米霜霉病菌模式图

　　孢囊梗无色透明，长 150～200 μm，上部肥大而分枝，分枝为双分叉，小梗近圆锥形、弯曲，每小梗顶生 1 个孢子；分生孢子无色透明，长椭圆形或长卵形，顶端稍圆，基部较尖，大小 16.2 μm×28.5 μm；卵孢子黄色，球形，大小 40～50 μm（图 1-1）。

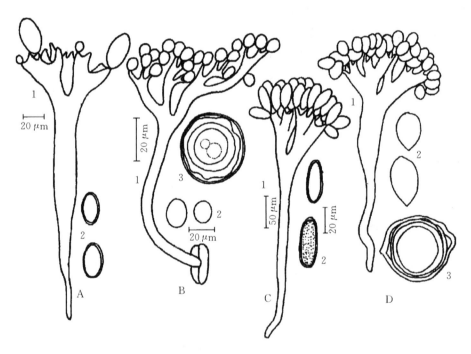

图 1-1　玉米霜霉病菌模式

A. 玉蜀黍霜指霉　B. 高粱霜指霉　C. 菲律宾霜指霉　D. 甘蔗霜指霉

1. 孢囊梗　2. 孢子囊　3. 孵孢子

（二）玉米霜霉病菌检疫检测与鉴定取样方法

　　1. 田间叶片取样及保存　根据目测，采取有疑似症状的叶片；或采取五点取样法，每株分东南西北四个方位采摘嫩梢叶片，每 5 张叶片为 1 个样品。将采集的叶片样品按取样点分别装入纸袋内，并用图标记每个样点的位置。为避免交叉感染，取样时戴一次性手套，每取一个样换一次手套。

采集的样品在 2~8 ℃ 条件下保存应不超过一周，若需长期保存，应置于 −70 ℃ 以下，冻融不超过 3 次。

2. 种子抽样

（1）取样份数　10 kg 以下取 1 份；11~100 kg 取 2 份；101~500 kg 取 3 份；501~1 000 kg 取 4 份；1 001~2 000 kg 取 5 份；2 001~5 000 kg 取 6 份；5 001~10 000 kg 取 7 份；10 001 kg 以上，每增加 10 000 kg 增取 1 份样品，不足 10 000 kg 的余量，计取 1 份样品。

（2）取样重量　玉米每份样品质量为 2 500 kg，其他玉米霜霉病菌寄主每份样品质量为 2 000 kg。将每份样品充分混匀，制成平均样品，从各平均样品中称取 50 g 作为检测样品。

（三）玉米霜霉病菌寄主叶片等病残体检测方法

1. 直接镜检

（1）试剂与仪器　棉蓝乳酚油、无菌水、显微镜、吸水纸、盖玻片、镊子、载玻片。

（2）方法

①直接挑取寄主叶片上白色霜霉状物或撕取带有白色霜霉状物的病组织制成玻片在显微镜下直接镜检检测；或染色观察，加 1 滴棉蓝乳酚油染色后立即用无菌水冲洗，然后用吸水纸吸干多余的染色液，加上盖玻片，镜检。

②观察藏卵器和卵孢子。用镊子取小片病叶褐色坏死部位组织，放在载玻片上，加一滴无菌水，用尖头镊子剥开叶肉，放在显微镜下观察叶肉中的藏卵器和卵孢子。

2. 保湿培养检测

（1）仪器　培养皿、吸水纸、恒温培养箱。

（2）方法

①可疑病叶未见有白色霜霉状物。将病叶切段后分别放在培养皿中用吸水纸保湿，然后置于恒温培养箱并在黑暗中培养，培养箱温度为 21 ℃，相对湿度为 100%，5 h 后每隔 0.5 h 观察 1 次，连续观察 6 h，观察孢囊梗及孢子囊的形成、孢子囊萌发长出芽管的过程。

②白色霜霉状物的寄主病叶，需收集孢子囊置于 18 ℃、100% 相对湿度的培养箱中黑暗培养，1~2 h 后观察其萌发情况。

（四）玉米霜霉病菌种子检测方法

1. 洗涤检测

（1）试剂与仪器　蒸馏水、吐温 20、离心机、显微镜。

（2）方法　从样品中随机取种子 100 粒，浸入 25 mL 蒸馏水中（加入 1 滴吐温 20），振荡 10 min，取悬浮液，用离心机离心 10 min（2 000 g），弃去上清液，沉淀物用 2 mL 蒸馏水悬浮，镜检至少 8~10 滴悬浮液，观察是否有卵孢子。

2. 透明染色检测

（1）试剂与仪器　11.5% NaOH、0.015% Trypane Blue、乳酸甘油混合液（乳酸∶甘油∶水 = 1∶2∶1）、酒精、乳酸甘油（乳酸∶甘油 = 1∶2）、分样筛（5 mm、4 mm、3 mm）、漏斗、镊子、烧杯。

（2）方法　从样品中随机取种子 400 粒，在室温下浸入 11.5% NaOH 和 0.015% Trypane Blue 溶液中 24 h。浸泡后的种子在自来水中冲洗搅动，然后用 5 mm、4 mm、3 mm 分样筛分离种子各个部分，胚收集在最底部的分样筛上，胚乳部分溶解到碱液中而无法收集。随后把胚和种皮放在直径为 9 cm 的染色缸中，分别用酒精脱水 2 min。经脱水后的胚转入带有胶皮管的漏斗中，加入 20 mL 的乳酸甘油混合液（乳酸∶甘油∶水 = 1∶2∶1），胚浮在表层，其他碎片沉在底部，然后通过胶皮管把其他碎片放掉。这样反复洗涤 5~6 次，直至把碎片洗掉为止，再用镊子小心分离种皮。把胚和种皮分别转入装有乳酸甘油（乳酸∶甘油 = 1∶2）的 250 mL 烧杯中，加热煮沸后冷却。最后在实体显微镜下检查乳酸甘油混合液中的种皮，并在显微镜下检查卵孢子和菌丝，卵孢子被染成蓝色，菌丝通常无隔多核、粗壮、有分支。

3. 种植检测　方法：将受检样品播于灭菌土壤中，在高湿适温条件下进行隔离种植，观察植株的系统症状。玉米、高粱种植检验时观察时间为播种到出苗 6 周内，甘蔗观察时间为出苗 6 周以后。

（五）玉米霜霉病菌 PCR 检测方法

1. 试剂与仪器　液氮、2% CTAB 抽提缓冲液、氯仿/异戊醇（24∶1）、3 mol/L 乙酸钠（pH 5.2）、无水乙醇、70% 乙醇、TE 溶液、引物为 Gnus‐1 和 Gnus‐2、5×TBE 电泳缓冲液〔Tris 碱 54 g、硼酸 27.5 g 和 20 mL 0.5 mol/L EDTA（pH8.0）放入 1 L 水中溶解〕、琼脂糖、DNA 荧光染料、10×PCR 缓冲液、玉米霜霉病菌 DNA 的特异性引物、dNTP、*Taq* 酶、5×TBE 电泳缓冲液、琼脂糖凝胶（0.8%）、1 000 bp DNA ladder 等。

恒温水浴锅、高速台式离心机、PCR 扩增仪、天平、高压灭菌锅、水平电泳仪、凝胶成像系统、PCR 反应管、微量移液器、移液器等。

2. 取样　取样方法参见《玉米霜霉病菌检疫检测与鉴定取样方法》（NY/T 2050—2011）。

3. 病叶、种子及颖壳中提取 DNA

（1）每个样品称取 0.75 g 病叶或 1.0 g 表面带菌种子或带颖壳病种子，加液氮研磨成粉末，于解冻前迅速加入 2% CTAB 抽提缓冲液 1 500 μL（65 ℃水浴中预热），转移至 1.5 mL 离心管中，置65 ℃水浴中保温 30 min，期间不时摇匀。

（2）加入等体积氯仿/异戊醇（24∶1），振荡 30 s 混匀，12 000 g 离心 5 min。

（3）取上清至新的离心管中，加入等体积氯仿/异戊醇（24∶1），温和地混匀，12 000 g 离心 5 min。

（4）取上清，加入 1/10 体积的 3 mol/L 乙酸钠（pH 5.2）和 2 倍体积的无水乙醇，充分混匀。

（5）室温下 12 000 g 离心 10 min，弃上清，分别用 70% 乙醇和无水乙醇清洗沉淀各一次，室温下风干；用 100 μL TE 溶解 DNA，用手指轻弹离心管使沉淀充分悬浮，−20 ℃保存备用。

4. PCR 检测

（1）引物　玉米霜霉病菌 DNA 的特异性引物为 Gnus‐1 和 Gnus‐2，见表 1‐66。

表 1‐66　**特异性引物**（姚成林，1991）

引物	序列5'→3'
Gnus‐1	GGA TGT CTG CGA TCA TCG ATT TGA A
Gnus‐2	ATC CAG GAG ACT TTT CCA CT TAA T

（2）检测体系　玉米霜霉病 PCR 检测体系见表 1‐67，总体积 25 μL/管。每次检测时同时设阴性对照和阳性对照管。

表 1‐67　**玉米霜霉病菌 PCR 检测体系**

检测试剂	每管加入量（μL）
10×PCR 缓冲液（含 Mg^{2+}）	2.5
2.5 mmol/L dNTPs	2
5 U/μL *Taq* DNA 聚合酶	0.2
引物 Gnus‐1（5 μmol/L）	1
引物 Gnus‐2（5 μmol/L）	1
模板 DNA	1
H_2O	17.3
总体积	25

（3）PCR 反应　将配制好的体系混匀后放入 PCR 扩增仪。扩增产物 4 ℃保存。

PCR 反应程序：94 ℃ 3 min（1 个循环）；94 ℃ 1 min，50 ℃ 2 min，72 ℃ 3 min（30 个循环）；72 ℃ 7 min，4 ℃下保存。

5. 电泳 琼脂糖凝胶（0.8%）：在 0.5×TBE 缓冲液加入 0.8% 的琼脂糖，融化后在每 100 mL 琼脂糖溶液中加入市售 5 μLDNA 荧光染料，冷却至 60 ℃倒入插入梳子的制胶槽中，冷却凝固后点样电泳。

取出反应管，将 PCR 产物 5 μL 与上样缓冲液 1 μL 混合，加入琼脂糖凝胶的点样孔中，同时设 DNA ladder 作为片段大小的标准。在 1×TBE 电泳缓冲液中、80 V 电压下，电泳 40 min。

6. 凝胶成像观察与记录 取出琼脂糖凝胶放入凝胶成像系统观察，拍摄样品 DNA 扩增条带，记录观察结果，电子文档存档备查。

7. 结果判断 样品 PCR 扩增产物经凝胶成像系统的紫外光下观察，凝胶上阳性对照出现一条 200 bp 特异性条带，阴性对照或空白对照没有该特异性 DNA 条带。供试样品出现与阳性对照相同大小的特异性 DNA 条带，样品判定为阳性，即带有玉米霜霉病菌。供试样品未出现与阳性对照相同大小特异性条带，样品判定为阴性，即未检出玉米霜霉病菌。

（六）植物有害生物样本鉴定报告

见表 1-68。

表 1-68 植物有害生物样本鉴定报告

植物名称				品种名称	
植物生育期		样品数量		取样部位	
样品来源		送检日期		送检人	
送检单位				联系电话	
检测鉴定方法：					
检测鉴定结果：					
备注：					
鉴定人（签名）： 审核人（签名）：					
				鉴定单位盖章： 年　月　日	

注：本单一式三份，检测单位、受检单位和检疫机构各一份。

三、玉米细菌性枯萎病监测技术规范

》 鉴定依据

玉米细菌性枯萎病菌可造成严重产量损失，为进境植物检疫有害生物。

其检测与鉴定的重要依据：田间症状、生理生化反应、血清学反应、PCR 反应等特征。

》 疫情监测

1. 监测区域 重点监测玉米制繁种基地、引进境外玉米种子种植区、进口玉米加工和销售场所及其周边的玉米田等高风险区域。

2. 监测时间 玉米整个生长期，重点监测苗期至吐丝期。

3. 监测方法

（1）踏查 在玉米不同生长期，选择有代表性的田块进行踏查，观察田间玉米有无细菌性枯萎病发病症状（玉米细菌性枯萎病与其他病害症状区分），必要时可采用定点（定株）系统调查。同时调查种子来源、栽培管理及病虫害发生情况，做好记录。发现有典型或疑似症状的植株，采样进行室内检验。

（2）系统监测 选择有代表性的田块，进行田间定点定期调查，每 30 d 调查 1 次，采取 5 点取样或随机取样方法，每点选取植物 10～20 株进行调查，也可根据需要增减调查数量。疑似症状植株采样进行室内检验。

（3）产地检疫 玉米制繁种基地的疫情调查，按照 GB/T 23624—2009《玉米种子产地检疫规程》要求进行田间调查。

（4）调运检疫 按照 GB 15569—2009《农业植物调运检疫规程》，对调出的玉米种子，进行调运检疫；对调入本地的玉米种子，进行复检，并取样进行室内检验。

》 鉴定方法

1. 常规鉴定

（1）喷菌检查 切取田间采回的植株叶片病健交界处 10～20 mm^2，平放在载玻片的水滴中，加盖玻片后，在低倍显微镜下检查，观察有无喷菌现象。

（2）分离培养鉴定 选择田间采回的具有新鲜症状的植株叶片进行病菌分离。在无菌条件下取病健交界处组织约 5 mm×5 mm，用 75% 乙醇表面消毒 15 s，无菌水清洗 2～3 次后放入 0.2 mL 无菌水中，用灭菌玻璃棒研碎，在室温下浸泡 30 min。将浸出液在 NA 培养基平板上画线，重复 3～5 个平板，（27±2）℃ 培养 3～5 d。观察病原菌形态特征和培养特性，玉米细菌性枯萎病菌形态特征参见"玉米细菌性枯萎病菌形态特征"。

（3）革兰氏染色 挑取少量分离到的病原菌悬浮液，涂片固定后用草酸铵结晶紫染 1 min，自来水冲洗。加碘液覆盖涂面染 1 min 后水洗，并用吸水纸吸去水分。加 95% 酒精数滴，并轻轻摇动进行脱色，30 s 后水洗，吸去水分。加番红花红液染 10 s 后，自来水冲洗。干燥，镜检。若菌体都呈紫色为革兰氏阳性菌，菌体呈红色为革兰氏阴性菌。

也可在载玻片上加一小滴 3%KOH 液。用灭菌牙签挑取少量纯培养的菌落，放入 3%KOH 液滴中，轻轻搅拌。5～10 s 后慢慢向上提起，如有黏丝出现，则为革兰氏阴性菌，若无黏丝出现，即为革兰氏阳性菌。

（4）致病性鉴定 将待测菌配成每毫升含有 10^8 个细胞的菌悬液，用注射器注射接种于 3～4 叶期盆栽的玉米幼苗茎基部，直到喇叭口处出现菌液为止。接种植株用塑料袋保湿 24 h，12 h 光照/黑暗的循环条件下 30 ℃ 培养。接种 7 d 后观察植株发病症状。

>> **鉴定方法**

（5）生理生化测定 玉米细菌性枯萎病菌的生理生化测定方法参见《玉米细菌性枯萎病菌检疫鉴定方法》(SN/T 1375—2004)。

2. SPA-ELISA 检测 玉米细菌性枯萎病菌 SPA-ELISA 检测程序参见《玉米细菌性枯萎病检疫鉴定方法》（SN/T 1375—2004）。

3. PCR 检测 玉米细菌性枯萎病 PCR 检测程序参见"玉米细菌性枯萎病菌 PCR 检测程序"。

>> **鉴定结果判定**

1. 常规鉴定 田间植株发病症状符合玉米细菌性枯萎病典型症状，解剖镜检有喷菌现象，可初步确定病原菌为玉米细菌性枯萎病菌。如要进一步确定，则进行分离培养，分离培养物形态特征符合"玉米细菌性枯萎病菌的形态特征"，革兰氏染色呈阴性，致病性鉴定产生典型症状，生理生化测定结果为阳性可确定病原菌为玉米细菌性枯萎病菌。

2. SPA-ELISA 检测 在阴性对照 OD 值≤0.1，且阳性对照 OD 值大于阴性对照 OD 值 2 倍的前提下，样品孔 OD 值大于阴性对照 OD 值 2 倍时，检测结果判定为阳性，样品中带有玉米细菌性枯萎病菌；否则，检测结果为阴性，样品中不带有玉米细菌性枯萎病菌。

3. PCR 检测 在阴性对照无扩增条带、阳性对照出现相应大小的特异性条带的前提下，供试样品出现与阳性对照相同大小的特异性扩增条带，样品判定为阳性，即带有玉米细菌性枯萎病菌；供试样品未出现与阳性对照相同大小特异性条带，样品判为阴性，即不带玉米细菌性枯萎病菌。

>> **资料汇总**

1. 样品和菌株的保存 检验样品须保存六个月，保存期满后，需经灭菌处理。检验过程中使用的用具和用品应进行消毒灭活处理。分离并鉴定为玉米细菌性枯萎病菌的菌株可采用适当的方式长期保存。

2. 监测报告 记录监测结果并填写"玉米细菌性枯萎病田间调查监测记录表"。植物检疫机构对监测结果进行整理汇总形成监测报告。

3. 记录保存 详细记录、汇总监测区内调查结果。各项监测的原始记录连同其他材料妥善保存于植物检疫机构。

（一）培养基及试剂的配置方法

1. NA 培养基 取牛肉浸膏 3 g、蛋白胨 5 g、酵母提取物 1 g、蔗糖 10 g，pH 调至 7.0～7.2，15 g 琼脂，蒸馏水 1 000 mL，121 ℃灭菌 20 min。

2. 革兰氏染色液

（1）结晶紫液 A 液：结晶紫 2 g，95％酒精 20 mL；B 液：$(NH_4)_2C_2O_4$ 0.8 g，蒸馏水 80 mL。使用前将 A、B 液相混，静置 48 h 后使用。

（2）碘液 I_2 1 g，KI 2 g，蒸馏水 300 mL，将 KI 溶于少量蒸馏水中，然后加入 I_2，待 I_2 全部溶解后，加水稀释至 300 mL。

（3）番红花红液 2.5％番红花红酒精溶液 10 mL，蒸馏水 100 mL。

（二）玉米细菌性枯萎病与其他病害症状区分

见表 1 - 69。

表 1 - 69 玉米细菌性枯萎病与其他病害症状区分

病名	叶部症状	根茎或穗部症状
玉米细菌性枯萎病（*Pantoea stewartii* subsp. *stewartii*）	形成淡绿色到黄色，具不规则或波状边缘的条斑，与叶脉平行，有的条斑可以延长到整个叶片，病斑干枯后成褐色	苞叶上也有条纹病斑
玉米细菌性萎蔫病（*Clavibacter michiganensis* subsp. *nebraskensis*）	在叶片上产生与中脉平行的、分散的水渍状条斑，最后全叶干枯	系统侵染的植株维管束变色，根或茎部呈水渍状，并分泌出黏液，出现湿腐状
玉米细菌性叶疫病（*Acidovorax avenae*）	引起具有红褐色边缘的、窄长的条斑和斑点，特点是有条斑严重的叶片易撕成碎条	茎干上出现腐烂
玉米细菌性条纹病（*Pseudomonas andropogonis*）	产生窄长、平行的、橄榄绿到黄褐色水渍状病斑	上部叶片条纹病斑融合在一起，上部的叶片全部变白。顶部变白是这个病害的典型特征
玉米大斑病（*Exserohilum turcicum*）	病斑大，梭形（或卵圆形），灰绿色到棕黄色，边缘明显，严重侵染时病斑相连，多数叶片死亡，像火烧一样	—
玉米小斑病（*Bipolaris maydis*）	引起小的、界限明显的、棕黄色到褐色病斑，当侵染严重时叶片像火烧状	—
玉米圆斑病（*Bipolaris zeicola*）	同小斑病相似	—

（三）玉米细菌性枯萎病菌形态特征

玉米细菌性枯萎病菌是一种不运动、无芽孢、革兰氏染色阴性、兼性厌氧杆菌，大小为（0.4～0.7）μm×（0.9～2.0）μm，以单个或短链形式存在。在营养琼脂培养基上菌落小圆形，生长慢，黄色，表面平滑。在营养琼脂上划线培养，其菌苔的变化为：从稀薄、黄色、湿润，易滑落到较薄、橙黄色、干燥，不滑落。在肉汤培养液中生长微弱，易形成灰色环和黄色沉淀物。

（四）玉米细菌性枯萎病菌 PCR 检测程序

》》 制 样

1. 叶片样品 将田间采回的植株叶片先用无菌水洗 2 次，再用 75％酒精表面消毒 15 s。将样品剪成 20 mm² 小片，装入烧杯中，按照供试样品质量（g）：样品提取液体积（mL）＝1：20 的比例加入样品提取液，静置浸泡 10 min。

2. 种子样品 取样品种子 20 g，用小型粉碎机粉碎 10 s，将样品用样品提取液 25 mL 浸泡 10 min。

3. 病原菌分离物 用接种环挑取一环病原菌菌液，加入 1 mL 样品提取液中混匀，经 10 000 r/min离心 2 min，弃上清液。重复 3 次（表 1 - 70～表 1 - 72）。

表 1 - 70 玉米细菌性枯萎病菌 PCR 检测引物

引 物	序 列	片段大小	引物来源
CPSL1/CPSR2c	CCTGTCAGTCTCGAACC/ATCTCGAACCGGTAACC	1.1 kb	David et al.，2002
ITSA	GCGCGCGTCGACACCTGCGGTTGGAACACC	0.5 kb	王茂华等，2006
ITSB	GCGCGCTCTAGACACCGTGTACGCTTAGTC		
PSA	GCGCTTGCGTGTTATGAGCT	0.299 kb	
PSB	AGTCGGCTGCGAAGCCGA		

表 1 - 71　玉米细菌性枯萎病菌 PCR 检测程序

引物名称	程序
CPSL1/CPSR2c#	94 ℃ 1 min；94 ℃ 15 s，52 ℃ 15 s，72 ℃ 30 s（25 个循环）；72 ℃ 5 min
ITSA/ITSB* PSA/PSB	94 ℃ 5 min；94 ℃ 30 s，62 ℃ 30 s，72 ℃ 1 min（35 个循环）；72 ℃ 10 min 94 ℃ 5 min；94 ℃ 30 s，62 ℃ 30 s，72 ℃ 1 min（35 个循环）；72 ℃ 10 min

David（2 002）报导该对引物对于 *Pantoea. ananas* pv. *herbicola* 特异性不强，且对于 *P. stewartii* DC116 菌株没有特异性条带；
* 为巢式 PCR。

》》 PCR 反应体系

反应组成	体积（μL）
10×PCR buffer	5
25 mm MgCl$_2$	3
25 mm dNTP	1
20 mg/mL 牛血清白蛋白（BSA）	2.2
1% 吐温 20	0.6
Primer（20 μm）	1
5 U/μL *Taq* DNA 聚合酶	0.2
模板 DNA	2
ddH$_2$O	34
共计	50

》》 电　泳

　　取 PCR 扩增产物 5 μL 与样品缓冲液 1 μL 混合均匀，用 1% 的琼脂糖凝胶电泳（80 V、1 h）后，溴化乙锭（EB）染色（20～30 min），在凝胶成像系统中观察，记录观察结果，对样品 PCR 扩增带拍照并保存（图 1 - 2）。

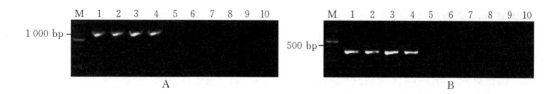

图 1 - 2　PCR 产物电泳图
A. 引物 CPSL1/CPSR2c　B. 引物 PSA/PSB
1～4. 阳性样品　5～9. 其他　10. 阴性对照

（五）玉米细菌性枯萎病田间调查监测记录表

见表 1-72。

表 1-72 玉米细菌性枯萎病田间调查监测记录表

调查单位： 调查时间：

编号	作物品种	调查地点	调查株数（株）	疑似症状表现株数（株）	监测（检测）结果

调查人（签字）：

四、玉米根萤叶甲监测技术规范

》》 监测内容

1. 监测寄主 监测寄主主要为玉米 *Zea mays. L* 和几种葫芦科 *Cucurbitaceae* 植物，如成熟的南瓜 *Cucurbita* spp. 和甜瓜 *Cucumis* spp. 等。

2. 监测区域 国际航空港、口岸、码头附近的玉米田及成熟的葫芦科植物田。

3. 监测时间 各地可根据气候条件和寄主作物生长情况调整具体监测时间，一般在玉米生育期进行监测。

》》 标本鉴定

对监测中发现的可疑样本，应根据需要采集有关标本妥善保存，并带回实验室进行鉴定，鉴定主要依据玉米根萤叶甲属的形态特征、为害状况、玉米根萤叶甲与几种类似叶甲成虫检索表，按 SN/T 3076—2012 中的鉴定方法进行，并将鉴定结果填入表 1-73。

》》 监测方法

1. 成虫诱捕

（1）黄板的悬挂 将装有引诱物的黄板悬挂于距田边 5～10 m 的玉米植株顶部。对在诱集监测过程中发现有玉米根萤叶甲疫情的航空港、口岸、码头等，应增加黄板监测点和黄板的设置密度，严密监测疫情的发展。

（2）黄板及引诱物的维护 为保持黄板的诱虫功能，每 30 d 更换一次新的引诱物和黄板。在整个监测期间，每 14 d 检查一次黄板上是否有疑似玉米根萤叶甲的成虫，当黄板上诱捕到该虫后，每 7 d 检查一次。黄板附近安放醒目标志。

2. 为害状况调查

（1）调查时间 在成虫诱捕过程中发现疑似玉米根萤叶甲的样品后，应立即开展玉米根萤叶甲为害状况调查。

（2）调查对象 重点调查诱捕到成虫的田块及其附近寄主植物田。

3. 调查方法 查看田间玉米有无典型的"鹅颈管"症状的植株，有无被害的植株叶片、果穗以及葫芦科植物的果实等。若发现有疑似虫株，则在该田块随机选取不少于 5% 的植株进行调查，每个植株分别调查地上部位有无成虫为害，地下根部有无幼虫为害，并将发现的可疑虫体带回室内进行鉴定。

>> **监测报告**

记录监测结果并填写"有害生物疫情监测记录表";植物检疫机构对监测结果进行整理汇总形成监测报告。发现有疑似玉米根萤叶甲,应立即报送上级主管部门,并将疑似标本送权威机构进行种类鉴定和确认。

>> **标本保存**

采集到的虫体制作为针插标本或浸泡标本,填写标本的标签,连同标本一起妥善保存。标本要注明发现地点和时间。标本要有专人负责管理,保存期间要注意防潮、防虫,以及受损变质。根据标本登记造册,列明标本数量、存放起止日期、检疫结果和最后处理意见。

>> **档案保存**

详细记录、汇总监测区内调查结果。各项监测的原始记录连同监测过程中的样品拍照、录像等材料妥善保存于植物检疫机构。

(一)玉米根萤叶甲的鉴定特征

>> **形态特征**

1. 卵　卵淡黄色,长 0.65 mm,宽 0.45 mm,卵壳表面呈规则的网状。

2. 幼虫　幼虫淡黄色,成熟的幼虫长 11 mm,具明显的黑色肛上板。

3. 成虫　成虫体长 5 mm,长椭圆形,触角丝状,长不超过鞘翅中部,第 2、3 节等长或第 2 节稍长于第 3 节,但不超过 1.5 倍,第 2、3 节长度之和大于第 4 节长度的一半,从第 4~11 节起长度逐渐递增,前胸背板窄于鞘翅,近方形,两侧及后缘边框明显,后角突出,前角钝圆,盘区中下部具有一对浅凹,鞘翅在中部膨阔,每一鞘翅在肩角下是 2 条纵向沟槽,雌性鞘翅上具 3 条黑色纵纹,雄性鞘翅黑色具黄色边缘,鞘翅末端黄色。

>> **为害症状**

1. 成虫为害　玉米根萤叶甲成虫以玉米植株的叶片、果穗、雄穗、花粉、种子等为食。

2. 幼虫为害　幼虫主要以玉米根或其他几种葫芦科植物根为食。幼虫侵入玉米根茎后,吞食根部组织,导致玉米形成典型的"鹅颈管"症状,造成作物减产或死亡。

>> **形态特征**

前胸背板两侧中间突出为尖角,背板呈六角形,即褐足角胸叶甲。

足第 1 附节长于其余各节之和,每个鞘翅基部具 1 近圆形淡色斑,即双斑长跗萤叶甲。

鞘翅两侧及后缘边框明显向外扩展,鞘翅没有明显的斑纹,刚羽化的成虫体色奶酪色或茶色,逐渐变为绿色,即巴氏根萤叶甲。

鞘翅有 12 个黑色斑点,胸部、头部和触角为黑色,腹部黄色,即十一星根萤叶甲。

鞘翅颜色有绿色、棕黄色两种,具光泽,前胸暗黄褐色,前缘色较浓,上生小刻点,无褐色斑纹,即玉米异跗萤叶甲。

鞘翅有 3 个明显的黑色条纹和 4 个黄色条纹延伸到腹部末端,头和腹部黑色,即黄爪条纹叶甲。

(二)植物有害生物样本鉴定报告

见表 1-73。

表 1－73 植物有害生物样本鉴定报告

植物名称				品种名称	
植物生育期		样品数量		取样部位	
样品来源		送检日期		送检人	
送检单位				联系电话	
检测鉴定方法：					
检测鉴定结果：					
备注：					
鉴定人（签名）： 审核人（签名）：					
				鉴定单位（盖章）： 　年　月　日	

注：本单一式三份，检测单位、受检单位和检疫机构各一份。

（三）有害生物疫情监测记录表

见表 1－74。

表 1－74 有害生物疫情监测记录表

监测对象		监测单位		
监测地点		联系电话		
监测到有害生物（或疑似有害生物）的名称		数量		备注
监测方法：				
疫情描述：				
备注：				
		监测单位（盖章）： 　监测人（签名）： 　　年　月　日		

五、玉米粗缩病测报技术规范

》》术语定义

1. 病情指数（disease index）　病害发生的普遍性（病株率）和严重度的综合指标，用以表示病害发生的平均水平，按公式（1-51）计算：

$$I = \frac{\sum(i \times l_i)}{L \times 4} \times 100 \qquad (1-51)$$

其中：

I——病情指数；

i——各严重度级值；

l_i——各严重度级值对应病株数，单位为株；

L——调查总株数，单位为株。

2. 发生（病）期［emergence（infesting）period］　灰飞虱发生期：某代某虫态发生数量达该代该虫态累计总量的 16%、50%、84% 的日期分别称其始盛期、高峰期、盛末期。

玉米粗缩病发生期：玉米粗缩病病情严重程度（用病株率或病情指数等指标表示）分别达最终病情严重程度（即收获前定局普查中的病情严重度）的 16%、50%、84% 的日期，为病情始盛期、高峰期、盛末期。

3. 水稻黑条矮缩病毒［rice black streaked dwarf virus（RBSDV）］　玉米粗缩病的病原为水稻黑条矮缩病毒，属呼肠孤病毒科（Reoviridae）斐济病毒属（Fiji virus）第 2 组成员。其基因组由 10 条线性的双链 RNA（dsRNA）组成，含有 29 142 个核苷酸（nt）；病毒粒子呈二十面体对称结构，外观呈球形。

4. 病株率（the rate of diseased individual plant）　调查发病的玉米株数占调查总株数的比率。

5. 传毒介体和传毒方式（the vector and transmission of RBSDV in maize）　引起玉米粗缩病的水稻黑条矮缩病毒以灰飞虱［*Laodelphgax striatellus*（Fallen）］为主要传毒介体进行持久性传播。灰飞虱一旦获毒，终身带毒，并能连续传毒，但不经卵传毒。灰飞虱在病毒寄主上吸汁获毒，获毒时间最短为 1 h，一般 24～48 h 就可以充分获毒；获毒最低温度为 8 ℃ 左右，获毒效率以 2～3 龄期若虫最高。病毒在虫体内的循回期为 8～35 d，在适温条件下，循回期随气温升高而缩短。传毒最低温度为 4～5 ℃，传毒时间最短 2 h（在最适气温 24 ℃ 下），一般 48 h 可充分传毒。

6. 灰飞虱带毒率（RBSDV-infected rate of vectors）　带有水稻黑条矮缩病毒的灰飞虱虫量占参与测定的灰飞虱总虫量的比率，按公式（1-52）计算：

$$H = \frac{S}{Z} \qquad (1-52)$$

式中：

H——灰飞虱带毒率，单位为百分率（%）；

S——带有水稻黑条矮缩病毒的灰飞虱虫量，单位为头（头）；

Z——参与测定的灰飞虱总虫量，单位为头（头）。

7. 严重度分级指标（severity level of disease）　按病株与健株在整株高度、雌雄穗长度、叶面症状等方面的不同，将玉米粗缩病严重度分为 5 级：

0 级：全株无病症；

1 级：株高为健株株高的 4/5 以上，雄穗轴短，仅上部叶片背面有白色蜡泪状突起；

2 级：株高为健株株高的 4/5～2/3，整株显症，雌穗长度为健穗的 3/4 左右；

3 级：株高为健株株高的 2/3～1/2，整株显症，雌穗长度为健穗的 1/2 以下；

4 级：株高为健株株高的 1/3 以下，整株显症或提早枯死，基本无产量。

>> **发生程度分级指标**

玉米粗缩病发生程度以玉米成株期普查病株率划分，共分为5级，即轻发生（1级）、偏轻发生（2级）、中等发生（3级）、偏重发生（4级）、大发生（5级），各级指标见表1-75。

表1-75　玉米粗缩病发生程度分级标准

发生程度	1级	2级	3级	4级	5级
病株率（d,%）	$0.1 \leqslant d < 5.0$	$5.0 \leqslant d < 10.0$	$10.0 \leqslant d < 20.0$	$20.0 \leqslant d < 30.0$	$d \geqslant 30.0$

>> **系统调查**

1. 麦田灰飞虱越冬代和一代成虫、若虫虫量调查

（1）调查时间　自越冬代成虫高峰期起至一代成虫高峰期，每5 d调查1次。常年使用测报灯（以200 W白炽灯或20 W黑光灯为光源）的地区，可根据灯下灰飞虱诱测虫量，判断灰飞虱发生期；无灯具的地区，一般在4月中旬至5月下旬调查。

（2）调查地点　在灰飞虱常年发生量大的稻麦轮作区或玉米小麦轮作区，选择不同种植方式（如撒播或条播、直播或套播）的稻茬麦田或玉米茬麦田3块，每块田面积不少于1亩，固定为系统调查田。

若无麦田，可选择空闲田或看麦娘、罔草等禾本科杂草多的田间地头等灰飞虱喜好的栖息地点，确定3块田或3个点作为系统调查田（点）。

（3）调查方法　田间采用双对角线5点取样法，麦田采用盆拍法调查，空闲田、杂草多的田间地头采用扫网法或笼罩法调查。

盆拍法调查选用长方形（33 cm×45 cm）白搪瓷盘为调查工具，用水湿润盘内壁，每点拍查0.2 m²，一块田共查1 m²。在小麦扬花期前（含扬花期）拍击植株中下部，灌浆期后（含灌浆期）拍上部，连拍三下，每次拍查计数后，清洗白搪瓷盘，再进行下次拍查。

扫网法调查选用直径为53 cm的捕虫网，每点来回扫网一次，每次扫网宽幅为1 m、面积为0.5 m²，观察统计捕获虫量。

笼罩法调查用粗铅丝、木条制成长、宽、高各33 cm的正方形笼框，四周用白纱布围住，做成笼罩，在样点上扣笼后，用棍棒在底部拨动草丛，虫子即跳到纱布上，再观察统计其内虫量。

统计成虫、若虫数量，区分低龄和高龄若虫［参见"灰飞虱卵、若虫、成虫各龄期（或级别）形态特征"］，成虫、若虫合计虫量折算为1亩虫量。

2. 玉米田灰飞虱虫量调查

（1）调查时间　自玉米出苗后至玉米田灰飞虱一代成虫发生始盛期（即玉米田虫量开始激增时），每5 d调查1次；盛期后至一代成虫消减止，每2 d调查1次。

（2）调查地点　选择当地早播夏玉米田或晚播春玉米田3块，每块田面积不少于1亩，固定为系统调查田。

（3）调查方法　田间采用双对角线5点取样法进行调查；玉米出苗至灰飞虱成虫始盛期，每点查10株；盛期后，每点查5株。采用目测法计数，玉米苗期（7叶前）也可采用笼罩法。

统计成虫数量，折算为百株虫量。

>> **普　查**

1. 麦田灰飞虱虫量普查

（1）调查时间　当麦田系统调查灰飞虱进入越冬代成虫高峰期和一代成虫高峰期时（通常为集中麦收期）时，各进行1次。

>> 普　查

（2）调查地点和方法　选择当地具有代表性的种植方式、不同播期、茬口和品种的麦田 20 块以上，按照"系统调查"中取样方法进行调查。

统计成虫、若虫数量，并折算为亩虫量。

2. 麦田灰飞虱一代卵量调查

（1）调查时间　本地灰飞虱越冬代成虫高峰期（一般为 4 月下旬至 5 月上旬）后调查 1 次。

（2）调查地点　选定的系统调查田。

（3）调查方法　每块田采用棋盘式取样 10 点，每点 5 株。

剥查麦株基部第 1～2 叶的叶鞘，如果第 1、2 叶枯黄，还应剥查第 3 叶叶鞘；小麦接近成熟时，卵多产在无效分蘖和低矮麦株上。卵横向排列，与叶鞘平行，常为 1～3 粒，对光检查较易发现。

在空闲田、草多的环境，选取看麦娘等禾本科杂草，主要查看杂草主茎及大分蘖的茎腔（以基部第 2 节内最多，第 1 节次之，第 3 节又次之，第 4 节最少）。卵粒竖排，与茎垂直，约有 2/3 长度裸露于茎腔中，自基部将茎撕成两半检查易发现。

调查卵条数、卵粒数，计算百株卵量，观察卵发育进度级别［参见"灰飞虱卵、若虫、成虫各龄期（或级别）形态特征"］，折算各级别卵所占比率。

3. 玉米田灰飞虱虫量普查

（1）调查时间　当玉米田系统调查虫量达到始盛期、高峰期和盛末期时各调查 1 次。

（2）调查地点和方法　选择当地具有代表性的不同生育期、茬口、品种的玉米田 20 块以上，按照"系统调查"中取样方法进行调查。

统计虫口数量，计算百株虫量。

4. 玉米粗缩病病情普查

（1）调查时间　玉米苗期、大喇叭口期、收获前各调查 1 次。

（2）调查地点和方法　选择当地具有代表性的不同播期、种植方式（直播或套播）、茬口、品种的玉米田 20 块以上，每块地双对角线 5 点取样，每点调查 20 株。

苗期普查只调查玉米植株病株率，大喇叭口期和乳熟期普查还需调查病情严重度，计算病情指数，结果记入"农作物病虫害调查资料表册"中的"玉米粗缩病情调查记载表"。

>> 灰飞虱带毒率测定

1. 灰飞虱采集　结合麦田灰飞虱普查进行，采集越冬代、一代灰飞虱成虫或高龄若虫，每块类型田虫量不少于 50 头，带回室内分别测定其带毒率。

2. 带毒率测定　利用水稻黑条矮缩病毒 dot ELASA 检测试剂盒进行检测，检查测试灰飞虱的反应类型（带毒灰飞虱呈现阳性反应），记载带毒虫量，并计算灰飞虱带毒率。

>> 预测方法

1. 灰飞虱发生期预测

（1）一代成虫发生高峰期　根据灰飞虱一代卵量和发育程度，依据历期法，预测一代成虫发生高峰期。

（2）一代成虫迁入玉米田始盛期和高峰期　一般年份，麦田一代成虫发生高峰期即为迁入玉米田始盛期；始盛期后 5～7 d 为迁入玉米田高峰期，此时一般为小麦集中收获期。

>> **预测方法**

（3）玉米田灰飞虱发生盛期持续时间 根据 6 月气温、降水量、降水天数等气象因子，结合一代灰飞虱发育整齐度、本地历史资料，预测玉米田灰飞虱盛期持续时间。

2. 玉米粗缩病发生程度预测

（1）长期预测 每年 4 月上旬（即灰飞虱越冬代若虫盛发期），根据当地上年麦田和玉米田灰飞虱发生面积、发生量和带毒率等因素做出病情长期预报。

（2）中期预测 每年 5 月下旬（即麦田灰飞虱一代成虫高峰期），根据一代成虫量、带毒率、发育整齐度，结合气象预报、玉米生育期等因素做出病情中期预报。

（3）短期预测（警报） 当一代灰飞虱迁入玉米田虫量达到始盛期时，根据麦田一代灰飞虱成虫高峰期虫量与带毒率、玉米田迁入虫量，结合玉米播期、套作玉米比例、玉米品种抗性，以及 6 月气温、降水量等因子，采用多种因素综合预测。或应用逐步回归筛选预测因子，建立预测式进行预测。

>> **测报资料收集、汇总和汇报**

1. 测报资料收集 玉米和小麦种植面积、主要栽培品种的抗病虫性，播种期和不同播种期的玉米面积；当地气象台（站）主要气象要素的预测值和实测值。

2. 测报资料汇总 对麦田和玉米田灰飞虱发生量、玉米粗缩病发生情况进行统计汇总，总结发生特点，进行原因分析，记入玉米粗缩病发生防治基本情况记载表（表 1 - 81）。

3. 测报资料汇报 全国区域性测报站每年定时填写玉米粗缩病发生程度预测报表报上级测报部门。

（一）农作物病虫害调查资料表册

玉米粗缩病
（　　年）

站　名_____盖章

站　址_____

(北纬：_____东经：_____海拔：_____)

测报员_____

负责人_____

中华人民共和国农业部

见表 1－76～表 1－81。

表 1－76　麦田灰飞虱虫量调查记载表

调查日期（月-日）	调查地点	种植方式	茬口	品种	生育期	调查面积（m²）	成虫数（头）	若虫量（头）			亩虫量（头）	备注（当年越冬代/一代成虫）
								低龄	高龄	小计		

注：调查地点指麦田、空闲田或杂草处。

表 1－77　玉米田灰飞虱虫量调查记载表

调查日期（月-日）	调查地点	生育期	品种	茬口	调查株数（株）	成虫数（头）	百株虫量（头）	备注

注：调查地点指早播夏玉米田或晚播春玉米田。

表 1－78　麦田灰飞虱卵量调查记载表

调查日期（月-日）	调查地点	种植方式	生育期	取样株数（株）	卵条数（条）	总卵粒数（粒）	一级卵比率（%）	二级卵比率（%）	三级卵比率（%）	百株卵量（粒）	备注（当年一代卵高峰期）

表 1－79　玉米粗缩病情调查记载表

调查日期（月-日）	播期（月-日）	种植方式	茬口	品种	生育期	取样株数（株）	病株数（株）	病株率（%）	各严重度级别病株数（株）					病情指数	备注
									0级	1级	2级	3级	4级		

表 1－80　灰飞虱带毒率测定记载表

调查日期（月-日）	世代	类型田	品种	取样虫量（头）	带毒虫量（头）	带毒率（%）	备注

表 1－81　玉米粗缩病发生防治基本情况表

小麦种植情况： 小麦面积（hm²）：　　　耕地面积（hm²）：　　　小麦面积占耕地面积比率（%）： 主栽小麦品种： 套种小麦面积（hm²）：　　　套种小麦面积占小麦面积的比率（%）： 稻茬小麦面积（hm²）：　　　稻茬小麦面积占小麦面积的比率（%）：
玉米种植情况： 玉米面积（hm²）：　　　玉米面积占耕地面积比率（%）： 早播（半夏）玉米面积（hm²）：早播（半夏）玉米面积占玉米面积比率（%）： 套种玉米面积（hm²）：　　　套种玉米面积占玉米面积的比率（%）： 菜茬玉米面积（hm²）：　　　早播（半夏）玉米面积占玉米面积比率（%）：

（续）

麦田一代灰飞虱发生防治情况：	
发生面积（hm²）：	占小麦面积的比率（%）：
受灾面积（hm²）：	占发生面积的比率（%）：
成灾面积（hm²）：	占发生面积的比率（%）：
防治面积（hm²）：	其中喷药面积（hm²）：
最终发生程度： 实际损失（t）：	挽回损失（t）：
玉米粗缩病发生基本情况：	
发生面积（hm²）：	占玉米面积的比率（%）：
受灾面积（hm²）：	占发生面积的比率（%）：
成灾面积（hm²）：	占发生面积的比率（%）：
防治情况：	
防治面积（hm²）：	其中喷药面积（hm²）：
最终发生程度（级）： 实际损失（t）：	挽回损失（t）：

注：受灾面积，即玉米因发生粗缩病产量损失达到30%的面积；成灾面积，即玉米因发生粗缩病产量损失达到60%的面积。

（二）玉米粗缩病发生程度预测模式报表

见表1-82。

表1-82 玉米粗缩病发生程度预测模式报表

汇报时间： 月 日

序 号	报表内容	报表程序
1	填报日期	
2	麦田一代灰飞虱高峰期（月-日）	
3	麦田一代灰飞虱高峰期比常年早晚天数（±d）	
4	麦田一代灰飞虱成虫量（头/亩）	
5	麦田一代灰飞虱成虫量比常年增减比率（±%）	
6	麦田带毒率（%）	
7	一代灰飞虱迁入玉米田始期（月-日）	
8	一代灰飞虱迁入玉米田始期比常年早晚天数（±d）	
9	一代灰飞虱迁入玉米田虫量（百株虫量）	
10	一代灰飞虱迁入玉米田虫量比常年增减比率（±%）	
11	套作玉米面积占玉米种植总面积比率（%）	
12	套作玉米种植比率比常年增减比率（±%）	
13	夏玉米面积占玉米种植总面积比率（%）	
14	夏玉米种植比率比常年增减比率（±%）	
15	预计6月上旬平均气温（℃）	
16	30℃以上温度持续天数（d）	
17	预计6月上旬降雨量（mm）	
18	预计6月上旬雨日数（d）	
19	预计6月中旬平均气温（℃）	
20	预计6月中旬降雨量（mm）	
21	预计6月中旬雨日数（d）	
22	预计当地玉米集中播种期（月-日）	
23	预计玉米田一代灰飞虱成虫高峰期（月-日）	
24	预计玉米粗缩病发生程度（级）	
25	填报单位	

（三）灰飞虱卵、若虫、成虫各龄期（或级别）形态特征

见表 1-83。

表 1-83　灰飞虱卵、若虫、成虫各龄期（或级别）形态特征

虫态		体长（mm）	虫体颜色	体态特征
1 级卵		—	乳白色	眼点浅红色
2 级卵		—	米黄色	眼点红色
3 级卵		—	灰褐色	眼点紫红色
低龄若虫	1 龄	1.0	乳白色	无翅芽
	2 龄	1.2	黄白或淡黄色	体两侧色较深，翅芽不明显
	3 龄	1.5	灰褐色	第 3、4 腹节背面各有"八"字形淡色斑，第 6～8 节背面中央有模糊的浅横带，随着龄期增大，斑纹渐明显，翅芽渐长
高龄若虫	4 龄	2.0	灰褐色	
	5 龄	2.7	灰褐色	
成虫	雌虫	长翅型（连翅）：3.5～4.2；短翅型：2.1～2.8	黄褐色	头部颜面 2 条纵沟黑色；小盾板中央淡黄色或黄褐色；腹部背面暗褐色、腹面黄褐色；前翅淡黄褐色，透明，脉与翅面同色，翅斑黑褐色
	雄虫	长翅型（连翅）：3.5；短翅型：2.1	黑褐色	头部颜面 2 条纵沟黑色；小盾板黑色；腹部黑褐色；前翅淡黄褐色，透明，脉与翅面同色，翅斑黑褐色

（四）灰飞虱各虫态发育起点温度、有效积温与不同温度下历期

见表 1-84～表 1-86。

表 1-84　灰飞虱各虫态发育起点温度和有效积温（济宁）

虫态	卵	1 龄若虫	2 龄若虫	3 龄若虫	4 龄若虫	5 龄若虫	若虫	成虫繁殖前	全世代
发育起点温度（℃）	10.06±1.39	8.32±2.72	7.60±2.69	8.58±2.77	7.80±3.70	6.33±4.10	6.43±2.14	10.29±2.74	8.03±2.36
有效积温（d·℃）	102.3±9.8	62.2±10.7	50.5±8.1	50.4±10.1	68.9±15.4	103.9±34.9	365.2±64.0	87.5±16.8	552.1±79.6

表 1-85　灰飞虱在不同温度的各虫态历期（济宁）

温度（℃）	卵期（d）	若虫期（d）	成虫产卵前期（d）	全世代历期（d）
15	16.5	35.8	13.8	66.1
20	12.1	29.5	11.2	52.8
25	6.7	20.7	5.3	32.7
28	5.8	15.4	4.7	25.9
30	5.0	16.3	5.0	26.3

表 1-86　灰飞虱各代各虫态平均历期（上海）

世代	卵期历期（d）	卵期平均温度（℃）	若虫 1 龄（d）	若虫 2 龄（d）	若虫 3 龄（d）	若虫 4 龄（d）	若虫 5 龄（d）	若虫全虫期（d）	若虫平均温度（℃）	长翅成虫 雌（d）	长翅成虫 雄（d）	短翅成虫 雌（d）	短翅成虫 雄（d）
一代	20.3	17.2	5.1	3.8	3.1	3.5	5.1	18.9	22.3	25.1	11.5	34.0	—
二代	10.6	23.1	3.4	2.5	2.5	2.7	3.6	16.8	24.8	11.2	6.0	15.6	—
三代	6.2	29.1	3.8	3.7	4.7	5.4	10.1	16.0	27.9	3.7	5.5	11.0	—
四代	7.6	28.9	2.5	1.9	2.0	2.6	4.1	16.3	26.9	16.9	20.4	23.4	—
五代	11.1	22.4	5.2	5.1	12.8	5.0	5.5	43.4	18.9			51.0	—
六代	16.3	18.8	—	—	—	—	—	—	—	—	—	—	—

（五）灰飞虱年生活史

见表1-87。

表1-87 灰飞虱年生活史（山东济宁市）

世代	寄主	3月			4月			5月			6月			7月			8月			9月			10月			11月			12月至翌年2月
		上	中	下	上	中	下	上	中	下	上	中	下	上	中	下	上	中	下	上	中	下	上	中	下	上	中	下	
越冬代	稻茬麦	—	—	—	—	—	+																						
一代	小麦 水稻 玉米						●	●	—	—	+	+																	
二代	杂草										●	●	—	—	+	+													
三代	杂草															●	●	—	—	+									
四代	水稻																				●	—	+	—					
五代	稻茬麦																						●	●	—	—	—		—

注：●为卵；—为若虫；＋为成虫。

第四节　大　豆

一、大豆疫霉病菌检疫检测与鉴定方法

>> **范　围**

规定了大豆疫霉病菌的现场和室内检疫检测及鉴定方法。

本标准适用于大豆植株、土壤样品以及大豆籽粒（包括种子）中大豆疫霉病菌的检疫检测与鉴定。

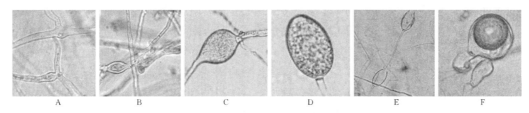

图1-3 大豆疫霉的主要形态特征

A. 菌丝分枝处呈近直角、基部稍缢缩　B、C. 菌丝膨大体　D. 无性孢子囊

E. 内层出无性孢子囊　F. 雄器侧生卵孢子

>> 原　理

大豆疫霉病菌（*Phytophthora sojae* Kaufmann & Gerdemann）属藻菌界（Chromista）卵菌门（Oo‐mycota）霜霉目（Peronosporales）腐霉科（Phytophthora），可侵染大豆根、茎、叶、豆荚及籽粒，但以引起大豆根腐病和茎腐病较为普遍。常规检测中，可根据分离培养中病原菌的菌丝、孢子囊及卵孢子形态特征进行鉴定；PCR 检测中，利用特异引物对病菌 DNA 扩增时获得的特异 DNA 片段进行鉴定（图 1‐3）。

>> 试剂与材料、仪器与用具

仪器与用具：解剖刀、培养皿、高压灭菌锅、烘箱、培养箱天平（感量 1/100；1/10 000）、研钵、粉碎机、数显摇床、水浴锅、制冰机、纯水器、漩涡振荡器、台式离心机、核酸蛋白分析仪、高速冷冻离心机、PCR 仪、真空抽干仪、低温冰箱、超净工作台、锥形瓶、玻璃试管、筛网（200 目、400 目、600 目）、生物显微镜（油镜镜头、目镜和镜台测微尺或测量软件）、烧杯、载玻片、盖玻片、电泳设备、紫外凝胶成像仪、微量进样器。

>> 现场检测

1. 植株症状诊断　在大豆生长期进行田间症状目测踏查，重点调查田边地头及地势低洼积水处。根据大豆疫霉病典型症状进行诊断。对于田间不能确定的，采集疑似症状的植株样本进行室内检验鉴定，必要时采集疑似发病植株根际周围深 0～10 cm 土壤 100 g 进行室内检验。

2. 豆粒检验　检查并收集大豆种子或原粮中不饱满、青瘪的豆粒，夹带的病残体及夹杂的土壤样品，带回实验室检测。

室内检测

>> 新鲜植株检测

1. 分离鉴定　将大豆植株用自来水洗净，晾干组织表面的水；用次氯酸钠对分离部位进行表面消毒（时间 30 s）；用灭菌解剖刀切取 0.5 cm² 大小的病健交界处组织置于选择性培养基表面，需注意培养基表面的水分一定要事先吹干，于 25 ℃培养箱中培养 2～3 d，根据培养基上菌落形态、菌丝颜色，在低倍镜下观察菌丝形态特征，即可判断是否为大豆疫霉病菌。

2. PCR 检测　取一段新发病的植株组织，在研钵中充分研磨后，转移磨碎后的发病组织 2～3 mg 至 1.5 mL 的离心管中，每毫克发病组织加入 10 μL 浓度为 0.5 mol/L 的 NaOH，13 200g 离心 5 min。取 5 μL 上清液加入 495 μL 浓度为 0.1 mol/L Tris 缓冲液（pH=8.0），混匀后取 1 μL 直接用于 PCR 反应，此方法也适用于提取长在培养基上的新鲜菌丝的 DNA。

>> 病残体的检测

病残体可用 PCR 法进行检测：首先进行病残体中病原菌 DNA 模板的提取：将实验用的器皿清洗干净，并灭菌；挑选出可疑的病残体，用粉碎机将样品打碎成粉末，称取 100 mg，加液氮充分研磨，迅速加预热的 CTAB 抽提液 1.5 mL，置于 65 ℃水浴锅中 30 min，期间不断振荡，13 200g 离心 15 min；取上清液，加入 RNase 酶解（终浓度为 10 mg/L），37 ℃保温 30 min 后，加入等体积的酚：氯仿：异戊醇=25：2：1，混匀，13 200g 离心 15 min，吸取上清液，再次加入等体积的酚：氯仿：异戊醇，混匀，13 200g 离心 15 min；再取上清液，加入等体积的异丙醇，充分混匀，4 ℃的冰箱中静置 30 min 以上；13 200g 离心 10 min。弃去上清液，留沉淀，加 70％的乙醇，洗涤 3 次，干燥后加入 100 μL 去离子水。然后进行 PCR 扩增检测。

>> **土壤样品检测**

叶碟诱捕方法：首先进行样品处理，将土壤样品自然风干，碾碎并去除杂质，然后装入可密封的塑料袋室温保存备用。制备大豆叶碟，取感病大豆品种嫩叶，用打孔器制作圆形叶碟，诱捕游动孢子的叶碟根据试验进展随时制作。培养基采用 PBNIC 选择性培养基和胡萝卜汁培养基。

大豆疫霉病菌游动孢子囊的诱发：每皿 10～15 g 土样缓慢加入 4～7 mL 无菌水（pH＝7.0），使土壤均匀湿润（土壤含水量大约为 35%）加盖后用 Parafilm 膜封口，然后将培养皿倒置于 24 ℃、12 h 光暗交替条件下 5～7 d，孵育卵孢子萌发。

游动孢子的诱捕：除去培养皿上的封口膜，打开培养皿，加入含有杀菌剂的无菌水（pH＝7.0）于培养皿中至高出土面约 6 mm 处，用吸水纸将液面漂浮物清除干净后立即加入直径为 10 mm 的大豆叶碟，每皿 50 个，加盖后置于 24 ℃、12 h 光暗交替条件下24～48 h。

游动孢子囊的检查：将诱集后的大豆叶碟取出，用灭菌水冲洗 2 次，移到具有 20 mL 灭菌水的培养皿内，24 ℃、12 h 光暗交替条件下培养 24～72 h，然后镜检叶碟边缘和表面有无大豆疫霉病菌孢子囊。

游动孢子液的制备和涂平板：选取有孢子囊的叶碟若干片，转移到含有 1 mL 灭菌水的 5 mL 烧杯中。4 ℃放置 15 min 后室温（22～26 ℃）下放置 20～30 min，得到游动孢子悬浮液。吸取 100～200 μL 游动孢子液于水琼脂平板上涂布均匀，置于 24 ℃黑暗条件下培养 12～36 h。

萌发游动孢子的单孢分离、培养及鉴定：游动孢子培养 12～36 h 后，挑取萌发的单个游动孢子至选择性利马豆培养基平板上，置于 24 ℃、黑暗条件下培养，并作形态学、致病性和再分离菌株的性状鉴定，如鉴定特征吻合，鉴定为大豆疫霉病菌。

>> **大豆种皮检测**

取种子中青瘪的可疑籽粒，清洗后用 10%KOH 水溶液浸 4 h，取种皮在 100～400 倍显微镜下检查是否有卵孢子，以内种皮大豆疫霉病菌卵孢子存在与否为标准。大豆疫霉病菌卵孢子圆形，淡黄褐色，壁光滑，平均直径 28.7～32.1 μm，壁厚 2.6～2.9 μm，有时还能观察到大豆疫霉病菌的藏卵器及菌丝体。

>> **样品和菌株的保存**

种子样品不少于 1 kg，置于低温干燥处至少保存 6 个月，以备复检。土壤样品不少于 100 g 经室温自然风干，装入可密封的塑料袋室温保存。样品保存期满后，均需经灭菌处理。

分离并鉴定为大豆疫霉病菌的菌株可转接到胡萝卜培养基斜面上，置于 10 ℃冰箱中保存，必要时液氮保存。

室内检测

二、大豆疫霉病监测技术规范

>> **监测方法**

1. 时间　大豆的苗期、成株期和结荚期各调查 1 次，具体时间根据当地大豆疫霉病的发生规律确定，一般在雨后或灌溉后进行调查。

2. 地点　大豆疫霉病发生区周边的铁路及公路等运输沿线 200 m 范围内的寄主田及其周边的大豆生产基地和繁种基地；大豆储存及加工场所等 5 km 范围内的寄主田；国外引进大豆种植区域；其他大豆疫霉病可能发生的高风险区域。

3. 方法　每个监测点按不同方位各调查三块大豆田，每一块大豆田采用对角线与随机采样相结合的方法，随机取样重点在低洼积水处。100 亩以下的大豆田（寄主田）不少于 10 个采样点，100 亩以上的不少于 15～20 个采样点，每点调查 100 株。采集具有典型症状的样本进行室内检测。必要时将疑似发病植株根际周围深 0～10 cm 的土壤 100 g 带回室内检测。

将采集的疑似样本装在牛皮纸信封内，再放入标本箱内。标签记录好采集时间、地点、采集人、发病症状及发病面积等必要信息。带回室内的样品，如不能及时进行检测，植株样品要用草纸压干；土壤样品可经室温自然风干，然后装入可密封的塑料袋，室温条件下保存待检。

4. 症状识别

（1）苗期　播种后 1 周调查是否有烂种、烂芽及幼苗出土后停止生长及高温天猝倒现象；子叶期和 1 对复叶期调查下胚轴是否有病斑；真叶期调查茎部是否有缢缩的水渍状病斑；三出复叶期以后调查子叶第 1 分枝处是否有病斑。

（2）成株期　初期下部叶片发黄，上部叶片失绿，随即整株枯死，凋萎的叶片不脱落，呈"八"字形下垂；茎基部发病，出现褐色不规则形病斑，并向上扩展，病斑可断续在茎部出现，髓部变黑褐色，皮层和维管束组织坏死。

（3）结荚期　结荚期豆粒表面淡褐色至深褐色，无光泽，皱缩干瘪，也有种子表皮皱缩后呈网纹状，豆粒变小。

5. 室内检测　检测部位（植株、病残体、种子、土样）采取相应的检测方法，见 NY/T 2 114。

>> **结果报告**

将鉴定结果填入植物有害生物样本鉴定报告。

>> **样品和菌株的保存**

样品经室温自然风干，装入可密封的塑料袋，置于低温干燥处保存；至少保存 6 个月，以备复检。其中，种子样品不少于 1 000 g，土壤样品不少于 100 g。分离并鉴定为大豆疫霉病菌的菌株转接到胡萝卜培养基斜面上，置于 10 ℃冰箱中保存，必要时置液氮中保存。

>> **档案保存**

调查记录和结果报告妥善保存于植物检疫机构。

（一）大豆疫霉病田间调查记录表

见表 1-88。

表 1-88　大豆疫霉病田间调查记录表

调查地点：　　省　　市　　县　　乡（镇）												植物名称：				
调查日期：　　年　　月　　日												生育期：				
种植面积（亩）：						调查面积（亩）：						种苗来源：				
疑似症状/为害状：																
田间调查	地点		村					村					村				
	地块	1	2	3	4	5	1	2	3	4	5	1	2	3	4	5
	调查面积（亩）															
	发生面积（亩）															
	调查株数（株）															
	发病株数（株）															
	病株率（%）															
	调查人															
注：																

（二）植物有害生物样本鉴定报告

见表 1-89。

表 1-89　植物有害生物样本鉴定报告

植物名称			品种名称	
植物生育期		样品数量		取样部位	
样品来源		送检日期		送检人	
送检单位			联系电话	
检测鉴定方法：					
检测鉴定结果：					
备注：					
鉴定人（签名）：					
审核人（签名）：					
			鉴定单位盖章： 　　年　　月　　日		

注：本单一式三份，检测单位、受检单位和检疫机构各一份。

三、大豆主要病害防治技术规程

>> 防治原则

以植物检疫、选用抗（耐）病品种、健身栽培等措施为基础，适期药剂防治，辅以生物防治、物理防治等综合防治措施，将病害为害损失控制在经济允许水平之内。

>> 检疫与农业防治措施

1. 植物检疫　不从疫区调运种子。不同区域相互引种、调种时，应严格种子检疫。

2. 农业措施

（1）选用抗（耐）病品种　选用抗（耐）病品种，避免长期种植单一品种。

（2）选用无病（毒）种子　选用无病（毒）留种田的种子。选择籽粒饱满，外观完整，种皮色正且有光泽的种子，清除病毒、霜霉、紫斑、赤霉、灰斑等病粒，黑（褐）粒，虫粒，菌核，草籽，土块等杂质。

（3）合理轮作　轮作倒茬，避免重茬和迎茬种植。线虫病发生区实行与非豆科作物如小麦、玉米轮作，并坚持3年以上，盐碱土和沙土地实行5年以上轮作。不与花生、向日葵、油菜、小杂豆、麻类等作物连作或相邻种植。南方可实行水旱轮作或短期淹水。

（4）科学播种　适期播种，根据品种特性和地力条件合理密植。

（5）合理施肥　增施磷、钾肥，腐熟的有机肥和农家肥等，避免偏施氮肥，适当补充锌、锰、钼、硼等微量元素肥料，提高大豆抗病能力。

（6）田间管理　播前深翻耕，平播地早春进行镇压；秋翻秋起垄地，要随起垄随镇压；秋灭茬、春起垄地，要顶浆起垄，及时镇压。夏播区及时灭茬、浇水，保证全苗。生长期适时中耕培土，提高土壤的通透性。及时清除田间杂草，雨后开沟排水，降低田间湿度。及时铲除田间中心病株，收获后及时翻地，清除菌核、病残体等，集中销毁，减少田间菌源量。

>> 物理、生物、化学措施

1. 物理措施　田间放置银灰塑料薄膜条驱避蚜虫，预防蚜虫传播病毒病。

2. 生物措施　优先使用生物农药，保护利用草蛉、瓢虫和食蚜蝇等蚜虫自然天敌，控蚜防病。

3. 化学措施

（1）土壤处理　对线虫病、根腐病等土传病害，在大豆播种前或生长期进行土壤处理。线虫可用3%甲基异柳磷、10%噻唑磷、5%淡紫拟青霉防治。

（2）种子处理　播种前3～5 d对大豆种子包衣处理，预防病虫害，提高保苗率。拌种时要严格按照农药使用说明，均匀搅拌后摊开晾干后播种。

4. 药剂防治

（1）防治时期　根据病害种类，结合气象条件和品种的抗病性，于病害发生初期及时用药防治。大豆花叶病毒病防治的关键是"切断毒源"，在蚜虫发生初期预防。

（2）常用药剂及用量

① 真菌性病害：25%嘧菌酯、30%苯醚·丙环唑、25%甲霜灵、75%百菌清、70%甲基硫菌灵、15%三唑酮、50%异菌脲。

② 细菌性病害：77%氢氧化铜、30%琥胶肥酸铜、72%硫酸链霉素、20%噻菌铜。

③ 病毒性病害：2%宁南霉素防治传毒媒介蚜虫，可在蚜虫点片发生期选用2.5%高效氯氟氰菊酯、52.25%氯氰·毒死蜱、10%吡虫啉、3%啶虫脒等。

④ 线虫性病害：2%阿维菌素、50%辛硫磷，其他已登记用于防治大豆病害的药剂，按推荐剂量使用。

>> **物理、生物、化学措施**

施药技术：防治根部病害应采用药液灌根，防治大豆茎叶病害应全田喷雾。喷雾时应细致周到，使大豆植株叶片正反面均匀着药。药后遇雨如影响防治效果，应及时补喷。施药次数和间隔时间可根据药剂特性、病害发生程序、气象条件而定。

化学防治用药应执行 GB 4285、GB/T 8321、NY/T 1276 及农业部公告第 194 号、第 199 号、第 274 号、第 322 号公告的有关规定。

第五节　马铃薯

一、马铃薯晚疫病防治技术规范

>> **发生规律**

马铃薯晚疫病是由致病疫霉［Phytophthora in festans（Mont.）de Bary］侵染引起的一种流行性病害。

基本症状：叶片染病先在叶尖或叶缘生水浸状绿褐色斑点，病斑周围具浅绿色晕圈，湿度大时病斑迅速扩大，呈褐色，并产生一圈白霉，即孢囊梗和孢子囊，尤以叶背最为明显；干燥时病斑变褐干枯，质脆易裂，不见白霉，且扩展速度减慢。茎部或叶柄染病现褐色条斑。发病严重的叶片萎垂、卷缩，终致全株黑腐，全田一片枯焦，散发出腐败气味。块茎染病初生褐色或紫褐色大块病斑，稍凹陷，病部皮下薯肉亦呈褐色，慢慢向四周扩大或烂掉。

发病条件：晚疫病为一种典型的气候型流行病，气候条件与发病和流行有极为密切的关系。当条件适于发病时，病害可迅速爆发，从开始发病到全田枯死，最快不到半个月。晚疫病发生要求高湿凉爽的气候，菌丝生长适温 $20\sim23\ ℃$，孢子囊形成适温 $19\sim22\ ℃$，高于 $24\ ℃$，多直接萌发，孢子囊形成要求相对湿度高于 97%，萌发及侵染均要有水滴。在发病季节，温度条件一般都是具备的，因此，雨水或湿度则是影响流行程度的关键因素。在阴雨连绵或多雾、多露条件下，最有利于晚疫病的发生和流行。田间病害流行也多从开花期开始。

>> **防治方法**

选用抗病脱毒品种：因地制宜选择种植抗、耐病的脱毒种薯品种，做好品种的合理布局。

精选种薯：播前晾晒种薯 $5\sim7\ d$，淘汰病薯，集中深埋。

种薯消毒：播种时，选用有效杀菌剂干拌或湿拌种薯。干拌：药剂推荐剂量加 $2.5\sim3\ kg$ 细灰与 $100\ kg$ 种薯混合均匀后播种；湿拌：根据药剂推荐剂量兑水均匀喷洒在薯块上，避光晾干后播种。

病前预防：根据天气预报，在连阴雨来临之前或植株封垄前 1 周或初花期，选择保护性杀菌剂喷药预防 $1\sim2$ 次。

大田防治：发现中心病株后，立即连根挖除，带出田外深埋，在病穴撒上石灰消毒，同时采用杀菌剂全面防治。根据降水情况及药剂持效期确定用药间隔期，连续喷药防治 3 次左右。

药剂防治：选择不同类型药剂交替使用，防止产生抗药性。化学防治用药严格执行 GB 4285、GB/T 8321 等相关标准及文件的规定。

》》**常用药剂**

药剂名称	用法
双炔酰菌胺（SC）	喷雾
代森锰锌（WP）	拌种或喷雾
丙森锌（WP）	喷雾
噻菌铜（SC）	拌种或喷雾
嘧菌酯（SC）	喷雾
氟吗啉（WP）	喷雾
烯酰吗啉（WP）	喷雾
霜脲·锰锌（WP）	喷雾
噁霜灵锰锌（WP）	喷雾
精甲霜灵锰锌（WG）	喷雾
甲霜灵锰锌（WP）	拌种或喷雾
氟吡菌胺·霜霉威（SC）	喷雾

二、内生集壶菌检疫技术规程

》》**菌体形态特征**

游动孢子：由休眠体孢子囊或夏孢子囊萌发而产生，是马铃薯癌肿病菌的无性营养体，单核，球形或洋梨形，后端有一根尾鞭，大小为 $2.0\sim2.5\ \mu m$。在土壤水中可移动，遇到适合的寄主，侵入寄主的芽眼或其他幼嫩部分的表皮细胞而造成为害，在寄主生长期间，可以游动孢子进行再侵染。

夏孢子囊堆：外壁橙色，内壁无色，卵形或球形，大小 $47\ \mu m\times100\ \mu m\sim78\ \mu m\times81\ \mu m$，薄壁，每个夏孢子囊堆含有 $3\sim9$ 个（通常以 $3\sim5$ 个为多）夏孢子囊。

夏孢子囊：由夏孢子囊堆的内含物发育而成，卵形或多角形。夏孢子囊壁薄色淡，大小 $25\ \mu m\times62\ \mu m\sim38\ \mu m\times87\ \mu m$。夏孢子囊成熟后散发出游动孢子。

结合子：当干旱或低温的环境条件不适合游动孢子再侵染时，游动孢子形成配子，并结合形成结合子。结合子双壁双尾鞭，侵入寄主细胞，发育为休眠孢子囊。

休眠孢子囊：一种有性菌体结构，单个产生于癌组织表皮细胞内，锈褐色；近球形，直径 $25\sim75\ \mu m$；壁厚 $4.1\sim10.5\ \mu m$，分三层，内壁薄而无色，中壁光滑，金褐色，外壁厚呈褐色，外层有不规则的脊突。成熟休眠孢子囊内含有数百个游动孢子。

》》**症状鉴别**

地下部症状：①在薯块上，病菌主要从芽眼外表皮侵入，长出畸形、粗糙的癌瘤，呈花椰菜形，初为乳白色，后变黑腐烂，并流出伴有臭味的褐色黏液。遇干旱癌瘤呈粉末状。②在茎基部，形成的癌瘤呈花椰菜小花状，逐渐扩大，有时包围整个茎基部，甚至露出土表。露出土表的癌瘤，初为绿色，后期腐烂。匍匐茎可长出成串的癌瘤，长于上侧或围绕匍匐茎生长。③在根系，癌瘤成串。小的癌瘤如油籽状，大的可超过薯块数倍；初为白色半透明，似水泡状。

地上部症状：在主枝与分枝、分枝与分枝交界处，腋芽处、茎或枝尖、幼芽上，均可长出一团团密集的卷叶状、花椰菜状的癌瘤。初为绿色，后颜色加深变黑腐烂，生瘤的枝条常会变粗，节间缩短，叶片色淡，早期发病易枯死。叶背面、茎秆、花梗、果梗、花萼等部位，可长出绿色无叶柄、有主脉、无分支脉的丛生畸形小叶，丛生小叶增多时，好似鸡冠状；后期小叶变黄变黑，并腐烂脱落，使叶片呈缺刻状，着生丛生小叶的叶片正面，初现黄色小点，逐渐呈脓包状，

>> **症状鉴别**

变黑腐烂。病枝主枝的第 1、2 分枝变粗质脆且畸形，尖端的花序和顶叶色淡，早期枯死。病株矮化，分枝增多。

检
疫

>> **产地检疫**

1. 检查时间 在现蕾期、盛花期和收获期进行检查。

2. 检查方法 检查可疑植株的症状并取样。未发现可疑植物的，根据不同面积，随机选点取样。所选检查区域，种植地块面积 0.1 hm² 以下的检查 200 株，0.1 hm² 以上的检查总株数不得少于 500 株。

3. 田间症状鉴定 通过症状进行鉴定。必要时可采样送实验室鉴定。

4. 田间土壤取样 发现疑似症状，应采集整株和根际周围 10 cm 土壤，混匀后取 500 g 送实验室作进一步检验鉴定。

5. 记录检查结果 记录产地检疫结果。

>> **调运检疫**

1. 薯块抽样 散装或包装调运的马铃薯薯块，均按上、中、下三层分别随机 5 点抽样检查。用肉眼或手持放大镜直接观察抽取样品。通过症状进行鉴定。必要时抽取样品每份 1 000～3 500 g 送实验室鉴定。抽样件数和代表样品份数按 GB 15569 规定执行。

2. 土壤抽样 散装或包装调运的马铃薯薯块，均按上、中、下三层分别随机 5 点抽样。抽样件数和代表样品份数按 GB 15569 规定执行。收集薯块上或薯块上散落的土壤 100～500 g 送实验室检验鉴定。

3. 现场记录 抽取薯块、土壤抽样件数、样品份数和抽取的代表样品数载入"内生集壶菌调运检疫记录表"及"植物检疫性有害生物检验鉴定报告"。

鉴
定
及
判
定

>> **实验室检验鉴定方法**

1. 切片法 取癌瘤或薯块芽眼及周围组织切片在显微镜下检验，检查是否有病菌原孢囊堆、夏孢子堆或休眠孢子囊，或直接挑取病组织放在有蒸馏水的玻片上，加盖玻片静置 30 min，显微镜检查是否从孢子囊破裂处释放出游动孢子。本方法适用于植物组织检验鉴定。

2. 染色法 将病组织放在蒸馏水中浸泡 0.5 h，然后用吸管吸取上浮液一滴放在载玻片上，加 0.1％升汞水 1 滴固定，在空气中自然干燥，再用 1％酸性品红或 1％～5％龙胆紫 1 滴，染色 1 min。洗去染液镜检，可见到单鞭毛的游动孢子。本方法适用于植物组织检验鉴定。

3. 四氯化碳-乳酸甘油漂浮法 将已风干、研细、过筛筛目直径 250 μm 的土样称取 1.5～2 g，倒入试管内，加四氯化碳 8 mL，充分搅拌，静置 2～3 min，让土壤颗粒等杂质沉降，休眠孢子悬浮在四氯化碳液中，将悬浮液倒入另一个试管中，加入乳酸甘油 2 mL，充分搅拌、静置，使之分层，用移液管吸取上层乳酸甘油孢子囊悬浮液 0.05 mL，制片镜检。本方法适用于土壤检验鉴定。

>> **调运检疫**

（1）具备"症状鉴别"中典型症状特征之一的，可诊断为内生集壶菌，必要时送实验室检验。

（2）在本标准"切片法""染色法"检验中发现病原菌的游动孢子、结合子、夏孢子囊堆、夏孢子囊和休眠孢子囊，可判定寄主感染了内生集壶菌。

（3）在本标准"四氯化碳-乳酸甘油漂浮法"检验中若镜检发现休眠孢子囊，可判定土壤中含内生集壶菌。

（4）根据判定结果出具"植物检疫性有害生物检验鉴定报告"。

鉴定及判定

>> **大田普查**

普查时间：于现蕾期、盛花期和收获期各检查一次。

普查方法：选择有代表性的地块进行调查。连片种植面积 10 hm² 以下的，调查 5～10 块；连片种植面积 10～20 hm²，调查 10～20 块；连片种植面积 20 hm² 以上，调查 20～30 块。在田间采取棋盘式取样，每块地调查 10 个点，每点挖取调查 5 株，共 50 株。调查发病情况，根据病情分级标准，计算出不同发生情况的面积。发现疑似症状的，须取样进行实验室检验检测，确诊疫情。

>> **系统监测**

监测点选择：在疫情发生区选择有代表性的地块 2～3 块，每块地不少于 0.067 hm²，进行固定系统监测，所选田块不采取防治内生集壶菌技术措施。

监测方法：齐苗后，每隔 10 d 调查一次，每次每块地调查 5 点，每点挖取调查 5 株。记载植株发病部位、薯块发病情况，计算病株率、病薯率、病情指数。内生集壶菌病情分级标准按九级划分［0级：整株无侵染症状表现；1级：母薯、须根同时有癌瘤，或其中一个部分有癌瘤，但薯块无癌瘤；3级：须根、主根、主茎（地下部分）同时有癌瘤，或其中两个部位有癌瘤，但薯块无癌瘤；5级：20%以下的匍匐茎、薯块有癌瘤；7级：20%～50%的匍匐茎、薯块有癌瘤，或同时植株地上部分出现癌瘤；9级：50%以上的匍匐茎、薯块有癌瘤，或同时植株地上部分出现癌瘤］。

>> **疫情发生动态分析**

根据大田普查和系统监测结果，结合历史资料、气候因子、栽培品种等综合因素进行分析，由植物检疫机构按国家相关规定发布疫情发生动态。

内生集壶菌记录表

见表 1－90～表 1－95。

表 1－90　内生集壶菌产地检疫记录表

编号：

生产单位（人）				地点		
调查品种	品种来源	生育期	调查面积（hm²）	调查时间	调查数量（株）	病株率（%）
检查方法						
植株抽样情况			抽取植株样品编号			
土壤取样情况			抽取土壤样品编号			
产地检疫情况						
疫情处理情况						
检查人						
备注						

表 1－91　内生集壶菌调运检疫记录表

编号：

生产/经营者				地址及邮编	
联系/负责人				联系电话	
调查日期				抽样地点	
薯块抽样情况	品种	产地	调运数量	抽样情况	
				抽取样品编号	
土壤抽样情况				抽取土样编号	
调运检疫情况					
疫情处理情况					
检查人					
备注					

表 1－92　内生集壶菌实验室检验记录表

编号：

样品编号		取样日期		检验日期	
检验方法					
检验情况					
检验人					
备注					

表 1－93　植物检疫性有害生物检验鉴定报告

编号：

送检单位（人）		联系电话		送检时间	
品种名称		样品类别		样品数量	
样品来源：					
鉴定方法：					
鉴定结果：					
鉴定人（签名）： 负责人（签名）： 　　　　　　　　　　　　　　　　　　　　　　鉴定单位盖章： 　　　　　　　　　　　　　　　　　　　　　　　年　　月　　日					
备注：					

表 1-94　内生集壶菌发病情况普查表

单位：　　　　　　　　　　　　年度：　　　　　　　　　　　调查人：

日期（月/日）	地点	品种	生育期	调查田块数	发病田块数	病田率（%）	调查株数	发病株数	病株率（%）	调查薯块数（个）	病薯数（个）	病薯率（%）	各级发病株数（株）						病情指数
													0级	1级	3级	5级	7级	9级	

表 1-95　内生集壶菌发病情况普查表

调查地点：　　　　　　　田块编号：　　　　　　调查品种：　　　　　　调查人员：

调查日期	生育期	调查株数	病株数	病株率（%）	调查薯块数（个）	病薯数（个）	病薯率（%）	各级发病株数（株）						病情指数	发病部位	备注
								0级	1级	3级	5级	7级	9级			

三、马铃薯纺锤块茎类病毒检测

》》 基本特性

马铃薯纺锤形块茎类病毒（PSTVd）属成员基因组为一条环状单链 RNA，长 356～360nt，具有 5 个功能区，形成稳定的杆状或拟杆状二级结构。中央保守区（CCR）与啤酒花矮化类病毒属和椰子死亡类病毒属相似，还有一个末端保守区（TCR），负链不能通过锤头状结构进行自我切割。该属类病毒通过不对称滚环模式进行复制，基因组不编码蛋白质。

》》 典型症状

马铃薯感染病毒后出现如下典型症状：株高降低；叶片皱缩；块茎变小、细长，芽眼突起明显，表皮出现龟裂；产量降低。

》》 寄主和传播

马铃薯纺锤块茎类病毒在细胞核内复制和积累。自然寄主为马铃薯，实验中可以机械接种传播给许多其他寄主，大多为茄科植物，常无症状。当类病毒被包裹在马铃薯卷叶病毒粒子中时，也可经蚜虫传播。番茄作为理想的实验寄主，受该类病毒不同株系的侵染。症状表现从无症到毁灭性灾害。该类病毒主要分布于南美洲、北美洲以及苏联，我国也广泛分布。

鉴 定 方 法

》》 检测方法

聚合酶链式反应（PCR）检测法、往复双向聚丙烯酰胺凝胶电泳法。

》》 样品要求

随机选取马铃薯种薯、商品薯、试管苗及其根、茎、叶不同部位组织。要求设立阳性对照和阴性对照，阳性对照为已知确定含有马铃薯纺锤块茎类病毒的样品，阴性对照为已知确定不含有马铃薯纺锤块茎类病毒的样品。在下述的两种试验方法的所有实验过程中，要设立阴阳性对照，即标准的阳性样品和阴性样品要同待测样品一同进行所有的检测操作。

》》 结果判定与报告

聚合酶链式反应法结果判定方法：将电泳后的胶板在紫外灯下观察，或者用紫外凝胶成像仪扫描图片存档，PCR 扩增产物大小应在 359 bp 左右。如果检测结果的阴性样品和空白样品没有特异性条带，阳性样品有特异性条带时，则表明 RT‑PCR 反应正确可靠；如果检测的阴性样品或空白样品出现特异性条带，或阳性样品没有特异性条带，说明在 RNA 样品制备或 RT‑PCR 反应中的某个环节存在问题，需重新进行检测。

待测样品在 359 bp 左右显现核酸带，表明样品为阳性样品，含有 PSTVd；若待测样品在 359 bp 左右没有该特异性条带，表明该样品为阴性样品，不含 PSTVd。

往复双向聚丙烯酰胺凝胶电泳法结果判定方法：在凝胶板下方 1/4 处的核酸带为类病毒核酸带，与上部寄主核酸带之间有一定距离，二者可明显分开，以电泳时载入的阴阳性样品作为对照，进行结果判定。

（一）聚合酶链式反应法材料和仪器

1. 试剂与材料

（1）三氯甲烷。

（2）M－MLV 反转录酶（200u/μL）。

（3）RNA 酶抑制剂（40u/μL）。

（4）*Taq* DNA 聚合酶（5 u/μL）。

（5）焦碳酸二乙酯（DEPC）处理的水　在 100 mL 水中，加入焦碳酸二乙酯（DEPC）50 μL，室温过夜，121 ℃高压灭菌 20 min，分装到 1.5 mLDEPC 处理过的微量管中。

（6）3 mol/L 乙酸钠溶液（pH5.2）　称取乙酸钠·3H$_2$O 24.6 g，加水 80 mL 溶解，用冰乙酸调 pH 至 5.2，定容至 100 mL。

（7）水饱和酚（pH4.0）。

（8）溴化乙锭溶液（10 mg/mL）　称取溴化乙锭 200 mg，加水溶解，定容至 20 mL。

（9）1 mol/L 三羟基甲基氨基甲烷-盐酸（Tris－HCl）溶液（pH 8.0）　称取 Tris 碱 121.1 g，溶解于 800 mL 水中，用浓盐酸调 pH 至 8.0，加水定容至 1 000 mL，121 ℃高压灭菌 20 min。

（10）RNA 提取缓冲液　称取 Tris 碱 12.12 g，氯化钠 5.88 g，乙二胺四乙酸二钠 3.75 g，加水至 900 mL 溶解，用浓盐酸调 pH 至 9～9.5，加水定容至 1 000 mL，121 ℃高压灭菌 20 min。

（11）0.5 mol/L 乙二胺四乙酸二钠溶液（pH 8.0）　称取乙二胺四乙酸二钠 186.1 g，溶于 700 mL 水中，用氢氧化钠调 pH 至 8.0，加水定容至 1 000 mL。

（12）5×Tris-硼酸（TBE）电泳缓冲液　称取 Tris 碱 27 g，硼酸 13.75 g，量取 0.5 mol/L 乙二胺四乙酸二钠溶液 10 mL，加灭菌双蒸水 400 mL 溶解，定容至 500 mL。

（13）1×Tris-硼酸（TBE）电泳缓冲液　量取 5×Tris-硼酸（TBE）电泳缓冲液 200 mL，加水定容至 1 000 mL。

（14）加样缓冲液　分别称取聚蔗糖 25 g，溴酚蓝 0.1 g，二甲苯腈 0.1 g，加水至 100 mL。

（15）5×反转录反应缓冲液　量取 1 mol/L 三羟基甲基氨基甲烷-盐酸（Tris－HCl）溶液 5 mL，0.559 g 氯化钾，0.029 g 氯化镁，0.154 g 二硫苏糖醇（DTT），加水定容至 100 mL。

（16）10 mmol/L 的四种脱氧核糖核苷酸（dATP、dCTP、dGTP、dTTP）混合溶液。

（17）10×PCR 缓冲液　称取氯化钾 3.73 g，氯化镁（MgCl$_2$·6H$_2$O）0.30 g，溶于 70 mL 水中，加入 1 mol/L 三羟基甲基氨基甲烷-盐酸（Tris－HCl）溶液 10 mL，加水至 100 mL，121 ℃高压灭菌 20 min。

（18）TE 缓冲液　量取 1 mol/L 三羟基甲基氨基甲烷-盐酸（Tris－HCl）溶液 10 mL，0.5 mol/L 乙二胺四乙酸二钠溶液 2 mL，加入水定容至 1 000 mL，121 ℃高压灭菌 20 min。

（19）引物　Pc：5'GGATCCCTGAAGCGCTCCTCCGAGCCG 3'、Ph：5'CCCGGGAAACCT-GGAGCGAACTGG 3'，预期扩增片段为 359 bp 左右。

（20）引物缓冲液　用 TE 缓冲液分别将上述引物稀释到 20 μmol/L。

（21）100 bp DNA 分子量标准物。

2. 仪器及用具　PCR 仪、台式低温高速离心机（可以控制在 4 ℃下进行离心）、电泳仪、水平电泳槽、紫外凝胶成像仪、微量移液器、水浴锅、灭菌锅等。

（二）往复双向聚丙烯酰胺凝胶电泳法材料和仪器

1. 试剂与材料

（1）30% 胶贮液　称取丙烯酰胺 29 g，N，N'-亚甲基双丙烯酰胺 1 g，加水定容至 100 mL，过滤，4 ℃储存。

（2）10% 过硫酸铵溶液（现用现配）　称取 0.1 g 过硫酸铵，加蒸馏水定容至 1 mL。

（3）四甲基乙二胺（TEMED）。

（4）5% 聚丙烯酰胺凝胶　量取 5×Tris-硼酸（TBE）电泳缓冲液 9 mL，30% 胶贮液 7.6 mL，四甲基乙二胺（TEMED）44 μL，10％过硫酸铵溶液 200 μL，加水至 45 mL。

（5）固定液　量取无水乙醇 30 mL，冰乙酸 3 mL，加水定容至 300 mL

（6）染色液　称取硝酸银 0.6 g，加水溶解，定容至 300 mL。

（7）显色液（现用现配）　在 300 mL 水中，加入氢氧化钠 3 g，甲醛 1 mL，混合均匀。

（8）终止液　称取碳酸钠 3.7 g，加水溶解，定容至 300 mL。

2. 仪器及用具　台式低温高速离心机（可以控制在 4 ℃下进行离心）、电泳仪、垂直电泳槽、紫外凝胶成像仪、微量移液器。

（三）聚合酶链式反应法的操作步骤测定步骤

1. 样品 RNA 的提取　称取 0.5 g 样品，放于灭菌冷冻的小研钵中，分别加入 1 mL RNA 提取缓冲液、1 mL 水饱和酚和 1 mL 三氯甲烷，充分研磨后倒入 1.5 mL 离心管中，于 4 ℃下 10 000 r/min 离心 15 min，用移液器小心将上层水相移入另一离心管中。在 RNA 抽提液中加入 3 倍体积无水冷乙醇，1/10 体积的 3 mol/L 乙酸钠溶液，混匀，−20 ℃沉淀 1.5 h 以上。取出冷冻保存的 RNA 沉淀，于 4 ℃下 10 000 r/min 离心 15 min，弃掉上清，用 1 mL70％乙醇清洗沉淀，然后离心，再用吸头彻底吸弃遗留在管中的上清液，在自然条件下干燥至核酸沉淀变成白色或透明状态，再将核酸沉淀溶于 30 μL 焦碳酸二乙酯（DEPC）处理的水中，−20 ℃储存，备用。

RNA 的提取也可以采用市售商品化 RNA 提取试剂盒，完成 RNA 的提取。

2. 逆转录合成 cDNA　将待测样品的 RNA 溶解液、引物缓冲液、四种脱氧核糖核苷酸混合溶液、5×反转录反应缓冲液在冰上溶解。首先进行反转录合成第 1 链，在 200 μL 薄壁 PCR 管中依次加入引物 Pc 0.6 μL，待测样品 RNA 溶解液 1 μL，10 mmol/L 的四种脱氧核糖核苷酸混合溶液 1 μL，无菌双蒸水 9.4 μL，轻轻混匀，将该反应管在 65 ℃水浴中加热 5 min，然后冰浴 5 min，以 4 000 r/min 离心 10 s。在加入 5×反转录反应缓冲液 4 μL M-MLV 反转录酶（200u/μL），42 ℃孵育 50 min，然后在 70 ℃下失活 15 min。

3. 聚合酶链式反应（PCR）　另取一个 200 μL 薄壁 PCR 管中依次加入引物 Pc 0.6 μL，待测样品 RNA 溶解液 1 μL，10 mmol/L 的四种脱氧核糖核苷酸混合溶液 1 μL，引物（Pc 和 Ph）各 1 μL，轻轻混合。稍微离心，放入 PCR 仪中进行扩增，PCR 反应程序包括：94 ℃ 2 min 和 30 次 94 ℃ 60 s，55 ℃ 60 s，72 ℃ 60 s 的循环反应，最后 72 ℃ 10 min，反应结束后将反应产物进行电泳检测或在 4 ℃条件下保存。

上述两个反应步骤也可以按照市售商业化一步 RT-PCR 试剂盒说明书进行操作。

4. PCR 产物的电泳检测　首先制备 1.0％的琼脂糖凝胶板，制备方法为：称取 1 g 琼脂糖，加入 1×Tris-硼酸（TBE）电泳缓冲液定容至 100 mL，加热融化，加溴化乙锭溶液 5 μL，倒入电泳槽中，凝固后取下梳子，备用。将 20 μL PCR 产物与 20 μL 加样缓冲液混合，取混合液 10 μL 加入到琼脂糖凝胶板的加样孔中，加入 100 bp DNA 分子量标准物，在 5 V/cm 电压下，电泳 30～40 min。

（四）往复双向聚丙烯酰胺凝胶电泳法操作步骤

1. 样品 RNA 的提取　同聚合酶链式反应法。

2. 电泳　首先进行正向电泳，电泳用 5％聚丙烯酰胺凝胶，1×Tris-硼酸（TBE）电泳缓冲液，电泳方向从负极到正极，电流量为每厘米凝胶 5 mA。点样量为 6～10 μL。当二甲苯腈示踪染料迁移到凝胶板底部时停止电泳。然后进行反向电泳，将正向电泳缓冲液倒出，把电泳槽放到 70～80 ℃的烘箱中预加热，样品变性 30 min。同时，将倒出的电泳缓冲液在微波炉中加热到 80 ℃。倒入电泳槽中，变换电极进行反向电泳。当二甲苯腈示踪染料迁移到凝胶板顶部时，停止电泳，进行凝胶染色。

3. 染色　将电泳胶片放在盛有 300 mL 核酸固定液的容器中，轻缓振荡 10 min 后，倒掉固定液。向容器中加入 300 mL 染色液，轻缓振荡 15 min 后，倒出染色液。用蒸馏水冲洗胶板，反复冲洗 4 次。加入 300 mL 核酸显色液。轻缓振荡，直至显现清晰的核酸带，然后用自来水冲洗，反复冲洗 4 次，将胶板放入 300 mL 终止液中终止反应。

四、马铃薯晚疫病测报技术规范

》》 术语定义

1. 中心病株和始见期　田间出现零星的发病植株为中心病株，首见中心病株的日期为病害的始见期。

2. 现蕾期　有50％的马铃薯植株长出花蕾但未开花的时期，为马铃薯的现蕾期。

3. 严重度分级标准　每株发病叶片占全株总叶片数的比例，或植株上部茎秆病斑大小确定，分为6级表示。

0级：全株叶片无病斑；

1级：个别叶片上有个别病斑；

3级：全株1/4以下的叶片有病斑，或植株上部茎秆有个别小病斑；

5级：全株1/4～1/2的叶片有病斑，或植株上部茎秆有典型病斑；

7级：全株1/2以上的叶片有病斑，或植株中下部茎秆上有较大病斑；

9级：全株叶片几乎都有病斑，或大部分叶片枯死，甚至茎部枯死。

4. 病株率　调查田块见病株数占调查总株数的比率。

5. 病情指数（disease index）　用以表示病害发生的平均水平，通过公式（1-53）计算病情指数。

$$I = \frac{\sum (di \times li)}{P \times D} \times 100 \qquad (1-53)$$

式中：

I——病情指数；

di——各严重度级值；

li——各严重度病株数，单位为株；

P——调查总株数，单位为株；

D——严重度最高级别的数值，即9。

》》 发生程度分级指标

马铃薯晚疫病发生程度分为5级，即轻发生（1级）、偏轻发生（2级）、中等发生（3级）、偏重发生（4级）、大发生（5级）。以病株率为分级主要因素，发病面积占种植面积比率作参考，各级指标见表1-96。以作物生长季的最终病情定当地当季年发生程度。

表1-96　马铃薯晚疫病发生程度分级指标

发生程度（级）	1	2	3	4	5
病株率（X,％）	0.03<X≤5	5<X≤15	15<X≤30	30<X≤40	X>40
发病面积占种植面积比率（Y,％）	Y≤10	Y>10	Y>20	Y>30	Y>40

》》 系统调查

1. 调查田块　在大田选择低洼潮湿地且马铃薯生长旺盛、早熟的感病品种田3块，每田块面积不小于2亩。有条件的地方也可设立测报观测圃，选择低洼潮湿地块，面积不小于2亩，并选用当地感病品种、带病种薯和健康种薯间行种植，四周设施隔离或种植非茄科作物作为隔离带。田间应配置可测温度、湿度和降水量的气候观测设备。

>> 系统调查

2. 调查时间 根据常年发生情况，或适合当地的气候指标预测中心病株出现日前 2 d 或植株现蕾期开始调查中心病株，每 3 d 调查一次，见中心病株后即转入病情动态调查，每 3 d 调查一次至病情稳定时结束。

3. 调查内容 中心病株调查：采用按行踏查方法，踏查面积 667 m²，若气候条件适宜，但未见中心病株，应扩大调查面积。发现病株后则细查其严重度级别，估计植株密度，记载、计算病株率及其病情指数。

4. 病情动态调查 采用平行跳跃式取样方法，每块田定 10 点，其中至少有 1 点有发病病株，隔行调查，每点 10 株，调查发病株数和严重度级别，计算病株率和病情指数，结果记入马铃薯晚疫病病情系统调查表。

>> 大田普查

1. 调查时间 中心病株出现后，立即进行普查；以后若气候条件适宜，则每 7 d 普查一次，至少连续调查 3 次。

2. 调查田块 根据不同区域、不同品种、不同田块类型选择调查田，每种类型田调查数量不少于 5 块。

3. 调查内容 未见中心病株田块按行踏查、见中心病株田块平行跳跃式调查。田块面积不足 667 m² 则全田实查，田块面积在 667 m² 以上，则 10 点取样（取样方法同病情动态调查），每点查 10 株，调查病株数，计算各田块病株数、病田率和平均病株率。

>> 气象要素观测

马铃薯生育期间，利用田间设置的气候观测系统，以小时为间隔记载气温、降水、湿度等气象资料，结果填入田间气象要素记载表。

>> 预报方法

发生期预报：通过长期观察和积累资料，参考马铃薯晚疫病预测预报方法，找出适合当地特点的气候指标，并结合田间调查数据预测发病始期（中心病株出现时间）。需要注意各地气候指标与当地气候特点有很大关系，因此一般情况下，在中心病株出现后，条件适宜，经过 10～14 d，就会扩展蔓延到全田。因此，发现中心病株后，应根据天气情况和未来一旬天气预报，确定大面积防治适期。

发生程度和发生面积预报：在种植感病品种地区，气候条件是流行的决定性因素。阴雨连绵或多雾、多露条件，晚疫病最易流行成灾。一般中心病株出现后仍保持日暖夜凉的高湿天气，病害将会很快蔓延至全田。因此，应根据当地田间调查病情动态、感病品种面积比率和气候条件适宜程度做出发生程度和发生面积预报。

>> 数据汇总和汇报

在病情发生关键期，在各项调查结束时，按统一汇报格式、时间和内容汇总监测信息。其中，发生程度级别分别用 1、2、3、4、5 表示。同历年比较的早、增、多、高用"＋"表示，晚（迟）、减、少、低用"－"表示；与历年相同和相近，用"0"表示；缺测项目用"××"表示。同时，利用中国有害生物监控信息系统及时传输病情数据。年底前进行发生情况小结，并填写马铃薯晚疫病发生防治基本情况表。

（一）农作物病虫调查资料表册

见表 1－97～表 1－101。

表 1－97　马铃薯晚疫病中心病株系统调查表

日期	地点	品种	生育期	调查面积（m²）	植株密度（株/m²）	发病株数（株）	各级严重度发病株数（株）						病株率（%）	病情指数	备注
							0级	1级	3级	5级	7级	9级			

注：备注中标明系统田或观测圃。

表 1－98　马铃薯晚疫病病情动态系统调查表

日期	地点	品种	生育期	调查株数（株）	发病株数（株）	各级严重度发病株数（株）						病株率（%）	病情指数	备注
						0级	1级	3级	5级	7级	9级			

注：备注中标明系统田或观测圃。

表 1－99　马铃薯晚疫病普查表

日期	地点	田块类型	品种	生育期	调查株数（株）	发病株数（株）	病株率（%）	备注
	…… ……							
平均病田率（%）					平均病株率（%）			

表 1－100　田间气象要素记载表

日期	时间	气温（℃）	降水量（mm）	相对湿度（%）	备注

表 1－101　马铃薯晚疫病发生防治基本情况表

1. 马铃薯种植情况 耕地面积 ＿＿＿＿＿＿＿＿ hm²；马铃薯种植面积＿＿＿＿＿＿＿＿ hm²； 马铃薯主要种植品种＿＿＿＿＿＿＿＿＿＿＿＿＿＿＿＿＿＿＿＿＿＿＿＿＿＿＿＿。
2. 马铃薯晚疫病发生情况 发生面积 ＿＿＿＿＿＿ hm²；发生面积占种植面积比率 ＿＿＿＿＿＿ %；发生程度 ＿＿＿＿＿＿ 级； 发生主要区域＿＿＿＿＿＿＿＿＿＿＿＿＿＿＿＿＿＿＿＿＿＿＿＿＿＿＿＿； 发病主要品种＿＿＿＿＿＿＿＿＿＿＿＿＿＿＿＿＿＿＿＿＿＿＿＿＿＿＿＿＿＿。
3. 马铃薯晚疫病防治及损失情况 防治面积 ＿＿＿＿＿＿＿＿ hm²；防治面积占发生种植面积比率 ＿＿＿＿＿＿＿＿ %； 实际损失 ＿＿＿＿＿＿＿＿ t；防治后挽回损失 ＿＿＿＿＿＿＿＿ t。
4. 简述发生和防治特点

（二）马铃薯晚疫病模式报表

见表 1-102。

表 1-102 马铃薯晚疫病模式报表

序号	编报项目	编报内容
1	汇报日期	
2	汇报单位	
3	调查日期	
4	目前发生程度	
5	目前发生面积（万亩）	
6	已防治面积（万亩）	
7	感病品种占种植面积比率（%）	
8	晚疫病始见期	
9	平均病田率（%）	
10	平均病株率（%）	
11	平均每亩发病中心数（个）	
12	本周最高气温大于 35 ℃的天数（天）	
13	本周最低气温小于 10 ℃的天数（天）	
14	本周相对湿度大于 75%持续的天数（天）	
15	本周连续降雨大于 6 h 的次数（次）	
16	预计病害流行关键时期气温比常年高低（℃）	
17	预计病害流行关键时期降水量比常年增减比率（%）	
18	预计未来一周发生程度	
19	预计未来发生高峰期	

注：要求汇报时间，马铃薯晚疫病发生期每周 1 次，周二汇报。

（三）马铃薯晚疫病预测预报方法

1. 标蒙预测法 这是标蒙（Beaumont）提出的早期应用较广的预测方法，目前还有不少地方仍在采用，其预测标准是：在生长季节中第 1 次出现连续 48 h 内湿度不低于 75%时，温度不低于 10 ℃，15～22 d 后将普遍发病。

我国各地曾试用标蒙预测法，但发现其准确性不够理想，测报日期与实际发病日期常相差 20～40 d，因此对指导防治的实际意义不大，目前已很少有人采用。英国认为此法的准确度可达 70%。

2. 中心病株观测法 我国还采用过根据中心病株的出现预测病害流行的方法，在达到上述标蒙条件后，检查大田或观测圃的中心病株，观测圃见发现中心病株后，可开始普查大田，消灭中心病株并准备防治。

各地因环境条件差异很大，因此出现中心病株的条件也不同。在潮湿多雨的地区，如甘肃岷县，湿度经常能满足要求，而温度是限制因素，只要有 2～4 d 最低温度不低于 7 ℃就有发病的危险。相反，在华北坝下春旱地区起决定作用的是湿度。两天中有 7 次记录相对湿度达到 75%就会导致中心病株的出现，将标蒙氏方法结合田间中心病株的调查预测病害，可提高准确性，但需要投入较大的人力和时间，并且检查需要十分细致。

3. 海尔（Hyre）氏预测法 以每日雨量和最高最低温度为基础，5 d 平均温度＜25.5 ℃，最近 10 d 内雨量总和≥30 mm，可作为"有利晚疫日"的标准，最低温度低于 7.2 ℃的日子则不能作为"有利晚疫日"，"有利晚疫日"连续出现 10 d，则 7～14 d 后开始发病。

4. 瓦林氏（Wallin）预测法 根据马铃薯生长期间的相对湿度和温度的一定累积值来预测病害

的始发期。按照 $RH \geqslant 90\%$ 的持续小时数与此时期的平均温度组合，人为给定一系列的"严重值"（Severity），自植株出土开始记录。当严重值超过 18～20 后，7～14 d 内开始发病（表 1-103）。

表 1-103 温度和相对湿度与瓦林氏严重值（0～4）的关系

（据 Krause1975 年改制）

$RH \geqslant 90\%$ 时的平均温度（℃）	$RH \geqslant 90\%$ 的时数（h）						
	<9	10～12	13～15	16～18	19～21	22～24	725
7.2～11.6			0	1	2	3	4
11.7～15.0		0	1	2	3	4	
15.7～26.6	0	1	2	3	4		

以上两法在美国北部试用已十数年，但困难在于做到及时和经常，也难以适应各地不同情况，因此在生产上利用得不广。

5. 晚疫病电算预测法 它结合海尔氏和瓦林氏两种方法，并利用电子计算机等，迅速整理资料，于短时间内将测报结果通知各地。

（1）要求的资料：①日最高最低温度，② $RH \geqslant 90\%$ 的时数，③ $RH \geqslant 90\%$ 的时间内的最高最低温度，④24 h 中的雨量（精确度要求达到 1 mm），这些数据要求测定精确，能反映马铃薯生长期间的田间小气候。

（2）预测步骤 生产单位将当地最近的上述气象记录用电话通知晚疫病测报员，测报员将数据输入电子计算机，即得到该地区晚疫病的预测结果，然后再电话通知该生产单位，预报方法如表 1-104。

表 1-104 根据"严重值"和"有利晚疫日"数作出防治建议的预报表

最近 7 d 的有利雨天数（天）	最近 7 d 的严重值					
	<3	3	4	5	6	7
<5	−1	−1	0	1	1	2
>4	−1	0	2	2	2	2

注：预报通信代号，−1 为不需喷药，0 为警报，1 为 7 d 喷 1 次，2 为 5 d 喷 1 次。

近几年，在美国大量试验结果认为此法可以照顾各地的具体条件，测报及时，测报比较准确，避免了不必要的喷药次数，提高了药剂防治效果。

6. 比利时 CARAH 模型预测法 比利时埃诺省（HAINAUT）农业应用研究中心（Centre for Applied Research in Agriculture-Hainaut，CARAH）科学家研究出，即利用田间的气象观测系统收集每日的最低气温、最高气温、平均气温、降水量、每小时的相对湿度和温度，将以上气象数据输入 Guntz-Divoux 模型，计算晚疫病的潜在侵染程度，确定将发生晚疫病的严重程度，并预报晚疫病发生的准确时间，提前通知马铃薯生产者进行药剂防治。此模型在比利时利用 15 年，取得了很好的效果，消除了由晚疫病造成的损失，并减少了杀菌剂的施用量。目前，在重庆等地进行初步应用。

五、马铃薯主要病虫害防治技术规程

≫ 防治原则

坚持"预防为主、综合防治"的植保方针，以农业防治为基础，优先运用物理、生物措施，合理、安全应用化学防治，对马铃薯病虫害进行安全和有效的综合防控。在药剂使用过程中，严格执行 GB 4285、GB/T 8321.9 和 NY/T 1276 的规定。

》》农业防治措施

1. 合理轮作　与非茄科作物实行轮作，冬马铃薯实行水旱轮作，轮作年限 2 年以上。

2. 选择抗虫抗病品种　选择抗当地主要病虫害、抗逆性强、适应性广的优良品种，并注意抗病品种布局的合理性。

3. 种植脱毒种薯　种植满足生产目的需求的脱毒种薯。

4. 精选种薯　剔除病、劣、杂薯，选择不带致病病菌和虫源，已通过休眠且生理状态较好，大小适中的健康块茎种植。

5. 切刀消毒　在种薯切块时，用 0.5％的高锰酸钾或 70％～75％的酒精浸泡切刀 5 min 以上进行消毒。切块 5 min 或切到病薯时必须更换刀具，以防止黑胫病、环腐病、青枯病、干腐病和晚疫病等病害致病菌通过切刀传播。

6. 种薯消毒　播种前种薯可用 0.1％对苯二酚浸种 30 min，或 0.2％甲醛溶液浸种 10～15 min，或 0.1％对苯酚溶液浸种 15 mm，或 0.2％福尔马林溶液浸种 15 min 消毒种薯，对疮痂病的防治效果明显。

物理化学防治措施

》》播种期

1. 播种期病害　根据需控制的病害种类，选择药剂稀释拌种预防。药剂使用和选择参考"马铃薯主要病虫害防控药剂推荐表"。

2. 播种期虫害　选用杀虫剂与适量土壤、细沙拌匀沟施或拌入底肥中，防控地老虎、蝼蛄、蛴螬、金针虫等地下害虫发生。

》》苗期至现蕾期

1. 黑胫病和环腐病　拔除染病植株，挖出遗留于土壤中的块茎，并在遗留病穴处施用 72％ 农用链霉素，及时销毁带病残体。

2. 晚疫病　苗高 15～20 cm 开始交替喷施代森锰锌、双炔酰菌胺等保护性杀菌剂 1～2 次。如出现中心病株则交替喷施霜脲·锰锌、噁唑菌酮·霜脲氰、恶霜·锰锌、氟吡菌胺·霜霉威等混剂或内吸性治疗剂 1～2 次。施药间隔期为 7～10 d。

3. 疮痂病　增施绿肥或增施酸性物质（如施用硫黄粉等），改善土壤酸碱度，增加有益微生物，减轻发病。秋种马铃薯避免施用石灰或用草木灰等拌种，保持土壤 pH 在 5.2 以下。在生长期间常灌溉，防止干旱。

4. 蚜虫和斑潜蝇　插挂 15 张/hm² 黄板监测，并根据害虫数量适量增加。防治蚜虫，在发生期使用"马铃薯主要病虫害防控药剂推荐表"推荐药剂 2～3 次，重点喷叶背，施药间隔期 7～10 d。防治潜叶蝇，在幼虫 2 龄防治 4～5 次，施药间隔期 4～6 d。

5. 二十八星瓢虫和豆芫菁　人工捕成虫，摘除卵块。药剂防治 2～3 次，重点喷叶背面，施药间隔期 7～10 d。喷药时间以 11:00 之前和 17:00 之后为佳。

6. 地下害虫　悬挂杀虫灯诱杀蛴螬、蝼蛄、地老虎等地下害虫。灯高 1.5 m，每盏灯控制面积 2～4 hm²，根据虫害情况适时增加杀虫灯数量。当地下害虫为害严重时，可开展局部防治或全田普防，用辛硫磷乳油兑水灌根 2 次，施药间隔期 7～10 d。

》》开花期至薯块膨大期

1. 晚疫病　根据病害预警提前防控或在连阴雨来临之前，选择保护性杀菌剂，如代森锰锌和双炔酰菌胺等，在植株封垄前 1 周或初花期喷药预防 1～2 次。中心病株出现后，连根挖除病株和种薯，带出田外深埋，病穴撒上石灰消毒。同时交替喷施内吸性治疗剂 3～5 次，施药间隔期 5～7 d。

>> 开花期至薯块膨大期

2. 早疫病　田间出现早疫病病斑时，交替喷施药剂 3～5 次，施药间隔期为 7～10 d。

3. 青枯病、环腐病和黑胫病　连根清除萎蔫、叶面病斑较多、黄化死亡的植株，及时销毁，并在遗留病穴处施 72% 农用链霉素。

4. 收获期　防控各种病菌的侵染和扩散。在收获前 7 d 喷施 20% 立收谷水剂等干燥剂进行化学杀秧，促进薯皮老化，减少收获损伤，防控病原菌侵染。深耕冬灌，消灭越冬害虫。

5. 储藏期　储藏前消毒贮藏窖，用硫黄粉或 15% 百腐烟剂或 45% 百菌清烟剂 2 g/m³ 熏蒸消毒，或用石灰水喷洒消毒。入窖前要严格剔除病薯和带有伤口的薯块，入窖前放在阴凉透风的场所堆放 3 d。储藏期间控制窖内温湿度，必要时用烟雾剂处理，防止病菌在块茎间传染。

马铃薯主要病虫害防控药剂推荐表见表 1-105。

表 1-105　马铃薯主要病虫害防控药剂推荐表

病虫害	推荐药剂		施用方法	作用方式
	通用名	剂型		
晚疫病	嘧菌酯	悬浮剂	封垄后喷雾	保护、内吸治疗
	丙森锌	可湿性粉剂	喷雾	保护
	代森锰锌	可湿性粉剂	喷雾	保护
	霜脲·锰锌	可湿性粉剂	喷雾	保护、内吸治疗
	双炔酰菌胺	悬浮剂	喷雾	保护、内吸治疗
	氟吡菌胺·霜霉威	悬浮剂	喷雾	内吸治疗
	精甲霜灵·锰锌	水分散粒剂	喷雾	保护、内吸治疗
	烯酰吗啉	可湿性粉剂	喷雾	内吸治疗
	霜霉威	水剂	喷雾	内吸治疗
	氟吗啉	可湿性粉剂	喷雾	保护、内吸治疗
	氰霜唑	悬浮剂	喷雾	保护、内吸治疗
早疫病	代森锰锌	可湿性粉剂	喷雾	保护
	嘧菌酯	悬浮剂	封垄后喷雾	保护、内吸治疗
	丙森锌	可湿性粉剂	喷雾	保护
	苯醚甲环唑	水分散粒剂	喷雾	内吸治疗
	肟菌·戊唑醇	水分散粒剂	喷雾	保护、内吸治疗
黑痣病	嘧菌酯	悬浮剂	垄沟喷雾	保护、内吸治疗
环腐病 黑胫病 青枯病	硫酸链霉素	水溶剂	拌种	内吸治疗
干腐病	甲基硫菌灵	可湿性粉剂	拌种	内吸治疗
蚜虫 斑潜蝇	吡虫啉	可湿性粉剂	喷雾	内吸
	噻虫嗪	水分散粒剂	喷雾	内吸
	啶虫脒	乳油	喷雾	内吸
地下 害虫	噻虫嗪	可湿性粉剂	拌种	内吸
	辛硫磷	乳油；颗粒剂	垄沟喷雾，垄沟撒施	触杀、胃毒
	毒死蜱	乳油；颗粒剂	垄沟喷雾，垄沟撒施	触杀、胃毒
二十八星瓢虫 豆芫菁	氯氰菊酯	乳油	喷雾	触杀、胃毒
	氯氟氰菊酯	乳油	喷雾	触杀、胃毒

六、马铃薯 6 种病毒的检测 RT - PCR 法

》 病毒症状及传播途径

1. 马铃薯 S 病毒（potato virus S，PVS） 或称马铃薯潜隐病毒。PVS 侵染植株的初起阶段看不到明显的症状，当侵染植株的病毒株系为害比较严重，可以观察到叶脉轻微下陷、叶片皱缩，或不出现症状，或后期叶面出现青铜色及细小枯斑。在有些马铃薯品种上可以观察到坏死斑和条纹。病毒传播主要靠接触感染，有些株系可通过蚜虫传播。

2. 马铃薯 X 病毒（potato virus X，PVX） 此病毒在自然界分布很广，一般可导致马铃薯减产 10％左右。随马铃薯品种、病毒株系和环境条件而异。多数常见株系引起的是非常轻的花叶或潜隐症状，叶片颜色深浅不一，但叶片平展，不变小、不变形、不坏死。有的株系在马铃薯某些品种上引起过敏反应，产生顶端坏死，有的强株系可引起叶片皱缩、植株矮化。与 A 病毒或 Y 病毒复合感染可引起卷曲、皱缩或坏死。病毒在薯块上无症状。X 病毒主要是接触传病。在田间患病植株与健株枝叶交接、互相摩擦，或田间操作时人为接触病株均可传染健株发病。在切块时切刀也可传毒。

3. 马铃薯 M 病毒（potato virus M，PVM） 呈卷叶嵌斑花叶症状。患病植株的叶片尖端叶脉间呈花叶症状，小叶变形，尖部扭曲，叶缘呈波状，茎的顶部小叶卷曲。为接触传毒。

4. 马铃薯 Y 病毒（potato virus Y，PVY） PVY 是感染马铃薯的病毒中最为广泛传播并造成严重经济损失的病毒之一。植株被 Y 病毒侵染后，表现重型花叶、叶脉坏死和垂叶条斑坏死症状。特别是条斑坏死，在植株的叶脉、叶柄和茎上都会出现。复叶患病后很容易脱落，到后期植株上只留下接近顶部的一些叶子。Y 病毒和 X 病毒等复合侵染后，马铃薯会完全失去种用和食用价值。马铃薯病毒性退化最严重的就是 Y 病毒与其他病毒复合侵染造成的。Y 病毒主要是接触和昆虫传播，尤其是蚜虫传播。

5. 马铃薯卷叶病毒（potato leaf - roll virus，PLRV） 卷叶病分布极广，是马铃薯的重要病毒病之一，病株块茎减产达 20％以上。初次侵染的植株，其典型症状是幼叶卷曲，且病株由下而上卷叶，一些品种可能产生红晕，小叶基部常有紫红色边缘。继发感染植株出苗后，下部叶片卷曲、僵直、干燥和革质化。患卷叶病的品种有的块茎内部会产生网状褐色坏死斑块，对品质有较大影响。病害严重时可减产 40％～70％。主要是接触和蚜虫传播。

6. 马铃薯 A 病毒（potato virus A，PVA） 也是造成轻型花叶的主要病毒。植株患病后，主要在小叶的叶脉之间出现不规则的深绿和浅绿相间的病斑，叶面呈粗缩状，叶肉色泽较深，叶脉下陷；严重时叶缘呈波状。接触或蚜虫均可传毒。

》 RT - PCR

RT - PCR 是反转录-聚合酶链式反应（reverse - transcription polymerase chain reaction，RT - PCR），本方法是将 RNA 的反转录（RT）和 cDNA 的聚合酶链式扩增（PCR）相结合的技术，RNA 在反转录酶的作用下反转录成 cDNA，再以 cDNA 为模板，在 *Taq* DNA 聚合酶的作用下进行 PCR 扩增，根据 PCR 扩增结果判断该样品中是否含有目的片段，从而达到鉴定病毒的目的。

》 样品要求

本标准适用于马铃薯试管苗、原种和田间马铃薯块茎、植株等组织中病毒的检测。实验要求分别设立阳性对照、阴性对照和空白对照（即用等体积的 DEPC 水代替模板 RNA 作空白对照），在检测过程中要同待测样品一同进行所有的实验操作。

▶▶ 样品制备

检测样品：取马铃薯试管苗、块茎芽眼及周围组织或茎叶组织 0.05～0.1 g，现用现取或 4 ℃条件下保存，最多存放 3 d。

阳性样品：首先获得经检测是 PVS、PVX、PVM、PVY、PLRV 或 PVA 病毒的样品，然后对获得的病毒样品进行测序，与 Genbank 中相应病毒的序列进行同源性比对，确定为此种病毒。再将毒源接种到相应的指示植物上：PVX 接种到心叶烟（Nicotiana Glutinosa）上，PVY 接种到黄苗榆烟（Nicotiana tabacum）上，PVS 接种到德莫尼烟（Nicotinana Rebneyi）上，PLRV 接种到白花刺果曼陀罗（Patuna stramonium）上，PVM 接种到番茄（Lycopersicon esculentum）上，PVA 接种到黄花烟（Nicotiana Rustica）上，定期进行检测，当病毒达到高峰期时采收叶片，存放 −70 ℃ 冰箱保存备用。6 个月后对保存的叶片定期进行检测，以保证 RT - PCR 检测中阳性对照的有效性。

阴性样品：首先获得经检测无 PVS、PVX、PVM、PVY、PLRV 或 PVA 病毒的样品，存放 −70 ℃ 冰箱保存备用。1 年后对保存的样品定期进行检测，以保证 RT - PCR 检测中阴性对照的有效性。

▶▶ 结果判定与报告

1. 试验结果有效性的判定　阳性对照的扩增产物检测到预期大小的特异性条带，阴性对照和空白对照的扩增产物均没有检测到预期大小的目的条带。阴、阳性和空白对照同时成立则表明试验有效，否则试验无效。

2. 阳性判定　待检样品如果在 729 bp、711 bp、520 bp、447 bp、336 bp 或 273 bp 对应位置出现特异性条带，则判定样品为 PVS、PVX、PVM、PVY、PLRV 或 PVA 病毒阳性；如果在 729 bp 对应位置没有出现特异性条带，再用引物 PVS - F1、PVS - R1 对样品进一步扩增，如果在 602 bp 对应位置出现特异性条带则判断样品为 PVS 病毒阳性。

3. 阴性判定　如果相应病毒电泳谱带没有扩增到预期大小的特异性条带，则判定样品为该病毒阴性。

检测结果判定可参考"检测结果判定图"中的结果判定图。

（一）检测操作步骤

1. 样品制备　取马铃薯试管苗、块茎芽眼及周围组织或茎叶组织 0.05～0.1 g，现用现取或 4 ℃条件下保存，最多存放 3 d。

2. RNA 提取　将样品置于研钵中，加液氮研磨成粉末，转至 1.5 mL 离心管，加入 1 mL TRIzol 混匀，使其充分裂解；4 ℃ 14 000g 离心 5 min；取上清，加入 200 μL 三氯甲烷，振荡混匀，室温放置 15 min；4 ℃ 12 000g 离心 15 min；吸取上层水相至新 1.5 mL 离心管中，加入 0.5 mL 异丙醇，混匀，室温放置 10 min；4 ℃ 12 000g 离心 10 min；弃上清，留沉淀，加入 1 mL 75% 乙醇，温和振荡离心管，悬浮沉淀；4 ℃ 7 500g 离心 5 min，弃上清，将离心管倒置于滤纸上，自然干燥；加入 25～100 μL DEPC 水溶解沉淀，即得到 RNA。

3. 单重 RT - PCR　单重 RT - PCR 主要包括如下两个步骤：

（1）RNA 反转录　将提取的病毒 RNA 进行反转录，反转录的试验流程为：首先进行 RNA 预变性，预变性的方法为：取 2.5 μL RNA，65 ℃ 8 min，RNA 冰上放置 2 min；然后加入 0.5 μL 下游引物，反转录反应程序和反应体系中其他成分按照反转录酶说明书，混合物瞬时离心，使试剂沉降到 PCR 管底。反转录反应后取出直接进行 PCR 或置 −20 ℃ 保存〔反转录采用的引物见"引物"部分，分别为 PVS（PVS 的第 1 对引物）、PVX、PVM、PVY、PLRV 或 PVA 病毒的特异性下游引物，也可以用随机引物或 oligo‐dT（但不适用于 PLRV，只能用于其他 5 种病毒）]。

（2）PCR 扩增　按表 6‐1 顺序加入试剂，混匀，瞬时离心，使液体都沉降到 PCR 管底。PCR 反应程序为：92 ℃ 预变性 5 min；92 ℃ 变性 30 s，55.5 ℃ 退火 30 s，72 ℃ 延伸 45 s，循环 30 次；72 ℃延伸 8 min。扩增采用的上、下游引物见"引物"部分（PVS 采用第 1 对引物）（表 1‐106）。

表 1‐106　PCR 扩增反应体系

试剂名称	用量（μL）
DEPC 水	16.5
反转录产物	2.0
上游引物	0.5
下游引物	0.5
10×PCR 缓冲液	2.5
MgCl$_2$	2.6
dNTP	0.25
Taq DNA 聚合酶	0.15
总量	25

4. 多重 RT‐PCR　也可以采用双重或三重 RT‐PCR 进行检测。采用双重和三重 RT‐PCR 检测 PVS、PVX、PVM、PVY、PLRV 和 PVA 病毒应用固定的组合，双重 RT‐PCR 病毒组合：PVY＋PLRV、PVM＋PVS、PVX＋PVA；三重 RT‐PCR 病毒组合：PVY＋PVS＋PLRV、PVX＋PVM＋PVA。

与单重 RT‐PCR 相似，同样包括如下两个步骤：

（1）RNA 反转录　执行双重 RT‐PCR 的反转录时，每种病毒下游引物加 0.5 μL，DEPC 水减少 0.5 μL；执行三重 RT‐PCR 的反转录时，每种病毒下游引物加 0.5 μL，DEPC 水减少 1.0 μL，其他操作参照单重 RT‐PCR。

（2）PCR 扩增　执行双重 PCR 时，每种病毒上、下游引物各加 0.5 μL，DEPC 水加入 15.5 μL；执行三重 PCR 时，每种病毒上、下游引物各加 0.5 μL，DEPC 水加入 14.5 μL，其他操作参照单重 RT‐PCR。

5. PCR 产物的电泳检测　在电泳槽中加入 1×TAE 电泳缓冲液，使液面刚刚超过琼脂糖凝胶板。取 5 μL PCR 产物分别和 2 μL 加样缓冲液混合后，加入到琼脂糖凝胶板的加样孔中，以 5 μL 100 bp DNA 分子量标准物为参照物在恒压（120～150 V）下电泳 20～30 min，将凝胶放到凝胶成像系统上观察结果。

（二）引物

见表 1‐107。

表 1‐107　病毒引物序列

病毒名称	引物名称	引物序列（5'～3'）	PCR 扩增片段长度（bp）
PVS [a]	PVS‐F	GAGGCTATGCTGGAGCAGAG	729
	PVS‐R	AATCTCAGCGCCAAGCATCC	
PVS [b]	PVS‐F	TCTCCTTTGAGATAGGTAGG	602
	PVS‐R	CAGCCTTTCATTTCTGTTAG	

（续）

病毒名称	引物名称	引物序列（5'～3'）	PCR扩增片段长度（bp）
PVX	PVX－F	ATGTCAGCACCAGCTAGCA	711
	PVX－R	TGGTGGTGGTAGAGTGACAA	
PVM	PVM－F	ACATCTGAGGACATGATGCGC	520
	PVM－R	TGAGCTCGGGACCATTCATAC	
PVY	PVY－F	GGCATACGGACATAGGAGAAACT	447
	PVY－R	CTCTTTGTGTTCTCCTCTTGTGT	
PLRV	PLRV－F	CGCGCTAACAGAGTTCAGCC	336
	PLRV－R	GCAATGGGGGTCCAACTCAT	
PVA	PVA－F	GATGTCGATTTAGGTACTGCTG	273
	PVA－R	TCCATTCTCAATGCACCATAC	

注：F代表每种病毒的上游引物，R代表每种病毒的下游引物，a为PVS^{O}和PVS^{A}株系，b为PVS^{BB-AND}株系。

（三）试剂和仪器

主要试剂包括以下所有试剂，除非另有规定仅使用分析纯试剂，水为符合GB/T 6682中规定的一级水。

（1）TRIzol RNA 提取试剂。

（2）三氯甲烷。

（3）异丙醇。

（4）75％乙醇　量取无水乙醇75 mL，加水定容至100 mL。

（5）M－MLV反转录酶（200U/μL）。

（6）RNA酶抑制剂（40U/μL）。

（7）Taq DNA聚合酶（5U/μL）。

（8）10×PCR buffer（Mg^{2+} free）。

（9）MgCl$_2$（25 mM/L）。

（10）dNTP混合物（各2.5 mM/L）。

（11）焦碳酸二乙酯（DEPC）处理水　在100 mL水中，加入焦碳酸二乙酯（DEPC）50 μL，室温过夜，121 ℃高温灭菌20 min，分装到1.5 mL DEPC处理过的离心管中。

（12）10×TAE电泳缓冲液　羟基甲基氨基甲烷（Tris）242 g，冰乙酸57.1 mL，乙二胺四乙酸二钠·2H$_2$O 37.2 g，用氢氧化钠调pH至8.5，加水定容至1 000 mL。

（13）1×TAE电泳缓冲液　量取10×TAE电泳缓冲液（4.12）200 mL，加水定容至1 000 mL。

（14）溴化乙锭溶液（10 mg/μL）　称取溴化乙锭200 mg，加水溶解，定容至20 mL。

（15）1.5％琼脂糖凝胶板　称取琼脂糖1.5 g，加入1×TAE电泳缓冲液定容至100 mL，微波炉中加热至琼脂糖融化，待溶液冷却至50～60 ℃时，加溴化乙锭溶液5 μL，摇匀，倒入制胶板中均匀铺板，凝固后取下梳子，备用。

（16）引物缓冲液　用DEPC水将上、下游引物分别配制成浓度为100ng/μL的水溶液。

（17）100 bp DNA分子量标准物　主要仪器包括：PCR仪、台式低温高速离心机、电泳仪、水平电泳槽、凝胶凝胶成像仪、微量移液器（0.5～10 μL、10～100 μL、20～200 μL、100～1 000 μL）、灭菌锅等。

（四）检测结果判定图

1. 单重 RT－PCR 检测体系建立　　见图 1-4。

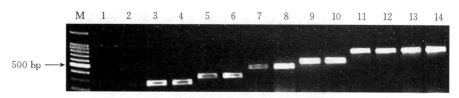

图 1-4　6 种病毒单重 RT－PCR 电泳图

M. 100 bp Marker　1. 空白对照　2. 阴性对照　3、4. PVA　5、6. PLRV
7、8. PVY　9、10. PVM　11、12. PVX　13、14. PVS

2. PVY 和 PLRV 双重 RT－PCR 检测体系建立　　见图 1-5。

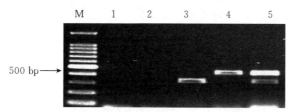

图 1-5　PVY 和 PLRV 双重 RT－PCR 检测体系建立

M. 100 bp Marker　1. 空白对照　2. 阴性对照　3. PLRV　4. PVY　5. PVY+PLRV

3. PVM 和 PVS 双重 RT－PCR 检测体系建立　　见图 1-6。

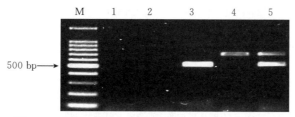

图 1-6　PVM 和 PVS 双重 RT－PCR 检测体系建立

M. 100 bp Marker　1. 空白对照　2. 阴性对照　3. PVM　4. PVS　5. PVM+PVS

4. PVA 和 PVX 双重 RT－PCR 检测体系建立　　见图 1-7。

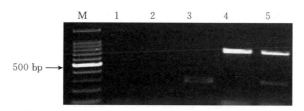

图 1-7　PVA 和 PVX 双重 RT－PCR 检测体系建立

M. 100 bp Marker　1. 空白对照　2. 阴性对照　3. PVA　4. PVX　5. PVA+ PVX

5. PVY、PLRV 和 PVS 三重 RT－PCR 检测体系建立　　见图 1-8。

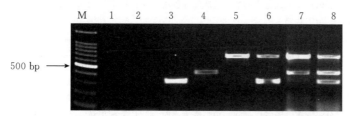

图 1-8　PVY、PLRV 和 PVS 三重 RT－PCR 检测体系建立

M. 100 bp Marker　1. 空白对照　2. 阴性对照　3. PLRV　4. PVY
5. PVS　6. PVS+PLRV　7. PVS+PVY　8. PVS+PVY+PLRV

6. PVX、PVM 和 PVA 三重 RT-PCR 检测体系建立　见图 1-9。

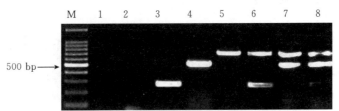

图 1-9　PVX、PVM 和 PVA 三重 RT-PCR 检测体系建立
M. 100 bp Marker　1. 空白对照　2. 阴性对照　3. PVA　4. PVM
5. PVX　6. PVX+PVA　7. PVX+PVM　8. PVX+PVM+PVA

第六节　木　薯

木薯主要病虫害防治技术规范

木薯病虫害和螨及发生特点见表 1-108、表 1-109。

表 1-108　木薯主要病害及发生特点

主要病害	发生特点
细菌性枯萎病	病原菌为 *Xanthomonas axonopodis* pv. *manihotis*。为害叶、叶柄、嫩茎和根系。病叶有三种症状类型，即斑点型、斑枯型和萎蔫型。该病初为害时先侵染叶缘或叶尖，出现水渍状病斑并迅速扩大，病斑上常出现黄色胶乳，然后叶片枯萎脱落，严重时嫩茎嫩枝受害枯蔫枯梢，甚至整株死亡
细菌性角斑病	病原菌为 *Xanthomonas campestris* pv. *cassavae*。为害叶片。主要特征是出现水渍状角斑，散生于叶片各部位，可见黄色胶乳状物，开始侵染时叶缘出现黄晕状，然后扩大联合，变成黑褐色，造成叶片变黄、脱落。干旱季节为害严重
褐斑病	病原菌为 *Cercospora henningsii* Allesch.。为害叶片。发病初期为褪绿的圆形斑痕，以后病斑扩大变成灰褐色，病斑边缘及中央色泽较深并有同心轮纹。潮湿时，病斑中央长出霉状物，此即病原菌的孢子梗和孢子。成熟的病斑直径一般为 3~12 mm。有时病斑扩展，汇合成不规则大斑块。后期病斑中央破裂、穿孔
炭疽病	病原菌为 *Colletotrichum gloeosporioides* f. sp. *manihotiso*。为害叶片和嫩茎。初在嫩叶叶边缘生水浸状褪绿小斑点，进而促使幼叶歪扭，病斑可沿主脉扩及全叶，变绿坏死，病健交界处是否明显因气候条件而异。重病叶干枯脱落。嫩茎初害生深褐色略凹陷病斑，扩展成溃疡斑，使病灶以上茎叶枯死，潮湿时斑面生粉红色分生孢子团和深色分生孢子盘。在茎秆溃疡斑，常可见到黑色子囊壳
花叶病	病原物为 Cassava common mosalc virus。典型症状是叶片畸形，沿叶片主脉或侧脉两侧褪绿，形成浅色或黄绿色与深绿色相间的花叶症状。叶片中部和基部常收缩成蕨叶状。发病株通常矮缩，结薯少而小

表 1-109　木薯主要害虫和螨及发生特点

主要害虫	发生特点
朱砂叶螨	朱砂叶螨 [*Tetranychus cinnabariuns* (Boisduval)] 普遍发生，集结于叶片背面，首先为害下层成熟叶片，沿叶脉附近吮吸汁液，使叶片呈现黄斑，以后由下而上为害上层叶片，严重时集结叶片两面为害，由于虫体的大量增加，最后斑点变成红色或锈色，造成叶片脱落，在长期干旱的条件下使可植株死亡，在雨季，大部分虫体被雨水冲走，为害减轻
螺旋粉虱	螺旋粉虱 (*Aleurodicus dispersus*) 目前仅局限于海南多个木薯种植地发生和加重为害，其若虫与成虫不仅能直接刺吸寄主植物汁液，导致寄主叶片提前脱落，而且还能传播病毒，其若虫分泌的蜜露能诱病。主要以若虫、卵的形式随风传播和自身传播，传播能力较强
烟粉虱	烟粉虱 (*Bemisia tabaci*) 普遍发生，可直接刺吸植物汁液，造成寄主营养缺乏，影响正常的生理活动。若虫和成虫还可分泌蜜露，诱发煤烟病，虫口密度高时，叶片呈现黑色，严重影响光合作用和外观品质；成虫还可作为植物病毒的传播媒介，引发病毒病。被害木薯，叶正面出现褐色斑，虫口密度高时出现成片黄斑，严重时导致叶片脱落

主
要
病
虫
害
防
治
原
则

》防治原则

贯彻"预防为主，综合防治"的植保方针，针对木薯大田及采后主要病虫害种类、发生特点和防治要求，综合考虑影响病虫害发生的各种因素，以农业防治为基础，协调应用物理防治、生物防治和化学防治等措施安全、有效控制木薯主要病虫的发生与为害。

》植物检疫

在木薯主要病虫害发生严重的区域，防控重点应放在控制人为的种苗调运；严禁将带病虫的木薯植株和产品向外调运，同时也禁止从疫区调入带病种苗；建立无病虫种苗基地；在进行种质种苗交换中，选择来自无病虫区的种植材料，先用溴甲烷进行熏蒸，进行检疫发证后才能调运、交接，并在隔离区种植3周、4周、5周和6周后分别观察是否有病虫害发生。

》农业防治

种植抗性品种，减少病虫害的发生；采用种植前一个月，进行深耕深松和晒地等耕作制度，除草、间种其他作物和轮作换茬等农艺措施，消除或减少病虫害初侵染来源，控制病虫害的发生或再侵染；采用深施覆土、氮磷钾肥配施和有机肥与无机肥配施等措施，增强植株长势，提高植株抗病虫能力。

》物理防治

采用黑光灯、频振式杀虫灯、色光板等物理装置诱杀各类害虫。

》生物防治

通过选择对天敌安全的化学农药，避开自然天敌对农药的敏感时期，创造适宜自然天敌繁殖的环境等措施，以保护天敌；利用及释放天敌，控制有害生物的种群数量。

》化学防治

农药使用应符合GB 4285、GB/T8321的规定。不得使用国家严格禁止使用的农药和未登记的农药。合理、交替使用不同作用机理或具有负交互抗性的药剂，以克服或延缓病虫害产生抗药性。

（一）木薯主要病虫害防治

见表1-110、表1-111。

表1-110 木薯主要病害

主要病害	检疫防治	农业防治	化学防治
木薯细菌性枯萎病	繁育、栽植无病种苗	选用抗病或耐病高产品种，种茎用饱和石灰水浸泡；加强田间管理，发现病株后要立即拔除，及时清理田间的植株残体，并集中烧毁；实行作物轮作	当田间病害处于初发阶段、随机调查株发病率达3%～5%、气候条件又适于发病时，可以选用25%噻枯唑WP 250～500倍液，或45%代森铵AS 400倍液，也可使用72%农用硫酸链霉素SP 4 000倍液，每5～7 d喷1次药，连续喷2～3次。施药后如遇雨，雨后应补喷
木薯细菌性角斑病	繁育、栽植无病种苗	选用抗病或耐病品种；加强田间管理，特别是水肥管理，适时施肥，及时清理田间的植株残体，并集中烧毁	当田间病害处于初发阶段、随机调查株发病率达3%～5%、气候条件又适于发病时，可以选用25%噻枯唑WP 250～500倍液，或45%代森铵AS 400倍液，也可使用72%农用硫酸链霉素SP 4 000倍液，12%松脂酸铜EC 600倍液，47%春雷氧氯铜WP 700倍液，77%氢氧化铜WP 600倍液，每5～7 d喷1次药，连续喷2～3次。施药后如遇雨，雨后应补喷

（续）

主要病害	检疫防治	农业防治	化学防治
木薯褐斑病	—	选用抗病品种；加强田间管理，及时清理田间的植株残体，并集中烧毁	在发病初期，喷施70%托布津WP 800～1 200倍液，80%代森锰锌WP 600～800倍液，或用77%氢氧化铜WP 400～500倍液喷雾，首次施药后，间隔7～10 d再喷药，连续喷2～3次
木薯炭疽病	—	选用抗病或耐病品种；加强田间管理，及时清理田间的植株残体，并集中烧毁；实行作物轮作	在发病初期，40%多菌灵WP 800倍液，或75%百菌清WP 500～800倍液，或50%咪鲜胺锰络合物WP 2 000～3 000倍液，或70%代森锰锌WP 600～800倍液喷雾防治。首次喷药后，7～10 d喷1次，连续喷2～3次
木薯花叶病	加强植物检疫，严禁从疫区引种	选用抗病品种；采用无病种茎材料，注意消毒工具，及时清除田间病株	在木薯的整个生长期，根据蚜虫的发生规律喷施50%抗蚜威WP 1 500～2 000倍液，或20%啶虫脒EC 4 000～6 000倍液，或10%吡虫啉WP 1 500～2 000倍液喷雾防治蚜虫为害，从而防止病毒的传播。发病初期喷施0.5%菇类蛋白多糖AS 300倍液，或20%盐酸吗啉胍-铜WP 500倍液，每隔10 d喷1次，连续喷2～3次。

表1-111　木薯主要虫害

主要病害	生物防治	农业防治	物理防治	化学防治
朱砂叶螨	利用及释放天敌控制有害生物的种群数量	选用抗螨品种；加强田间管理，特别是水肥管理，适时施肥	—	搞好预测预报，及时检查叶面、叶背，最好借助于放大镜进行观察，发现在较多叶片上有叶螨的为害时，有螨株率达到25%以上，应及早喷药。可选用1.8%阿维菌素EC 2 000～3 000倍液，50%苯丁锡WP 2 000～3 000倍液，25%三唑锡WP 1 000～1 500倍液，5%噻螨酮EC 1 500～2 500倍液，或73%丙炔螨特EC 2 000～3 000倍液喷雾防治
螺旋粉虱	选用对天敌具保护作用的药剂及措施；利用及释放天敌控制有害生物的种群数量	—	田间以12.5 L/min的水速，每2 d处理木薯叶背1次，共连续处理4周	根据预测预报确定施药时间和次数。可选用2.5%溴氰菊酯EC 2 000～3 000倍液，或2.5%氯氟氰菊酯EW 2 000～3 000倍液，或20%啶虫脒ME 2 500～3 000倍液喷雾防治
烟粉虱	—	加强田间管理，及时清除残虫和杂草	设置黄板诱杀成虫	当烟粉虱种群密度较低时早期防治至关重要。同时注意交替用药和合理混配，以减少抗性的产生。可选用2.5%乙基多杀菌素500倍液，或25%噻嗪酮WP 1 000～1 500倍液，或10%吡虫啉WP 1 000倍液喷雾防治

（二）禁止使用的农药

见表1-112。

表1-112　木薯禁止使用的农药

农药种类	名　称	禁用原因
无机砷	砷酸钙（calcium arsenate）、砷酸铅（arsenic acid）	高毒
有机砷	甲基胂酸锌（zinc methylarsonate）、甲基胂酸铁铵（ammonium ferric methyl arsonate）、福美胂（asomate）	高残留
有机锡	三苯基氯化锡（Fentin chloride）、毒菌锡（fentin hydroxide）、氯化锡（Stannic chloride）	高残留

（续）

农药种类	名　称	禁用原因
有机汞	氯化乙基汞（ethylmercuric chloride）、醋酸苯汞（Phenylmercuric acetate）	剧毒、高残留
有机杂环类	敌枯双（polyglycolic acid）	致畸
氟制剂	氟化钙（Calcium fluoride）、氟化钠（Sodium Fluoride）、氟乙酸钠（sodium flu－oroacetate）、氟铝酸钠（Sodium fluoroaluminate）	剧毒、高毒、易药害
有机氯	DDT、六六六（benzene hexachloride）、艾氏剂（Aldrin）、锹氏剂（dieldrin）、五氯酚钠（Sodium pentachlorODhenol）、氯丹（Chlordane）、三氯杀螨醇（dicofol）	高残留
卤代烷类	二溴乙烷（dibromoethane）、二溴氯丙烷（dibromochloropropane）	致癌、致畸
有机磷	甲拌磷（Thimet）、乙拌磷（Disulfoton）、治螟磷（Sulfotep）、蝇毒磷（Couma phos；Asunthol）、磷胺（phosphamidon）、内吸磷（demeton）、甲胺磷（Methami－dophos）、甲基对硫磷（甲基1 605）（Parathion－methyl）、对硫磷（1 605）（prarathion、thio-phos）、久效磷（monocrotophos）、水胺硫磷（isocarbophos）、特丁硫磷（特丁磷）（Ter-bufos）、甲基异柳磷（isofenphos－methyl）、甲基硫环磷（posfolan－methyl）、氧乐果（氧化乐果）（folimat、omethoate）	高毒
氨基甲酸酯	克百威（Carbofuran）、涕灭威（aldicarb）、灭多威（Methomyl）	高毒
二甲基甲脒类	杀虫脒（chlordimeform）	慢性毒性、致癌
拟除虫菊酯类	所有拟除虫菊酯类杀虫剂（醚菊酯除外）（Pyrethroids）	对鱼毒性大
二苯醚类除草剂	除草醚（nitrofen）、草枯醚（chlornitrofen）	慢性毒性
磺酰脲类	甲磺隆（metsulfuron－methyl）、绿磺隆（Chlorsulf uron）	对后作有影响

第二章 棉 花

一、棉盲蝽测报技术规范

>> **形态特征**

棉盲蝽属半翅目，盲蝽科。以绿盲蝽、苜蓿盲蝽、三点盲蝽等发生为害。成虫体长 5 mm 左右，前翅革质部绿色，膜质部暗灰色，全身绿色，飞翔力强，行动活泼。卵长口袋型，长约 1 mm，宽 0.26 mm，黄绿色。若虫梨形，初孵化时绿色，分 5 龄，5 龄若虫鲜绿色。

>> **为害特征**

棉盲蝽以成虫、若虫刺吸棉株营养液，造成蕾铃大量脱落，破头、破叶和枝叶丛生等。在棉花各生育期中，受害后的表现也不同：如子叶期受害，棉苗顶芽焦枯变黑，长不出主干，称为"枯顶"。真叶出现后，顶芽受害枯死，不定芽丛生，变成"多头棉"。为害嫩叶时，初呈现小黑点，叶展开后大量破碎，称为"破叶疯"。幼蕾、幼铃被害，先形成黄褐色，最后干枯脱落。

>> **成虫灯光诱测**

在常年适于成虫发生的场所，设置一台 20 W 的黑光灯。要求其四周 100 m 范围内没有高大建筑物和树木遮挡，灯管下端与地面表面垂直距离为 1.5 m，需每年更换一次新的灯管。

诱测时间：从 4 月下旬起至 9 月底止。

观察记载方法：每日统计一次成虫发生数量，分别记载棉盲蝽种类，结果记入棉盲蝽灯光诱测记载表。

>> **预测预报**

1. 历史预测法 对田间不同世代、不同虫龄发生量的系统调查结果，确定其发生百分率达始盛期、高峰期和盛末期。

2. 期距预测法 根据当地积累的多年历史资料，总结出当地棉盲蝽世代之间或同一世代各虫态之间间隔期的经验值，在将田间害虫发育进度调查结果，加上一个虫态期距或世代期距，推算出下一个虫态或下一个世代发生期。

>> **大田普查**

1. 普查时间 在各代主要优势中处于 2、3 龄若虫高峰期和 4、5 龄若虫高峰期时普查，其中 2、3 龄若虫普查依系统调查虫情而定。

2. 普查作物和田块 调查各代主要寄主田，其中二代普查兼顾棉田内外。每次普查田块不少于 10 块。

3. 虫量普查 每块棉田对角线 5 点取样，每点 5 株，查 25 株棉花。

4. 棉花受害情况普查 对角线 5 点取样，每点 5 株，目测各点新被害株数，计算新被害株数。

5. 发生面积普查 调查棉盲蝽各代主要寄主作物名称、发生面积、发生程度、防治面积和发生面积占寄主作物种植面积的比率。

棉盲蝽调查资料表册

见表 2-1～表 2-4。

表 2-1 棉盲蝽灯光诱测记载表

光源型号

日期	盲蝽（头/灯）	其他盲蝽（头/灯）	合计（头/灯）	累计（头/灯）

表 2-2 棉盲蝽虫量大田普查记载表

日期	地点	代别	寄主作物名称	调查田块数（块）	有虫田块数（块）	虫田率（%）	棉田			其他作物田		
							调查株数（株）	调查虫头量（头）	平均百株虫量（头）	调查面积（m²）	调查虫量（头）	平均每平方米虫量（头）
平均												

表 2-3 棉花受害情况普查表

日期	地点	代别	棉田类型	嫩头			棉蕾			小铃		
				调查株数（株）	新被害株数（株）	新被害株率（%）	调查蕾数（个）	被害蕾数（个）	蕾被害率（%）	调查小铃数（个）	被害小铃数（个）	小铃被害率（%）
平均												

注：嫩头株被害率为新被害株率。

表 2-4 棉盲蝽主要寄主作物发生防治面积普查表

日期	地点	代别	寄主作物名称	发生面积（hm²）	防治面积（hm²）	发生程度（级）	发生面积比率（%）
合计							

注：发生面积比率指棉盲蝽在某寄主作物上的发生面积占当地该作物种植面积的比率。

二、棉花盲蝽象抗性鉴定方法

>> 鉴定方法

试验设计与管理：网室内随机排列种植供试棉花材料和感虫对照棉花材料，每材料种 1 行，株距为 0.25 m、行距为 0.80 m。每个网室为一次重复，共三次重复。网室内棉花栽培管理方式同大田，试验前 7～10 d 喷施残效期短的化学农药清洁网室，试验期间不施用任何化学农药。

播种：供试棉花材料和感虫对照棉花材料均按当地棉花常规播种时期和播种量进行播种。

试虫饲养：为室内用豇豆、嫩玉米穗等人工饲养的 1～5 龄盲蝽象混合种群。

试虫释放时期及释放量：网室内棉花生长至 4～6 叶期时释放盲蝽象，释放时选择活动力强的个体，每株棉花释放 1 头。

结果记录：试虫释放 7～10 d 后，每个网室每个材料随机调查 10 株，记录棉株顶部 5 片嫩叶的受害情况，同时调查棉花的蕾铃受害数量和总蕾铃数。棉花叶片受害情况划分为 5 个级别，即 0 级、1 级、2 级、3 级和 4 级，分级标准参照表 2-1。

棉花叶片受害情况分级标准见表 2-5。

表 2-5　棉花叶片受害情况分级标准

叶片受害级别	棉花叶片受害情况描述
0	叶片未受害
1	叶片受害，受害呈黑色刺点状，受害面积小于或等于 5%
2	叶片受害，受害呈网状或密布黑点，受害面积大于 5%，但小于或等于 25%
3	叶片受害，受害呈筛状或密布黑点，受害面积大于 25%，但小于或等于 40%
4	叶片受害，受害呈筛状，受害面积大于 40%或同感虫对照品种

叶片受害指数：叶片受害指数以 I 表示，

根据叶片受害级别，按公式（2-1）计算：

$$I = \frac{\sum (D_a \times N_a)}{5 \times 10} \qquad (2-1)$$

式中：

D_a——叶片受害级别；

N_a——相应受害级别的叶片数量，单位为片。

叶片受害指数减退率：叶片受害指数减退率以 X 表示，单位为百分率（%）。根据叶片受害指数，按公式（2-2）计算：

$$X = \frac{I_0 - I_1}{I_0} \times 100 \qquad (2-2)$$

式中：

I_0——对照材料叶片受害指数，单位为百分率（%）；

I_1——鉴定材料叶片受害指数，单位为百分率（%）。

蕾铃受害率：蕾铃受害率以 A 表示，单位为百分率（%），根据按公式（2-3）计算：

$$A = \frac{b}{B} \times 100 \qquad (2-3)$$

式中：

b——每个材料每重复 10 株棉花的受害蕾铃数，单位为个；

B——每个材料每重复 10 株棉花的总蕾铃数，单位为个。

蕾铃受害减退率：蕾铃受害减退率以 Y 表示，单位为百分率（％），蕾铃受害率，按公式(2-4)计算：

$$Y = \frac{A_0 - A_1}{A_0} \times 100 \tag{2-4}$$

式中：

Y——蕾铃受害减退率，单位为百分率（％）；

A_0——鉴定材料蕾铃受害率，单位为百分率（％）；

A_1——对照材料蕾铃受害率，单位为百分率（％）。

≫ 结果判定

有效性判定：当感虫对照材料的叶片受害指数达到 4 级或蕾铃受害率达到 60％以上时，鉴定结果有效。

抗性级别判定：依据叶片受害指数减退率和蕾铃受害减退率指数，按表 2-2 标准确定棉花对盲蝽象的抗性级别。当叶片受害指数减退率和蕾铃受害减退率指数对应级别不一致时，按较低级别判定。

棉花抗盲蝽象级别判定标准见表 2-6。

表 2-6 棉花抗盲蝽象级别判定标准

抗性级别	叶片受害指数减退率（X,％）	蕾铃受害减退率（Y,％）
高抗	$X \geqslant 80$	$Y \geqslant 85$
抗	$65 \leqslant X < 80$	$70 \leqslant Y < 85$
中抗	$55 \leqslant X < 65$	$55 \leqslant Y < 70$
感	$X < 55$	$Y < 55$

第三章 油料作物

第一节 油 菜

一、油菜菌核病防治技术规程

>> **防技治术**

防治原则：以种植抗病品种为基础，系统农业防治，重点化学药剂保护，发展生物防治，进行中和治理。

防治指标：可不防治地区，油菜开花期和角果发育期月降水 20～30 mm、月平均相对湿度在 60% 以下的地区；可不防治田地，油菜长势差，每公顷产量在 750 kg 以下，历年发病株率在 10% 以下，当年发病株率在 8% 以下的田地。

药剂防治指标：根据不同产量水平下的经济损失允许水平，以油菜盛花中期的叶病率为药剂防治指标。

>> **防治措施和方法**

合理布局品种：扩大抗病品种面积，减少感病品种面积；抗病品种应多样化，避免种植单一品种；避免长期种植同一品种。

抗病性保持选择：每年油菜成熟期田间单株选择无病害、其他性状优良一致的植株留种，防止品种抗性退化。

>> **化学防治**

药剂防治期：油菜盛花期至终花期叶病株率达 10% 以上、茎病株率在 1% 以下时开始进行药剂防治。防治 2 次或 3 次，在第 1 次防治之后，每隔 7～10 d 再防治一次。自油菜进入初花期后，应特别注意病情预测和天气预报，及时进行防治。

>> **防治组合组配方法和步骤**

轮作：水稻田种植油菜是减轻病害的重要措施。旱地轮作油菜的间隔年数应在 3 年以上，地理距离间隔应在 100 m 以上。

种子处理：播种用种子在播种前用盐水或硫酸铵水或泥水选种，漂去混杂在种子中的菌核，选后用清水洗净种子。也可用 50 ℃ 温水浸种 10～15 min 或筛选汰除菌核。

合理施肥：重施基肥和苗肥。基肥和苗肥应占氮肥总使用量的 80%～90%，在油菜生育期特别长、成熟迟的地区可达到总量的 20%。注意氮、磷、钾肥的配合比例，防止偏施氮肥。合理施肥防治病害的关键是控制油菜后期生长过旺，防止植株倒伏。

>> **控湿管理**

油菜开花期多雨潮湿或开花灌水田间潮湿的地区，应降低或控制油菜田内的相对湿度。主要方法有：油菜地窄畦深沟；保持田间不渍水；油菜终花期前后摘除生长旺盛的油菜田植株第 1 分枝以下的病叶、黄叶和老叶，带出油菜田。

农业防治

农业防治

》防治方法

确定可不防治地区和可不防治田地：根据防治目标和经济损失允许水平决定不防治地区和田块。

合理布局品种：在需要防治的地区，根据合理布局品种的原则和方法布局品种。

合理搭配农业防治措施：直播油菜→种子处理；前作物为旱地作物→油菜轮作；高产栽培→合理施肥等。

合理运用化学防治：每公顷油菜籽产量水平达到 1 500 kg 以上，预测茎病株率达到 15% 以上的地区，须使用化学农药防治。

》综合防治实施阶段

油菜播种前：根据病害远程预测和防治决策，制订防治计划，规划品种布局和防治面积；落实轮作、窄畦深沟和种子处理。

播种、移栽至抽苗期：落实品种布局；完成合理施肥；完成清沟防渍；根据病害中长期预报，计划化学防治。

开花期和角果发育期：病害近程预测调查；根据病害预测和调查，实施药剂防治；完成摘叶。

成熟期及收获期：抗病品种无病株选种留种；防治效果调查。

收获后：及时收集油菜残秸，铲除油菜堆集、脱粒场地表土，集中作水稻肥料，或制作高温堆肥，减少下年度病原菌核。

二、油菜菌核病测报技术规范

》形态特征

病原菌均为兼寄生菌。一般只侵害成熟或衰退的植物器官，侵入后迅速引起植物组织坏死。

典型症状是茎、果实、花序等腐烂，有时叶部呈坏死斑点。病菌表现出严格的寄生专化性或对植物器官的选择性。这类真菌的子囊孢子有强大的放射能力，分生孢子容易分散，主要通过气流传播。菌核病分布主要限于温带，寄主范围很广。

》为害特征

核盘菌引起的十字花科作物菌核病，为害茎、叶和果荚，病部呈水渍状病斑，表面产生棉絮状菌丝。严重的导致全株枯死、腐烂。病株茎、叶基部或茎空腔内产生许多黑色鼠粪状菌核。

》防治措施与方法

合理布局品种，扩大抗病品种面积，减少感病品种面积，抗病品种应多样化，避免种植单一品种，逐步加速品种更换，避免长期种植同一品种。每年油菜成熟期田间单株选择无病害、其他性状优良一致的植株留种，防止品种抗性退化。

》药剂防治期

油菜盛花期至终花期叶病株率达到 10% 以上，茎病株率在 1% 以下时开始进行药剂防治。防治 2 次或 3 次者，在第 1 次防治之后，每隔 7～10 d 再防治一次。自油菜进入初花期后，应特别注意病情预测和天气预报，及时进行防治。

>> **病害调查方法**

　　每个样品调查 200 株，对角线 5 点或棋盘式调查，每点调查 20～40 株，逐行逐株（无主茎株、无角果特小株、其他病害严重感染株除外）分病级记载。油菜成熟前 3～7 d 调查。在同一调查地点防治田和对照田的调查应在同一天完成。

>> **油菜物候期记载标准**

　　初花期：调查田中有 25% 油菜植株开始开花的日期。

　　盛花期：调查田中有 75% 油菜花序开始开花的日期。

　　终花期：调查田中有 75% 油菜花序终止开花的日期。

　　成熟期：调查田中有 75% 油菜植株角果变为成熟色，主轴中段角果种子变为品种特有的种子色的日期。

>> **油菜成熟期菌核病严重度分级标准**

　　0 级：全株茎、枝、果无症状。

　　1 级：全株 1/3 以下的分枝数发病或主茎有小型病斑，全株受害角果数在 1/4 以下。

　　2 级：全株 1/3～2/3 分枝数发病，或分枝发病数在 1/3 以下而主茎中上部有大型病斑，全株受害角果数达 1/4～2/4。

　　3 级：全株 2/3 以上分枝数发病，或分枝发病数在 2/3 以下而主茎中下部有大型病斑，全株受害角果数达 2/4～3/4。

　　4 级：全株绝大部分分枝发病，或主茎有多个病斑，或主茎下部有绕茎病斑，全株受害角果数达 3/4 以上。

>> **发病株率**

　　叶病株率和茎病株率统称为发病株率或病株率或发病率，按公式（3-1）计算。

$$P = \frac{X}{N} \times 100 \qquad (3-1)$$

式中：

P——发病株率，单位为百分率（%）；

X——病株树，单位为株；

N——调查株数，单位为株。

第二节　花　　生

一、花生主要虫害防治技术规程

>> **主要虫害及症状**

　　1. 蛴螬　开始时取食花生刚萌芽的种子、咬断幼苗根茎，造成缺苗断根；生长后期蛀食荚果，形成孔洞，造成花生空壳。蛴螬一直咬食花生果，直到收成，不仅造成花生减产，而且还大大降低其商品价值。

　　2. 地老虎　为害期长且严重，常造成花生缺苗断垄现象，降低花生的产量。

>> **主要虫害及症状**

3. 金针虫　幼虫能咬食刚播下的种子，食害胚乳而不能发芽，如已出苗则为害须根、主根或茎的地下部分，使幼苗枯死，能蛀入块根和块茎，并有利于病原菌的侵入而引起腐烂。

4. 蝼蛄　蝼蛄喜食刚发芽的种子。植物的根部，为害幼苗。不但能将地下嫩苗根茎取食成丝丝缕缕状，还能在苗床土表下开掘隧道，使幼苗根部脱离土壤，失水枯死。

5. 蚜虫　虫群形态集中在花生嫩叶、嫩芽、花柄、果针上吸汁，致叶片变黄卷缩，生长缓慢或停止，植株矮小，影响花芽形成和荚果发育，造成花生减产。

6. 棉铃虫　以幼虫从叶边咬食花生叶，花成缺刻，受害严重的花生田叶片被吃光，形成光秆，严重影响花生光合作用、授粉和果针入土，可造成花生大幅度减产。

7. 斜纹夜蛾　以幼虫从叶边咬食花生叶，花成缺刻，受害严重的花生田叶片被吃光，形成光秆，严重影响花生光合作用、授粉和果针入土，可造成花生大幅度减产。

8. 花生叶螨　主要表现特征是群集在花生叶的背面刺吸汁液，受害叶片正面初为灰白色，逐渐变黄，受害严重的叶片干枯脱落。在叶螨发生高峰期，由于成螨吐丝结网，虫口密度大的地块可见花生叶表面有一层白色丝网，且大片的花生叶片被连结在一起，严重地影响了花生叶片的光合作用。阻碍了花生的正常生长，使荚果干瘪，大量减产。

花生虫害防治技术

>> **防治原则**

以农业防治和物理防治为基础，提倡生物防治，根据花生害虫发生规律，科学安全地使用化学防治技术，最大限度地减轻农药对生态环境的破坏，将虫害造成的损失控制在经济受害允许水平之内。

>> **农业防治**

1. 蛴螬　轮作倒茬，深中耕除草；有条件地区，扩大水旱轮作和水浇地面积；结合农事操作拣拾蛴螬；及时清除田间杂草；合理施肥，不施未经腐熟的有机肥。

2. 地老虎　清除田间及周围杂草，可消灭大量卵和幼虫；实行水旱轮作消灭地下害虫，在地老虎发生后及时进行灌水防治效果明显。

3. 金针虫　秋末耕翻土壤，实行精耕细作；与棉花、芝麻、油菜、麻类等直根系作物轮作，有条件的地区，实行水旱轮作。

4. 蝼蛄　春、秋耕翻土壤，实行精耕细作；有条件的地区实行水旱轮作；施用充分腐熟的厩肥、堆肥等有机肥料，施入较深土壤内。

5. 蚜虫　清除越冬寄主，减少虫源。秋后及时清除田埂、路边杂草、处理作物秸秆，降低虫口密度，减轻蚜虫为害。

6. 棉铃虫　在棉铃虫发生严重的田块，花生收获后深耕 $30\sim33$ cm。进行冬灌，消灭越冬蛹，从而消灭害虫。

7. 斜纹夜蛾　上茬作物收获后，清除田间及四周杂草，集中烧毁；花生收获后翻耕晒土或灌水，破坏或恶化斜纹夜蛾化蛹场所，减少虫源；人工摘除卵块和初孵幼虫为害的叶片，压低虫口密度；利用幼虫假死性，早晚通过震落扑杀。

8. 花生叶螨　清除田边杂草，减少越冬虫源；拔出虫株，集中销毁；花生收获后及时深耕，可杀死大量越冬螨，并可减少杂草等寄主植物。

花生虫害防治技术

>> 物理防治

1. 蛴螬 利用成虫的趋光性，在成虫羽化期选用黑光灯或黑绿双管灯对其进行诱杀，灯管安放时下端距地面 1.2 m 左右，安放密度一般为每 3.5 hm² 1 架灯，生育期间安放黑光灯的时间依各地害虫活动的时间而定。或在金龟子发生时期，用性引诱物诱杀，每 60～80 m 设置一个诱捕器，诱捕器应挂在通风处，田间使用高度为 2～2.2 m。

2. 地老虎 ①糖醋酒液诱杀。利用糖醋酒液诱杀地老虎成虫。糖 6 份、醋 3 份、白酒 1 份、水 10 份、90% 敌百虫 1 份调匀，在成虫发生期设置，诱杀效果较好。②鲜草诱杀。选择地老虎喜食的灰菜、刺儿菜、苦荬菜、小旋花、苜蓿、艾蒿、青蒿、白茅、鹅儿草等柔嫩多汁的鲜草，每 25～40 kg 鲜草拌 90% 敌百虫 250 g 加水 0.5 kg，于傍晚撒于田间诱杀成虫。③灯光诱杀。利用成虫的趋光性，用黑光灯等进行诱杀。

3. 蝼蛄 ①灯光诱杀成虫。根据蝼蛄具有趋光性强的习性，在成虫盛发期，选晴朗无风闷热的夜晚，在田间地头设置黑光灯诱杀成虫。②挖窝灭卵。夏季结合夏锄，在蝼蛄盛发地先铲表土，发现洞口后往下挖 10～18 cm，可找到卵，再往下挖 8 cm 左右可挖到雌虫。

4. 蚜虫 花生田覆盖地膜有明显的反光驱蚜作用，银灰色的地膜效果更好。利用蚜虫趋向黄色的特性，田间设置用深黄色调和漆涂抹的黄板，板面上抹一层机油（黏剂），一般直径 40 cm 左右，高度 1 m 左右，每隔 30～50 m 一个，诱蚜效果较好。

5. 棉铃虫 可根据棉铃虫最喜欢在玉米上产卵的习性，于花生播种时在春、夏花生田的畦沟边零星点播玉米，诱使棉铃虫产卵，然后集中消灭。有条件的地方，可在发现第 1～2 代成虫时，在花生田里用长 50 cm 的带叶杨树枝条诱杀成虫。利用成虫具有较强的趋光性，利用黑光灯诱杀棉铃虫成虫，每 3.3 hm² 设置 20 W 黑光灯一盏，一般灯距在 150～200 m 范围，灯高于花生植株 30 cm。

6. 斜纹夜蛾 ①糖醋酒液诱杀。利用糖醋酒液诱杀斜纹夜蛾成虫。用糖醋液（糖：醋：酒：水＝3：4：1：2）加少量敌百虫、甘薯或豆饼发酵液诱蛾。②灯光诱杀。利用成虫趋光性，于盛发期用灯光诱杀成虫。

>> 生物防治

1. 蛴螬 在生产中保护和利用天敌控制蛴螬，如捕食类的步行甲、蟾蜍等；寄生类的日本土蜂、白毛长腹土蜂、弧丽钩土蜂和福鳃钩土蜂等生蜂类。应用球孢白僵菌在花生播种时拌毒土撒施于土壤。

2. 蚜虫 利用天敌防治，蚜虫发生时，以 1：20 或 1：30 释放食蚜瘿蚊；或每平方米释放 415 头烟蚜茧蜂；或每平方米释放 3～115 头七星瓢虫类捕食瓢虫。

3. 棉铃虫 保护和利用寄生性唇齿姬蜂、方室姬蜂、红尾寄生蝇和赤眼蜂等天敌控制棉铃虫。

4. 花生叶螨 有效利用深点食螨瓢虫、草蛉、暗小花蝽、盲蝽等天敌防治叶螨；或利用与花生叶螨同时出蛰的小枕绒螨、拟长毛钝绥螨、东方钝绥螨、芬兰钝绥螨、异绒螨等捕食螨控制花生叶螨。

>> 药剂防治

1. 蛴螬 ①种子包衣。在花生播种前，用吡虫啉悬浮种衣剂、甲·克悬浮种衣剂、噻虫·咯·霜灵悬浮种衣剂、甲拌·多菌灵悬浮种衣剂、多·福·毒死蜱悬浮种衣剂和辛硫·福美双种子处理微囊悬浮剂进行种子包衣。②拌种。在花生播种前，用氟腈·毒死蜱悬浮种衣剂、辛硫磷微囊悬浮剂和毒死蜱微囊悬浮剂进行拌种。③沟施或毒土盖种。在花生播种时，用辛硫磷颗粒剂和毒死蜱颗粒剂进行沟施，或用辛硫·甲拌磷拌毒土盖种。

花生虫害防治技术

>> **药剂防治**

④ 灌根或撒施。在幼虫发生期，在花生墩周围撒施辛硫磷颗粒剂和毒死蜱颗粒剂，或用毒·辛乳油、毒死蜱微囊悬浮剂和辛硫磷微囊悬浮剂灌根。

2. 地老虎 ①种子包衣。在花生播种前，用甲·克悬浮种衣剂和克百·多菌灵悬浮种衣剂进行种子包衣。② 灌根或撒施。在幼虫发生期，在花生墩周围撒施辛硫磷颗粒剂和毒死蜱颗粒剂，或用毒·辛乳油灌根。

3. 金针虫 ①种子包衣。在花生播种前，用甲·克悬浮种衣剂和克百·多菌灵悬浮种衣剂进行种子包衣。② 灌根或撒施。在幼虫发生期，在花生墩周围撒施辛硫磷颗粒剂和毒死蜱颗粒剂，或用毒·辛乳油灌根。

4. 蝼蛄 ①种子包衣。在花生播种前，用甲·克悬浮种衣剂和克百·多菌灵悬浮种衣剂进行种子包衣。② 灌根或撒施。在蝼蛄发生期，在花生田间撒施辛硫磷颗粒剂和毒死蜱颗粒剂，或用毒·辛乳油灌根。

5. 蚜虫 ①播种前，用甲·克悬浮种衣剂和克百·多菌灵悬浮种衣剂进行种子包衣。②叶面喷施。当田间蚜墩率达到20%～30%，一墩蚜量30头左右时，用溴氰菊酯喷雾防治。

6. 棉铃虫 当田间虫数达到4头/m²时，用溴氰菊酯喷雾防治。喷雾时喷头向下又向上翻，即"两翻一扣，四面打透"，防治效果较好。

7. 斜纹夜蛾 在斜纹夜蛾幼虫1～3龄期前用氰戊·马拉松乳油喷雾防治。由于斜纹夜蛾幼虫白天不出来活动，故喷药在17:00左右进行为宜。

二、花生主要病害防治技术规程

花生病害防治技术

>> **主要病害及症状**

1. 叶斑病 是叶部黑斑病、褐斑病和网斑病的总称，病害能混合发生于同一植株甚至同一叶片上。3种病斑主要发生在叶片上，叶柄、托叶，茎上也受其害。先在下部较老叶片上开始发病，逐步向上部叶片蔓延，发病严重时在茎秆、叶柄、果针等部位均能形成病斑。叶片正面的叶斑周围有清晰的黄色晕轮；叶片黄褐色至暗褐色。

2. 网斑病 在花期染病，先侵染叶片，初沿主脉产生圆形至不规则形的黑褐色小斑，病斑周围有褪绿晕圈，后在叶片正面现边缘呈网纹状的不规则形褐色斑，且病部可见栗褐色小点，即病菌分生孢子器不透过叶面。阴雨连绵时叶面病斑较大，近圆形，黑褐色；叶背病斑不明显，淡褐色，重者病斑融合。

3. 锈病 花生叶片染病初在叶片正面或背面出现针尖大小淡黄色病斑，后扩大为淡红色突起斑，表皮破裂露出红褐色粉末状物，即病菌夏孢子。下部叶片先发病，渐向上扩展。叶上密生夏孢子堆后，很快变黄干枯，似火烧状。叶柄、托叶、茎、果柄和果壳染病，夏孢子堆与叶上相似，椭圆形，但果壳上数量较少。

4. 茎腐病 花生茎腐病俗称"烂脖子病"，在全国各花生产区均有分布，一般发生在中后期，感病后很快枯萎死亡，后期为感病者。果荚往往腐烂或种仁不满，造成严重损失，一般田地发病率为20%～30%，严重者达到60%～70%，特别是连作多年的花生地块，甚至成片死亡。

5. 根腐病 苗期受害引致根腐、苗枯；成株期受害引致根腐、茎基腐和荚腐，病株地上部表现矮小、生长不良、叶片变黄，终致全株枯萎。由于本病发病部位主要在根部及维管束，使病株根变褐腐烂，维管束变褐，主根皱缩干腐，形似老鼠尾状，患部表面有黄白色至淡红色霉层（病菌的分生孢子梗及分生孢子）。

花 生 病 害 防 治 技 术

≫ 主要病害及症状

6. 根结线虫病　根结线虫定居取食刺激根细胞增生，连续为害新根根尖，使次生根结成团（根结团），吸收养分困难。病株生长缓慢或萎黄不长，植株矮小，始花期叶片变黄瘦小，叶缘焦枯，提早脱落。花小且开花晚，结果少或不结果。线虫还可侵害果壳、果柄和根颈，果壳受害形成乳白突起的小瘤，后虫瘤呈褐色疮痂状，但较少见。果柄和根茎形成葡萄状虫瘤簇。

7. 立枯病　花生立枯病主要发生在苗期，花生纹枯病主要发生在成株期。苗期荚染病腐烂不能出土。根颈和茎基部染病形成黄褐色凹陷斑，有时为许多小斑，绕茎一周呈环状斑后引起整株死亡。拔起病株可见和土粒粘在一起的白色丝状菌丝。茎基部现暗褐色狭长干缩凹陷斑。后病部组织撕裂。果柄和荚果染病呈黑褐色腐烂。

8. 病毒病　① 条纹病毒病植株顶部嫩叶叶色浓淡相间斑驳，沿着侧脉现绿色条纹，植株稍矮化，叶片不明显变小。②黄花叶病毒病植株顶部嫩叶初期变现为褪绿黄斑，叶片卷曲，随后发展为黄绿相间的花叶，网状明脉等多种症状，病株中度矮化。③花生矮化病毒病初在顶端嫩叶出现明脉或褪绿斑，随后发展成浅绿与绿色相间的普通花叶症状，沿侧脉现辐射状绿色小条纹和斑点，叶片变窄小，叶缘波状扭曲，病株常中度矮化，荚果发育明显受阻，形成很多小果和畸形果。④花生芽枯病毒病顶端叶片初期伴有坏死，顶端生长受抑，节间缩短，植株明显矮化。种植抗、耐病品种。

不同地区根据当地主要病害种类选择抗病性好的当地适宜花生品种。

≫ 农业防治

1. 合理轮作　花生与甘薯、玉米、小麦、棉花等非豆科作物实行 1～2 年轮作，对于发病较重的地块进行 2～3 年轮作。

2. 清除病残体　花生收获后，及时清除田间病株、病叶，以减少翌年病害初侵染源。

3. 耕翻土地　花生收获后，土壤耕翻深度增加至 25～30 cm。

4. 采用其他合理栽培技术　适期播种、地膜覆盖、改平作为垄作、平衡施肥等技术措施可促进花生植株健壮生长，提高抗病能力，减轻病害发生程度。

≫ 药剂防治方法

1. 叶斑病　花生叶斑病发病率达 5％～7％时，选用百菌清、代森锰锌、甲基硫菌灵、戊唑醇、联苯三唑醇、硫黄·多菌灵和唑醚·代森联等药剂进行喷雾，每 10 d 左右 1 次，连喷 2～3 次。不同药剂交替使用效果好于使用单一药剂。

2. 网斑病　花生网斑病的病情指数达 3％～5％时，选用多·锰锌可湿性粉剂进行喷雾，每 10 d 左右 1 次，连喷 2～3 次。

3. 锈病　在锈病发生初期和出现中心病株时开始防治，选用百菌清和福美·拌种灵药剂进行喷雾，每 10 d 左右 1 次，连喷 3～4 次。

4. 茎腐病　用甲拌·多菌灵悬浮种衣剂进行种子包衣。

5. 根腐病　用咯菌腈悬浮种衣剂、精甲霜灵种子处理乳剂、噻虫·咯·霜灵悬浮种衣剂、甲拌·多菌灵悬浮种衣剂、多·福·毒死蜱悬浮种衣剂和辛硫·福美双种子处理微囊悬浮剂进行种子包衣。

6. 根结线虫病　用克百威、丁硫·毒死蜱、灭线磷颗粒剂在花生播种时进行沟施。

7. 立枯病　用克百·多菌灵和福·克悬浮种衣剂进行种子包衣。

8. 病毒病　蚜虫是花生病毒病的主要传播媒介，防治蚜虫是防止病毒病大规模暴发的重要措施。

花生病害症状表见表 3 - 1。

表 3 - 1　花生病害症状表

序号	病害名称	图片	序号	病害名称	图片
1	叶斑病		5	根腐病	
2	网斑病		6	根结线虫病	
3	锈病		7	立枯病	
4	茎腐病		8	病毒病	

三、花生田主要杂草防治技术规程

>> 规范性引用文件

下列文件对于本文件的应用是必不可少的。凡是注日期的引用文件，仅注日期的版本适用于本文件。凡是不注日期的引用文件，其最新版本（包括所有的修改单）适用于本文件。

GB 4285　农药安全使用标准

GB/T 8321　农药合理使用准则（所有部分）

>> 推荐使用药剂说明

本标准推荐的除草剂是经我国农药管理部门登记允许在花生上使用的，不得使用国家禁止在花生上使用和未登记的农药。推荐药剂含量、剂型及使用浓度参照《农药登记公告》和当地用药实际情况。当新的有效农药出现或者新的管理规定出台时，以最新的规定为准。

>> 农业措施

1. 植物检疫　花生在引种时，必须经过检疫人员严格检疫，以防止危险性杂草种子随着引进种子时带入。

2. 人工除草　利用人工拔草、锄草、中耕除草等方法防除杂草。

3. 机械耕作防除措施　利用农业机械进行除草。主要有春播田秋耕，深度以 25～30 cm为宜；夏播田播种前耕地；苗期机械中耕；适度深耕等。机械耕作能减少杂草种子萌发率，较好地破坏多年生杂草地下繁殖部分，并且随着耕作深度的增加杂草株数减少。

花生杂草防治技术

花生杂草防治技术

》》 农业措施

4. 施用腐熟土杂粪 土杂粪腐熟后，其中的杂草种子经过高温氨化，大部分丧失了生活力，可减轻为害。

5. 采用秸秆覆盖法 利用作物秸秆（如粉碎的小麦秸秆、稻草等）进行花生行间覆盖，一般每亩可覆盖粉碎的小麦秸秆 200～300 kg。覆盖时将麦秸均匀铺撒，以盖严地皮为宜。

》》 地膜除草

分为除草药膜和有色膜两种，除草药膜是含有除草剂的塑料透光药膜，有色膜是不含除草剂、基本不透光、具有颜色的地膜。两种膜在覆盖时，要把花生垄耙平耙细，膜要与土紧贴，注意不要用力拉膜，以防影响除草效果。

》》 化学防除

1. 露地春播花生田杂草化学防除措施 ①播种后出苗前土壤处理化学防除措施：以禾本科杂草为优势种群的地块，用甲草胺、乙草胺、异丙甲草胺、精异丙甲草胺、异丙草胺、二甲戊灵和仲丁灵等除草剂，兑水 30～45 kg，土壤均匀喷雾处理。以阔叶杂草为优势种群的地块，用恶草酮、乙氧氟草醚、扑草净等除草剂，兑水 30～45 kg，土壤均匀喷雾处理。花生田禾本科杂草及阔叶杂草均较多的地块，可以选用上述两类药剂进行混用，混用药量略低于单用药量。②出苗后茎叶处理化学防除措施。花生 3～5 叶期，杂草 2～5 叶期，除草剂兑水 15～30 kg，茎叶均匀喷雾处理。杂草叶龄小时用低量，杂草叶龄大时用高量。防除一年生禾本科杂草，用精喹禾灵、精吡氟禾草灵、高效氟吡甲禾灵、精恶唑禾草灵和烯禾定等除草剂，兑水 30～50 kg，土壤均匀喷雾处理。防除一年生阔叶杂草，用灭草松、乙羧氟草醚等除草剂，兑水 15～30 kg，土壤均匀喷雾处理。防除香附子等莎草科杂草，灭草松、甲咪唑烟酸等除草剂，兑水 15～30 kg，土壤均匀喷雾处理。花生田禾本科杂草及阔叶杂草均较多的地块，可以选用上述两类药剂进行混用，混用药量略低于单用药量。

2. 覆膜春播花生田杂草化学防除措施 由于花生播种后要进行覆膜，仅适宜选用土壤处理除草剂。以禾本科杂草为优势种群的地块，用甲草胺、异丙甲草胺、精异丙甲草胺、异丙草胺、二甲戊灵仲丁灵等除草剂，兑水 30～45 kg，土壤均匀喷雾处理。以阔叶杂草为优势种群的地块，用恶草酮、乙氧氟草醚、扑草净等除草剂，兑水 30～45 kg，土壤均匀喷雾处理。花生田禾本科杂草及阔叶杂草均较多的地块，可以选用上述两类药剂进行混用，混用药量略低于单用药量。

3. 夏播花生田杂草化学防除措施 夏花生化学除草最适宜的时间为播种后出苗前进行药剂处理土壤。如果苗前来不及用药防除，亦可在花生出苗后茎叶处理防除已出土杂草。选用夏花生田除草剂，应注意药剂对后茬作物（如小麦等）的影响。播种后出苗前土壤处理：夏花生田使用的播种后出苗前土壤处理除草剂的种类、用量及土壤处理方法，同覆膜春播花生田。出苗后茎叶处理：夏花生田使用的茎叶处理除草剂的种类、用量及土壤处理方法，同露地春播花生田。

4. 麦田套种花生田杂草化学防除措施 麦田套种花生化学除草可分为播种带施药和麦茬带施药两种方法进行。播种带施药是在预留好的播种花生行间播种花生，播种后喷施土壤处理除草剂。麦茬带施药是在麦收后灭茬，然后进行麦茬带喷施除草剂。除草剂用药量应按花生播种带和麦茬带实际面积计算，土壤表层均匀喷雾。

第三节　芝　　麻

芝麻茎点枯病防治技术规范

防治

措

施

与

方

法

>> **防治原则**

1. 遵循"预防为主，综合防治"的方针，以农业防治、物理防治和生物防治为基础，按照病害的发生规律和经济阈值，科学使用化学防治技术，有效控制其为害。

2. 不应使用国家已禁止使用的农药和未核准登记的农药。

>> **防治指标**

根据不同产量水平下的经济损失允许水平，以芝麻盛花中期（进入盛花期第 10 d 左右）病株率为化学防治指标（表 3 - 2）。

表 3 - 2　芝麻不同产量水平使用化学防治的防治指标

产量水平（kg/hm²）	盛花中期病株率（%）
375	25
750	15
1 125	11
1 500	8
≥1 875	5

>> **芝麻病害近程预测调查**

1. 选择对象田　在一个综合防治区，选择符合下述 5 个条件的芝麻地 3～5 块作为对象田：种植早熟感病品种；较一般芝麻早播；施肥多，长势特别好；旱地连作芝麻；地势较低、田间排水不畅的芝麻田地。

2. 对象田定期调查　自芝麻初花期开始，普查对象田芝麻茎秆是否开始发病，自始病期开始，每隔 4～5 d，在对象田调查一次病株率，每次每田调查 100～200 株，至芝麻终花期为止。

3. 大田药剂防治期调查　自对象田病株率达 10% 以上时开始，对大田芝麻进行病害调查，重点是符合对象田 5 个条件之一的芝麻地，特别是长势好的芝麻。当大田病株率达 10% 以上时，预报为药剂防治开始期，如未达此标准，以后不定期抽查，特别是降水之后或对象田病害迅速上升时要加强大田普查，及时预报防治。

>> **芝麻成熟期大田防治效果检验调查**

防治区芝麻归类：3 类×3 级＝9 类级。

1. 用芝麻长势、产量水平（理论产量）作为衡量病害的物候指标　在不防治时，按物候指标可以将病害程度和发展趋势归为三类（A 类：芝麻长势好、产量水平高，病害重。B 类：芝麻长势一般，产量水平中等，病害中等。C 类：芝麻长势差，产量低，病害较轻）。

2. 经过防治之后，各类芝麻病害仍有差别　在同类芝麻中，此种差别主要是由不同防治措施（组合）的不同防效造成的。按防治效果分为 3 级（1 级：防治效果高，病害轻。2 级：防治效果中等，病害中等。3 级：防治效果低，病害重）。

设置和选择对照田：在防治区中选取需要防治而又未进行防治的有代表性的田块作为对照田。对照田和防治区一样，按芝麻长势和产量水平分为 A、B、C 3 类设置和选择田块。在实施防治措施时落实对照田。

取样方法和样本数量：以一块调查田块（地）为一个样本。防治区的样本按 9 类级抽取，对照区的样本按 3 类抽取。样本数量（个）与芝麻总面积（亩）的比例为 1∶（100～1 000），一个防治区的样本总量≥20 个。

防治措施与方法

》 芝麻成熟期大田防治效果检验调查

病害调查方法：每个样本（调查田）调查 100～200 株，对角线 5 点或棋盘式调查，每点调查 30～40 株，逐行逐株分病级记载。芝麻成熟前 3～7 d 调查。在同一调查地点防治田和对照田的调查应在同一天内完成。

》 利用品种抗病性防治病害的方法

合理布局品种：扩大抗病品种种植面积，减少感病品种种植面积；抗病品种应多样化，避免种植单一品种；逐步加速品种更换，避免长期种植同一品种。

根据抗性水平合理利用：达到中抗以上水平的抗病品种可以作为独立使用的防治措施；低抗品种只能与农业防治或化学防治搭配使用；使用避病品种应注意病情预测，当病害有可能大发生时，应增加药剂防治。

抗病性保持选择：每年芝麻成熟期，田间单株选择无病害、其他性状优良一致的植株，集团留种，防止品种抗性退化。适用于常规品种。

》 化学防治

防治芝麻茎点枯病的化学农药种类：甲基硫菌灵、多菌灵、代森锰锌、异菌脲、百菌清、双效灵和噻菌酮等。

化学防治期：芝麻盛花期至终花期病株率在 5％以上时开始药剂防治。发病严重地块，在第 1 次防治之后，每隔 7～10 d 再防治 1～2 次。

用药量与药液配制：每亩用药量根据农药有效成分含量，因药剂不同而异，按农药说明书使用。可湿性粉剂、胶悬剂、乳剂等兑水使用农药的兑水量应根据芝麻长势好坏和喷雾机具性能确定，以农药能均匀完全覆盖芝麻植株地上各部为原则。

施药方法：药剂对水喷雾应在晴天芝麻植株上露水干后进行，粉剂以芝麻植株上有露水雾滴时施用最好。喷雾、喷粉均应均匀喷于芝麻的茎、枝、叶正反面、花序及蒴果上。如喷药后 24 h 内降中至大雨，雨后应重喷。

》 农业防治

轮作：与棉花、甘薯及小麦、玉米和谷子等禾本科作物实行 3～5 年轮作，能较好控制病害发生流行，至少 2 年以上，不宜与茄科、豆科和花生等作物轮作，地理距离间隔应在 100 m 以上。

种子处理：用种子重量的 0.2％的 50％多菌灵可湿性粉剂或 70％甲基硫菌灵可湿性粉剂、70％代森锰锌可湿性粉剂拌种，晾干后播种；也可在播种前用 55 ℃温水浸种 10 min 或用 60 ℃温水浸种 5 min，晾干后播种。

合理施肥：增施基肥，基肥以中迟效有机肥为主并混以磷、钾肥或有机无机复混肥，苗期不施或少施氮肥，培育健苗，使病菌不易侵入。当芝麻进入开花结蒴期后，可适当进行叶面追肥，如喷施叶面宝、植保素、施磷酸二氢钾和丰优素等叶面肥。注意氮、磷、钾肥的配合比例，少施氮肥。

控湿管理：芝麻全生育期多雨潮湿，应降低或控制芝麻田内的相对湿度。主要方法有：采用高畦栽培，及时清沟排水、不渍水，防止田间有积水，降低田间湿度。

》 生物防治

有真菌和细菌两类制剂，以真菌类较多。真菌制剂主要在播种之前施于田间，施用量按制剂说明而定。

》 综合防治区划分

芝麻面积较少（少于 2 万亩）的县（市），以县（市）为防治区；芝麻面积较大（大于 2 万亩）的县（市），在县（市）内按乡（镇）划分防治区；在县（市）内自然生态或栽培生态条件差别很大时，按生态区划分防治区。

综合防治

≫ 防治组合

在一个防治区中，包括综合措施、单项措施和不防治等数种组合。根据常年病害严重程度和当年可能发生的趋势，防治措施的防治效果和可能的经济效益以及防治成本和防治措施的负面影响确定采用不同的防治组合。

防治组合组配方法和步骤：

1. 确定不防治地区和田块　根据防治指标和经济允许损失水平决定不防治地区和田块。

2. 合理布局品种　在需要防治的地区，根据合理布局品种的原则和方法布局品种，逐步实现以抗病品种为主的品种布局和以抗病品种为基础的防治布局。

3. 合理搭配农业防治措施　需要采用农业防治措施的地区或田块及其相应措施如下：种子处理；前茬作物为旱地作物，芝麻轮作；高产栽培，合理施肥；窄畦深沟，清沟防渍；如同一地区或田块具有上述多种特征，则相应采取多种农业防治措施。

4. 合理应用化学防治　在每亩芝麻产量水平达到 50 kg 以上，病株率达到 15％以上的地区和田块，应使用化学农药防治。

≫ 综合防治实施阶段内容

1. 芝麻播种前　根据病害远程预测和防治决策，制订防治计划，规划品种布局和防治面积；落实轮作，沟畦改革；种子处理。

2. 播种至苗期　落实品种布局；完成合理施肥；完成清沟防渍；根据病害中长期预报，计划化学防治。

3. 开花期和蒴果发育期　病害近程预测调查；根据病害预测和调查，实施药剂防治。

4. 成熟期及收获期　抗病品种无病株选种留种；防治效果调查；防治效果和挽回损失统计。

5. 收获后　脱粒后的秸秆和碎渣集中用作其他作物肥料或沤肥，减少在田里堆积和残留，以减少下年度病株基数。统计防治效果和挽回损失。

（一）调查与评定标准

1. 芝麻成熟期茎点枯病严重度分级标准

（1）0 级　全株无病症。

（2）1 级　根部或 1/3 以下茎秆或分枝数发病，叶片萎蔫，全株受害蒴果数 1/4 以下。

（3）2 级　1/3～2/3 茎秆或分枝数发病，植株轻度矮化，全株受害蒴果数 1/4～2/4。

（4）3 级　2/3 以上茎秆或分枝数发病，植株显著矮化，全株受害蒴果数 2/4～3/4。

（5）4 级　整个茎秆或分枝发病，植株严重矮化，接近枯死，全株受害蒴果数 3/4 以上。

2. 芝麻物候期记载标准

（1）出苗期　调查田中有 50％芝麻幼苗出土的日期。

（2）初花期　调查田中有 50％的芝麻植株开放第 1 朵花的日期。

（3）盛花期　调查田中有 50％的芝麻植株主茎上开花 6～7 朵的日期。

（4）终花期　调查田中有 75％的芝麻植株主茎生长点不继续分化花芽、顶部无开放花朵的日期。

（5）成熟期　调查田中有 75％的芝麻植株叶片大部分脱落、中下部蒴果和种子呈现生理成熟色的日期。

3. 品种抗病性评定标准

（1）抗病品种　见表 3 - 3。

表3-3　抗病品种等级标准

抗病性等级	抗病效果（%）	
	田间鉴定	接种鉴定
低抗	>0	>0
中抗	≥50	>0
高抗	≥70	≥50

（2）避病品种　田间鉴定有抗病效果，面接种鉴定不抗病，此类品种为避病品种。

（3）感病品种　田间鉴定和接种鉴定均不抗病，病害比对照严重的品种。

（4）抗病效果　按公式（3-2）计算：

$$r = \frac{DI_{ck} - DI_i}{DI_{ck}} \times 100 \qquad (3-2)$$

式中：

r——抗病效果，单位为百分率（%）；

DI_{ck}——对照病情指数；

DI_i——品种病情指数。

（二）统计方法

1. 病株率和病情指数

（1）病株率　病株率统称为发病株率或病株率或发病率。

发病株率 D 以质量百分率（%）表示，按公式（3-3）计算：

$$D = \frac{N}{T} \times 100 \qquad (3-3)$$

式中：

D——发病株率，单位为百分率（%）；

N——病株数，单位为株；

T——调查株数，单位为株。

（2）病情指数　将调查的芝麻植株中的全部不同严重度的病株，转换成最严重程度的病株数，此病株数占调查总株数的百分率即为病情指数。病情指数≤发病株率，表示病害严重程度。

病情指数 DI 以质量百分率（%）表示，按公式（3-4）计算：

$$DI = \frac{\sum N \cdot R}{M \cdot T} \times 100 \qquad (3-4)$$

式中：

DI——病情指数，单位为百分率（%）；

N——病害某一级别的株数，单位为株；

R——病害的相对病级数值；

M——严重程度的病株数，单位为株；

T——调查株数，单位为株。

2. 平均发病株率与平均病情指数　二者均用加权平均值表示。本标准规定以调查株数为权。平均发病株率按公式（3-5）计算：

$$\overline{D} = \sum_{i=1}^{n} (N_i \cdot P_i) / \sum_{i=1}^{n} N_i, \ i=1, 2, \cdots, n \qquad (3-5)$$

式中：

$\overline{D}$——平均病株率，单位为百分率（%）；

n——样本数（调查田块数），单位为块；

N_i——第 i 个样本（某一块调查田）的调查株数，单位为株；

P_i——第 i 个样本的病株率。

平均病情指数按公式（3-6）计算：

$$\overline{DI} = \sum_{i=1}^{n}(N_i \cdot DI_i)/\sum_{i=1}^{n}N_i, i = 1,2,\cdots,n \qquad (3-6)$$

式中：

$\overline{DI}$——平均病情指数；

DI_i——第 i 个样本的病情指数，

3. 防治效果与平均防治效果　见公式（3-7）。

$$\rho = \frac{DI_{ck} - DI_t}{DI_{ck}} \times 100 \qquad (3-7)$$

式中：

ρ——防治效果，单位为百分率（%）；

DI_{ck}——对照的病情指数；

DI_t——防治的病情指数。

防治区的平均防治效果用防治区和对照区的加权平均病情指数按公式（3-8）计算。

$$\overline{\rho} = \frac{\overline{DI_{ck}} - \overline{DI_t}}{\overline{DI_{ck}}} \times 100 \qquad (3-8)$$

式中：

$\overline{\rho}$——平均防治效果，单位为百分率（%）；

DI_{ck}——对照平均病情指数；

DI_t——防治平均病情指数。

用于计算平均防效的对照和防治区的平均病指数，其样本必须来自相对应相同芝麻类别，如果对照样本数不足，同类不同级的防治处理可以共用一个相对应的同类对照。

4. 防治效果的显著性检验　对防治效果进行达标显著性检验，以检验防治效果是否达到人们指定的某一标准。本标准采用 t 法。见公式（3-9）。

$$t = \left[(DI_{ck} - DI_0) - d \cdot DI_{ck}\right]/\sqrt{\rho \cdot q\left(\frac{1}{n_{ck}} + \frac{1}{n_0}\right)} \qquad (3-9)$$

式中：

t——t 值；

DI_{ck}——对照的病情指数；

n_{ck}——对照的调查株数，单位为株；

DI_0——防治区的病情指数；

n_0——防治区的调查株数，单位为株；

d——人为指定的差异标准；

ρ——总体中事件出现频率；

q——总体中事件不出现频率。

如 DI_{ck} 为平均值，则 n_{ck} 为对照的调查总株数；如 DI_0 为平均值，则 n_0 为防治处理的调查总株数；按公式（3-10）计算。

$$p = (n_{ck} \cdot DI_{ck} + n_0 \cdot DI_0)/(n_{ck} + n_0) \cdot q = 100 - p \qquad (3-10)$$

如人为指定综合防治平均防效达到了80%方为完成了预订的防效指标，此时令 $d=0.8$（用成数表示百分数）。

求出 t 值后，查 t 表，自由度 $d_f = n_{ck} + n_0 - 2$，当实测的 t 值大于或等于 t 表中显著性 $P=0.05$ 水平的 t 值时，说明防治效果确实达到了 D 水平。

5. 经济损失允许水平与防治挽回损失

（1）经济损失允许水平按公式（3-11）计算。

$$Y = \frac{C \cdot H}{P \cdot W \cdot E} \times 100 \qquad (3-11)$$

式中：

Y——允许的芝麻产量损失率，单位为百分率（%）；

C——防治费用，单位为元/亩；

H——防治带来的消极影响，指令 $H=2$；

P——芝麻价格，单位为元/kg；

W——无病害时芝麻产量（理论产量，或产量水平），单位为千克每公顷（kg/hm²）；

E——防治效果（成数表示）。

（2）防治挽回损失

①损失率。用芝麻成熟期病情指数估计芝麻产量损失率。在江淮流域芝麻区，病情指数与芝麻产量损失率（P,%）的关系按公式（3-12）计算。

$$P = 0.607 DI^{1.04} \pm 4.29 \qquad (3-12)$$

式中：

P——芝麻产量损失率，单位为百分率（%）。

②防治挽回损失率按公式（3-13）计算。

$$\rho_r = \rho_0 - \rho_t \qquad (3-13)$$

式中：

ρ_r——防治挽回损失率，单位为百分率（%）；

ρ_0——未防治对照损失率，单位为百分率（%）；

ρ_t——防治损失率，单位为百分率（%）。

第四节 棕 榈

棕榈象甲检疫技术规范

》》分类地位

学名：*Phynchophorus Palmarum*（Linnaeus）1758。

异名：*Calandra Palmarum*（Linnaeus）1801；*Cordyle barbirostris* Thunberg 1797；*Cordyle palmarum*（Linnaeus）1797；*Urculio palmarum* Linnaeus 1758；*Rhynchophorus cycadis* Erichson 1847；*Rhynchophorus depressus* Chevrolet 1880；*Hynchophorus languinosus* Chevrolet 1880。

英文名：Palm weevil；Giant palm weevil；South American palm weevil；Grugru beetle；Black palm weevil。

分类地位：棕榈象甲属鞘翅目 Coleoptera、象虫科 Curculionidae、隐颏象亚科 Rynchophorinae、隐颏象属 *Rhynchophorus*。

》》寄主与分布

1. 寄主　格鲁刺棕 *Acrocomia acuteate*、厚皮刺棕 *Acrocomia sclerocarpa*、亚利特棕 *Attalea cohune*、大刺棒棕（红棕）*Bactris marjor*、散尾葵 *Chrysalidocarpus lutescens*、花环椰子 *Cocos coronata*、纺锤椰子 *Cocos fusiformis*、椰子 *Cocos nucifera*、罗曼椰子 *Cocos romanzofiana*、裂叶椰子 *Cocos schizopylla*、*Cocosvegans*、束藤（黑幕棕属）、*Desmoncus major*、油棕 *Elaeis guineenszs*、*Elaeis uterpe*、阿沙依椰子 *Euterpe edulis*、粮棕 *Gullelma* sp.、*Gynerium saccharoides*、*Jaracatia dodecaphylla*、母树棕（袖棕属）*Manicaria saccifera*、加勒比棕（巴西棕搁属）*Maximiliana caribaea*、西谷椰子 *Metroxylon sagu*、甘蓝棕榈 *Euterpe oleracea* Mart.、莱棕 *Oreodoxa oLeracea*、如拿利海枣 *Phoenix canarzenszs*、海枣 *Phoenix dactylifera*、伞形蓑棕 *SabaL umbraculifera*、蓑棕属植物 *Sabal* spp.、甘蔗 *Saccharum officinarum*、菠萝 *Ananas comosus*、牛心番荔枝 *Annona reticulate*、面包树 *Artocarpus altilis*、香蕉属植物 *Musa* spp.、番木瓜 *Carica PaPaya*、可可 *Theobroma cacao*、柑橘属植物 *Citrus* spp.、芒果 *Mangifera indica*、油梨 *Persea americana*、番石榴 *Psidium guajava*、蓖麻属植物 *Ricimus* spp.。

2. 地理分布

（1）北美洲　墨西哥。

（2）加勒比海和中美洲　伯利兹、哥斯达黎加、古巴、多米尼加、萨尔瓦多、格林纳达、瓜德罗普岛、危地马拉、洪都拉斯、马提尼克岛、尼加拉瓜、巴拿马、波多黎各、圣文森特、特立尼特多巴加、海地。

（3）南美洲　阿根廷、玻利维亚、巴西、哥伦比亚、厄瓜多尔、法属圭亚那、圭亚那、巴拉圭、秘鲁、苏里南、乌拉圭、委内瑞拉。

》》生物学特性

发育过程：历经卵、幼虫、蛹和成虫 4 个虫态，幼虫 6～10 龄。在室温条件下（20～35 ℃，相对湿度 62%～92%），卵期（3.2±0.93）d，幼虫期（52.0±10.0）d，预蛹期 4～17 d，蛹期 8～23 d，新羽化成虫在茧内停留（7.8±3.4）d，羽化后 5～11 d 雌虫开始产卵。完成 1 个世代可长达 100 d。雄成虫寿命（44.7±17.2）d，雌成虫寿命（40.7±15.5）d。

生活习性：棕榈象甲在棕榈植株的叶柄、树干的伤口或树皮裂缝处以及倒伐的树桩处产卵，产卵时咬一个 3～7 mm 深的穴，将卵产在穴中。卵单产，产卵后分泌蜡质物将穴盖住。幼虫孵化后在树干蛀食，老熟幼虫移动到树干周围，在树皮下做茧化蛹。茧由纤维构成。羽化孔由纤维物质堵住，新羽化成虫在茧里停留几天后钻出而寻找寄主及适合部位产卵。成虫白天隐藏在叶腋基部或茎干基部或棕榈园附近的垃圾堆或椰壳堆里，9:00～11:00 及傍晚最活跃。成虫具有一定飞翔和扩散能力，飞翔速度每秒可达 6 m，可连续飞翔 4～6 km。

为害症状及途径：棕榈象甲似幼虫蛀食树冠和树干进行为害。蛀食后，植株生长点周围的组织不久坏死并且腐烂，产生一种特殊难闻的气味，为害严重的导致植株枯死。幼虫在茎干输导组织内取食，在树干中蛀成长 1 m 的隧道，树势渐趋衰弱。受害植株最初出现的外部症状为树冠四周的叶变黄枯死，随后逐渐向树冠中心扩展使里层的叶也呈萎黄。受害严重的树干被蛀成空壳。棕榈象甲还是椰子红环腐线虫（Bursaphe‐lenchus cocophilus Cobb.）的传播介体。棕榈象甲虽具有一定的飞翔扩散能力，但长距离的传播主要是随寄主植物的种苗及以寄主植物为材料制成的包装物而进行的。

>> 仪器设备与试剂

仪器、用具：放大镜、体视显微镜、显微镜、小毛笔、镊子、剪刀、白瓷盘、解剖针、指形管、标签等。

试剂：75％乙醇-甘油保存液，10％氢氧化钠溶液，二甲苯，加拿大树胶。

>> 抽　样

抽样原则：应重点抽取具有代表性的样品。根据棕榈象甲为害的特性，注意抽取长势差和有较明显的害虫为害状的作为样品。

抽样数量：植物检疫机构结合查验情况按表3-4比例随机抽取代表性复合样品送实验室检查检疫。植株每份样品为5株，不足5 000株的余量计取1份样品。

>> 抽　查

（1）在棕榈科植物种苗、植株输入或输出现场进行。

（2）抽查方法要视装载的棕榈科植物植株大小而定，种苗可采用随机法进行，以开顶集装交通工具装运的成树要逐株全部进行查验。

（3）抽查数量按总量的5％～20％抽取，最低抽取总量不少于500株，达不到此数量的全部检查。如有需要可加大抽检比例（表3-4）。

表3-4　植株的随机抽样数

植株数量（株）	抽样数（份）
≤50	1
51～200	2
201～1 000	3
1 001～5 000	4
≥5 001	每增加5 000株增取1份

>> 检疫方法

1. 现场检疫　在现场的棕榈科植物种苗或植株中仔细查找，先观察植株外围是否有钻蛀孔，同时注意对集装箱、外包装纸箱等装载容器进行检查，对现场检疫发现的各种虫态害虫用镊子或毛笔收集，以指形管保存（必要时幼虫用75％乙醇-甘油保存液浸泡），加贴标签，带回实验室鉴定。

2. 取样检疫　发现有可疑虫卵、幼虫和蛹的棕榈科植物种苗或植株，应将寄主一并取样，及时安全地送往实验室检疫，经室内饲养至成虫做种类鉴定。

>> 实验室鉴定

饲养检疫：对送达实验室的疑似棕榈象甲卵、幼虫和蛹等未成熟虫态，先进行初步鉴定，然后养至成虫再做进一步鉴定。

标本处理：按照SN/T 1160的5.1进行标本处理。

标本鉴定：按照SN/T 1160的5.2、6.3进行鉴定。

>> 检疫监管

1. 严禁从发生区输入棕榈科植物

2. 隔离检疫

（1）调入棕榈科植物苗木，经现场检疫和室内检验后，进入专业隔离检疫圃隔离检疫或所在地植物检疫机构指定的隔离检疫场（圃）隔离检疫。隔离期为1年。

（2）对进入隔离检疫圃隔离检疫的植物苗木，在隔离期间，按有关规定执行定期抽查和疫情监测，抽查面积不小于总面积的5％～20％，随机抽查的选点数按表3-5要求执行。

（3）隔离检疫期间检疫发现害虫时，应采集样品或虫样，在实验室进行人工饲养，进行鉴定。并做好检疫原始记录。一旦发现棕榈象甲，及时作除害处理。

表3-5　检查面积与随机抽查的选点数关系表

种植面积（hm²）	抽查点数
≤0.3	10
0.3＜0.6	15
0.6＜3.3	30
3.3＜6.6	50
≥6.6	每增加0.1 hm²增加1点

注：每点不小于50株，如数量小于规定数量全检。

>> **检疫处理**

（1）在棕榈科植物苗木调运检疫过程中，一旦发现棕榈象甲，应进行熏蒸或销毁处理。熏蒸处理后再进行隔离种植观察。

（2）熏蒸处理方法　熏蒸剂为溴甲烷，常温常压下，$30\sim40 \text{ g/m}^3$，熏蒸时间 $2\sim4 \text{ h}$。

第四章　麻类作物

一、苎麻主要病虫害防治技术规范

苎麻病虫害防治步骤

>> 常见病害发病规律

1. 白纹羽病　病原菌以菌丝体在麻蔸和土中残株上越冬，随土壤和病蔸传播。该菌属兼性寄生菌，一般影响麻株生长的因素均有利于本病的发生。

2. 褐斑病　病菌以分生孢子器在被害叶、茎上越冬。在苎麻生长期间，从分生孢子器溢出的分生孢子通过雨水、昆虫等进行传播，多雨天气有利于本病的发生。

3. 炭疽病　病菌以菌丝体在病残组织中越冬，种子也可带菌，成为第2年初次侵染来源。在苎麻生长期间，病部产生的分生孢子可借风雨、昆虫等进行传播，高温多雨、偏施氮肥、密度过大以及低洼积水的麻地均有利本病的发生。

4. 角斑病　病菌以分生孢子和菌丝在病叶中越冬，成为第2年初次侵染来源。在苎麻生长期间，分生孢子借气流、雨水进行多次侵染。高温多雨有利于本病的发生。

5. 青枯病　病菌在土壤和病株残体内越冬，一般可存活数年。第2年病菌从植株的地下茎和根的伤口侵入，进入维管束内增殖蔓延。病菌借雨水、灌溉水传播。采用病麻蔸进行无性繁殖是该病远距离传播的重要途径。高温多湿利于发病。

6. 根腐线虫病　种蔸和土壤带虫是本病初侵染的主要虫源。随着麻源的延长，苎麻根腐线虫病有加重的趋势。土质疏松、施土杂肥多的麻地发病也重。

防治原则：预防为主，综合防治。坚持以农业防治、物理防治和生物防治为主，化学防治为辅的无害化治理原则。加强苎麻栽培管理，改善苎麻生态环境，选用抗病虫优良品种，注意保护天敌，综合应用各种防治措施。

>> 预测预报

根据病虫寄存的发生-流行与本地苎麻及环境之间的相互关系，利用病原物数量和动态检查法、气象条件病害流行预测法等，分析推断病害的始发期和发生程度，以及害虫卵孵始盛期、高峰期、盛末期，以确定防治适期和合理的防治技术。

>> 农业防治

（1）选用抗病虫害能力强的优良品种。

（2）搞好麻园清洁，及时铲除麻园内外杂草，清除病、残体并集中销毁或深埋、减少初侵染源。

（3）加强田间肥水管理，搞好麻园的排水系统，避免积水。合理配用氮、磷、钾肥，避免偏施氮肥，增施有机肥和复合微生物肥，促进植株健壮生长，增强植株抗病害能力。

>> 物理防治

1. 灯光诱杀　利用害虫的趋光性，在其成虫发生期，田间每隔150～200 m点1盏黑光灯或频振式杀虫灯，灯下放大盆，盆内盛水，并加少许柴油或煤油，诱杀蛾类、金龟子等飞虫。

苎麻病虫害防治步骤

>> **物理防治**

2. 趋性诱杀 利用苎麻夜蛾、金龟子等对糖、酒、醋的趋性，按照糖：醋：酒：水＝6：3：1：10，或糖：醋：水＝4：2：1，或糖：醋：酒：水＝3：6：1：9 的比例配成诱捕液，在诱捕液中加入 0.3%～0.5% 的敌百虫晶体或可溶性粉剂，进行诱杀。

3. 寄主诱杀 取 20～30 cm 长的榆、杨、槐带叶枝条，将基部泡在内吸药液中，药液浓度 30～50 倍，10 h 后取出树枝捆成把堆放可诱杀金龟子。

4. 人工捕杀 人工捕捉发生轻且为害中心明显或有假死性的害虫。

>> **生物防治**

（1）改善麻田生态环境，按规定执行，保护天敌。

（2）适用农药 提倡使用生物源农药（微生物农药、植物源农药和动物源农药）和矿物源农药，尽可能利用性诱剂加少量其他农药杀灭蛾类。

>> **化学防治**

（1）本标准推荐的药剂是经我国农药管理部门登记允许使用的，当新的有效农药出现或者新的管理规定出台时，以最新的规定为准。

（2）药剂防治应符合 GB 4285 和 GB/8321 的要求，不得使用高毒、高残留农药，宜使用生物源农药、矿物源农药以及低毒低残留农药。

苎麻主要病虫害及防治措施见表 4-1 至表 4-3。

表 4-1 苎麻主要病害防治措施

病害类别	防治措施	推荐使用药剂及使用方法
白纹羽病	1. 选择无病健壮麻蔸作种根，严格剔除病根、虫伤根，进行种根消毒 2. 栽培管理：施足基肥，合理浇水，及时防治地下害虫 3. 对病土进行药剂处理 4. 发病初期用 2% 福尔马林淋蔸，挖掉重病株并烧毁，撒石灰消毒病穴，病区四周可开隔离沟 0.5～1 m 以避免病菌蔓延	1. 种根消毒：用 20% 石灰水浸 1 h 或用 1% 硫酸铜液或 2% 福尔马林浸种 10 min 2. 病土处理：异菌脲可湿性粉剂有效成分 3.75 kg/hm²，兑水 7 500 kg 淋蔸
褐斑病	1. 因地制宜选用抗病高产品种 2. 收麻后清除病残体，集中烧毁或深埋，减少菌源 3. 药剂防治：发病初期喷药防治	代森锌可湿粉剂有效成分 0.65～0.975 kg/hm²，或咪鲜胺水乳剂有效成分 0.1～0.27 kg/hm²，或苯醚甲环唑水分散粒剂有效成分 0.04～0.06 kg/hm²，或甲基硫菌灵可湿性粉剂有效成分 0.3～0.45 kg/hm²，或丙环唑乳油有效成分 0.1～0.15 kg/hm²，兑水 600～900 kg 喷雾
炭疽病	1. 因地制宜种植抗病品种 2. 选择排水良好的地块栽麻，开好排水沟，及时清除田间病残组织 3. 发病初期喷药防治	咪鲜胺水乳剂有效成分 0.18～0.27 kg/hm²，或苯醚甲环唑水分散粒剂有效成分 0.04～0.06 kg/hm²，或甲基硫菌灵可湿性粉剂有效成分 0.3～0.45 kg/hm²，或丙环唑乳油有效成分 0.1～0.15 kg/hm²，兑水 600～900 kg 喷雾，或 1：1：200 倍波尔多液 600～900 kg/hm² 喷雾，多雨天气隔 7 d 再喷 1 次
角斑病	1. 因地制宜种植抗病品种 2. 选择排水良好的地块栽麻，开好排水沟，及时清除田间病残组织 3. 发病初期喷药防治	咪鲜胺水乳剂有效成分 0.18～0.27 kg/hm²，或苯醚甲环唑水分散粒剂有效成分 0.04～0.06 kg/hm²，或甲基硫菌灵可湿性粉剂有效成分 0.3～0.45 kg/hm²，或丙环唑乳油有效成分 0.1～0.15 kg/hm²，兑水 600～900 kg 喷雾

（续）

病害类别	防治措施	推荐使用药剂及使用方法
青枯病	1. 病区的种苗、种根及病土等禁外传，感病原麻需就地脱胶加工后才可外调 2. 新扩麻地要严格挑选无病种根、种苗 3. 重病地改种禾本科、豆科等作物3～4年 4. 麻地发现病蔸立即挖掉烧毁，并对病穴进行处理	病穴处理：病穴灌注20%石灰水或撒施石灰粉消毒或喷施0.2～0.3波美度的石硫合剂，或用春雷霉素、农用链霉素等800～1000单位灌根，药液用量900～1125 kg/hm²
根腐线虫病	1. 因地制宜选用抗病品种 2. 有条件的老麻园实行与水稻轮作，无条件与水稻轮作的，可与甘蔗、玉米、高粱等禾本科作物轮作，或者在旱季进行深翻晒土，减少线虫数量 3. 开沟排水，降低地下水位，及时中耕除草 4. 栽麻时对种麻蔸进行药剂处理 5. 药剂防治	1. 种麻蔸处理：栽麻时用45～46 ℃温水或二硫氰基甲烷可湿性粉剂有效成分1∶6000倍液浸泡麻蔸15～20 min 2. 药剂防治：在每年4月上中旬或土温稳定在15 ℃左右时，用克线丹颗粒剂有效成分3 kg/hm²，或丁硫克百威颗粒剂有效成分4.5 kg/hm²。施用前将各药与细沙土或泥灰按照1∶25比例混匀后，撒施于土表，施药后随即用齿耙或锄头松动表土层，并促使药剂混入土层内，每年施药1次

表4-2　苎麻主要虫害防治措施

虫害类别	防治措施	推荐使用药剂及使用方法
夜蛾	1. 摘除卵块及群集幼虫。自4月下旬至8月下旬，勤查麻园，及时摘除卵块和群集幼虫的叶片，集中烧毁或深埋 2. 中耕松土、消灭虫蛹，6月上旬头麻收获后，及时中耕松土，可以消灭部分虫蛹 3. 药剂防治，抓住幼虫3龄前群集为害这段时期喷药	敌敌畏乳油有效成分0.32～0.48 kg/hm²，或杀虫双水剂有效成分0.75 kg/hm²，或氟虫双酰胺水分散粒剂有效成分0.03 kg/hm²，或高效氯氰菊酯有效成分0.027 kg/hm²，或甲氨基阿维菌素苯甲酸盐乳油有效成分0.002～0.003 kg/hm²，或16 000IU/mg苏云金杆菌可湿性粉剂1.2～1.8 kg/hm²，兑水600～900 kg喷雾
卜馍夜蛾	1. 灯光诱杀　5月上旬至9月下旬，在成虫发生期，田间每隔150～200 m点1盏黑光灯或频振式杀虫灯，灯下放大盆，盆内盛水，并加少许柴油或煤油诱杀成虫 2. 药剂防治	杀虫双水剂有效成分0.75 kg/hm²，或氟虫双酰胺水分散粒剂有效成分0.03 kg/hm²，或高效氯氰菊酯有效成分0.027 kg/hm²，或敌百虫粉剂有效成分0.56～0.69 kg/hm²，或甲氨基阿维菌素苯甲酸盐乳油有效成分0.002～0.003 kg/hm²，或16 000IU/mg苏云金杆菌可湿性粉剂1.2～1.8 kg/hm²，兑水600～900 kg喷雾。苏云金杆菌喷雾应在早晨露水未干时进行
蝼蛄	1. 在6月中下旬发现土里有苎麻蝼蛄为害时，用药剂浇灌有虫麻蔸 2. 在有苎麻蝼蛄的地里，栽麻前，进行土壤处理	1. 灌蔸：敌百虫粉剂有效成分0.54～0.81 kg/hm²，敌敌畏乳油有效成分1.2～1.8 kg/hm²，或二嗪磷乳油有效成分0.9～1.125 kg/hm²，或辛硫磷乳油有效成分0.9～1.125 kg/hm²，兑水900～1125 kg灌蔸 2. 土壤处理：用敌百虫粉剂有效成分0.375～0.562 kg/hm²按照1∶1000比例和细沙土拌匀，或氯唑磷颗粒剂有效成分0.9～2.7 kg/hm²按照1∶750比例和细沙土拌匀，或辛硫磷颗粒剂有效成分0.27～0.36 kg/hm²按照1∶1000比例和细沙土拌匀，或二嗪磷颗粒剂有效成分0.75 kg/hm²按照1∶750比例和细沙土拌匀，撒在土表，随即翻到10～15 cm深土中，毒杀幼虫
黄蛱蝶	1. 草把诱杀　利用幼虫群集趋暖越冬习性，在三麻收获后的2～3 d，于麻地插750～900个/hm²草把，在第2年惊蛰前收集草把烧毁 2. 搞好麻地"三光"　冬春之际结合清洁麻地、培土，扫除残枝落叶，铲除杂草，做到厢面光、厢沟光和地边光，消灭越冬幼虫 3. 人工捕捉　在虫口密度低于0.5头/蔸时，根据成虫产卵集中和初孵幼虫群集为害的习性，摘除有虫蛹、卵的叶片，捕杀成虫 4. 药剂防治　在虫口密度高于0.5头/蔸时喷药防治	敌百虫晶体有效成分0.54～0.81 kg/hm²，或高效氯氟氰菊酯水乳剂有效成分0.015～0.022 kg/hm²，或氯氰·毒死蜱乳油总有效成分0.315～0.472 5 kg/hm²，兑水600～900 kg喷雾

（续）

病害类别	防治措施	推荐使用药剂及使用方法
赤蛱蝶	田间虫口密度≤0.5头/蔸时，人工摘除或用木板拍杀卷叶中的幼虫和蛹；田间虫口密度≥0.5头/蔸时，于早晨8:00～10:00或傍晚16:00～18:00幼虫爬出虫苞时喷药防治	敌百虫晶体有效成分0.54～0.81 kg/hm²，或高效氯氟氰菊酯水乳剂有效成分0.015～0.022 kg/hm²，或氯氰·毒死蜱乳油总有效成分0.315～0.472 5 kg/hm²，兑水600～900 kg喷雾
天牛	1. 清除麻园四周杂草，减少虫源 2. 栽新麻时，选择健壮无虫种蔸为了防止苎麻天牛随种蔸传播，将砍好的种蔸放在冷水中浸泡一昼夜，滤干再栽 3. 适时收获头麻。在苎麻天牛产卵盛期，适时收获头麻，齐地砍麻株，及时扯剥麻皮 4. 生物防治：气温在24～28 ℃、相对湿度在80%以上的条件下，用23万～28万活孢子/g绿僵菌粉剂30 kg/hm²按照1:25比例和细沙拌匀，制成药土，中耕时施入 5. 头麻收获后结合中耕除草，药杀幼虫 6. 药杀成虫，在5月上中旬成虫羽化盛期后1周，成虫尚未产卵前喷药防治，注意上午喷药，先喷四周，后向中央围喷，7 d后再喷1次	1. 幼虫防治　用敌百虫粉剂有效成分0.375～0.562 kg/hm²按照1:1 000比例和细沙土拌匀，或氯唑磷颗粒剂有效成分0.9～2.7 kg/hm²按照1:750比例和细沙土拌匀，或辛硫磷颗粒剂有效成分0.27～0.36 kg/hm²按照1:1 000比例和细沙土拌匀，或二嗪磷颗粒剂有效成分0.75 kg/hm²按照1:750比例和细沙土拌匀，撒在土表，毒杀幼虫 2. 成虫防治　敌百虫晶体有效成分0.54～0.81 kg/hm²，或敌敌畏乳油有效成分0.3～0.45 kg/hm²，或氯氰·毒死蜱乳油总有效成分0.315～0.472 5 kg/hm²，或阿维菌素有效成分0.005 4～0.008 1 kg/hm²，或灭幼脲3号可湿性粉剂有效成分0.112 5～0.15 kg/hm²，兑水600～900 kg喷雾
金龟子	1. 土壤处理　有金龟子的土壤在栽麻前，进行土壤处理，或栽新麻时，灌水淹杀幼虫 2. 淋蔸　发现麻株被害，先中耕松土，再将敌百虫粉剂有效成分0.81 kg/hm²，或毒死蜱乳油有效成分0.432 kg/hm²，兑水900～1 124 kg淋蔸 3. 物理防治　成虫盛发期，晚间用灯光或堆火诱杀，或取20～30 cm长的榆、杨、槐带叶枝条，将基部泡在毒死蜱药液或敌百虫药液中，药液浓度30～50倍，10 h后取出树枝捆成堆放诱杀，或按照糖:醋:酒:水=6:3:1:10，或红糖:食醋:白酒:水=3:6:1:9的比例配成诱液，在诱捕液中按照0.3%～0.5%的比例添加敌百虫晶体或敌百虫可溶性粉剂诱杀 4. 生物防治　气温在24～28 ℃、相对湿度在80%以上的条件下，用23万～28万活孢子/g绿僵菌粉剂30 kg/hm²按照1:25比例和细沙拌匀，制成药土，中耕时施入 5. 药剂防治　在成虫发生盛期喷药防治	1. 土壤处理　用敌百虫粉剂有效成分0.375～0.562 kg/hm²按照1:1 000比例和细沙土拌匀，或氯唑磷颗粒剂有效成分0.9～2.7 kg/hm²按照1:750比例和细沙土拌匀，或辛硫磷颗粒剂有效成分0.27～0.36 kg/hm²按照1:1 000比例和细沙土拌匀，或二嗪磷颗粒剂有效成分0.75 kg/hm²按照1:750比例和细沙土拌匀，撒在土表，随即翻到10～15 cm深土中，毒杀幼虫 2. 成虫防治　敌百虫粉剂有效成分0.54～0.81 kg/hm²，或敌敌畏乳油有效成分0.3～0.45 kg/hm²，或氯氰·毒死蜱乳油总有效成分0.315～0.472 5 kg/hm²，或阿维菌素有效成分0.005 4～0.008 1 kg/hm²，或灭幼脲3号可湿性粉剂有效成分0.112 5～0.15 kg/hm²，兑水600～900 kg喷雾
大理窃蠹	1. 发现有虫的原麻，条件允许时应抓紧脱胶杀虫，并对贮仓及仓库周围进行药杀，未杀虫的原麻禁止外运，以防害虫扩散蔓延 2. 在仓储量小的情况下，将有虫的原麻解捆翻晒2～3 d，或解捆后药杀 3. 5月上中旬或6月上旬，对储存2年以上的原麻采用薄膜帐罩或糊封法进行熏蒸防治	1. 仓储原麻熏蒸杀虫　采用磷化铝7～10 g/m³密闭熏蒸7 d或硫酰氟30～40 g/m³密闭熏蒸3～5 d或溴甲烷30 g/m³密闭熏蒸4 d 2. 空仓处理　敌敌畏乳油有效成分0.080～0.160 g/m³，兑水50倍喷于仓库内密闭3 d或磷化铝3～6 g/m³，密闭熏蒸7 d或硫酰氟10～20 g/m³密闭熏蒸3～5 d或溴甲烷20 g/m³密闭熏蒸4 d 3. 仓库周围处理和解捆药杀　敌敌畏乳油有效成分0.96～1.44 g/m³，兑水0.6～0.9 kg喷雾

表 4-3　苎麻主要虫害

虫害名称	特征及发生规律
夜蛾	形态特征：幼虫 3 龄前淡黄色，3 龄后分为黄白型和黑型。老熟幼虫长约 60 mm。成虫体长 28～32 mm，头部黑色，口器黄褐色；胸部茶褐色，腹部深褐色，亚基线、内横线、外横线、亚外缘线黑褐色呈波状或锯齿状，肾状纹淡红褐色，内具三黑线，肾状纹内侧有一黑线，后翅褐色，中央有青蓝色带三条，带纹中有黑色横切线，外缘缘毛短，内缘簇生长缘毛 生活习性及发生规律：苎麻夜蛾在长江流域一年发生 3 代。第 1 代幼虫于 4 月下旬初发，5 月上中旬盛发；第 2 代 6 月下旬至 7 月上旬初发，7 月中旬盛发；第 3 代 8 月中旬初发，8 月下旬盛发。成虫白天隐蔽在麻田或附近的丛林、灌木中，夜间活动，有趋光性。卵多产于麻株的上部叶背面。被产卵的叶片正面常变黄、下垂。初孵幼虫群集顶部叶片取食叶肉，受惊即吐丝下垂而转移。3 龄以上幼虫分散为害，受惊动时以尾足和腹足紧握叶背，头部左右摆动，口吐黄绿色汁液
卜馍夜蛾	形态特征：成虫体长约 10 mm，头、胸灰黑色，翅展 23～27 mm，前翅外缘中部突出呈弧形，前翅基半部深紫褐色，小室末端有 1 小白色斑，外横线从顶角到内缘弯曲，外部有 3 条波浪线。卵椭圆形，直径 0.5 mm，初产时乳白色，孵化前变为浅褐色。老熟幼虫体长约 25 mm，绿白色或青绿色，头淡褐色，背浅绿色，亚背线和气门线白色。第 1 对腹足退化，第 2 对腹足短小，第 3、4 对腹足及尾足发达。蛹长约 12 mm，红褐色，腹部末端有 3 对臀棘，中央的 1 对粗长，两侧的 2 对较细短，黄褐色，尖端钩状 生活习性及发生规律：苎麻卜馍夜蛾在湖南、湖北、四川、贵州、广西、江西等麻区均有发生。其年发生代数、越冬虫态尚不完全清楚。在湘北麻区各季麻都有为害发生。一般二麻发生数量较多，为害较重，三麻次之，头麻较轻。幼龄幼虫多在叶背啃食叶肉，留下表皮成纱窗状。3 龄后的幼虫把叶食成缺刻，甚至仅留叶脉，影响麻株正常生长。适宜于苎麻卜馍夜蛾生长发育的温度为 25～30 ℃，相对湿度为 75%～95%，尤其是 7～8 月，当月平均降水量在 60 mm 以上，雨日多，湿度大时，有利该虫的发生。生长旺盛、麻株嫩绿的麻田往往产卵多，虫口密度大，受害重。成虫有趋光性
蝠蛾	形态特征：幼龄幼虫乳白色，老熟幼虫长 45～48 mm，头壳深黄色，宽 4 mm，各体节交界处黑色，其余白色。单眼 6 个，位于头部侧下方。胸足黄褐色，腹足趾钩成椭圆形缺环。蛹体长 32～33 mm，头部棕红色，胸腹部肉黄色，羽化前变褐色，触角短，伸向两侧，胸部占整个体长的 1/3 以上。翅芽短，仅及胸部末端。腹部前 5 节背部各有 2 条褐色角质棘状突起 生活习性及发生规律：苎麻蝠蛾幼虫蛀食苎麻地下茎的髓部成隧道，蛀孔外堆有木屑状虫粪，虫粪被丝和胶质连缀，不易分开，隧道内壁光滑。被害麻蔸生长衰弱，出苗少而小，脚麻多；被害麻蔸易遭菌类和线虫侵染，加速苎麻败蔸腐烂，老麻地重于新麻地。苎麻蝠蛾在湖南 1 年发生 1 代，以老熟幼虫在苎麻地下茎的被害隧道内越冬。4 月中旬化蛹，蛹期 25 d 左右。5 月上旬羽化，成虫寿命 6～10 d。6 月上旬中旬出现新一代幼虫，幼虫期长达 300 d
黄蛱蝶	形态特征：老幼虫体长 30～35 mm。头部赤黄色，有"八"字形金黄色脱裂线，单眼及口器黑褐色。胸、腹部背面生有枝刺，枝刺基部蜡黄色，其余紫黑色。每根枝刺上生有 12 根小刺毛。成虫棕黄色，前、后翅外缘有黑色锯齿纹，各有 8～9 个三角黄色斑。头部黄褐色，前额有光泽。头顶有密毛 生活习性及发生规律：初孵幼虫群集麻叶上取食表皮叶肉成焦枯状。3 龄后分散为害。于 11 月上中旬陆续迁移到麻地附近的杂草丛、灌木丛、树林、竹林等的叶背面及背风向阳的土坡裂缝内越冬，有群集越冬习性。早春气温回升即迁移麻地为害
赤蛱蝶	形态特征：老熟幼虫体长约 36 mm，气门下线为黄色。背部黑色，腹部黄褐色，中、后胸各有枝刺 4 根，腹部第 1～8 节上各有枝刺 7 列，腹部第 9、10 节仅有 2 根枝刺。成虫是一种黑红色蝴蝶，前翅外半部有几个白色小斑，排列成近半圆形，靠前的一个常呈浅橘黄色。后翅暗褐色，近外缘红橙色，其中列生黑褐色斑 4 个，内侧有较大不规则的黑斑 4 个，排成一列 生活习性及发生规律：长江流域每年一般发生 2 代，以成虫在屋檐和树林中越冬。越冬成虫于 3 月中下旬开始产卵，卵多产在苎麻上部叶片，少数产在叶柄及茎秆上部。4～11 月能见到幼虫为害。幼虫有假死性，常迁移为害，3 龄幼虫约 2 d 迁移一次，4 龄后每天迁移一次。3 龄前幼虫在顶部吐丝卷叶，咬食叶片青绿部分，残留叶底白色部分。3 龄后幼虫则在上部较大叶片上吐丝卷叶，蚕食叶片，或咬断叶主脉使叶片枯萎

（续）

虫害名称	特征及发生规律
天牛	形态特征：幼虫乳白色或黄白色，体长约 25 mm，头部红褐色，前胸背板前半部光滑，生有黄褐色刚毛，后半部有褐色粒点组成的凸形斑纹，后胸至腹部第 1～7 节背面各有 1 个长椭圆形下凹纹，周围有褐色斑点。成虫触角除基部 4 节呈淡灰蓝色外，其余黑色。体底黑色，密被淡绿色鳞片和绒。前胸背板淡绿色，中部两侧各有 1 个圆形黑斑。每个翅鞘上一般有 3 个淡绿色或劳工色斑，大小形状变化不一 生活性及发生规律：天牛一年发生 1 代，以幼虫在麻苑内越冬。成虫白天活动，每日 9:00～16:00 最为活跃。早晚多栖于麻叶背面不动。有假死性，受惊即落地，易捕捉。雌虫喜在畦边或粗壮高大的麻株产卵，卵多产于近地 2 cm 的麻株基部，少数产在离地 3 cm 的茎上。成虫产卵前需取食幼嫩梢及梢部叶柄，使得畦边麻株受害较重。初孵幼虫先取食孵化处的韧皮部，然后侵入麻茎内，直至茎髓部，再至麻苑。幼虫为害地下茎的髓部及木质部，边钻边食，形成许多孔道，形似蜂窝
金龟子	1. 华北大黑金龟甲（*Holotrichia oblita* Hope） （1）形态特征　成虫体长 16～22 mm，黑褐色至黑色，有光泽、翅鞘具有明显纵隆线 3 条，臀节末端较圆。卵乳白色，椭圆形。老龄幼虫平均体长 40 mm，头部前顶毛每侧 3 根，腹毛区仅有钩状刚毛，肛门孔三裂。蛹为离蛹，红褐色，尾节瘦长，三角形，端部具有一对尾角，呈钝角状岔开 （2）生活习性及发生规律　华北大黑金龟甲一年发生 1 代，以幼虫或成虫在土中越冬，幼虫多生活在 10～15 cm 深的表层土中，咬食麻苑根部。卵散产，深 6～10 cm。成虫白天躲在落叶或土缝中，夜间出来活动为害，咬食麻苑根部。有假死性，喜在未腐熟的有机肥、人畜粪、湖草、湿润麻地里产卵 2. 黑绒金龟甲（*Maladera orientalis* Motschulsky） （1）形态特征　成虫体长 7～10 mm。体黑褐色，被灰黑色短绒毛。卵椭圆形，长径约 1 mm，乳白色，有光泽，孵化前色泽变暗。老熟幼虫体长约 16 mm，头部黄褐色，胴部乳白色，多皱褶，被有黄褐色细毛，肛腹片上约有 28 根刺，横向排列成单行弧状。蛹体长 6～9 mm，黄色，裸蛹，头部黑褐色 （2）生活习性及发生规律　黑绒金龟甲一年发生 1 代，以成虫或幼虫越冬，卵成堆产在受害植株根部附近 5～10 cm 深的土中，幼虫期 55～60 d。幼虫老熟后，在地下作土室化蛹，蛹期约 10 d。成虫为害苎麻叶片成缺刻和洞孔，仅留叶脉基部。幼虫主要为害麻苑的萝卜根、细根、扁担根。由于根部虫伤常诱致病菌侵入，麻根生长不良，甚至萎凋死亡，造成严重减产 3. 铜绿金龟甲（*Anomala corpulenta* Motsch） （1）形态特征　成虫体长 15～18 mm，铜绿色，有光泽，雄性个体臀板上有三角形黑斑。卵椭圆形，长约 3.5 mm，表面光滑，初为乳白色，孵化前变为淡黄或黄色。老熟幼虫体长 23～25 mm，肛门横裂，腹毛区除钩状刚毛外，中央有刺毛两列，每列 11～20 根，头部前顶毛每侧 8 根排成一列。蛹为土黄色离蛹，臀节腹面雄蛹有四列疣状突起，雌蛹无疣状突起 （2）生活习性及发生规律　铜绿金龟甲一年发生 1 代，以幼虫越冬。成虫出现盛期各地不同，长江流域为 6 月上旬至 7 月下旬。成虫寿命约 28 d，产卵深度 6～15 cm，卵期 9～10 d。成虫白天躲在叶下或土缝中，夜间出来活动为害，咬食麻苑根部。有假死性，喜在未腐熟的有机肥、人畜粪、湖草、湿润麻地里产卵
大理窃蠹	形态特征：成虫雄虫体长 3.0～4.0 mm，雌虫体长 4.2～5.0 mm。粗圆筒形，黑褐色，微有光泽，密生黄色倒伏状粗短毛。体两侧平行，头隐于前胸下。触角 11 节，复眼大而圆，黑色。前胸隆起，在基部正中呈圆形隆起，在此两旁各有一纵深窝，基部两侧亦有两个较大的深窝。小盾片近长方形，陷入翅基部。鞘翅表面有 5 道皱状纵行突起，行间密布粒状小突起，跗节 5-5-5 式。卵近纺锤形，乳白色。老熟幼虫体长 6～9 mm，虫体密生金黄色长毛，以头部和腹末最多，气门 9 对，第 1 对气门较大，着生在前胸左缘，其余大小相等，分别位于腹部第 1～8 节的两侧。老熟幼虫在麻捆蛀孔内吐丝结茧并在内化蛹。蛹为裸蛹，体长约 6 mm 生活习性及发生规律：大理窃蠹的幼虫、成虫都能蛀食仓储苎麻，除严重为害仓储苎麻外，还能为害黄麻、红麻（干皮、全秆）、豆类、大米、中药材、木材、书刊、报纸等储存物，被害苎麻原麻轻者呈现许多孔眼、缺刻和蛀断纤维，致使纤维残缺不全，长短不一，降低品质；重者被蛀食成糠渣粉末状，丧失利用价值。由于幼虫群集在麻捆内蛀食，虫体的排泄物和残渣蛀粉混合在一起，易引起霉变。大理窃蠹在苎麻仓库中一年发生 2 代，以幼虫及老熟幼虫结茧在麻捆内越冬，幼虫 5～6 龄。第 1 代成虫于 5 月上旬开始羽化，5 月中旬为成虫羽化高峰期，第 2 代成虫 7 月下旬开始羽化，8 月上中旬为第 2 代羽化高峰期

二、剑麻主要病虫害防治技术规程

剑麻病虫害防治步骤

》》病虫害为害

1. 斑马纹病 毁灭性病害。病原：烟草疫霉病；侵染途径：通过雨水传播和从伤口入侵为主；症状：湿度大时产生大量菌丝，后期呈现典型的斑马状的花纹，使叶轴及茎部腐烂，植株死亡；发生规律：高温多雨季节和低洼积水及偏施氮肥情况下发病严重。

2. 茎腐病 毁灭性病害。病原：黑曲霉病；侵染途径：通过空气传播和伤口入侵，主要是从叶基的割口和起苗时茎基的切口侵入；症状：叶基组织受害到后期仅剩表皮及纤维，并使茎部腐烂，致植株死亡；发生规律：高温病情加重。

3. 新菠萝灰粉蚧 一种外来物种，为害严重。生活习性：以胎生方式繁殖，若虫呈淡黄色至淡红色，触角及足发达，行动较活泼；成虫淡红色，被白色蜡粉，触角退化，行走较缓慢。一年四季繁殖，世代重叠，繁殖倍数平均 55 倍。传播方式：远距离靠种苗（带虫）传播，近距离自身爬行迁移和靠蚂蚁、风、雨传播。症状：植株受害后生势衰弱，常伴有煤烟、心叶尖端腐烂、植株花叶萎蔫或卷叶萎蔫等现象发生，致产量下降甚至失收。发生规律：生长旺盛、叶色浓绿的剑麻易受粉蚧为害，冬、春气候干旱温暖时粉蚧繁衍快速且为害严重。

规范性引用文件：
GB 4285 农药安全使用标准
GB/T 8321 农药合理使用准则
NY/T 222 剑麻栽培技术规程
NY/T 1439 剑麻 种苗

》》防治原则

预防为主，综合防治，
监测预警，及时防控
安全高效

》》严格检疫

培育或引进的种苗符合 NY/T 1439 规定，新建剑麻园应严格实行种苗检疫和使用无病种苗，杜绝带病种苗进入新种植区。

》》农业防治

1. 严格控制病/虫源

（1）斑马纹病 植前种苗消毒，冬季割除病叶和挖除病死株，并集中销毁，麻渣需经堆沤腐熟后方可回田。

（2）茎腐病 不应使用有病苗种植，植前应消毒种苗。及时消除病死株，并将其集中销毁。麻渣需经堆沤腐熟后方可回田。

（3）新菠萝灰粉蚧 防止带虫的种苗、叶片或其他载体传播虫源。麻渣应经堆沤腐熟后方能回田。

2. 麻田栽培管理 斑马纹病：发病重区，与其他作物轮作两年以上。种植剑麻应起畦，畦高 25～30 cm，畦面呈龟背形，必须开好防洪、排水沟。冬季或雨季前要对麻田除草，接近开割一刀麻标准的田块应修脚叶。达到开割一刀麻标准时应及时开割，确保麻田通风透光。雨天应停止起苗、种植和割叶等一切有损植株的田间作业。施肥按 NY/T 222 执行。实行营养诊断配方施肥，防止偏施氮肥，合理增施钾肥。

>> **农业防治**

　　茎腐病：施肥按 NY/T 222 规定执行，实行营养配方施肥，植株叶片 Ca≤3% 时，增施石灰。在月平均温度≥27 ℃时，停止起采苗、起苗、定植、母株钻心及在有病麻田采割叶片等作业，6 年龄以下的低龄麻田，实施冬春季低温期割叶。

　　新菠萝灰粉蚧：在剑麻田大行间合理间种，或选择性控留杂草，使生物多样性，禁止滥用药剂，以免伤害天敌，创造有利于天敌栖息繁衍和不利于粉蚧繁衍的环境，减少粉蚧为害。对麻田走茎苗应及时清理，减少粉蚧栖身藏匿处。

>> **化学防治**

　　斑马纹病：起苗 48 h 内，用 90% 乙膦铝可湿性粉剂 45～90 倍液或 72% 甲霜灵·锰锌可湿性粉剂 150 倍液喷洒消毒麻苗切口；雨后加强田间巡查，发病初期，对发病中心株 45° 角以下的叶片，用 90% 乙膦铝 37.5 倍液或 72% 甲霜灵·锰锌可湿性粉剂 150 倍液进行喷洒，7～10 d 喷药 1 次，连续喷药 2～3 次。可用 95% 敌克松 200 倍液等喷洒对病株穴和发病区地面土壤消毒，使用农药符合 GB 4285 和 GB/T 8321 的规定。

　　茎腐病：使用农药符合 GB 4285 和 GB/T 8321 的规定。对清除后的病株穴进行灭菌消毒处理，采苗、起苗或在有病麻田割叶后 48 h 内，必须喷洒农药消毒切口和割口。农药推荐使用：40% 多·硫悬浮剂 200 倍液或 50% 多菌灵可湿性粉剂 400 倍液等。

　　新菠萝灰粉蚧：使用农药符合 GB 4285 和 GB/T 8321 的规定。种植前应对种苗灭虫处理，在 1～2 龄若虫期及时用药剂防治。对粉蚧发生严重区和中心区，推荐使用 48% 毒死蜱乳油，或 40% 杀扑磷乳油，或 3% 啶虫脒乳油，或 40% 乐果乳油，使用浓度为 600～800 倍液，每 10～15 d 喷杀 1 次，连续喷药 2～3 次防治。同时推荐使用 3% 呋喃丹颗粒剂或 5% 特丁磷颗粒剂，每公顷施药量为 75～150 kg。根施防治 1 次，对粉蚧初发区、零星分布区和为害较轻区，应选择挑治的办法实施监控防治。粉蚧发生为害区，结合秋冬田间管理，将石灰撒到剑麻头茎上，既可做钙肥和调节麻田土壤酸碱度，也可起到防治粉蚧及其共生蚂蚁的作用。

剑麻病虫害防治步骤

（一）剑麻主要病虫害症状及发生规律

1. 斑马纹病　斑马纹病（zebra disease）是一种毁灭性病害，传播蔓延迅速。病原主要是烟草疫霉菌（*Phytophthora nicotianae* Breda）。侵染途径通过雨水传播和从伤口入侵为主。叶片病斑在湿度大时产生大量菌丝，后期呈典型的斑马状花纹，使叶轴及茎部腐烂，植株死亡。高温多雨季节和低洼积水及偏施氮肥情况下发病严重。

2. 茎腐病　茎腐病（stem rot disease）是一种毁灭性病害。病原为黑曲霉病（*Aspergillus niger* V. Teigh），可通过空气传播和伤口入侵，主要是从叶基的割口和起苗时茎基的切口侵入，叶基组织受害到后期仅剩表皮及纤维，并使茎部腐烂，致植株死亡，发病时遇高温病情加重。

3. 新菠萝灰粉蚧　新菠萝灰粉蚧（*Dysmicoccus neobrevipes* Bcardsley）是一种外来物种，近年蔓延迅速，并对剑麻造成严重为害。该虫以胎生方式繁殖，虫体长 0.8～3.0 mm，体卵形而稍扁平。若虫口呈淡黄色至淡红色，触角及足发达，行动较活泼；成虫淡红色，披白色蜡粉，触角退化，行走缓慢。在我国海南和广东主要剑麻种植区，该虫一年四季均可繁殖，27～34 d 为 1 世代，每代繁殖倍数为 36～85 倍，平均 55 倍，且世代重叠。该虫高温致死温度为 48 ℃，低温致死温度约 3 ℃，15～20 ℃低温干旱季节有利爆发蔓延，27 ℃以上高温雨季繁衍缓慢，大雨、暴雨和低温寒冷对其繁衍有遏制，但其能利用空隙隐蔽，可避过自然灾害。该虫远距离传播主要是靠种苗

（带虫）传播，近距离传播主要是自身爬行迁移和靠蚂蚁、风、雨传播。若虫、成虫均为害剑麻，其整年都可在剑麻田间为害，生长旺盛、叶色浓绿的剑麻易受粉蚧为害，冬、春气候干旱温暖时粉蚧繁衍快速且为害严重。植株受害后生势衰弱，常伴有煤烟、心叶尖端腐烂、植株花叶萎蔫等现象发生，致产量下降甚至失败。

（二）剑麻主要病虫害预警分级指标及防治措施

1. 剑麻斑马病

（1）预警分级 预警分三级，分别用蓝色、黄色、红色表示。

① 蓝色（一级）。年降水量 2 000 mm 以上，预计剑麻发病死亡率达 1.5％以上（指种植全部面积这算，下同）。

② 黄色（二级）。年降水量 2 000 mm 以上，且降雨量集中，8～9 月出现连续阴雨 7 d 以上，叶片 N/K（氮/钾）值 0.5～0.8，预计剑麻发病死亡率达 2.5％以上。

③ 红色（三级）。年降水量 2 000 mm 以上，且降水量集中，8～9 月有强台风袭击或出现连续阴雨 7 d 以上和当中一个月降水量 300 mm 以上，叶片 N/K 值达 0.8 以上，预计发病死亡率达 3.5％以上。

（2）防治措施

①蓝色（一级）。发病麻田及易感病麻田增施钾肥，株施氯化钾 0.1～0.125 kg，并控施氮肥；于发病初期对发病株及其相邻植株进行喷药防治 2 次，隔 7～10 d 喷 1 次，以后视病情蔓延情况再酌情喷药。

②黄色（二级）。发病麻田及易感病麻田增施钾肥，株施氯化钾 0.125～0.15 kg，并控施氮肥；于发病初期对病区植株进行喷药防治 2～3 次，隔 7～10 d 喷 1 次，以后视病情蔓延情况再酌情喷药。

③红色（三级）。发病麻田及易感病麻田增施钾肥，株施氯化钾 0.125～0.15 kg，禁施氮肥，于发病初期对病区植株进行喷药防治 2～3 次，台风过后立即对发病麻田和易感病体田进行全面喷药 1～2 次，隔 7 d 喷药 1 次。

推荐使用药剂，90％乙膦铝可湿性粉剂 45 倍液，72％甲霜灵·锰锌可湿性粉剂 150 倍液。

2. 剑麻茎腐病

预警分三级，分别用蓝色、黄色、红色表示。

（1）蓝色（一级） 剑麻叶片 Ca 含量在 2％～2.5％，且高温期割叶，预计发病死亡率达 1％以上。

（2）黄色（二级） 剑麻叶片 Ca 含量在 1.5％～2.0％，Ca/K 值≤1，且高温期割叶，预计发病死亡率达 2.5％以上。

（3）红色（三级） 剑麻叶片 Ca 含量在 1.5％～2.0％，Ca/K 值≤0.75，且高温期割叶，预计发病死亡率达 3.5％以上（表 4 - 4）。

表 4 - 4 剑麻主要病虫害预警分级指标及防治措施

病虫害类别	预警分级	级别	分级指标	防治措施	推荐使用药剂
斑马纹病	蓝色	1	年降水量≥2 000 mm，死亡率≥1.5％	增施钾肥，株施氯化钾 0.1～0.125 kg，控施氮肥。发病初期对发病株及相临株喷药防治 2 次，隔 7～10 d，喷药防治 1 次	90％乙膦铝可湿粉剂 45 倍液，72％甲霜灵·锰锌可湿性粉剂 150 倍液
	黄色	2	年降水量≥2 000 mm，8～9 月连续降水≥7 d，0.8≥叶片 N/K 值≥0.5，死亡率≥2.5％	增施钾肥，株施氯化钾 0.125～0.15 kg，控施氮肥。发病初期对发病株及相临株喷药防治 2～3 次，隔 7～10 d，喷药防治 1 次	
	红色	3	年降水量≥2 000 mm，8～9 月强台风袭击连续阴雨≥7 d，当月降水量≥300 mm；叶片 N/K 值≥0.8，死亡率≥3.5％	增施钾肥，株施氯化钾 0.125～0.15 kg，禁施氮肥。发病初期对发病株及相临株喷药防治 2～3 次，台风过后对发病麻田和易感病田全面喷药 1～2 次，隔 7 d，喷 1 次	

（续）

病虫害类别	预警分级	级别	分级指标	防治措施	推荐使用药剂
茎腐病	蓝色	1	2.5%≥Ca含量≥2%，高温期割叶；发病死亡率≥1%	开割麻田当年施用石灰1 125 kg/hm²；麻田于4～9月割叶，割叶后2 d内对割口进行预防喷药1次	40%多·硫悬浮剂200倍液，50%多菌灵可湿性粉剂400倍液
	黄色	2	2%≥Ca含量≥1.5%，Ca/k≤1高温期割叶；发病死亡率≥2.5%	开割麻田当年施用石灰1 500 kg/hm²；麻田于4～9月割叶，割叶后2 d内对割口进行预防喷药1次	
	红色	3	2%≥Ca含量≥1.5%；Ca/k≤0.75，高温期割叶；发病死亡率≥3.5%	开割麻田当年施用石灰2 250 kg/hm²；麻田于4～9月割叶，割叶后2 d内对割口进行预防喷药1次	
新菠萝灰粉蚧	蓝色	1	晚秋干旱冬暖，损失≥10%	10～12月，1～3月各喷药防治1次	48%毒死蜱乳油600倍液，40%杀扑磷乳油600倍液，3%啶虫脒乳油600倍液
	黄色	2	冬春干旱，虫害爆发严重，损失≥20%	10～12月，1～3月各喷药防治2次，两次喷药间隔15 d	
	红色	3	晚秋及冬春干旱且冬暖，损失≥30%	10～12月，1～3月各喷药防治2次，4～6月喷药防治1～2次，两次连续喷药间隔15 d	

（三）农药安全使用标准

本标准适用于为防治农作物［包括粮食（水稻、小麦、玉米、高粱、花生）、棉花、蔬菜、果树、烟草、茶叶和牧草等作物］的病虫害而使用的农药（如六六六、敌百虫、马拉硫磷）。

1. 主题内容与适用范围　本标准为贯彻执行《中华人民共和国环境保护法》，在农业上安全合理使用农药，防止和控制农药对农产品和环境的污染，保障人体健康，促进农业生产而制订。

本标准适用于为防治农作物（包括粮食、棉花、蔬菜、果树、烟草、茶叶和牧草等作物）的病虫害而使用的农药。

2. 标准值　农药安全使用标准的项目及标准值见表4-5。

表4-5　农药安全使用标准的项目及标准值

作物	农药	剂型	常用药量或稀释倍数	最高用药量或稀释倍数	施药方法	最多使用次数（次）	最后一次施药离收获的天数（安全间隔期）（d）	实施说明
水稻	六六六	6%可湿性粉剂	500 g/亩	750 g/亩	喷雾、泼浇	4	不少于25	
	高丙体六六六	6%可湿性粉剂	500 g/亩	1.5 kg/亩	喷雾、泼浇	4	不少于15	
	甲（乙）六粉	15%甲一六〇五1%乙一六〇五	0.75～1 kg/亩	1.5 kg/亩	喷雾、泼浇	4	不少于25	

（续）

作物	农药	剂型	常用药量或稀释倍数	最高用药量或稀释倍数	施药方法	最多使用次数（次）	最后一次施药离收获的天数（安全间隔期）(d)	实施说明
水稻	敌百虫	90%固体	100 g/亩	100 g/亩	喷雾	3	不少于7	
	马拉硫磷（马拉松）	50%乳油	75 mL/亩	100 mL/亩	喷雾	3	不少于14	抽穗后用药
	杀螟硫磷（杀螟松）	50%乳油	75 mL/亩	100 mL/亩	喷雾	早稻3晚稻5	不少于14	
	倍硫磷	50%乳油	75 mL/亩	100 mL/亩	喷雾	早稻3晚稻5	不少于28	
	地亚农	50%乳油	150 mL/亩	150 mL/亩	喷雾	1	不少于30	
	西维因	25%可湿性粉剂	200 g/亩	250 g/亩	喷雾	2	不少于10	适用于华北地区
		25%可湿性粉剂	200 g/亩	250 g/亩	喷雾	4	不少于10	适用于华东地区早稻、晚稻可参照执行
		5%粉剂	1.5～2 kg/亩	2 kg/亩	喷雾	4	不少于15	
	杀虫双	25%水剂	250 mL/亩	250 mL/亩	喷雾	3	早稻不少于7晚稻不少于15	
	二氯苯醚菊酯	10%乳油	75 mL/亩	150 mL/亩	喷雾	早稻3晚稻4	分蘖末期前使用	
	稻脚青	20%可湿性粉剂	25～100 g/亩	125 g/亩	喷雾、撒施	1	分蘖末期前使用	
	稻宁	10%可湿性粉剂	200 g/亩	250 g/亩	喷雾、撒施	1	不少于40	
	杀虫脒	25%水剂	100 mL/亩	100 mL/亩	喷雾	1	不少于70	
			200 mL/亩	200 mL/亩	喷雾	1	不少于20	
	异稻瘟净	40%乳油	125 mL/亩	150 mL/亩	喷雾	5	抽穗前使用	40%乳油与其他药剂混用的常用药量为50 mL/亩，稻瘟净可参照执行
		10%颗粒剂	3 kg/亩	5 kg/亩	撒施	1		

（续）

作物	农药	剂型	常用药量或稀释倍数	最高用药量或稀释倍数	施药方法	最多使用次数（次）	最后一次施药离收获的天数（安全间隔期）（d）	实施说明
水稻	多菌灵	50%可湿性粉剂	50 g/亩	50 g/亩	喷雾	3	不少于30	
	百菌清	75%可湿性粉剂	100 g/亩	100 g/亩	喷雾	早稻3 晚稻5	不少于10	
	除草醚	25%可湿性粉剂	500～750 g/亩	1 kg/亩	撒施	2	秧田或插秧返青后使用	
	草枯醚	20%乳油	750 mL/亩	1 000 mL/亩	伴土撒施	2	秧田或插秧后10 d内使用	
	对硫磷（1 605）	50%乳油	100 mL/亩	100 mL/亩	喷雾	3	不少于30	
	甲基对硫磷	50%乳油	100 mL/亩	100 mL/亩	喷雾	3	不少于21	
	呋喃丹	3%颗粒剂	1 kg/亩	2 kg/亩	伴土撒施	1	不少于60	
	嘧啶氧磷	50%乳油	100 mL/亩	150 mL/亩	喷雾	1	不少于49	
	喹硫磷	25%乳油	50 mL/亩	100 mL/亩	喷雾	3	不少于14	
	叶蝉散	2%粉剂	1.5 mL/亩	1.5 kg/亩	喷雾	2	不少于30	
	三环唑	20%可湿性粉剂	100 g/亩	125 g/亩	喷雾	2	不少于35	
	速灭威	25%可湿性粉剂	南方200 g/亩	南方320 g/亩	喷雾	3	南方不少于14	
			北方140 g/亩	北方280 g/亩	喷雾	3	北方不少于25	
	甲胺磷	50%乳油	500 mL/亩 1 000 倍液	50 mL/亩 1 000 倍液	喷雾	2	不少于30	
	久效磷	50%乳油	30 mL/亩 2 000 倍液	40 mL/亩 10 000 倍液	喷雾	1	不少于30	
	丁草胺	60%乳油	100 mL/亩 500 倍液	200 mL/亩 250 倍液	喷雾	1	移栽4 d以后使用	
小麦	六六六	1%粉剂	1.5 kg/亩	1.5 kg/亩	喷粉	2	灌浆期前使用	
		1%粉剂	2.5 kg/亩	2.5 kg/亩	喷粉	1		
	高丙体六六六	1%粉剂	1.5 kg/亩	2.5 kg/亩	喷粉	3	不少于16	
	黏虫散	粉剂	1.5 kg/亩	1.5 kg/亩	喷粉	1	不少于9	
	乐果	40%乳油	100～125 mL/亩	125 mL/亩	低容量喷雾	3	不少于10	
	二氧苯醚菊酯	10%乳油	35 mL/亩	45 mL/亩	喷雾	3	不少于7	
	多菌灵	50%可湿性粉剂	75～100 g/亩	150 g/亩	喷雾	2	不少于20	
	绿麦隆	25%可湿性粉剂	200～300 g/亩	300 g/亩	喷雾	2	播种后出苗前或麦苗2叶1心期使用	
	粉锈宁	15%可湿性粉剂	55 g/亩	100 g/亩	喷雾	2	不少于20	
		20%可湿性粉剂	55 g/亩	75 g/亩	喷雾	2		
		20%乳油	40 mL/亩	80 mL/亩	喷雾	2	不少于30	

（续）

作物	农药	剂型	常用药量或稀释倍数	最高用药量或稀释倍数	施药方法	最多使用次数	最后一次施药离收获的天数（安全间隔期）(d)	实施说明
小麦	辛硫磷	50%乳油	0.1%种子量	0.2%种子量	拌种	1	拌种使用	
	氰戊菊酯	20%乳油	20 mL/亩	35 mL/亩	喷雾	3	不少于 13	
玉米	六六六	0.1%颗粒剂	1.5～2 g/株	5 g/株	施于喇叭口	1	心叶末期使用	
	高丙体六六六	0.5%颗粒剂	2 g/株	4 g/株				

三、龙舌兰麻抗病性鉴定技术规程

大田鉴定方法

》》剑麻斑马纹病

鉴定圃设置：鉴定圃应设置在重病区，具备良好的自然发病环境（主要是地势较低洼、易积水）条件。

鉴定材料：选存叶数 20 片以上、生长健壮且无病虫害的龙舌兰麻苗，同一种质要求各株形及大小比较整齐。

鉴定设计：设置已知感病品种（H.11648）一份作为对照材料，按随机区组设计，重复 4 次，将鉴定材料和对照材料种植于鉴定圃内。各参鉴种质麻苗数为 100 株。

病情调查与分级：每年高温多雨季节对所有种植麻苗的剑麻斑马纹病病害发生情况进行调查并分级，分级按 NY/T 222—2004 中附录 C 的规定执行。

病情指数按公式（4-1）计算：

$$DI = \frac{\sum(N_i \times i)}{3M} \times 100 \qquad (4-1)$$

式中：

DI——病情指数；

N_i——第 i 病害级的麻苗数，单位为株；

i——病害级别；

M——调查总麻苗数，单位为株。

抗性评价：当设置的感病对照材料病情指数达到 75 以上时，判断该批次鉴定有效。根据鉴定材料病情指数对各种质资源的抗病性进行评价，评价标准见表 4-6。

重复鉴定：用大田鉴定方法进行鉴定，需进行至少三年的重复鉴定。

表 4-6　抗性和病情指数

抗性	病情指数
免疫	0
高抗	$0 < DI \leqslant 25$
中抗	$25 < DI \leqslant 50$
中感	$50 < DI \leqslant 75$
高感	$75 < DI$

大田鉴定方法

>> 剑麻茎腐病

鉴定圃设置：鉴定圃应设置在重病区，具备良好的自然发病环境（主要是土壤缺钙致麻株叶片含钙量低于 2.5%）条件。

鉴定材料：选存叶数 20 片以上、生长健壮且无病虫害的龙舌兰麻苗，同一种质要求各株形及大小比较整齐。

鉴定设计：设置已知感病品种（H. 11648）一份作为对照材料，按随机区组设计，重复 4 次，将鉴定材料和对照材料种植于鉴定圃内。在植株恢复生长后，于高温多雨季节，每株用表面消毒过的锋利刀具在离叶基部 2～3 cm 处割除中下部的全部叶片（应保证割叶 11 片以上）。

病情调查与分级：每年高温多雨季节对所有种植麻苗的剑麻茎腐病病害发生情况进行调查并分级，分级按 NY/T 222—2004 中附录 C 的规定执行。

病情指数按公式（4-2）计算：

$$DI = \frac{\sum(N_i \times i)}{4M} \times 100 \qquad (4-2)$$

式中：

DI——病情指数；

N_i——第 i 病害级的麻苗数，单位为株；

i——病害级别；

M——调查总麻苗数，单位为株。

抗性评价：当设置的感病对照材料病情指数达到 50 以上时，判断该批次鉴定有效。根据鉴定材料病情指数对各种质资源的抗病性进行评价。

重复鉴定：用大田鉴定方法进行鉴定，需进行至少三年的重复鉴定。

活体接种鉴定方法

>> 剑麻斑马纹病

病原菌分离与纯化：以常规组织分离法从龙舌兰麻病株上分离斑马纹病病菌并纯化。按柯赫氏法则并经鉴定确认为烟草疫霉菌后，在室温下保存备用。

接种体的准备：供试菌株在胡萝卜培养基上培养 4 d，温度 28 ℃，用直径为 8 mm 的灭菌打孔器，在距离中心 3 cm 处打下菌饼作为接种体。

鉴定材料：用盆栽法培育龙舌兰麻种苗至存叶 20 片以上，选生长健壮、无病虫害的苗用于人工接种。

接种方法：采用叶面针刺法接种，每份种质 5 株，并设已知感病品种一份作为对照材料，重复 4 次。每株于不同方向选取种苗中下部的叶片 3 片，先用 70%酒精棉球擦拭叶片表面进行消毒后，再用灼烧灭菌后冷凉的大头针在距离叶基部 10 cm 处将叶片正面的表皮刺破，将菌饼的菌丝生长面贴在针刺的位置，用无菌湿棉花覆盖菌饼保湿，48 h 后除去棉花及菌饼，继续在温度为 25～30 ℃、湿度 80%以上的条件下培养。

病情调查与分级：接种后 10 d 进行病情调查与分级。

病情指数按公式（4-3）计算：

$$DI = \frac{\sum(N_i \times i)}{4M} \times 100 \qquad (4-3)$$

式中：

DI——病情指数；

活体接种鉴定方法

》》剑麻斑马纹病

N_i——第 i 病害级的叶片数，单位为片；

　i——病害级别；

M——调查总叶片数，单位为片。

抗性评价：当设置的感病对照材料病情指数达到 75 以上时，判断该批次鉴定有效。根据鉴定材料病情指数对各种质资源的抗病性进行评价，评价标准见表 4-7。

重复鉴定：经活体接种鉴定方法鉴定为免疫、高抗、中抗的种质资源，需按照大田鉴定方法对其抗病性进行至少一年的重复鉴定。

表 4-7　斑马纹病活体接种病害分级标准

病害级别	症状表现
0	叶片无病斑
1	叶片出现病斑，但不扩展
2	叶片出现病斑并向外扩展
3	叶片病斑向叶基部扩展达 5 cm 以上
4	病斑扩展到叶基部或茎部

》》剑麻茎腐病

病原菌分离与纯化：以常规组织分离法从龙舌兰麻病株上分离茎腐病病菌并纯化。按柯赫氏法则并经鉴定确认为烟草疫霉菌后，在室温下保存备用。

接种体的准备：供试菌株在 PDA 培养基上培养 7 d，温度 30 ℃，用无菌水将产生的分生孢子洗下，用血球计数板测定浓度，配成浓度为 107 个/mL 的分生孢子悬浮液。随配随用。

鉴定材料：用盆栽法培育龙舌兰麻种苗至存叶 20 片以上，选生长健壮、无病虫害的苗用于人工接种。

接种方法：采用割口接种法，每份种质 5 株，并设已知感病品种一份作为对照材料，重复 4 次。每株用表面消毒过的锋利刀具在离叶基部约 5 cm 处割除中下部的全部叶片，然后在割口上滴 0.1 mL 分生孢子悬浮液，在温度 25～30 ℃、湿度 80% 以上的条件下培养。

病情调查与分级：接种后 11 d，用直尺测量病斑的纵向长度（割口的中央至病斑最下端的距离），根据病斑的长度对病害进行分级。

病情指数按公式（4-4）计算：

$$DI = \frac{\sum(N_i \times i)}{4M} \times 100 \qquad (4-4)$$

式中：

DI——病情指数；

N_i——第 i 病害级的病斑数，单位为个；

　i——病害级别；

M——调查总病斑数，单位为个。

抗性评价：当设置的感病对照材料病情指数达到 50 以上时，判断该批次鉴定有效。根据鉴定材料病情指数对各种质资源的抗病性进行评价，评价标准见表 4-8。

重复鉴定：经活体接种鉴定方法鉴定为免疫、高抗、中抗的种质资源，需按照大田鉴定方法对其抗病性进行至少一年的重复鉴定。

活体接种鉴定方法

>> **剑麻茎腐病**

表 4-8　茎腐病活体接种病害分级标准

病害级别	病斑长度（r）（mm）
0	0
1	$0<r\leqslant10.0$
2	$10<r\leqslant30.0$
3	$30<r<50.0$
4	$r>50$

柯赫氏法则

>> **适用范围**

适用于植物病原物分离及确定的方法。

>> **共存性观察**

被疑为病原物的生物必须经常被发现于病植物体上。

>> **分　离**

应把该生物从病植物体分离出来，在培养基上养成纯培养。纯培养即只有该种生物而无其他生物的培养物。

>> **接　种**

上述纯培养接种于健康植物上，又引起与原样本相同的病害。

>> **再分离**

从上述接种引起的病植物再度进行分离而得纯培养。此纯培养与接种所用纯培养完全一致。

第五章 糖料作物

第一节 甘 蔗

一、甘蔗花叶病毒检测技术规范

> **简 介**
>
> 甘蔗花叶病毒，病原学名：*Sugarcane mosaic virus*，简称 SCMV，主要为害作物：除甘蔗外，最主要的为害作物有玉米和高粱等，主要为害部位为叶片。
>
> 分类地位：马铃薯 Y 病毒属（*Poty virus*）。

> **病原特征**
>
> 病毒特征：病毒粒体线状，大小（630～770 nm）×（13～15 nm），内含单链 RNA（核糖核苷酸），病毒丧失侵染能力的最低温度为 53～57 ℃，保持侵染能力的稀释限点 1 000～ 100 000 倍，体外存活期 27 ℃时为 17～24 h，－6 ℃ 时可存活 27 d。
>
> 甘蔗花叶病的症状：主要表现在叶片上。但染病蔗株可使整丛发病，病毒遍及全株。主要是叶绿素受到破坏或不正常发展而使叶部产生许多与叶脉平行的纵短条纹。其长短不一，有的浅黄色、有的浅绿色，与正常部分参差间隔成"花叶"，尤以新叶症状最为明显。

> **发病规律**
>
> 蚜虫是甘蔗花叶病自然传播的媒介，蚜虫取食带病蔗株后转移到无病蔗株就会传播；种茎带毒是甘蔗花叶病的主要传播和扩散途径，生产上，长期采用蔗茎作为无性繁殖材料，没有严格选用无病蔗种，种苗带毒十分突出，促进了病毒的积累和传播、扩散；收砍、耕作刀具未经消毒处理，交叉重复使用，有利于病毒交叉重复侵染害发生。

双抗夹心酶联免疫法

直接检测与生物学检测：蔗株直观测定法是直接检查蔗株叶片有无可见的花叶症状，这是一种最简单的方法。但由于蔗株出现症状需要较长时间，不能很快取得鉴定结果，而且由于环境影响等，使得花叶症状有时并不表现出来，无法用此检测。生物学测定法是把待检的病株汁液用人工摩擦接种方法接种于指示植物叶子上，如甘蔗品种 Cp31 - 588 和 Co281、高粱品种 Rio、Atlas 等，几天到几周后，在接种的指示植物上会表现出退绿、花叶等症状，以此断定甘蔗花叶病毒的存在。294、Cp31 - 588 和 Co281、高粱品种 Rio、Atlas 等，几天到几周后，在接种的指示植物上会表现出退绿、花叶等症状，以此断定甘蔗花叶病毒的存在溃疡病病菌。

> **检测鉴定**
>
> 实验室鉴定：1. 双抗夹心酶联免疫法（DAS - ELISA）、反转录-多聚链式聚合反应（RT - PCR）检测法。
>
> 取样：从种茎取样：取腋芽及周围组织 5～10 g，4 ℃条件可以保存 7 d。从组培苗取样：取叶片 1～4 g，4 ℃可以保存 7 d。

双抗夹心酶联免疫法

>> 检测鉴定

样品制备：从以上所取的材料中选 0.5～1.0 g 组织，加入 5 mL 抽提液研磨，4 000 r/min，离心 5 min，取上清做试样，4 ℃保存。阳性和阴性样品制备：阳性样品为携带有 SCMV 的材料或者试剂盒自带，阴性样品为不携带 SCMV 的材料或者试剂盒自带。

操作步骤：

（1）包被抗体：在酶标板中，每孔加入 200 μL SCMV 抗体（提前用包被缓冲液稀释），37 ℃条件下温育 2～4 h，或者 4 ℃条件下保湿过夜。

（2）洗板：用 PBST 缓冲液洗脱 4 次，每次洗 3～5 min。

（3）封闭：每孔加入 200 μL 封闭液，37 ℃保湿保存 1～2 h。

（4）洗板：重复（2）操作。

（5）加入检测样品：每孔加入 100 μL，设置阴性、阳性、空白对照（提取缓冲液），37 ℃条件下保湿 4 h，或者 4 ℃条件过夜。

（6）洗板：同（2）。

（7）加入酶标抗体：每孔加入 100 μL 经 ECL 缓冲液稀释的碱性磷酸酶标记抗体，37 ℃条件下保湿 2～4 h。

（8）洗板：同（2）。

（9）加底物溶液：每孔加入 100 μL 含 1 mg/mL PNP 底物显色缓冲液，室温条件避光保湿 30～60 min。

（10）终止反应：每孔加入 50 μL 3 mol/L NaOH 终止反应，在酶标仪上测定波长 405 nm吸光度，打印结果。

结果判定：①样品 OD405 值/样品 OD405 值大于或等于 2，判为阳性。②样品 OD405 值/样品 OD405 值小于或等于 1.5，判为阴性。③样品 OD405 值/样品 OD405 值在 1.5～2，重复试验，进一步确认。

反转录-多聚链式聚合反应（RT-RTPCR）RT检测法

>> 检测鉴定

RNA 提取步骤：从取样保存样品中切取 1 g 样品，加液氮在大小合适的离心管或研钵中研磨成粉末，转至 2 mL 离心管，加 600 μL 水饱和酚与 600 μL 2 倍 的 RNA 抽提缓冲液，混匀，4 ℃条件 12 000 r/min 离心 20 min，上清转移至新离心管，加入等体积 4 mol/L LiCl，混匀后 4 ℃沉淀过夜，4 ℃条件12 000r/min 离心 20 min，沉淀时用 70％乙醇漂洗数次，风干，用 30 μL DEPC 处理过的水溶解，－70 ℃保存备用。采用 RNA 提取试剂盒的，操作步骤参照产品说明书。阳性样品为已知带 SCMV 的材料或 SCMV 提纯液，阴性样品为已知不带SCMV 的材料，按同样方法制备和保存。

PCR 反应引物：反转录反应的引物有：上游引物（SCMV-F5）：5'- GAAGAWGTYTTC-CAYCAAKCWGGAAC-3'（W＝T/A，Y＝C/T，K＝G/T）下游引物（SCMV-R3）：5'-AGCTGTGTGTCTCTCTGTATTCTC-3'。

预期扩增片段 906 bp。

操作步骤：以样品总 RNA，以及阴性、阳性对照总 RNA 为模板，可选用一步法 RT-PCR试剂盒进行反转录和 PCR 扩增，实验步骤按产品说明书进行。若不是采用一步法 RT-PCR 试

>> **检测鉴定**

剂盒，以 SCMV－R3 为反转录引物，参照反转录酶产品说明合成 cDNA，然后在 PCR 反应管中依次加入 10×PCR 缓冲液 2 μL、10 mmol/L 的四种脱氧核糖核苷酸 dATP、dCTP、dGTP、dTTP 混合液 0.4 μL、上、下游引物各 0.4 μL、cDNA 模板 10～20ng、*Taq* DNA 聚合酶 0.25 μL，根据 cDNA 模板的用量加入无菌重蒸馏水，使 PCR 反应体系达到 20 μL，每个试样 3 次重复。以 4 000 r/min，离心 10 s 后，将 PCR 管放入 PCR 仪中，94 ℃预热 4 min，进行 35 次扩增循环 94 ℃变性 30 s，50 ℃退火 30 s，72 ℃延伸 1 min；72 ℃延伸 5 min。取出 PCR 反应管，对反应产物进行电泳检测或 4 ℃条件下保存备用。

扩增产物的电泳检测：将适量的琼脂糖加入 1×TAE 缓冲液中，加热将其溶解，配制成琼脂糖浓度为 1% 的溶液，然后按每 100 mL 琼脂糖溶液中加入 5 μL 溴化乙锭溶液的比例，加入溴化乙锭溶液，混匀，稍适冷却后，将其倒入电泳板上，室温下凝固成凝胶后，放入 1×TAE 缓冲液中。在每个泳道加入 7.5 μL 的 PCR 产物需和上样缓冲液混合，其中一个泳道中加入 DNA 分子量标记，接通电源进行电泳。

凝胶成像分析：电泳结束后，将琼脂糖凝胶置于凝胶成像系统成像仪上或紫外投射仪上成像，根据 DNA 分子量标记判断扩增出的目的条带的大小，将电泳结果形成文件存档或用照相系统拍照。

>> **反转录-多聚链式聚合反应（RT－PCR）检测法 结果判定**

如果阳性对照和检测样品中同时出现目的扩增条带，而阴性对照、空白对照均不出现该条带，该样品判为阳性；如果阳性对照出现目的扩增条带，而阴性对照、空白对照及检测样品中均不出现该条带，则该样品判为阴性；如果空白、阴性对照出现目的条带，阳性对照未出现目的条带，应重新进行 RT－PCR 检测（图 5-1）。

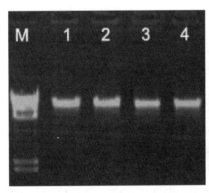
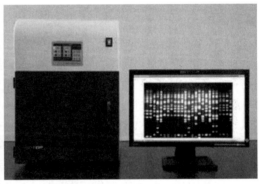

图 5-1 PCR 检测结果实例

（一）双抗夹心酶联免疫吸附测定 DAS－ELISA 法试剂及缓冲液配制

1. 抗体或试剂盒 SCMV 单克隆抗体，碱性磷酸酯酶标二抗，DAS－ELISA 检测试剂盒均来自市售。

2. 缓冲液及配制 除非另有说明，在分析中仅使用分析纯试剂，配制好的溶液在 4 ℃条件下保存。

（1）PBST 洗液（pH7.4） 氯化钠（NaCl）8.00 g，氯化钾（KCl）0.20 g，磷酸氢二钠

（Na$_2$HPO$_4$）1.15 g，磷酸二氢钾 KH$_2$PO$_4$ 0.20 g，吐温 20（Tween 20）0.5 mL，用蒸馏水溶解并定容至 1 000 mL。

（2）ECI 缓冲液　牛血清白蛋白 BSA2.0 g，聚乙烯吡咯烷酮（PVP），分子量 24 000～40 000 20.0 g，叠氮化钠（NaN$_3$）0.2 g，用蒸馏水溶解并定容至 1 000 mL。

（3）包被液 pH 9.6　碳酸钠（Na$_2$CO$_3$）1.59 g，碳酸氢钠（NaHCO$_3$）93 g，用蒸馏水溶解并定容至 1 000 mL。

（4）通用样品提取缓冲液 pH 7.4　亚硫酸钠（Na$_2$SO$_3$）1.3 g，聚乙烯吡咯烷酮 PVP，分子量 24 000～40 000 20.0 g，吐温 20（Tween20）20 mL，鸡蛋清粉 2.0 g，用 PBST 溶解并定容至 1 000 mL。

（5）封闭液（pH 7.4）　牛血清白蛋白 BSA 2.0 g，聚乙烯吡咯烷酮（PVP），MW 24 000～40 000 20.0 g，用 PBST 溶解并定容至 1 000 mL。

（6）PNP 底物显色缓冲液（pH 9.8）　二乙醇胺（C$_4$H$_{11}$NO$_2$）97 mL，氯化镁 MgCl$_2$ 0.1 g，用盐酸 HCl pH 至 9.8，用蒸馏水溶解并定容至 1 000 mL。

（二）反转录-多聚合酶链式反应 RT‐PCR 法试剂及缓冲液配制（除非另有说明，在分析中仅使用分析纯试剂，所用试剂和缓冲液均用 DEPC 焦碳酸二乙酯处理过的双蒸水配制）

1. 化学试剂

（1）三羟甲基氨基甲烷（Tris）。

（2）二水乙二胺四乙酸二钠（EDTA‐Na·2H$_2$O）。

（3）十二烷基磺酸钠（SDS）。

（4）氯化锂（LiCl）。

（5）三氯甲烷（chloroform）。

（6）异戊醇（isoamyl alcohol）。

（7）氯化钠（NaCl）。

（8）亚硫酸钠（Na$_2$SO$_3$）。

（9）溴化乙锭（EB）。

2. 分子生物学试剂

（1）各 10 mmol/L 的四种脱氧核糖核苷酸 dATP、dCTP、dGTP、dTTP 混合溶液。

（2）*Taq* DNA 聚合酶 5 单位/μL 及 10×PCR 反应缓冲液含 25 mmol/L Mg^{2+}。

（3）植物 RNA 提取试剂盒。

（4）反转录酶及缓冲液，反转录试剂盒。

（5）DNA 分子量标记。

（6）引物溶液：用 DEPC 处理过的水将上、下游引物分别配制成浓度为 10 μmol/L 的水溶液。

3. 缓冲液

（1）RNA 抽提缓冲液　20 mmol/L Tris HCl pH8.0，1% 十二烷基磺酸钠，200 mmol/L 氯化钠，5 mmol/L EDTA，1% 亚硫酸钠。

（2）加样缓冲液　称取溴酚蓝 250 mg，加水 10 mL，在室温下过夜溶解；再称取二甲苯腈蓝 250 mg，用 10 mL 水溶解；称取蔗糖 50 g，用 30 mL 水溶解，合并三种溶液，用水定容至 100 mL，在 4 ℃中保存。

（3）50×TAE 缓冲液　取 Tris 242.2 g，先用 300 mL 水加热搅拌溶解后，加 100 mL 500 mmol/L EDTA 的水溶液 pH 8.0，用冰乙酸调 pH 至 8.0，用水定容到 1 000 mL。

二、甘蔗病原菌检测规程——宿根矮化病菌环介导等温扩增检测法

》》为害症状

染病的蔗株变矮，蔗茎变细，生长迟滞，宿根发株少，遇土壤缺水尤为突出，严重时出现凋萎或叶尖顺缘干枯。内部症状表现在两方面：一是幼茎梢头部生长点以下 1 cm 左右的节部组织变橙红色，但颜色深浅常因品种不同而异，甚至有些品种不变色。二是成熟蔗茎的节部维管束变黄色到橙红色至深红色，尤以蜡粉带附近最明显。剖开变色的蔗茎，维管束呈点状或逗点状，有的延伸成短条状，往下延伸至节间。不是所有染病蔗株都会呈这种内部病状。

》》形态特征

菌体呈直或微弯的细长棒状，有的中部或一端膨大，内有间体。病原细菌在蔗株中分布不均匀，茎基部含菌量较大，往上逐渐减少，叶片、中脉和叶鞘含菌量更少。最常用的确切诊断方法，是用真空泵或气筒抽取或压出成熟蔗茎维管束汁液置于相差显微镜或暗视野显微镜下观察，以存在病原细菌并呈细小棒状、扭曲着做布朗运动为特征。

本病主要通过种苗和耕作机具如蔗刀、收获机、斩种机等将残留在土壤下的蔗头、蔗茎中的病原细菌传播及蔓延到健康蔗种，且传播性极强，病蔗的蔗汁稀释至 10 000 倍仍具有传染力，蔗汁放置室内 13 d、蔗刀受污染放置 7 d 均有传染力。

》》防治方法

1. 热水处理　最好选用成熟但不太老的中间节作种苗，处理前 1 d 用 50 ℃热水浸 10 min，后用 50 ℃热水浸种 2 h。可以用热空气处理，在电热鼓风恒温箱，54～58 ℃8 h；也可采用混合空气蒸汽处理，54 ℃或 53 ℃4 h。

2. 建立无病新品种群体和无病苗圃　从甘蔗实生苗开始，均选用无病品种。用具要经消毒。把获得的无病种苗与其他田块分开，逐步建立新品种群体及无病苗圃。

检验检测与鉴定

》》检疫鉴定

环介导等温扩增检疫鉴定方法分为样品的采集与前处理、总 DNA 提取、环介导等温扩增三个步骤，具体操作参见"宿根矮化病菌环介导等温扩增检测方法"。

》》取样方法

蔗茎：采集中部蔗茎 1～2 节，平行样的样品应采自同一蔗蔸的不同植株。蔗茎去皮后，采用钳子直接挤压出汁，蔗汁收集在 5～10 mL 无菌离心管中。也可采用带槽钻子直接在田间甘蔗蔗茎中部取汁。

组培苗：小苗样品采集全株，株高超过 25 cm 的也可采集叶片，2 叶为 1 份。

叶片：采集甘蔗植株中部带有中脉的叶片，1 片为 1 份，平行样的样品应采自同一蔗蔸的不同植株。

取样工具进行消毒处理，砍刀采用 3％的 H_2O_2 溶液浸泡 30 min 以上，其他工具采用 (121 ± 2)℃ $(1.1\times10^5$ Pa$)$ 高压灭菌 15 min 或 160 ℃干烤 2 h。取样过程中应避免样品交叉污染，每取 1 个样品后，取样工具用 75％乙醇进行擦拭消毒。取样和样品前处理过程中应戴一次性手套，每个样品采集 2 份平行样。样品采集后，置于一次性保鲜袋中，编号备用。

检验检测与鉴定

>> **结果判定与表述**

　　检测结果判定和表述：有目标扩增产物的 LAMP 反应液呈现绿色荧光，为绿色，判定为阳性，表示样本中含甘蔗宿根矮化病菌，表述为"该试样中检出甘蔗宿根矮化病菌"；其中没有目标扩增产物的 LAMP 反应液不呈现绿色荧光，为褐色，判定为阴性，表示样本中不含甘蔗宿根矮化病菌，表述为"该试样中未检出甘蔗宿根矮化病菌"。

>> **除害处理**

　　检验过程中使用的有关材料料和用具，在使用完毕后须进行消毒和除害处理。经检疫鉴定后的种子样品应保存在 4 ℃ 冰箱内，叶片和果实样品应保存在 −20 ℃ 以下或冻干保存 3 个月备查，保存期满后，进行灭活处理。

（一）材料、仪器及试剂配制

1. 试剂　除另有规定外，所用试剂均为分析纯。

（1）2×CTAB 抽提缓冲液　配方见表 5 - 1，该缓冲液在 121 ℃ 下热灭活 20～30 min，使用前加入 0.1%（V/V）的 β-巯基乙醇。

表 5 - 1　2×CTAB 抽提缓冲液配制方法

组分	配制量（L）	配置方法
1.0 mol/L Tris - HCl（pH8.0）母液	1.0	称取 121.1 g Tris，溶解于 800 mL 的 ddH$_2$O 中，用 6 mol/L HCl 调节 pH 至 8.0 后，用 ddH$_2$O 定容到 1.0 L
0.5 mol/L EDTA（pH8.0）母液	1.0	称取 186.1 g Na$_2$EDTA·2H$_2$O，加入 800 mL ddH$_2$O，充分搅拌，用 2 mol/L NaOH 调节 pH 至 8.0 后，用 ddH$_2$O 定容到 1.0 L
2×CTAB 抽提缓冲液	1.0	依次加入 20 g 的 CTAB 粉末，100 mL 的 1.0 mol/L Tris - HCl（pH8.0）母液，40 mL 的 0.5 mol/L EDTA（pH8.0）母液，81.816 g 的 NaCl，用 ddH$_2$O 定容到 1.0 L

（2）氯仿/异戊醇（V/V）=24∶1。

（3）检测引物序列

F3：5'- ACATCGGTACGACTGGGT - 3'

B3：5'- TGGCCGACCAAAAAAGGT - 3'

FIP（F1c+ F2）：5'- GGCGTACTAAGTTCGAGCCGTT - GGTCAGCTCATGGGTGGA - 3'

BIP（B1c+B2）：5'- CCTCGCACATGCACGCTGTT - CTCAGCGTCTTGAAGACACA - 3'

LF：5'- CTCCGCACCAATGTCAATGT - 3'

LB：5'- CTGAGGGACCGGACCTCATC - 3'

（4）其他试剂　dNTP Mixture（各 10 mmol/L）；含有 10×Reaction Buffer（反应缓冲液）的 *Bst* DNA 聚合酶；乙二胺四乙酸二钠（Na$_2$EDTA·2H$_2$O）；6 mol/L 盐酸（HCl）；2 mol/L 氢氧化钠（NaOH）；嵌入型染料 SYBR Green I（1 000×）；乙醇；异丙醇；β-巯基乙醇；75% 乙醇；液氮；过氧化氢（H$_2$O$_2$）。

2. 仪器及用具

高速台式冷冻离心机：相对离心力 12 000g 以上，温度 4～8 ℃。

常温离心机：相对离心力 3 000g 以上。

小型离心机：可用于 PCR 反应管瞬间低速离心用的小型离心机。

微量加样器：0.1～2.5 μL，1～10 μL，2～20 μL，10～100 μL，20～200 μL，100～1 000 μL。

恒温水浴锅：要求具有显示温度的功能。

其他设备：冰箱（2～4 ℃ 和 −20 ℃）；高压灭菌锅；鼓风干燥箱；液氮罐；核酸蛋白分析仪或紫外分光光度计；电子天平（感量 0.001 g）。

取样工具：砍刀、剪刀、镊子、带槽钻子、钳子。

耗材：离心管、PCR 反应管、Tip 头、滴管、100 mL 和 1 000 mL 容量瓶、100 mL 和 1 000 mL 细口瓶。

3. 2×CTAB 抽提缓冲液配制方法

（二）宿根矮化病菌环介导等温扩增检测方法

1. 样品的与前处理

（1）对照材料

阳性对照：用已知含甘蔗宿根矮化病原菌的样品作阳性对照。

阴性对照：用已知不含甘蔗宿根矮化病原菌的样品作阴性对照

空白对照：用等体积的无菌 ddH_2O 替代样品作空白对照。

（2）样品存放与运送　样品采集后，应放置在 4 ℃左右的冰箱中，建议在 1 d 进行后续操作，但可以延长到 4 d。若需长途运送，可采用保温箱中加冰块密封后运送。

2. 总 DNA 提取

（1）取数支 2.0 mL 无菌离心管，并进行编号。

（2）称取 0.2 g 甘蔗组培苗和叶片样品，加入液氮研磨成粉末状（研磨过程要保持液氮不挥发干净），用小药勺将组织粉末转移到 2.0 mL 无菌离心管中，待液氮挥发完，备用；取 2.0 mL 蔗汁样品于 2 mL 无菌离心管中，室温下 3 000g 离心 5 min，将上清液转移至新的无菌离心管中，室温下 12 000g 离心 10 min，弃上清液，留下沉淀，备用。

（3）向装有样品的离心管中加入 800 μL 预热（约 65 ℃）的 2×CTAB 抽提缓冲液，充分摇匀。65 ℃保温 40 min，保温期间，每隔 5 min 颠倒 3～4 次混匀。

（4）4 ℃下 12 000g 离心 10 min，弃沉淀，取上清液移至新的无菌离心管中，加入等体积氯仿/异戊醇（体积/体积 ＝ 24：1），剧烈振荡 30 s。

（5）取上层清液至另一新的无菌离心管中，加入 2/3 体积预冷（－20 ℃）的异丙醇或 2 倍体积的 100％乙醇，轻轻颠倒混匀，于－20 ℃下放置 30 min 或 4～8 ℃下静置过夜，待 DNA 析出。

（6）4 ℃下 12 000g 离心 15 min，获得 DNA 沉淀。用 500 μL 75％乙醇将 DNA 洗涤 2 次。4 ℃下 4 500g 离心 5 min，弃去上清液，晾干或用灭菌过的滤纸吸干后，加灭菌双蒸水 50 μL 溶解（大约 0.5 h），得到样品 DNA 溶液。

（7）取样品 DNA 溶液 5.0 μL，加无菌水稀释至 1.0 mL，用核酸蛋白分析仪或紫外分光光度计，测定波长 260 nm 和 280 nm 处的吸光值 A_{260} 和 A_{280}，A_{260}/A_{280} 值在 1.7～2.1 才能用于后续试验。如该比值不在此区间，说明质量不符合要求，应重新制备样品 DNA 溶液。DNA 浓度按公式（5-1）计算：

$$c＝A×N×50/1\ 000 \qquad\qquad (5-1)$$

式中：

c ——DNA 浓度，单位为微克每微升（μg/μL）；

A ——260 nm 处的吸光值；

N ——DNA 稀释倍数，本操作稀释倍数为 200。

将样品 DNA 溶液的浓度调整到 20ng/μL 左右，置－20 ℃保存备用。

3. 环介导等温扩增

（1）在冰上融化各反应组分，瞬间低速离心（约 2 000g 下离心 3～5 s，下同），根据测试样品数量，计算好各试剂的使用量，每份样品应设置 2 个平行反应。

（2）除样品外，按下表配制反应混合液，全部加完并充分混合均匀后，盖上离心管的盖子，瞬间低速离心。再打开离心管的盖子，用微量加样器向每个 PCR 反应管中各分装 24.0 μL（表 5-2）。

表 5-2　LAMP 扩增反应混合液配制方法（25 μL 例子）

组分	使用量（μL）	25 μL 反应体系中终浓度
10×ThermoPol Reaction Buffer	2.5	1×
dNTPs Mixture（各 10 mmol/L）	3.5	1.4 mmol/L
MgSO₄（50 mmol/L）	1.875	5.75 mmol/L

（续）

组分	使用量（μL）	25 μL 反应体系中终浓度
FIP（10 μmol/L）	2.0	0.8 μmol/L
BIP（10 μmol/L）	2.0	0.8 μmol/L
F3 Primer（10 μmol/L）	0.5	0.2 μmol/L
B3 Primer（10 μmol/L）	0.5	0.2 μmol/L
LF Primer（10 μmol/L）	1.0	0.4 μmol/L
LB Primer（10 μmol/L）	1.0	0.4 μmol/L
Bst DNA 聚合酶（8 000 U/mL）	1.0	0.32U/μL
样品	1.0	
ddH$_2$O	8.125	—

注：10×Reaction Buffer 为 *Bst* DNA 聚合酶（8 000 U/mL，800U/管）的缓冲液，其中含 20 mmol/L MgSO$_4$，反应体系中 Mg^{2+} 的终浓度为 5.75 mmol/L。

（3）在已设定的 PCR 反应管中分别加入样品 DNA 溶液各 1.0 μL，空白对照加 1.0 μL 无菌 ddH$_2$O 代替样品 DNA 溶液，盖上 PCR 反应管的盖子，瞬间低速离心。

（4）再打开 PCR 反应管的盖子，使用量程为 0.1～2.5 μL 的微量加样器，在 PCR 反应管盖子的内表面，加 1.0 μL 嵌入型染料 SYBR Green I（1 000×），盖上 PCR 反应管。

（5）将上述加样后的 PCR 反应管在 65 ℃下温育 30 min，之后在 80 ℃下保温 3 min 以终止反应。

（6）瞬间低速离心，即可进行结果判定。

每次检测实验均应设阳性对照、阴性对照和空白对照。

（三）缩略语

LAMP：loop‐mediated isothermal amplification，环介导等温扩增

dNTPs Mixture：deoxyribonucleoside triphosphates mixture，脱氧核苷三磷酸混合液

ddH$_2$O：double distilled H$_2$O，双蒸水

CTAB：hexadecyltrimethylammonium bromide，十六烷基三甲基溴化铵

Tris：tris（hydroxymethyl）methyl aminomethane，三（羟甲基）氨基甲烷

EDTA：Edetate disodium，乙二胺四乙酸钠

LF：forward loop primer，正向环引物

LB：backward loop primer，反向环引物

F3（forward outer primer），正向外引物

B3（backward outer primer），反向外引物

FIP（forward inner primer），正向内引物

BIP（backward inner primer），反向内引物

第二节　甜　菜

甜菜丛根病检验——酶联免疫法

>> **简　介**

　　甜菜丛根病（英文名：Sugarbeet rhizomania，学名：Beet necrotic yellow vein virus 简写 BNYVV，病原中文名：甜菜黄脉坏死病毒）是世界范围分布的一种毁灭性病害，我国内蒙古、新疆于 1978 年、1981 年先后发现，减产 22%～44%。

>> 典型症状

该病基本症状为根毛坏死，次生侧根、根毛异常增生或陆续坏死，大量次生侧根和根毛成团集结，块根、侧根剖面维管束有黄褐色条纹，且地上部症状多变。生产上可进一步分为坏死黄脉型、黄化型和黄色焦枯型及黑色焦枯型 4 种类型。坏死黄脉型在叶片上沿叶脉呈鲜黄色至橙黄色，后沿叶脉形成褐色坏死，根部具典型的丛根症状。黄化型叶片变淡黄至黄绿色，严重时变成近白色，类似缺肥黄化，叶片变薄，叶片直立或狭长，根部有丛根症状。黄色焦枯型叶片主脉间出现大面积褐色坏死，叶片下垂，中午烈日下暂时萎蔫，早上可恢复，根部具严重的丛根症状。黑色焦枯型叶片叶脉间出现黑褐色焦枯，初期表现为零散的黑褐色大小不等的不规则枯斑，叶片通常直立向上，向内卷曲，根部根毛大量坏死，但丛根症状不很明显。

>> 发病条件

坏死黄脉型、黄化型和黄色焦枯型甜菜丛根病是由 PolymyxabetaeKeskin（称甜菜多黏菌）传播的。在显微镜或电镜下已观察到寄主体外甜菜多黏菌游动孢子内有甜菜坏死黄脉病毒存在。甜菜多黏菌侵入到根部以后，在寄主细胞里先形成原始型原生质，然后形成单核变形体，细胞核经多次分裂后再形成多核原质体，原质体外具 1 层膜，成熟后形成游动孢子囊，其中每个细胞核形成 1 个游动孢子，成熟后通过溢出管释放至体外，完成上述过程需 10 d 左右。释放出的游动孢子又可进行重复侵染。其侵染过程是当甜菜多黏菌游动孢子释放到水中后即开始游动，为球形或洋梨形，具 2 根不等长鞭毛，经一段时间游动后，先以长鞭毛与甜菜幼根表面接触，进而完全附着在根表面，鞭毛消失形成胞囊，在根表面静止数分钟至半小时后侵入寄主，游动孢子也可不经运动直接侵入，侵入后 1～3 d 甜菜根细胞中即现小球形原始型原生质。至于黑色焦枯型病株，是由番茄黑环病毒侵染甜菜的一个株系引起的，病毒主要集中在根部为害。发生数量多于 BNYVV 病株，我国内蒙古、东北及新疆甜菜产区主要是黑色焦枯型丛根病，是由长针线虫传播的一种土传病害。

检验检测与鉴定

>> 原 理

测定时，把受检标本和酶标抗原或抗体按不同的步骤与固相载体表面的抗原或抗体起反应，用洗涤的方法使固相载体上形成的抗原抗体复合物与其他物质分开，最后结合在固相载体上的酶量与标本中受检物质的量有一定的比例，加入酶反应的底物后，底物被酶催化变为有色产物，产物的量与标本中受检物质的量呈正比，根据颜色反应的深浅进行定性分析。

>> 取样方法

取甜菜须根，洗净，称取 0.1 g，加 1.0 mL 样品提取缓冲液，在研钵上研磨至均匀悬浮状备用。

>> 实验步骤

(1) 在酶标板中每孔加入 200 μL 抗体溶液，在 37 ℃下保持 2～4 h。

(2) 用 PBS 磷酸缓冲液冲洗（可使用洗板机）3 次（每次浸泡几分钟），将酶标板倒扣在滤纸上，轻敲吸干。

(3) 在每个孔中加入 200 μL 检测样品，2 次重复，同时做阴性对照、阳性对照以及样品空白，在 4 ℃下过夜。

(4) 重复 (2)，加入酶标抗体溶液 200 μL，在 37 ℃下温育 4 h。

(5) 重复 (2)，加入 4 -硝基苯磷酸盐溶液 200 μL，室温下 30～60 min，或延长至理想反应结果，目测结果。

检验检测与鉴定

>> **结果判定与报告**

　　根据酶标板的显色反应，进行结果判定。显色反应中，阳性对照为黄色，若检测样品呈现黄色即为含有甜菜坏死黄脉病毒，可以定性为该检测样品感染甜菜丛根病。使用购买的甜菜丛根病 ELISA 检验试剂盒进行检验，按照试剂盒的说明进行。

（一）试剂和材料

　　除非另有说明，本标准所用试剂，均指分析纯试剂；所使用的水符合 GB/T 6682 中规定的三级水规定。

　　（1）0.5 mol/L 盐酸溶液　取浓盐酸（HCl）45 mL 用水定容至 1 000 mL。

　　（2）1.0% 氢氧化钠（NaOH）溶液　称取 1 g 氢氧化钠（NaOH），用水定容至 100 mL。

　　（3）包被缓冲液（pH9.6）　分别准确称取无水碳酸钠（Na_2CO_3）1.59 g，碳酸氢钠（$NaHCO_3$）2.93 g，叠氮化钠（NaN_3）0.20 g，然后在 900 mL 水中溶解，用 0.5 mol/L 盐酸溶液（1）调节 pH 至 9.6，用水定容至 1 000 mL。

　　（4）PBS 磷酸缓冲液（pH7.4）　分别称取氯化钠（NaCl）8.0 g，磷酸二氢钾（KH_2PO_4）0.2 g，磷酸氢二钠（Na_2HPO_4）1.15 g，氯化钾（KCl）0.2 g，叠氮化钠（NaN_3）0.2 g，然后在 900 mL 水中溶解，用 1.0% 氢氧化钠溶液（2）或 0.5 mol/L 盐酸溶液（1）调节 pH 为 7.4，用水定容至 1 000 mL。

　　（5）PBS - Tween（PBST）缓冲液　吸取 0.5 mL 吐温 20，用溶液 PBS 磷酸缓冲液（4）定容至 1 000 mL。

　　（6）样品提取缓冲液　称取聚乙烯吡咯烷酮（C_6H_9NO）$_n$ 2.0 g，用 PBS - Tween（PBST）缓冲液（5）溶解，并定容至 100 mL。

　　（7）连接缓冲液　称取聚乙烯吡咯烷 N（C_6H_6NO）$_n$ 2.0 g，卵蛋白质 2.0 g，用 PBS - Tween（PBST）缓冲液（5）60 mL 溶解，并定容至 100 mL。

　　（8）底物缓冲液　称取叠氮化钠（NaN_3）0.2 g，在 600 mL 水中溶解，加入二乙醇胺（$C_4H_{11}NO_2$）97 mL，用 0.5 mol/L 盐酸溶液（1）调节 pH 为 9.8，用水定容至 1 000 mL。

　　（9）试剂组成

　　①阳性对照物。

　　②阴性对照物。

　　③一抗 IgG。

　　④二抗 IgG - AP。

　　（10）抗体（IgG）溶液配制　用包被缓冲液（3）根据一抗 IgG 说明进行稀释。

　　（11）酶标抗体（IgG - AP）溶液配制　用包被缓冲液（3）根据二抗 IgG - AP 说明进行稀释。

　　（12）1 mg/mL 4 - 硝基苯磷酸盐配制　准确称取 4 - 硝基苯磷酸盐（$C_6H_4NNa_2O_6P$）0.1 g，用底物缓冲液（8）溶解，并定容至 100 mL。

（二）植物有害生物样本鉴定报告见表5-3。

表5-3　植物有害生物样本鉴定报告

植物名称				品种名称	
植物生育期		样品数量		取样部位	
样品来源		送检日期		送检人	
送检单位				联系电话	
检测鉴定方法：					
检测鉴定结果：					
备注：					
鉴定人（签名）： 审核人（签名）： 鉴定单位盖章： 　年　　月　　日					

注：本单一式三份，检测单位、受检单位和检疫机构各一份。

第六章　蔬　　菜

第一节　综　合　类

一、十字花科小菜蛾抗药性监测技术规程

>> **基本术语**

范围：规定浸叶法监测小菜蛾（*Plutella xylostella* L.）抗药性的方法；适用于小菜蛾对杀虫剂抗药性监测。

抗药性（insecticide resistance）：由于杀虫剂的使用，在昆虫或螨类种群中发展并可以遗传给后代的对杀死正常种群药剂剂量的忍受能力。

F_1 代（F_1 generation）：从田间采集害虫的卵或幼虫、室内饲养，繁殖后得到第 1 代幼虫。

敏感基线（susceptibility baseline）：通过生物测定方法得到的害虫敏感品系（或种群）对杀虫剂的剂量反应曲线。

浸叶法（leaf‐dipping method）：将浸过药液的叶碟置于含琼脂或保湿滤纸上，接入靶标昆虫进行的生物测定方法。

>> **试剂与材料**

试虫：小菜蛾（*Plutella xylostella* L.），田间采集，经室内饲养的 F_1 代 3 龄幼虫。

供试植物：未被药剂污染的甘蓝（*Brassica oleracea*）。

试验药剂：原药或母药。

>> **仪器设备**

- 电子天平（感量 0.1 mg）；
- 培养皿（直径 7 cm，高 1.5 cm）；
- 养虫笼（长 40 cm×宽 40 cm×高 40 cm）；
- 移液管或移液器（200 μL，1 000 μL，5 000 μL）；
- 容量瓶（10 mL，25 mL）；
- 烧杯（500 mL）；
- 恒温培养箱、恒温养虫室或人工气候箱；
- 其他实验室常用仪器设备。

>> **分级标准**

小菜蛾抗性水平的分级标准见表 6-1。

表 6-1　小菜蛾抗性水平的分级标准

抗性水平分级	抗性倍数（RR）
低水平抗性	$RR \leqslant 10.0$
中等水平抗性	$10.0 < RR < 100.0$
高水平抗性	$RR \geqslant 100.0$

抗性倍数按公式（6-1）计算。

$$抗性倍数 = \frac{测试种群的 LC_{50}}{敏感品系的 LC_{50}} \qquad (6-1)$$

>> 数据统计与分析

计算方法：根据调查数据，计算各处理的校正死亡率。按公式（6-2）、公式（6-3）计算，计算结果均保留到小数点后两位。

$$P_1 = \frac{K}{N} \times 100 \qquad\qquad (6-2)$$

$$P_2 = \frac{P_t - P_0}{1 - P_0} \times 100 \qquad\qquad (6-3)$$

式中：

P_1——死亡率，单位为百分率（%）；

K——表示死亡虫数，单位为头；

N——表示处理总虫数，单位为头；

P_2——校正死亡率，单位为百分率（%）；

P_t——处理死亡率，单位为百分率（%）；

P_0——空白对照死亡率，单位为百分率（%）。

*若对照死亡率<5%，无需校正；对照死亡率在5%～20%，应按公式（6-3）进行校正；对照死亡率>20%，试验需重做。

统计分析：采用 SAS、EPA、POLO、BA、DPS 等统计分析系统软件的几率值分析法进行统计分析，求出每个药剂的毒力回归方程式、LC_{50} 值及其 95% 置信限、b 值及其标准误。

>> 试验过程

1. 试材准备

（1）试虫　选当地具有代表性的菜田 2～3 块，每块田随机多点采集生长发育较一致的小菜蛾高龄幼虫或蛹，每地采集幼虫或蛹 200 头以上，置于事先放置的寄主植物叶片的养虫盒中，供室内饲养；采集的幼虫在室内用寄主植物饲养成成虫分批产卵，取 F_1 代 3 龄初期幼虫供试。

（2）供试植物　使用新鲜、洁净、无农药污染的甘蓝叶片，并制成直径 6.5 cm 的圆片供试。

2. 药剂配制　将药剂原药或母药溶于有机溶剂（如丙酮、乙醇等），按要求配成一定浓度的母液。

3. 处理方法　用含 0.05% 的 Triton X-100 的蒸馏水稀释母液成系列梯度浓度（通过预实验确定药剂的浓度系列范围，最低浓度时死亡率小于 20%，最大浓度时死亡率大于 80%），每质量浓度药液量不少于 200 mL。将清洗干净的甘蓝叶片浸于不同浓度的溶液中 10 s，取出后在室内晾干至表面无水。用 0.05% Triton X-100 水溶液浸渍的叶片作为对照。将晾干的叶片放入培养皿或试管中，用滤纸或琼脂保湿，接入 3 龄幼虫，单头饲养，每个处理 10 头幼虫，重复 3 次。

4. 结果检查　根据杀虫剂的速效性分别于接虫后 48～96 h 后检查。啶虫隆等昆虫生长调节剂、Bt 等微生物制剂，于药后 72～96 h 调查，速效性好的药剂于药 48 h 调查。

以小毛笔或尖锐镊子轻触虫体，不能协调运动个体视为死亡。

小菜蛾对部分杀虫剂敏感毒力基线见表 6-2。

表 6-2　南京敏感品系（NJS）和北京敏感品系（BJS）对部分杀虫剂的毒力基线数据

药　剂	LC_{50}（mg a.i/L）	毒力回归方程	95% 置信限	备注
氯虫苯甲酰胺	0.23	$Y=0.98X+5.63$	0.18～0.28	（XJS）
氟苯虫酰胺	0.06	$Y=2.45X+7.94$	0.04～0.10	（BJS）
阿维菌素	0.02	$Y=2.04X+8.50$	0.01～0.03	（NJS）
苏云金杆菌	0.26	$Y=1.54X+0.91$	0.03～0.50	（BJS）
多杀菌素	0.12	$Y=2.05X+6.96$	0.09～0.14	（NJS）
高效氯氰菊酯	3.55	$Y=1.85X-4.06$	3.05～5.21	（NJS）

（续）

药　剂	LC_{50} （mg a. i/L）	毒力回归方程	95%置信限	备注
啶虫隆	0.33	$Y=1.59X-5.77$	0.11～0.58	（NJS）
丁醚脲	21.39	$Y=1.46X-2.86$	18.52～46.11	（BJS）
溴虫腈	0.40	$Y=1.17X+5.47$	0.20～0.79	（BJS）
茚虫威	0.52	$Y=1.48X+5.42$	0.37～0.72	1 （NJS）
氰氟虫腙	16.31	$Y=1.69X+2.95$	8.38～31.75	（BJS）

注：由敏感品系（NJS）的毒力基线制订，2001 年引自英国洛桑试验站，在室内经单对纯化筛选的敏感品系。在不接触任何药剂的情况下在室内饲养。北京敏感品系（BJS）的毒力基线制订，1995 年引自美国康奈尔大学，在室内经单对纯化筛选的敏感品系，在不接触任何药剂的情况下在室内饲养。

二、蔬菜夜蛾类害虫抗药性监测技术规程

》》 基本术语

范围：规定蔬菜夜蛾类害虫抗药性监测的基本方法；适用于为害蔬菜的甜菜夜蛾（*Spodoptera exigua* Hübner）、斜纹夜蛾（*Prodenia litura* Fabricius）等夜蛾类害虫对具有触杀、胃毒作用杀虫剂抗药性监测。

抗药性（insecticide resistance）：由于杀虫剂的使用，在昆虫或螨类种群中发展并可以遗传给后代的对杀死正常种群药剂剂量的忍受能力。

F_1 代（F_1 generation）：从田间采集害虫的卵或幼虫、室内饲养，繁殖后得到的第 1 代幼虫。

敏感基线（susceptibility baseline）：通过生物测定方法得到的害虫敏感品系（或种群）对杀虫剂的剂量反应曲线。

点滴法（topical application method）：通过一定的工具或设备将丙酮等溶解的药剂滴加到靶标昆虫体壁进行的生物测定方法。

浸叶法（leaf - dipping method）：将浸过药液的叶碟置于含琼脂或保湿滤纸上，接入靶标昆虫进行的生物测定方法。

》》 试剂与材料

1. **试虫**　甜菜夜蛾（*Spodoptera exigua* Hubner）、斜纹夜蛾（*Prodenia litura* Fabricius）
2. **供试植物**　未被药剂污染的甘蓝（*Brassica oleracea*）。
3. **供试药剂**　原药或母药。

》》 仪器设备

- 电子天平（感量 0.1 mg）；
- 培养皿（直径 5 cm，高 1.2 cm；直径 18.5 cm，高 3 cm）；
- 养虫笼（长 40 cm×宽 40 cm×高 40 cm）；
- 移液管或移液器（200 μL，1 000 μL，5 000 μL）；
- 容量瓶（10 mL，25 mL）；
- 微量点滴器：容积通常为 0.4～0.6 μL（精确度为 0.1 μL）；
- 恒温培养箱、恒温养虫室或人工气候箱；
- 其他实验室常用仪器设备。

》》 分级标准

见表 6 - 3。

表 6 - 3　蔬菜夜蛾类害虫抗性水平的分级标准

抗性水平分级	抗性倍数（*RR*）
低水平抗性	$RR \leqslant 10.0$
中等水平抗性	$10.0 < RR < 100.0$
高水平抗性	$RR \geqslant 100.0$

抗性倍数按公式（6 - 4）计算。

$$抗性倍数 = \frac{测试种群的 LC_{50}}{敏感品系的 LC_{50}} \tag{6-4}$$

>> 数据统计与分析

计算方法：根据调查数据，计算各处理的校正死亡率。按公式（6-5）和公式（6-6）计算，计算结果均保留到小数点后两位。

$$P_1 = \frac{K}{N} \times 100 \qquad\qquad (6-5)$$

P_1——死亡率，单位为百分率（%）；

K——表示死亡虫数，单位为头；

N——表示处理总虫数，单位为头。

$$P_2 = \frac{P_t - P_0}{1 - P_0} \times 100 \qquad\qquad (6-6)$$

P_2——校正死亡率，单位为百分率（%）；

P_t——处理死亡率，单位为百分率（%）；

P_0——空白对照死亡率，单位为百分率（%）。

* 若对照死亡率<5%，无需校正；对照死亡率在5%～20%，应按公式6-6进行校正；对照死亡率>20%，试验需重做。

统计分析：采用 SAS、EPA、POLO、BA、DPS 等统计分析系统软件的几率值分析法进行统计分析，求出每个药剂的毒力回归方程式、LC_{50}值及其95%置信限、b值及其标准误。

>> 试验过程

1. 试材准备

（1）试虫　在监测田按抽样方法采集靶标害虫（甜菜夜蛾、斜纹夜蛾）幼虫或卵，幼虫不少于200头，卵块不少于30块；采集的幼虫或卵块在室内饲养到成虫分批产卵，取 F_1 代3龄初期幼虫供试。

（2）供试植物　使用新鲜、洁净、无农药污染的甘蓝叶片。

2. 药剂配制　将药剂原药或母药溶于有机溶剂（如丙酮、乙醇等），按要求配成一定浓度的母液。

3. 处理方法

（1）点滴法　挑取个体大小一致的3龄幼虫，每10头放入一个培养皿内，稳重。用丙酮或其他易挥发有机溶剂将母液稀释成系列浓度（通过预实验确定药剂的浓度系列范围，最低浓度时死亡率小于20%，最大浓度时死亡率大于80%）。用微量点滴器将 $0.2\sim0.5~\mu L$ 杀虫剂溶液点滴在幼虫的前胸背板上。每个处理点滴20头幼虫，单头饲养，以点滴相应体积的溶剂作为空白对照，实验重复3次。将处理后的试虫放入具有甘蓝叶片的培养皿内。

（2）浸叶法　用含0.05% Triton X-100的蒸馏水稀释母液成系列梯度浓度（通过预实验确定药剂的浓度系列范围，最低浓度时死亡率小于20%，最大浓度时死亡率大于80%），每质量浓度药液量不少于200 mL。将清洗干净的甘蓝叶片浸于不同浓度的溶液中10 s，取出后在室内晾干至表面无游离水。用0.05% Triton X-100水溶液浸渍叶片作为对照。将晾干的叶片放入培养皿或试管中，用滤纸或琼脂保温，接入3龄幼虫，单头饲养，每个处理10头幼虫，重复3次。

4. 结果检查　根据杀虫剂的速效性分别于接虫后48～96 h检查。氯虫苯酰胺等双酰胺类、氟铃脲等昆虫几丁质合成抑制剂、阿维菌素等微生物制剂，于药后72 h调查，速效性好的药剂于药后48 h调查。以小毛笔或尖锐镊子轻触虫体，不能协调运动的个体视为死亡。

蔬菜夜蛾类害虫对部分杀虫剂敏感毒力基线

从河北省农业科学研究院等单位引进的甜菜夜蛾幼虫，在室内不接触任何药剂的情况下喂以人工饲料。连续传代饲养至今，得到敏感品系，已建立的敏感毒力基线见表6-4。

表6-4 甜菜夜蛾对部分杀虫剂敏感毒力基线

药剂	点滴法		浸叶法	
	斜率	LD$_{50}$（95%FL）（µg/g）	斜率	LC$_{50}$（95%FL）（µg/mL）
氯虫苯甲酰胺	3.220±0.918	0.799（0.560~0.985）	2.832±0.528	0.095（0.079~0.122）
氰氟虫腙			2.198±0.430	76.354（50.205~99.762）
氟铃脲	1.967±0.322	3.322（2.246~4.136）	2.322±0.438	1.588（1.202~2.000）
多杀菌素	1.29±0.17	0.078 3（0.010 0~0.120 2）	5.763	1.067（0.846~1.345）
茚虫威			2.992	0.266（0.170~0.419）
溴虫腈			2.255	0.805（0.537~1.208）
虫酰肼			2.207	8.534（5.744~12.680）
高效氟氯氰菊酯	2.113±0.574	0.078（0.050~0.114）		
高效三氟氯氰菊酯	4.743±0.900	0.027（0.022~0.032）		
溴氰菊酯	3.621±0.763	0.136（0.106~0.170）		
高效氯氰菊酯	3.156±0.852	0.104（0.081~0.140）		
氰戊菊酯	2.180±0.707	0.608（0.466~0.784）		

从江苏省农业科学院植物保护研究所等单位引进的斜纹夜蛾幼虫，在室内不接触任何药剂的情况下喂人工饲料。连续传代饲养至今，得到敏感品系，已建立的敏感毒力基线见表6-5。

表6-5 甜菜夜蛾对部分杀虫剂敏感毒力基线

药剂	点滴法		浸叶法	
	斜率	LD$_{50}$（95%FL）（µg/g）	斜率	LC$_{50}$（95%FL）（µg/mL）
溴虫腈			2.288	0.30（0.26~0.33）
氟铃脲	1.946	1.98（1.69~2.32）		
阿维菌素	3.101	1.68（1.46~1.78）		
氯氰菊酯	2.485	0.012（0.009 4~0.014）	2.807	0.21（0.19~0.23）
氰戊菊酯	2.487	0.001 3（0.001 2~0.001 5）		
溴氰菊酯	1.524	0.000 3（0.000 1~0.000 4）		0.032（0.027~0.038）
三氟氯氰菊酯	2.158	0.001 1（0.000 9~0.001 4）		
辛硫磷	5.019	0.027（0.026~0.029）		
马拉硫磷	9.51	0.023（0.014~0.050）		
甲萘威	5.08	0.014（0.002~0.073）		

三、小菜蛾防治技术规范

》》 小菜蛾形态特征

小菜蛾共有卵、幼虫、蛹和成虫4个虫态。卵浅黄色，椭圆形，扁平，浅黄绿色，表面光滑具闪光，长约0.5 mm，宽约0.3 mm。幼虫共4龄，初孵幼虫深褐色，后变绿色，偶见浅黄色和红色。末龄幼虫体长10～12 mm。幼虫体节明显，两头尖细，腹部第4～5节膨大，整个虫体呈纺锤形，并且臀足向后伸长。幼虫活跃，遇惊扰即扭动、倒退或吐丝翻滚落下。体色多变，由绿、黄、褐、粉红等，通常初为淡绿色，渐呈淡黄色，最后变灰褐色。茧纺锤形，灰白色，纱网状，可透见蛹体。成虫为灰褐色小蛾，体6～7 mm，翅展12～15 mm，前翅前半部呈灰褐色，中间有1条黑色波状纹；后翅灰白色，前翅后缘呈黄白色，三度曲折的波浪纹，两翅合拢时呈3个连续的菱形斑纹。雄蛾体略小，菱形斑纹明显，雌蛾较肥大，灰黄色，菱形斑纹不明显。

》》 为害症状

以幼虫为害叶片，初孵幼虫在叶片背面潜伏短暂的时间后，随即蛀入叶片的上下表皮之间，蛀食下表皮和叶肉，叶片上表面形成针眼大小的疤痕，2龄幼虫可将菜叶吃出小洞；3龄和4龄幼虫在叶片背面啃食叶肉，留下上表皮，形成透明斑块，俗称"开天窗"，也可将菜叶食成孔洞和缺刻，严重时全叶被吃成网状。

》》 防　治

1. 虫情调查　小菜蛾为害后的典型症状是受害叶片残留半透明的上表皮，虫子受到惊扰有扭动、倒退或吐丝下垂的特点。虫情调查时，采取5点取样法，每点10株，进行整株调查，包括心部及叶片正反两面。

2. 行动阈值　甘蓝、白菜、菜心和小白菜等十字花科蔬菜，当小菜蛾虫口的密度达到每百株30头幼虫时进行防治。

防治技术

》》 农业防治

1. 培育无虫苗　在远离生产田的苗床播种育苗，并注意及时清除苗床和菜田的作物残体耕翻入土。

2. 合理布局　避免十字花科类蔬菜大片连作，在考虑耕作和施药方便及经济效益的基础上，实行十字花科蔬菜与茄果类蔬菜、葱蒜类蔬菜轮作技术，同时几种不同类的蔬菜进行间作套种，可对小菜蛾的转移起到物理屏障作用。

3. 适期种植　避开小菜蛾发生高峰期种植，提早或推迟种植，使十字花科蔬菜的危险生育期避开小菜蛾的发生高峰。

》》 生物防治

1. 利用小菜蛾性信息素诱杀成虫　十字花科蔬菜定植后即在田间摆放小菜蛾性信息素和诱捕器。每亩3～5个，沿主风向均匀摆于田间，诱捕器要稳固，防止风吹打翻，诱捕器要高于菜的顶部。诱芯口朝下，防止雨水冲淋其中的有效成分。

2. 释放小菜蛾的天敌　可在小菜蛾发生初期（始见幼虫时），田间释放商品化的半闭弯尾姬蜂（*Diadegma semiclausum*）、菜蛾啮小蜂（*Oomyzus sokolowskii*）等幼虫寄生性天敌或赤眼蜂等卵寄生性天敌。使用时注意，由于天敌昆虫对多数的化学农药敏感，在放蜂后15 d内禁止使用任何化学杀虫剂；在放蜂区，种植适宜不同时期的蜜源植物品种，要求在放蜂期能够开花，为寄生蜂提供酿场所与蜜源，能提高寄生蜂寄生率。

》》药剂防治

不同地区可根据当地对小菜蛾抗性检测的结果选择合适的药剂。用于防治小菜蛾的常用药剂见表6-6。小菜蛾虫龄小、虫量低时，建议使用Bt、氟啶脲、小菜蛾颗粒病毒、植物源杀虫剂等。虫情严重时选择使用多杀菌素、氯虫苯甲酰胺、虫螨腈和茚虫威等，注意不同类型药剂的轮换使用，严格控制使用次数，防治和延缓小菜蛾抗药性的发生发展。施药均匀，重点是心叶和叶片背面。

严禁使用的高剧毒高残留农药：甲拌磷（3911）、治螟磷（苏化203）、对硫磷（1605）、甲基对硫磷（甲基1605）、内吸磷（1059）、杀螟威、久效磷、磷胺甲胺磷、异丙磷、三硫磷、氧化乐果、磷化锌、磷化铝、甲基硫环磷、甲基柳磷氰化物、呋喃丹、氟乙酰胺、砒霜、涕灭威（铁灭克）、杀虫脒、西力生、赛力散、溃疡净、氯化苦、二溴氯丙烷、401、六六六、滴滴涕、氯丹及其他高毒农药。

》》综合防治

具体防治措施包括：在单独的育苗房培育无虫苗；尽量避开小菜蛾的发生高峰期种植；清除田间及边缘的十字花科杂草；蔬菜定植后放置小菜蛾性信息素诱杀成虫；始见幼虫时，可释放小菜蛾的天敌；必要时及时喷施药剂进行防治；收获后及时清理田间残株，消除残虫。

防治技术

表6-6　防治小菜蛾的药剂、安全间隔期及其使用注意事项

类型	药剂	用药量	安全间隔期及使用注意事项
生物农药	苏云金杆菌 *Bacillus thuringiensis*，16 000IU/mg可湿性粉剂	制剂 750～1 125 g/hm²	施药期比化学农药提前2～3 d，连续喷2次，每次间隔7～10 d
	小菜蛾颗粒体病毒 *Plutella xylostella* granulosis，300亿OB/mL	制剂 375～450 mL/hm²	
	0.5%印楝素乳油 azadirachtin	有效成分 9.375～112.5 g/hm²	在甘蓝作物上的安全间隔期为5 d，每个作物生长季最多使用3次
	0.5%苦参碱微乳剂 matrine	有效成分 4.5～6.75 g/hm²	若作物前期使用过化学农药，5 d后方可使用该药
	18 g/L阿维菌素乳油 abamectin	有效成分 8.1～10.8 g/hm²	在十字花科叶菜类蔬菜上的安全间隔期为7 d，每季最多施用1次
	5%甲氨基阿维菌素苯甲酸盐油 emamectin benzoate	有效成分 1.5～3 g/hm²	在甘蓝上的安全间隔期为3 d，每季作物最多施用2次
	25 g/L多杀霉素悬浮剂 spinosad	有效成分 12.375～24.75 g/hm²	在甘蓝上的安全间隔期为1 d，每个作物周期最多施用3次
	60 g/L乙基多杀菌素悬浮剂 spinetoram	有效成分 18～37 g/hm²	
昆虫生长调节剂	50 g/L氟啶脲乳油 chlorfluazuron	有效成分 30～60 g/hm²	在甘蓝上的安全间隔期为7 d，甘蓝每季使用不超过3次
	5%氟铃脲乳油 hexaflumuron	有效成分 37.5～52.5 g/hm²	
	40%杀铃脲悬浮剂 triflumuron	有效成分 86.4～108 g/hm²	

（续）

类型	药剂	用药量	安全间隔期及使用注意事项
吡咯类	100 g/L 虫螨腈悬浮剂 chlorfenapyr	有效成分 75～105 g/hm²	安全间隔期 14 d，每季作物最多使用 2 次
邻甲酰氨基 苯甲酰胺类	5%氯虫苯甲酰胺悬浮剂 chlorantraniliprole	有效成分 22.5～41.25 g/hm²	安全间隔期 1 d，每季最多使用 3 次
	20%氟虫双酰胺水分散粒剂 flubendiamide	有效成分 45～50 g/hm²	在白菜上的安全间隔期 14 d，每季作物使用不超过 3 次
缩氨基脲类	240 g/L 氰氟虫腙悬浮剂 metaflumizone	有效成分 252～288 g/hm²	安全间隔期 3 d，连续用药不超过 2 次
嘧啶类	100 g/L 三氟甲吡醚乳油 pyridalyl	有效成分 75～105 g/hm²	在甘蓝和大白菜上的安全间隔期为 7 d，每季最多使用 2 次
恶二嗪类	30%茚虫威水分散粒剂 indoxacarb	有效成分 22.5～40.5 g/hm²	在十字花科蔬菜上的安全间隔期为 3 d，每季作物使用不超过 3 次
吡唑杂环类	15%唑虫酰胺乳油 tolfenpyrad	有效成分 67.5～112.5 g/hm²	安全间隔期 3 d，每季最多使用 2 次

第二节　茄果类

番茄溃疡病菌检疫检测与鉴定

》》简　介

　　番茄溃疡病是一种严重为害番茄生产的细菌性病害，是我国规定的植物检疫对象。该病菌除为害番茄外，还可侵染辣椒、龙葵、烟草等 47 种茄科植物。

　　学名：*Clavibacter michiganensis* subsp. *michiganensis* (Smith) Davis et al.，简称：CMM。

　　分类地位：属厚壁菌门的微杆菌科（Microbacteriaceae）棒形杆菌属（*Clavibacter*）。

》》典型症状

　　果实：番茄溃疡病菌侵染番茄果实后，果实上出现圆形病斑，中央浅褐色，边缘有白色晕圈，病斑直径 3 mm 左右，形似鸟眼状的病斑。许多小病斑可联合成不规则的斑块。

　　植株：番茄溃疡病菌侵染番茄植株后，通常是一侧先发病，叶片边缘坏死、叶片萎蔫至枯死、植株矮化、茎秆开裂，茎和叶柄上出现褐色条斑，下陷，病斑开裂而露出黄色至红褐色粉状的髓腔，形成典型溃疡症状。

》》发病条件

　　病菌可在种子和病残体上越冬，可随病残体在土壤中存活 2～3 年。病菌由伤口侵入寄主，也可以从叶片毛状体、果皮直接侵入。病菌侵入寄主后，经维管束进入果实的胚，侵染种子脐部或种皮，使种子带病。带病种子、种苗以及病果是病害远距离传播的主要途径。田间主要靠雨水、灌溉水、整枝打杈，特别是带水作业传播。温暖潮湿的气候和结露时间长，有利于病害发生。气温超过 25 ℃，降水尤其是暴雨多适于病害流行，喷灌的地块病重。土温 28 ℃发病重，16 ℃发病明显推迟。偏碱性的土壤利于病害发生。

　　现场检测：在田间根据症状选取植株的果实或茎叶做仔细检查，如有果实，看有无鸟眼斑症状；看茎秆上有无裂口和溃疡斑，用解剖刀斜剖茎秆，看维管束部分是否变褐色。若表现症状完全符合番茄溃疡病典型症状，则判定为番茄溃疡病病菌。

>> **检测鉴定**

1. 室内鉴定　当植株或种子样品上表现的症状不典型时，需将待测样品带回实验室进行以下检测并根据检测结果判定样品是否带有番茄溃疡病病菌。

方法：PCR 检测法、酶联免疫吸附测定法、病原菌菌落特征鉴定。

2. 样品制备　对具有典型症状或疑似症状的植株茎、果实和叶片，经 75% 酒精表面消毒后，用无菌手术刀切取一小块变色维管束组织或典型病斑放入少量无菌水中，浸泡 5～20 min，待菌悬液变浑浊后备用。

取 10 g 种子，放入 100 mL 的三角瓶中加入 30 mL 无菌水，25 ℃ 200 r/min 恒温振荡 5 h，然后取 10 mL 浸出液，用 600g 离心 1 min，取上清液在 11 000g 离心 2 min，弃上清液，加入 100～200 μL 无菌水摇匀，制成菌悬液备用。

>> **PCR 检测法**

1. 反应引物序列　上游引物（bt1）：5'- CGTCAGGCGTCTGTTCT - 3'；下游引物（bt2f）：5'- GATGCTCGCGTCCACT - 3'。

2. 反应体系　番茄溃疡病 PCR 检测体系总体积 25 μL，反应体系见表 6-1。

3. 反应条件　依次将 PCR 缓冲液、引物对、dNTPs、MgCl$_2$、*Taq* DNA 聚合酶、ddH$_2$O 和待测模板按照体系浓度要求加入 PCR 反应管，混合均匀后放入 PCR 扩增仪。PCR 反应条件为：94 ℃ 预变性 2.5 min，94 ℃ 60 s，62 ℃ 30 s，72 ℃ 45 s，35 个循环，72 ℃ 5 min，4 ℃ 保存。

4. 扩增产物凝胶电泳检测　取 5 μL PCR 扩增产物加入 1 μL 6× 上样缓冲液，以 2% 琼脂糖凝胶在 TAE 缓冲液中电泳，电泳后凝胶用 0.5 μg/mL 溴化乙锭染色 30～45 min，紫外成像后观察结果并记录结果。

5. 结果判定　观察电泳结果，阳性对照在 268 bp 处有条带出现，且阴性对照无条带出现的前提下，待测样品在 268 bp 处有条带出现，判断样品带番茄溃疡病病菌。

>> **酶联免疫吸附测定法**

1. DAS - ELISA 检测试剂配制。

2. 包被　将番茄溃疡病的包被抗体按照试剂盒指定稀释比例用包被抗体缓冲液稀释，混匀，加入酶联板中，每孔内加入 100 μL，放入保湿盒内，25 ℃ 孵育 4 h 或在 4 ℃ 条件孵育 16～20 h。

3. 洗涤　孵育结束后，将反应孔中的试剂倒出，用 PBST 洗涤液冲洗 3～4 次，每次 15 s，然后将微孔板倒扣在吸水纸上以控干孔中残留液体。

4. 加入抗原（待测样品）　将 100 μL 已制备的样品菌悬液加入到反应孔中，同时将阳性对照、阴性对照和空白对照滴加到相应的反应孔中，待测样品重复 3 次，然后放入恒湿盒中 25 ℃ 孵育 2 h。

5. 洗涤　用 PBST 洗涤液冲洗 7 次。

6. 加入酶标抗体　将番茄溃疡病的酶标抗体按照试剂盒指定稀释比例用酶标抗体缓冲液稀释，混匀，加入酶联板中，混合均匀，于每个反应孔中加入 100 μL，放入保湿盒内，25 ℃ 孵育 2 h。

7. 洗涤　用 PBST 洗涤液冲洗 8 次。

8. 加入底物试剂　孵育结束前的 15 min 制备 PNP 底物溶液，加入 PNP 显色剂，混合均匀，加入酶联板，每孔 100 μL。放入保湿盒内，室温（20～25 ℃）避光 30～60 min。

9. 终止反应　于每孔中加入 50 μL 终止液，终止反应。

10. 测定　用酶标仪在 405 nm 波长下测量结果，读取各孔溶液的光密度值（OD 值），记录结果。

>> **酶联免疫吸附测定法**

11. 结果判定　在阴性对照 OD 值≤0.1，且阳性对照 OD 值大于阴性对照 OD 值 2 倍的前提下，样品孔 OD 值大于阴性对照 OD 值 2 倍时，判定为阳性反应，即样品带番茄溃疡病病菌。

>> **病原菌菌落特征鉴定**

1. mSCM 培养基的制备　将琼脂加入蒸馏水中加热溶解，再按配方比例将甘露糖、硫酸镁、磷酸二氢钾、磷酸氢二钾和硼酸加入；另将酵母浸粉溶解在少量的蒸馏水中，分开灭菌，灭菌后再混匀，调节 pH 至 7.0～7.2；放线菌酮、萘啶酸和烟酸分别过滤灭菌制成贮备液，待培养基冷却到 50 ℃左右在无菌条件加入混匀，制成平板备用。

2. 病原菌菌落培养鉴定　在无菌条件下用接种环蘸取已制备的菌悬液在 mSCM 选择性培养基平板上划线，25～27 ℃培养 11 d 后，观察是否出现典型菌落。

3. 典型菌落特征　菌落圆形，呈浅米黄色、全缘、不透明、表面光滑、半流质状、直径 1～3 mm，培养基不变色。

4. 革兰氏鉴定

（1）革兰氏染色法　①涂片固定；②草酸铵结晶紫染 1 min；③自来水冲洗；④加碘液覆盖涂面染 1 min；⑤水洗，用吸水纸吸去水分；⑥加 95％酒精数滴，并轻轻摇动进行脱色，30 s 后水洗，吸去水分；⑦番红花红液（稀）染 10 s 后，自来水冲洗，干燥，镜检。染色结果菌体呈紫色的为革兰氏阳性，菌体呈红色的为革兰氏阴性。

（2）氢氧化钾法　①在洁净的载玻片上滴一滴 3％氢氧化钾溶液；②用牙签蘸取菌体，放入上述氢氧化钾溶液中充分混匀 5～10 s；③搅拌 10 s 后用牙签挑取混匀的氢氧化钾菌液，能够拉出黏丝的菌株为革兰氏阴性菌，不能拉出黏丝的菌株为革兰氏阳性菌。

5. 结果判定　分离的病原菌在选择性培养基上的菌落特征符合上述的典型特征，且革兰氏染色为阳性的样品，判定为样品带番茄溃疡病病菌。

>> **综合结果判定**

当情况复杂时可进行综合判定，以上三种室内鉴定方法中有两种鉴定结果为阳性时，可判定为番茄溃疡病病菌。

结果报告：将实验室检验鉴定结果填入《植物有害生物样本鉴定报告》。

（一）PCR 反应体系和电泳图

见表 6-7、图 6-1。

表 6-7　PCR 反应体系

成分	储液浓度	体积（μL）	反应终浓度
Buffer	10×	2.5	1×
Primer-f	50 μM	0.05	0.1 μM
Primer-r	50 μM	0.05	0.1 μM
dNTPs	25 mM	0.2	0.2 mM
MgCl$_2$	25 mM	1.5	1.5 mM
Taq DNA 聚合酶	5 U	0.2	1 U
ddH$_2$O		18.5	
模板 DNA		2	

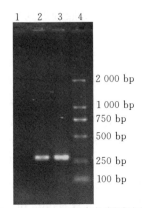

图 6-1　PCR 扩增产物凝胶电泳图

注：1 为阴性对照，2、3 为阳性样品，4 为 DNA Marker DL2 000。

（二）DASELISA 检测试剂的配制

见表 6-8。

表 6-8 DAS-ELISA 检测试剂的配制

包被抗体	抗番茄溃疡病菌抗体，抗体稀释度按市售产品要求进行，储藏于 4 ℃备用
酶标抗体	用碱性磷酸酶标记的抗番茄溃疡病菌的免疫球蛋白抗体。按市售产品要求进行稀释，储藏于 4 ℃备用
包被缓冲液	取 2.93 g $NaHCO_3$、1.59 g Na_2CO_3、0.2 g NaN_3，用 1 000 mL 蒸馏水溶解，pH 为 9.6，储藏于 4 ℃备用
PBST 洗涤液	取 1.15 g Na_2HPO_4、0.2 g KCl、0.2 g KH_2PO_4、8.0 g NaCl、0.5 mL 吐温 20，用 1 000 mL 蒸馏水溶解，pH 为 7.2
样品提取缓冲液	取 20 g 聚乙烯吡咯烷酮（PVP）、2.0 g 蛋清蛋白、1.3 g Na_2SO_3、0.2 g NaN_3、20 g 吐温 20，用 1 000 mL 蒸馏水溶解，pH 为 7.4，储藏于 4 ℃备用
酶标抗体缓冲液	取 2.0 g 牛血清蛋白，20.0 g PVP（分子量 24~40 000），0.2 g NaN_3，用 1 000 mL PBST 缓冲液溶解，储藏于 4 ℃备用
底物缓冲液	取 0.1 g $MgCl_2$、97 mL 二乙醇胺、0.2 g NaN_3，用 800 mL 蒸馏水溶解，pH 为 9.8，储藏于 4 ℃备用
终止液	12 g NaOH 溶于 100 mL 蒸馏水

（三）mSCM 培养

见表 6-9、图 6-2。

表 6-9 mSCM 培养基配方

成分	用量
酵母浸膏（粉）	0.1 g
K_2HPO_4	2.0 g
琼脂	15 g
甘露糖	10 g
KH_2PO_4	1.5 g
$MgSO_4 \cdot 7H_2O$	0.25 g
H_3BO_4	1.5 g
蒸馏水	1 000 mL
放线菌酮	200 mg
萘啶酸	30 mg
烟酸	100 mg

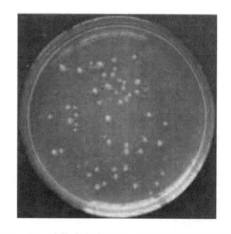

图 6-2 番茄溃疡病菌在 mSCM 上的菌落特征

(四) 植物有害生物样本鉴定报告

见表 6-10。

表 6-10　植物有害生物样本鉴定报告

植物名称				品种名称	
植物生育期		样品数量		取样部位	
样品来源		送检日期		送检人	
送检单位				联系电话	
检测鉴定方法：					
检测鉴定结果：					
备注：					
鉴定人（签名）： 审核人（签名）： 鉴定单位盖章： 年　月　日					

注：本单一式三份，检测单位、受检单位和检疫机构各一份。

第三节　豆　类

菜豆象检疫检测与鉴定方法

≫ 寄主范围

菜豆、豇豆、鹰嘴豆、本豆、草香豌豆、兵豆、金甲豆、绿豆、赤小豆、豌豆、蚕豆、长豇豆、芸豆、扁豆、黑豆等豆类植物。

≫ 豆象科特征

体表：体覆鳞片，鞘翅毛有白色、棕色，常形成斑纹，末端截形。

头部：头略伸长，复眼大，前缘强烈凹入。

触角：触角 11 节，锯齿状，栉齿状。

后足：后腿节常具尖齿，跗节 5 节，第 4 节小。

≫ 菜豆象主要鉴定特征

1. 成虫　体长 2.0～4.5 mm，长椭圆形，头、前胸背板及鞘翅表皮黑色，密披黄褐色毛，背面暗灰色，仅鞘翅端部红褐色；腹板、臀板及足大部红褐色，仅局部黑色，密披白色毛，杂以黄色毛。头部长而宽，密布刻点，额中线光滑。触角 11 节，向后伸达肩部；基部 4 节丝状，第 5～10 节锯齿状，末节呈桃形，端部尖。基部 4 节（有时也包括第 5 节基半部）及末节红褐色，其余节深褐色或黑色。前胸背板圆锥形，中区布刻点，端部及边缘刻点变小。小盾片黑色，方形，端部 2 裂，密布倒伏状黄色毛。鞘翅行纹深，行纹 3、4 及行纹 5、6 分别在基部靠近；近基部、近中部及近端部散布褐色毛斑。臀板隆起，被淡色毛。雄虫第 5 腹板后缘明显凹入，雌虫稍凹入。后足腿节端部与基部缢缩，呈梭形，中部约与后足基节等宽；腹面近端部有 1 长而尖的大齿，其后为 2 个（偶尔 3 个）小齿，大齿长度约为前 2 个小齿的 2 倍，约为后足胫节宽度 1.2 倍；后足胫节具前纵脊、前侧纵脊、侧纵脊及后纵脊；后足胫节端部前的刺长约为第 1 跗节长的 1/6。雄虫外生殖器的阳基侧突端部膨大，两侧突在基部 1/5 愈合；外阳茎瓣端部钝尖，两侧缘稍凹入；内阳茎有多数细的毛状骨化刺，向囊区方向骨化刺变大变稀，囊区 2 个骨化刺团。雌虫第 8 腹节背板呈狭梯形，基缘深凹，端部疏生少量刚毛，从背板基部两侧角向端缘方向有两条近平行的骨化条纹，第 8 腹节腹板呈 Y 形。

2. 幼虫　1 龄幼虫体长约 0.8 mm，宽约 0.3 mm，呈圆柱形，中胸及后胸最宽，向腹部渐细。头的两侧各有 1 个小眼，位于上颚和触角之间。触角 1 节，基节有 1 个圆筒状突起向外倾斜，末节有 1 根长刚毛。前胸盾呈 X 形或 H 形，上面着生齿突。第 8、第 9 腹节背板具卵圆形的骨化板。足 2 节，第 1 节末端有刺 2 根，第 2 节末端扁平，近各足的基部内侧有长刚毛 1 根；腹面着生小刺。

3. 老熟幼虫　体长 2.4～3.5 mm，体宽 1.6～2.3 mm。体粗壮，弯曲呈 C 形；足退化。上唇半圆形，密布小刺毛；前半部膜质，具刚毛 8 根，其中 6 根靠近前缘排成弧形，2 根位于中央稍后；后半部骨化，呈椭圆形，每侧具刚毛 1 根。第 8、第 9 腹节背板无骨化板。下唇略呈三角形，两侧凹入，后缘后凸，下唇须缺如。具有一盾形的骨板，或称下唇板。下唇板前方突出的两个侧臂在末端愈合，两侧臂之间为一水滴状的膜质区；亚颏骨片完整，呈狭弧状，亚颏骨片每侧前方各有刚毛两根。

4. 蛹　蛹长 3～5 mm，宽 2 mm，椭圆形，淡黄色，疏生柔毛。

5. 卵　长椭圆形，表面光滑，平均长约 0.66 mm，平均宽约 0.26 mm，宽与长的比值平均为 0.40，一端稍尖，初产时乳白色渐变淡黄色，透明，有光泽。

》产地检测

1. 检测范围　菜豆象寄主植物。

2. 检测时期　日均气温在 15 ℃以上，豆类作物成熟中后期。

3. 取样方法　在待检测地块内，随机选取 30 个样点，对每个样点进行 5 次扫网，每次扫网面积约为 0.25 m²，每个样为采自 3 个样点扫网所获昆虫样本。如需采集幼虫进行鉴定时，采用随机取样检查法，样点数量不少于 30 个点，每个点的面积为 0.25 m²，每个样为采自 3 个样点整株豆荚中的 500 g 豆类。

》调运检测

1. 检测范围　豆类产品及其盛装、储藏、运输的器具，豆类货物的堆放处。

2. 检测时期　豆类在仓库内储存或者调运期间，可常年检测。

3. 取样方法　仔细检查货物包装物外表、铺垫材料、车、船、集装箱的四壁、包装袋的边、角、缝隙等处，查看是否有疑似菜豆象成虫或受害豆粒、蜕、排泄物等，如有则取成虫及受害豆粒。抽取样品按 GB 15569 的相关规定进行。

4. 取样结果及记录　将取样获得的豆类置于样品采集袋内，将收集的疑似菜豆象成虫、幼虫、蛹、卵及蜕等保存于相关容器中，注明采集时间、采集地点、采集人、寄主后，送实验室进一步培养、检测鉴定。

》检查方法

1. 肉眼检查　检查豆荚内腹线上是否有狭缝或小孔，狭缝或小孔内是否有卵。剥开豆荚检查是否有幼虫，仔细检查豆粒上是否有虫卵、豆粒上有无幼虫蛀入孔、有无"小窗"或羽化孔，查看有无幼虫、蛹或成虫。

2. 过筛检查　用黑色作衬底，将检验样品放入 4 mm 圆孔样品筛内回旋过筛，观察筛下物。首先检查筛下物内有无成虫、孵和幼虫，然后用毛刷将筛下物扫入培养皿内，带回实验室内镜检。

3. 饲养检查　将抽样获得的豆类样品，放入 25~30 ℃、相对湿度 50%~70% 的培养箱内饲养观察，逐日观察是否有成虫出现。

4. 染色检验　白色或近白色的豆粒样品，用酸性品红染色法将虫蛀孔染成红色，被害豆粒种皮下如呈现羽化孔，可进一步检查豆粒内是否有老熟幼虫和蛹。染色检查过程可在以下两种方法中选择一种进行：①50 g 样品→样品筛或纱布→1% KI 或 2%碘酒（2 min）→0.5% NaOH（0.5~1 min）→水洗（0.5 min）→挑出表面有褐色到深褐色点的豆粒→镜检；②50 g 样品→样品筛→30 ℃水（1 min）→酸性品红（2 min）→水洗（0.5 min）→挑出表面有粉红色小点的豆粒→镜检。褐色、红色或其他深色豆粒样品，不必进行染色检验。

5. 油脂检验　取过筛检验完的样品 500~1 000 g，分成每 50 g 一组，放在浅盘内铺成一薄层，按 1 g 豆粒用植物油或机油 1~1.5 mL 的比例，将油倒入豆粒内均匀浸润，0.5 h 后检查。被油脂浸润的豆粒变成琥珀色，幼虫侵害处呈一小点，虫孔处种皮呈现透明斑。再将有上述症状的豆粒挑出，带回实验室内镜检。此法对白皮、黄皮、淡褐色皮的豆粒效果良好，对红皮豆粒效果较差。

6. 比重检验　使用不同盐类及浓度溶液，利用物理比重法将受蛀食豆粒与健康豆粒区分开来。方法是将 100 g 样品倒入 18.8%食盐水或硝酸铵溶液中搅拌 10~15 s，静止 1~2 min，捞出浮豆，剖检被害豆粒。

7. X 光检验　用农用软 X 光机透视检验豆粒内有无幼虫、蛹或成虫。

检验检测与鉴定

》》仪器、用具和试剂

仪器：生物显微镜、体视显微镜、测微尺、培养箱、农用软 X 光机、照相机等。

用具：玻璃瓶、白瓷盘、培养皿、镊子、小烧杯、酒精灯、微型解剖刀、解剖针、载玻片、盖玻片、吸管、吸水纸、滤纸、脱脂棉、纱布、指形管、小毛笔、记号笔、标签、各类孔径样品筛。

试剂：食盐或硝酸铵、0.5％氢氧化钠（NaOH）、1％碘化钾（KI）、2％碘酒、70％乙醇、无水酒精、10％氢氧化钾（KOH）溶液或 10％氢氧化钠（NaOH）溶液、酸性品红染色剂、植物油或机油。

》》鉴 定

将检查获得的各虫态标本置于体视显微镜下，观察是否符合菜豆象的鉴定特征。

外部形态特征观察：将卵、幼虫和成虫置于体视显微镜下直接观察，描述外部形态特征并测量相关数据。

内部解剖结构观察：将成虫若干头置于适量 10％氢氧化钾（KOH）或 10％氢氧化钠（NaOH）溶液中，水浴加热 3～5 min 后取出，置于体视显微镜下解剖，挑出完整的外生殖器制成玻片，置于生物显微镜下观察形态特征，如需永久保存则可参照有关昆虫外生殖器玻片制作方法制片。

》》结果判定

成虫、幼虫特征鉴定为菜豆象。

如果样品为卵、蛹，且符合特征，需进一步抽取成虫、幼虫标本进行鉴定。

》》档案保存

将采集到的菜豆象标本置于小塑料瓶中，加入 70％乙醇后密封，并贴上标签。标签上注明采集时间、采集地点、寄主、采集人。

原始记录、标本和鉴定结果等材料妥善保存于植物检疫机构。

植物有害生物记录见表 6‑11、表 6‑12。

表 6‑11　植物有害生物抽样调查记录表

编号：

生产（经营）者			地址及邮编		
联系人			联系电话		
调查日期			抽样地点		
样品编号	植物名称	品种名称	植物生育期	调查株数或面积	植物来源
症状描述					
发生原因及防控情况					
抽样方法、部位、比例					
备注					

抽样单位（章） 抽样人 年　月　日	生产经营单位（章） 负责人 年　月　日

注：本单一式两联，第 1 联抽样单位留档，第 2 联留受检单位。

表 6 – 12 植物有害生物样本鉴定报告

编号:

植物名称				品种名称	
植物生育期		样品数量		取样部位	
样品来源		送检日期		送检人	
送检单位				联系电话	

检测鉴定方法:

检测鉴定结果:

备注:

鉴定人（签名）:

审核人（签名）:

鉴定单位（盖章）:

年　　月　　日

注：本单一式三份，检测单位、受检单位和检疫机构各一份。

第四节　瓜　　类

黄瓜绿斑驳花叶病毒检疫检测与鉴定方法

》》 寄主范围

西瓜、葫芦、黄瓜、南瓜、瓠瓜等瓜类作物。

》》 生物学特性

致死温度：黄瓜绿斑驳花叶病毒的致死温度为 90～100 ℃。

稀释限点：黄瓜绿斑驳花叶病毒的稀释限点为 10^{-6}～10^{-7} mL/L。

体外存活期：体外存活期长达 119 d 以上。在 0 ℃ 可保持数年。病毒在种子内可存活 240～540 d，病残体在土壤内深埋 420 d，病毒仍有侵染活性。

病毒粒体形态：电镜观察病毒粒体为棒状，长约 300 nm，宽 15 nm。

》》 典型症状

西瓜：叶片出现不规则的褪绿色，呈斑驳花叶状，绿色部分隆起，叶缘向上翻卷，叶片略变窄细。果梗有时出现褐色坏死条纹。果肉内出现条丝状黄色纤维，种子周围的果肉变暗红色水渍状，严重时果肉全变成暗红色，内有大量空洞，软化，腐烂变味，不能食用。

甜瓜：感病后茎梢新叶出现黄斑，但随新叶老化症状减轻。成株侧枝叶出现不整形或星状黄花叶，生育后期顶部叶片有时再现大型黄色轮斑。果实有两类症状，一种在果实表面出现绿色斑；另一种在绿色部的中心会出现灰白色。

黄瓜：感病初期新叶出现黄色小斑点，以后黄色部分扩展成花叶，并发生深绿瘤状突起，叶脉呈绿带状。发病轻时果实只出现淡黄色圆形小斑点，严重时出现深绿色瘤状突起变成畸形。

瓠瓜：叶片出现花叶，有绿色突起，脉间黄化，叶脉呈绿带状。

葫芦：幼叶出现淡黄色花叶，其后出现浓绿凹凸斑，随叶片老化症状减轻。

》》 传播途径

传播方法：种子传播；接触传染（包括植物间接触、农事操作、汁液）；介体传毒（菟丝子、黄瓜叶甲等）；花粉传毒；病残体传播；栽培营养液、灌溉水、被污染的包装容器以及动物的粪便等也能传播。其中，带毒种子是远距离传播主要途径，接触传染是近距离传播主要途径。

侵染循环：该病毒在种子、病株残体、土壤中均可越冬，成为第 2 年的初侵染来源。带毒种子是主要初侵染源。在田间，CGMMV 能很容易地通过病株的汁液接触传播，人工嫁接和授粉等方式易再传染。因此，田间农事操作如整枝、上架、摘心、授粉、嫁接均可导致该病毒的再次传播。

流行与环境：发病受温度影响，在 16 ℃时侵染至发病需 2～3 周，显病较轻；在 28～35 ℃下接种 1 周即可发病，症状重。CGMMV 适生性和抗逆性极强，所有株系都是极端稳定的，其致死温度 90～100 ℃，稀释限点 10^{-6}～10^{-7}，常温下病毒侵染力可保持数月，在 0 ℃ 可保持数年。田间一旦发病，如未进行特殊的杀灭处理，病株残体中的病毒可存活多年，即便将病根埋在土壤内一年以上，病毒仍有侵染能力。

>> **检疫鉴定**

症状检验：在瓜类作物生长期，选择有代表性的地块，检查叶片、果梗、果实，与黄瓜绿斑驳花叶病毒的典型症状进行比较。

快速诊断检验：快速诊断试纸条或诊断试剂盒检测法参见"黄瓜绿斑驳花叶病毒快速诊断试纸条或检测盒测定"。如采用市售的试剂盒，按说明操作。

酶联免疫吸附测定法：黄瓜绿斑驳花叶病毒酶联免疫吸附测定法参见"黄瓜绿斑驳花叶抗体夹心酶联免疫吸附测定"。如采用市售的试剂盒，按说明操作。

RT-PCR 检测法：黄瓜绿斑驳花叶病毒 RT-PCR 检测法参见"黄瓜绿斑驳花叶病毒逆转录聚合酶链式反应（RT-PCR）测定"。如采用市售的试剂盒，按说明操作。

>> **取样方法**

种子样品：取样数量与方法按 GB 15569—2009 规定进行。

植株或果实样品：随机选取发病叶片或果实，以幼嫩叶片和果实为主。每份样品数量不少于 200 g，装入自封袋中密封低温保存，并注明采集时间、地点、采集人等信息。

>> **结果判定与报告**

典型症状判定：西瓜果实发病且符合典型症状的可直接判定，必要时做其他检测。

快速诊断试纸条或诊断试剂盒结果判定：按产品使用说明进行判定。

酶联免疫吸附测定法结果判定：在阴性对照 OD 值≤0.1，且阳性对照 OD 值大于阴性对照 OD 值 2 倍的前提下，样品孔 OD 值大于阴性对照 OD 值 2 倍时，判定为阳性反应，即样品带黄瓜绿斑驳花叶病毒，否则判定为阴性反应，即样品不带黄瓜绿斑驳花叶病毒。

RT-PCR 检测法结果判定：观察电泳结果，在阳性对照在 500 bp 处有条带出现，且阴性对照无条带出现的前提下，待测样品在 500 bp 处有条带出现，判断样品携带黄瓜绿斑驳花叶病毒、否则判定为阴性反应，即样品不带黄瓜绿斑驳花叶病毒。

>> **除害处理**

检验过程中使用的有关材料料和用具，在使用完毕后须进行消毒和除害处理。经检疫鉴定后的种子样品应保存在 4 ℃冰箱内，叶片和果实样品应保存在 -20 ℃以下或冻干保存 3 个月备查，保存期满后，进行灭活处理。

（一）材料和仪器

1. 试剂与材料 碳酸钠（Na_2CO_3）、碳酸氢钠（$NaHCO_3$）、叠氮化钠（NaN_3）、无水磷酸氢二钠（Na_2HPO_4）、无水磷酸二氢钾（KH_2PO_4）、氯化钠（$NaCl$）、氯化钾（KCl）、氯化镁（$MgCl_2$）、无水亚硫酸钠（Na_2SO_3）、氢氧化钠（$NaOH$）、乙醇（CH_3CH_2OH）、对硝基苯磷酸二钠（PNPP）、焦碳酸二乙酯（DEPC）、无菌水、市售抗体、市售酶标抗体、市售 PCR 试剂、市售 Trizol 试剂等。

所有试剂均为分析纯。实验用水应符合 GB 6682—92 中一级水的规格。

2. 仪器及用具 台式离心机、分光光度计、电子天平、PCR 仪、酶联板、酶联读数仪、微量加样器、水浴锅、电泳仪及水平电泳槽、培养箱、冰箱等。

3. 试剂配制

（1）包被缓冲液 Na_2CO_3 1.59 g，$NaHCO_3$ 2.93 g，NaN_3 0.2 g，蒸馏水定容至 1 000 mL，调整 pH 至 9.6，4 ℃储存。

（2）洗涤缓冲液 Na_2HPO_4 1.15 g 或 $Na_2HPO_4 \cdot 12H_2O$ 2.9 g，KH_2PO_4 0.2 g，NaCl 8.0 g，KCl 0.2 g，吐温 20 0.5 g 蒸馏水定容至 1 000 mL，调整 pH 至 7.4，室温储存。

（3）提取缓冲液 鸡蛋清粉 2.0 g，PVP（分子量 24～40 000）20.0 g，Na_2SO_3 1.3 g，NaN_3 0.2 g，吐温 20 20.0 g 溶解于 1 000 mL 1X PBST 中，调整 pH 至 7.4，4 ℃储存。

（4）酶标抗体缓冲液 牛血清蛋白 2.0 g，PVP（分子量 24～40 000）10.0 g，NaN_3 0.2 g，溶解于 1 000 mL 1×PBST 中，调整 pH 至 7.4，4 ℃储存。

（5）底物缓冲液 二乙醇胺 97.0 mL、$MgCl_2$ 0.1 g、NaN_3 0.2 g，蒸馏水定容至 800 mL，调整 pH 至 9.8，4 ℃储存。

（二）黄瓜绿斑驳花叶病毒快速诊断试纸条或检测盒测定

1. 检测样品处理 植物样品在检测前需经研磨，并用缓冲液稀释。植物叶片样品可使用配套制样管或制样袋进行样品处理。可将样品叶片（半片至 1 片）放入制样管中，充分震荡混匀，使样品达到研磨效果，静置待检。或将样品叶片（半片至 1 片）放入制样袋中，用研磨棒在制样袋外侧充分研磨。

2. 样品检测 检测按市售快速诊断试纸条或监测盒说明书进行。

（三）黄瓜绿斑驳花叶病毒双抗体夹心酶联免疫吸附测定

1. 样品制备

（1）种子 取种子若干粒，去皮，加入样品提取缓冲液（$W/V = 1:8$）研磨匀浆，5 000 r/min，4 ℃离心 5 min，保存待用。

（2）叶片 取叶片加入提取缓冲液（$W/V = 1:8$）研磨匀浆。5 000 r/min，4 ℃离心 5 min，保存待用。

2. 包被 将 CGMMV 的包被抗体按照试剂盒指定稀释比例用包被抗体缓冲液稀释，混匀，加入酶联板中，每孔内加入 100 μL，放入保湿盒内，放置 37 ℃中孵育 4 h。

3. 洗涤 孵育结束后，将反应孔中的试剂倒出，用 PBST 洗涤液冲洗 3～4 次，每次 15 s，然后将微孔板倒扣在吸水纸上以控干孔中残留液体。

4. 加入抗原（待测样品） 在酶联板中加入抗原（待测样品），同时加入阳性对照、阴性对照和空白对照（即样品提取缓冲液）100 μL，待测样品重复 3 次，恒温箱中或室温下（25 ℃）孵育 2 h，剩余样品于 -20 ℃冰箱保存备查。

5. 洗涤 按 3 执行。

6. 加入酶标抗体 将 CGMMV 的酶标抗体按照试剂盒指定稀释比例用酶标抗体缓冲液稀释，混匀，加入酶联板中，混合均匀，于每个反应孔中加入 100 μL，放入保湿盒内，室温（20～25 ℃）孵育 2 h。

7. 洗涤 按本样品制备 3 执行。

8. 加入底物试剂 孵育结束前的 15 min 制备 PNPP 底物溶液，加入 PNP 显色剂，混合均匀，加入酶联板，每孔 100 μL。放入保湿盒内，室温（20～25 ℃）避光 30～60 min。

9. 终止反应 于每孔中加入 50 μL 终止液，终止反应。

10. 测定 用酶标仪在 405 nm 波长下测量结果，读取各孔溶液的光密度值（OD 值），记录结果。

（四）黄瓜绿斑驳花叶病毒逆转录聚合酶链式反应（RT-PCR）测定

1. 器皿前处理 为防止 RNA 酶降解 RNA，器皿在试验前都要用 DEPC 水（$V:V = 1:1 000$）进行处理。将研钵、枪头、离心管等放于 DEPC 水中 37 ℃，浸泡 24 h，取出后 121 ℃灭菌 30 min，烘干备用。

2. 总 RNA 的提取 取显症的叶片在液态氮中充分研磨，转入 1.5 mL 的离心管中，加入 1 mL Trizol 试剂，室温下静置 5 min 后加入 200 μL 氯仿，涡旋震荡 15 s，室温下放置 5 min。12 000 r/min，4 ℃离心 15 min，转移上清于一个新离心管中，加 600 μL 异丙醇混匀后于室温下静置 10 min，12 000 r/min，4 ℃ 离心 15 min，倒掉上清液，在沉淀物中加 1 mL 75%的乙醇清洗 1 次，吸掉上清后室温干燥 3~5 min，加入 30 μL DEPC ddH₂O 溶解总 RNA。

3. RT‐PCR 反应体系

（1）引物序列（CGMMV‐西瓜株系） 上游引物（Primer F）：5'‐ATGGCTTACAATCCGAT‐CAC‐3'，下游引物（Primer R）：5'‐CTAAGCTTTCGAGGTGGTAGC‐3'。

（2）RT‐PCR 实验步骤

①cDNA 合成。按下列组分制备 RT 反应体系 10 mL，反应以加入不含 RNA 酶的 ddH₂O 为阴性对照，反应条件为 42 ℃ 1 h、99 ℃ 5 min、5 ℃ 5 min 扩增 cDNA。反应体系见表 6‐13。

②PCR 扩增。在冰浴上依次将下列组分加入 PCR 反应管中，反应采用 50 μL 体系。反应条件为：94 ℃预变性 3 min、94 ℃变性 30 s，53 ℃退火 45 s，72 ℃延伸 1 min，35 个循环、72 ℃延伸 10 min。反应体系见表 6‐14。

表 6‐13 RT‐PCR 反应体系

反应组成	体积（μL）
Primer R（10 μM）	0.5
MgCl₂	2
10×RT Buffer	1
RNase free dH₂O	3.75
dNTP Mixture（各 10 mM）	1
RNase Inhibitor（40 U/μL）	0.25
AMV Reverse Transcriptase	0.5
RNA	1

表 6‐14 PCR 反应体系

反应组成	体积（μL）
5×PCR buffer	10
ddH₂O	29.25
TaKaRa E×TaqHS	0.25
Primer F（10 μM）	0.5
RT 产物（cDNA）	10

4. RT‐PCR 扩增产物凝胶电泳检测 取 5 μL 扩增产物用 6×loading buffer 溶解，点样。电泳后用溴化乙锭（EB）溶液进行染色 30 min。紫外成像后观察结果并记录结果（图 6‐3）。

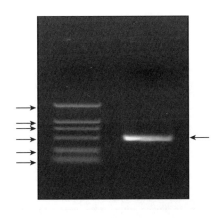

图 6‐3 RT‐PCR 扩增产物电泳结果

（五）植物有害生物样本鉴定报告

见表 6-15。

表 6-15　植物有害生物样本鉴定报告

植物名称				品种名称	
植物生育期		样品数量		取样部位	
样品来源		送检日期		送检人	
送检单位				联系电话	
检测鉴定方法：					
检测鉴定结果：					
备注：					
鉴定人（签名）： 审核人（签名）： 　　　　　　　　　　　　　　　　　　　　　　鉴定单位盖章： 　　　　　　　　　　　　　　　　　　　　　　　年　　月　　日					

注：本单一式三份，检测单位、受检单位和检疫机构各一份。

第五节 食用菌类

一、食用菌菌种中杂菌及害虫检验

>> **检验原理**

食用菌菌种是纯培养物，当食用菌菌种中有杂菌和害虫发生时，引起培养物表面或内部异样，可通过观察、培养进行检验。

杂菌：在培养木-食用菌时污染的其他微生物（见 GB/T 12728—1991）。

害虫：各种为害食用菌的昆虫和螨类，例如跳虫，地下害虫，白蚁，蓟马，蛾类，甲虫类，蚊蝇类，蜗牛，害螨，鼠妇等。

>> **检验前准备工作**

营养肉汤培养基：将蛋白胨（10 g）、牛肉膏（3 g）、氯化钠（5 g）、蒸馏水（1 000 mL）混合后，调节 pH 至 7.4，分装烧瓶，121 ℃高压灭菌 15 min（见 GB/T 4789.28—2003）。

马铃薯葡萄糖琼脂（PDA）培养基：将马铃薯（300 g）去皮切块，加蒸馏水（1 000 mL），煮沸 10～20 min。用纱布过滤，补加蒸馏水至 1 000 mL。加入葡萄糖（20 g）和琼脂（20 g），加热溶化，分装，121 ℃高压灭菌 20 min（见 GB/T 4789.28—2003）。

所需仪器设备：恒温培养箱，恒温摇床，天平（0～500 g，感量为 0.1 g），超净工作台，高压灭菌锅，显微镜，放大镜和解剖镜。

>> **杂菌检验及判定**

1. 感官检验 用放大镜，观察培养物表面有无光滑、润湿的黏稠物；在棉花塞、瓶颈交接处、菌棒接种口处或培养基面上有无与正常菌丝颜色不同的霉菌斑点；打开装有菌种的瓶、袋或试管盖（或棉塞），鼻嗅是否有酸、腥臭等异味。

若出现上述三种情况之一，判定有杂菌污染。

2. 镜检 在培养物异样部位取少量菌丝体制片，于显微镜下观察，若有不同粗细菌丝或异样孢子存在，判定有杂菌污染。

3. 培养检验：

（1）方法 1 在无菌条件下，于培养物上、中、下三个部位取大豆粒大小的菌种，接入装有 10 mL营养肉汤培养基的试管内，每个取样部位做 3 个重复。同时设 3 个不接种的营养肉汤培养基试管为空白对照，3 个接种大肠杆菌的营养肉汤培养基试管为阳性对照。在 35～38 ℃条件下振荡培养 18～24 h，观察培养液是否变混浊。若培养液混浊，则判断有细菌污染。

（2）方法 2 在无菌条件下，培养物上、中、下三个部位取大豆粒大小的菌种，接在 PDA平板上，每个部位取样 3 次。设 3 个不接种的 PDA 平板为空白对照，3 个接种正常菌丝的 PDA平板为阴性对照。在 25～28 ℃条件下倒置培养 3～5 d，观察菌丝颜色、生长速度、菌落特征、有无孢子产生等，与阴性对照相对比；若无不同，则判定无霉菌污染。若有不同，则判定有霉菌污染。

>> **害虫检验及判定**

从待检样品的不同部位取出少量培养物，放于白色搪瓷盘上，均匀铺开，用放大镜或解剖镜观察害虫的卵、幼虫、蛹或成虫，判定有无害虫。

二、秸秆栽培食用菌霉菌污染综合防控技术规范

▶▶ 霉菌污染

霉菌污染：食用菌栽培过程中，在培养料上非特定培养生长的，对食用菌菌丝正常生长产生不利影响的一类营腐生生活为主的丝状真菌病害。

主要的霉菌有以下几种：

木霉：污染的优势种为康氏木霉，拟康氏木霉和哈茨木霉。首先在栽培料长出白色纤细的菌丝体并形成菌落，逐渐变为绿色或墨绿色的霉状物，食用菌菌丝生长受抑制或可消失。

青霉：污染的优势种为圆弧青霉和产黄青霉初期，在培养料出现白色绒毛状平贴的圆形菌落，随分生孢子大量形成和成熟，变成蓝绿色或淡蓝色粉状菌斑，外围有狭窄或较宽的白色菌丝圈带，食用菌菌丝生长受阻。

曲霉：污染优势种为黑曲霉和黄曲霉。黑曲霉菌落呈黑色，黄曲霉呈黄至黄绿色，易形成颗粒状的孢子菌落。

脉孢霉：污染的优势种为好食脉孢霉。是一种顽固、速生的气生霉，栽培料受其污染后，在料面迅速形成橙红色或粉红色的分生孢子堆霉层。在栽培袋内，霉层可通过某些孔隙迅速布满袋外。

黄霉：初期菌丝白色，病菌产生孢子时，白色绒状菌丝变为黄色至金黄色，秸秆栽培料内出现黄色细粒状霉菌，具有较浓的霉味。食用菌菌丝萎缩，在培养料和覆土之间形成一层绒毡状组织层阻碍子实体的形成，可造成大面积不出菇或出现很少的"僵菇"。

毛霉：污染的优势种为大毛霉，微小毛和总状毛霉。在秸秆栽培料上初期长出灰白色粗壮稀疏的气生菌丝，菌丝生长快，能很快占领料面并形成交织稠密的菌丝垫，抑制食用菌菌丝生长，后期从菌丝垫上形成许多圆形灰褐色、黄褐色或褐色的孢囊。

根霉：污染的优势种为黑根霉。栽培料受根霉污染后，初期在表面出现匍匐丝向四周蔓延，匍匐菌丝每隔一定距离，长出与基质接触的假根，通过假根从基质中吸收营养物质和水分，后期在基物表面形成许多圆球形的孢囊，颜色由灰白色或黄白色变为黑色。

▶▶ 防控原则

防控原则：按照"预防为主、综合防治"的植保方针，以农业、物理、生态防治为主，化学防治为辅，从产地环境、生产投入品与栽培关键环节上采取综合措施预防和控制霉菌污染，使秸秆栽培食用菌产品质量符合 GB 7096 的规定。

综合防控：指利用农业、物理、生态、化学等综合手段预防和控制食用菌霉菌污染发生与为害的方法。

具体防控措施：霉菌污染预防；农业防治；物理防治；生态防控；化学防治。

污染防控措施

▶▶ 霉菌污染预防

1. 栽培场所的清洁和消毒

（1）产地环境应符合 NY 5358 的要求。栽培场地在使用前清理干净，保持环境卫生，堆料、拌料区定期消毒。菇场的道路及工作地面，以铺设水泥地为宜。发生过霉菌污染的菇场，清除旧土、废弃物，用石灰水或漂白粉药液全面喷洒。

（2）菇棚（房）扣膜后，在移入栽培料或菌袋前用 5％ 的石灰液或 0.5％ 等量式波尔多液将棚内地面、墙壁等喷涂一遍；在栽培料或菌袋进棚前 3 d 将菇棚（房）封闭，用已在我国食用菌生产上登记的药剂熏蒸或喷洒处理。小食心虫越冬前，一般在 8 月下旬至 9 月上旬开始，选当地树龄处于盛果期、有代表性的主栽品种果园，梨、桃混栽区各 3 个园，单

污染防控措施

>> **霉菌污染预防**

一种植区5个园进行调查。每个果园面积不小于$5×667 m^2$，随机取5点，每点1棵树，每棵树在距地面$0.2～0.3 m$的主干上绑果树专用诱虫带（瓦楞纸制，宽20 cm，棱波幅$4.5 mm×8.5 mm$）。12月下旬调查诱虫带下的梨小食心虫越冬数量。

2. 原料、用具及覆土消毒

（1）栽培主辅原料应干燥、纯净、无霉变、不结块，符合NY 5099的要求，防止有毒有害及带有霉菌物质混入。栽培原料使用前经过日光曝晒2～3 d。栽培用具及时清洗干净，用石灰水、高锰酸钾溶液、漂白粉溶液等擦洗消毒，床架材料喷洒波尔多液、过氧乙酸等药剂消毒。

（2）覆土材料配制后翻晒3～5 d，用药剂均匀喷洒或拌熏，薄膜封闭堆闷处理7 d以上，摊堆晾排余味后，用石灰水、石膏粉将覆土材料pH调至7.2～7.8。

3. 培养料预处理 将秸秆栽培料配制拌混润湿均匀。需发酵处理的，采用二次发酵或圆堆插孔覆膜鼓风发酵，要求堆温全面达到65 ℃以上，并按不同食用菌培养料堆制发酵要求的时间间隔和次数，进行翻堆，使培养料腐熟均匀。在堆料中可添加已取得微生物肥料登记证或省级以上农业主管部门颁发的推广证、允许在食用菌生产中使用的微生物发酵剂，其质量应符合GB 20287的要求。需灭菌处理的，应在装袋后4 h内灭菌。采用高压蒸汽灭菌，当蒸汽压力达到0.15MPa后，保持2 h以上；采用常压蒸汽灭菌，当料温达到100 ℃后，保持8～12 h。自然降压降温，按GB 15981规定的方法进行消毒与灭菌效果的评价。

4. 霉料的处置 对菌床霉菌污染料或霉菌污染袋采取药物消毒处理及隔离措施。采菇后彻底清理料面，将霉烂菇、病虫菇、霉菌污染料等及时细致挖除，封装移出菇棚（房），集中处理。进出过霉菌污染菇棚（房）的管理人员再进入健康菇棚（房），应更换衣鞋，接触过霉菇、霉料的手或工具，清洗干净，并用新洁尔灭溶液擦拭消毒。对污染严重或不易彻底杀灭的霉菌病料，彻底清除、烧毁或深埋。

>> **农业防治**

选用抗霉性强、适应性广的食用菌栽培品种；菌种扩繁制作按照NY/T 528和NY/T 1731的规定进行，制备生长健壮、菌龄适宜、不带霉菌的优质菌种，各菇种菌种质量应符合NY/T 1742的要求；栽培用菌种按照NY/T 1284的规定进行杂菌及害虫的检验，污染霉菌或发菌不良者不能使用。安排好不同食用菌适宜的栽培季节，旧菇棚（房）或霉菌污染较重的菇棚（房）宜采取休棚或轮种的方式控制霉菌污染。发酵料栽培在气温较低的条件下播种，灭菌料栽培在菌袋冷却后按无菌操作规程接种，保证菌种用量。发菌环境应清洁、消毒，发菌温度应适宜。生产用水应符合GB 5084中蔬菜用水水质标准值的要求。

>> **物理防治**

采用日光曝晒大棚（晴日4～5 d）、高温闷棚（棚温55 ℃以上5～7 d）以及对栽培场地实行翻土、露晒、大水漫灌等消毒措施。栽培棚（房）门窗和通风口封装防虫窗纱及防鼠金属网，防止害虫传播霉菌和害鼠咬噬引致霉菌污染。进出菇棚（房）随手闭门，并在门口及周边设置石灰粉隔离带。

>> **生态防控**

注重通风调节，避免高温高湿，保持适度的散射光照，提高食用菌的抗霉能力。菇棚内一旦发生霉菌污染，及时清除霉料，每天让日光直射棚内2～3 h，连续2～3 d，结合药剂防治，加大通风换气，减少喷水，降低培养温度，并防止通过喷水、通风或其他人工操作传播霉菌，控制霉菌污染蔓延。

>> **化学防治**

应减少化学药剂的使用量。必需用药防治时，使用在食用菌上获得登记的药剂或安全高效杀菌药物，在不同栽培场所，针对不同霉菌污染采用不同的施药方式，防治方案见表6-16。化学防治以处理地面环境或菌畦覆土为主，于无菇时用药。定期进行菇棚（房）内外环境的消毒，交替轮换用药，每种药剂限用1~2次。农药的使用应执行 GB 4285、GB/T 8321 和 NY/T 1276 的规定。不得使用的农药品种参见"秸秆栽培食用菌生产中不得使用的农药品种"。

污染防控措施

表6-16 秸秆栽培食用菌霉菌污染防治常用药物和使用方案表

药剂通用名	防治对象	使用方法	使用浓度或剂量
石灰粉（水、乳液）	多种霉菌	拌料、拌土、喷（撒）地面环境、擦洗用具、处理杂菌污染斑、涂刷床架	1%~5%
漂白粉	杂菌、线虫	1%溶液喷洒环境；5%溶液擦洗工具；0.5%用量消毒覆土	见使用方法
二氯异氰尿酸钠（可溶粉）	霉菌、细菌、病毒	喷雾及处理霉菌斑、喷洒环境、床架、覆土或浸沾菌袋	40%可溶性粉剂800~1 000 倍液
二氯异氰尿酸钠（烟剂）	霉菌、细菌	密闭烟熏消毒接种箱（室）、培养室或菇棚（房）	66%烟剂
高锰酸钾	病原细菌、真菌	喷洒菇棚（房）内环境及擦洗用具	0.2%溶液
过氧乙酸	病原细菌、真菌等	喷洒环境、菌畦、料面及处理菌袋、床架材料	0.2%~0.5%
乙醇	病原细菌、真菌	擦拭皮肤或工具等	75%
新洁尔灭	病原细菌、真菌	擦拭皮肤、工具或喷洒空间	0.25%溶液
波尔多液	多种病原菌、杂菌	处理床架材料或喷洒环境，随配随用	0.5%等量式波尔多液（0.5:0.5:100）
咪鲜胺锰盐	病原真菌、霉菌	喷洒出菇面、覆土层或浸沾菌袋	50%可湿性粉剂1 000 倍液
噻菌灵	病原真菌、霉菌	处理覆土、喷洒覆土层或地面环境	1 500~2 000 倍液

不得在食用菌培养基质和覆土中加入或在发菌、出菇期喷洒使用下列农药：

甲拌磷、治螟磷、对硫磷、甲基对硫磷、内吸磷、杀螟威、久效磷、磷胺、甲胺磷、异丙磷、三硫磷、氧乐果、蝇毒磷、甲基异柳磷、地虫硫磷、水胺硫磷、氯唑磷、特丁硫磷、杀扑磷、丙线磷、硫线磷、甲基硫环磷、涕灭威、灭线磷、硫环磷、灭多威、克百威、磷化锌、磷化铝、氰化物、氟乙酰胺、甘氟、毒鼠强、氟乙酸钠、毒鼠硅、杀虫脒、毒杀芬、氯化苦、甲基溴、二溴氯丙烷、滴滴涕、六六六、二溴乙烷、五氯酚、五氯酚钠、氯丹、除草醚、艾氏剂、狄氏剂、汞制剂、砷类、铅类、敌枯双、三氯杀螨醇、氰戊菊酯以及非农用抗生素类、生长激素类等。

第七章 水 果

第一节 苹 果

一、苹果蠹蛾检疫检测与鉴定技术规范

>> **为害现状**

苹果蠹蛾已广泛分布于世界几乎所有的苹果产区，是世界上仁果类果树的毁灭性蛀果害虫。该虫以幼虫蛀食苹果、梨、杏等的果实，造成大量虫害果，并导致果实成熟前脱落和腐烂，蛀果率普遍在 50％以上，严重的可达 70％～100％，严重影响了国内外水果的生产和销售。

>> **形态特征**

1. 成虫 体长约 8 mm，翅展 18～22 mm。体呈灰褐色而略带紫色光泽，雄蛾体色较深。前翅臀角处肛上纹明显，臀角处有深褐色椭圆形大斑，内有 3 条青铜色条纹，这是苹果蠹蛾的显著识别特征。翅基部褐色，其外缘突出略呈三角形，有较深的斜行波状纹；翅中部浅褐色较浅。雄蛾前翅腹面沿中室后缘有一黑褐色条斑，雌蛾无；雄蛾翅疆 1 个，雌蛾翅疆 4 个；后翅褐色，基部颜色较淡。雄蛾外生殖器的抱器腹中间明显凹陷，其外侧有 1 尖突；抱器端圆形，有许多毛；抱器瓣基部有孔穴；阳茎粗短，基部稍弯，端部有大刺 6～8 根，这是最可靠的识别特征。雌蛾外生殖器产卵瓣外侧弧形，交配孔宽扁，囊导管粗短，囊突 2 枚，牛角状。

2. 幼虫 初龄幼虫黄白色，老熟后一般呈红色，背面色深，腹面色浅。体长 14～18 mm。前胸侧毛组（L）有 3 根毛；腹部第 9 节背毛组 D、玖与亚背毛组的 SD，下根毛排列成三角形。末节肛门处无臀栉。

3. 卵 圆形，长约 1.1 mm，宽约 0.9 mm，扁平，中央略凸起，卵壳上有皱纹，但不甚明显。

4. 蛹 7～10 mm，黄褐色。肛门两侧各有 2 根钩状臀棘，末端还有 6 根较短的臀棘。

>> **为害特征**

1. 为害症状 幼虫不卷叶，只蛀食果实。幼虫多从胴部蛀入，深达果心食害种子，也蛀食果肉。随虫龄增长，蛀孔不断扩大，虫粪排至果外，有时成串挂在果上，幼虫有转果为害的习性，一头幼虫往往蛀食几个果实，而一个果实内一般不超过一头幼虫。由于幼虫为害，降低果品质量，造成大量落果。

2. 传播途径 苹果蠹蛾幼虫随着果品的调运、携带远距离传播。苹果蠹蛾的成虫可附着在运输工具上进行远距离传播。

>> **寄主及地理分布**

1. 寄主范围 苹果、花红、沙梨、香梨、杏、巴旦杏、桃、野山楂、石榴、榲桲、板栗属、无花果属、花揪属等植物。

2. 地理范围

（1）亚洲 阿富汗、印度、以色列、约旦、巴勒斯坦、朝鲜、黎巴嫩、巴基斯坦、伊朗、伊拉克、叙利亚、土耳其及我国新疆、甘肃等。

>> **寄主及地理分布**

（2）非洲　阿尔及利亚、利比亚、马德拉群岛、毛里求斯、摩洛哥、南非、突尼斯、塞浦路斯、加拿利群岛等。

（3）美洲　美国、阿根廷、玻利维亚、巴西、智利、哥伦比亚、秘鲁、加拿大、乌拉圭等。

（4）欧洲　德国、希腊、匈牙利、爱尔兰、意大利（包括西西里岛）、阿尔巴尼亚、保加利亚、捷克、斯洛伐克、前南斯拉夫、罗马尼亚、法国、奥地利、比利时、英国、丹麦、芬兰、挪威、波兰、葡萄牙、西班牙、瑞典、瑞士、马耳他、荷兰、前苏联、撒丁、西西里、亚速尔群岛等。

（5）大洋洲　澳大利亚、新西兰等。

>> **田间现场抽样**

1. 幼虫　于苹果蠹蛾幼虫发生期（具体时间根据当地该虫发生情况而定），按照不同的生态环境，分别选择有代表性的果园 10 个，采用棋盘式取样方式，每个果园取 10 棵树，每棵树分东、西、南、北、中 5 个方位，每方位检查果实 20 个。将现场抽样结果填入《植物有害生物调查抽样记录表》。

2. 蛹　于苹果蠹蛾化蛹期（具体时间根据当地该虫发生情况而定），根据不同的发生区，分别选择有代表性及监测点附近的果园，采用棋盘式取样方法，每个果园取 10 棵树（取样方法同上），仔细检查树干老树皮下、粗枝裂缝中、果树支柱内、空心树干中、根际树洞内、树冠范围 3～5 cm 表土内、植株残体中、干枯蛀果内等苹果蠹蛾的化蛹场所。发现疑似蛹，带回实验室鉴定。将现场抽样结果填入《植物有害生物调查抽样记录表》。

3. 成虫　在苹果蠹蛾成虫的发生期，以性诱剂捕到的成虫为依据。

>> **调运果品现场抽样**

按照《农业植物调运检疫规程》（GB 15569—1995）的规定执行。将调查抽样的可疑果实分类装入样品袋集中待检验。

>> **样品保存**

将采集到的被害果，装入聚乙烯塑料袋中，低温密闭保湿保存。对所采样本，应尽早进行鉴定，保存的时间不宜超过 7 d。

>> **现场鉴定**

1. 成虫　诱捕器诱杀到的成虫，符合表 7-1 记述的苹果蠹蛾成虫形态特征的，就可确定为苹果蠹蛾，其结果填入《植物有害生物样本鉴定报告》。

2. 幼虫　根据不同的发生区进行取样，剖果检查被害果实，进行现场检验，检验结果记入《植物有害生物样本鉴定报告》。如果现场无法确认，则取样进行室内检验。

>> **实验室鉴定检测**

1. 成虫形态鉴定　借助解剖镜，对调查采集到或饲养出的疑似成虫与表 1-1 记述的苹果蠹蛾成虫的形态特征进行比较，符合苹果蠹蛾的形态特征记述的，可确定苹果蠹蛾，将其结果填入《植物有害生物样本鉴定报告》。

2. 幼虫形态鉴定　借助解剖镜，对采到的幼虫与记述的苹果蠹蛾幼虫的形态特征进行比较，符合表 7-1 记述的，可确定为苹果蠹蛾，将其结果记入表 7-3。

>> **成虫饲养**

将采回的害果样本及蛹放入光照培养箱中，在适宜的温度、湿度及光照条件下，进行饲养，直至养出鉴定所需成虫。

抽样调查

>> **样品保存**

1. 成虫样品的保存干标本　经鉴定为苹果蠹蛾的成虫标本，在室内阴凉处晾干后用昆虫针插于中胸背板中央即可。并填写标签，注明标本的来源（寄主、采集时间、地点、采集人）以及制作时间、制作人等。将制作好的干标本针插于标本盒内，标本盒四角放置驱虫剂，置于干燥、阴凉的木柜中保存。

2. 幼虫样品的保存　将蛹及幼虫放入指形管内，注入福尔马林、酒精、冰醋酸混合液（5 份福尔马林、15 份 80% 酒精、1 份冰醋酸混合而成），上塞并用蜡封好，填写标签，放入标本柜中保存。

标本的保存须防蛀、防霉变。

（一）基本表格

见表 7 - 1～表 7 - 3。

表 7 - 1　苹果蠹蛾近似种成虫及近似幼虫检索表

	苹果蠹蛾近似种成虫检索表	苹果蠹蛾近似种幼虫检索表
香梨优斑蛾	前翅中室下角呈三岔形，M_2 与 M_3 共柄，R_2 在中室外独立；后翅无 M_2	—
梨大食心虫	前翅中室下角呈四岔形，M_2 与 M_3 不共柄，R_2 与 R_3、R_4 共柄，后翅有 M_2	中、后胸及第 1～8 腹节无明显褐色大小毛片 8 个；体长 18.0～22.0 mm，体色紫红色或灰绿色
桃小食心虫	前翅 Cu_2 起自中室下缘端部，中央近前缘处有一深色大斑，中有 4 簇斜立鳞片，基部尚有 3 簇斜立鳞片；抱器端呈尖刀状，阳茎细长圆直，后翅无 M_1	腹足趾钩为单序，环状；体长 13～16 mm，桃红色
葡萄长须卷蛾	雄颚形突不发达，末端分离下垂；下唇须特长，向前伸直；后翅 Cu 上有栉状毛	—
棉褐带卷蛾	前翅 R_4 与 R_5 在中室外共柄；基斑、中带、端纹明显，深褐色	—
桃褐卷蛾	雄触角第 2 节上无凹陷；前翅红褐色，后翅黄褐色	—
醋栗褐卷蛾	前翅基斑明显向后缘伸出呈带状；并与中带平行；全翅呈 2 条带纹	—
松褐卷蛾	前翅端纹较大，明显；前翅暗褐色	—
苹褐卷蛾	前翅端纹不明显，略成红褐色	—
山楂黄卷蛾	前翅中带与基斑、端纹不呈"小"字形；中带不完整，上窄下宽，略呈红褐色	—
梨黄卷蛾	前翅翅尖突出，呈钩状	—
苹黄卷蛾	前翅翅尖稍突出，不呈钩状。	—
苹小食心虫	阳茎细长；前翅前缘白色斜纹小于 10 个	幼虫一般不蛀入果心，常在皮下浅处取食；被害果蛀孔处形成褐色的"干疤"，疤上常有数个小孔和少许虫粪；幼虫不蛀食桃梢，为害果实；体长 7.0～9.0 mm，体色彩红色，臀栉 4～6 刺
苹果蠹蛾	前翅肛上纹明显，雄抱器腹凹处外侧有 1 个尖刺；阳茎粗短，端部有大刺 6～8 根	幼虫前胸侧毛组有 3 根毛。头部根群毛 O_1 与 A_3 的连线不通过第 1 单眼（最近只相切）；腹部第 9 节 D_1，D_2 与 SD_1 3 根毛排列呈三角形
李小食心虫	雄抱器腹中部有一突起	幼虫蛀入果核附近，取食近核处的果肉；被害果内有大量虫粪，粪中绝无蛹壳；体长约 12.0 mm，体色桃红色，臀栉 4～7 刺

（续）

	苹果蠹蛾近似种成虫检索表	苹果蠹蛾近似种幼虫检索表
梨小食心虫	雄抱器腹无突起	幼虫蛀入果心，取食果肉和种子；被害果蛀孔处形成"黑疤"，疤上仅有一个小孔，但无虫粪，果肉内有大量的虫粪，幼虫尚蛀食桃、李等新梢；体长 10.0～13.0 mm，体色淡红色或淡黄色，臀栉 4～7 刺
苹白小卷蛾	前翅基斑全为黑褐色，中无灰色斑	—
芽白小卷蛾	灰色斑 2 个，大小相近，明显	—
桃白小卷蛾	灰色斑 2 个，不明显	幼虫不蛀入果心，只在果皮下局部取食；被害果注处虫粪成堆，粪中常有蛹壳；体长 10.0～12.0 mm，体色暗红色；臀栉 6～7 刺
桃蛀螟		中、后胸及第 1～8 腹节各有明显的褐色大小毛片 8 个，前排 6 个，后排 2 个；体长 18.0～25.0 mm。体色暗红色或灰褐色

表 7-2　植物有害生物调查抽样记录表

生产/经营者		地址及邮编	
联系/负责人		联系电话	
调查日期		抽样地点	

样品编号	植物名称（中文名和学名）	品种名称	植物生育期	调查代表株数或面积	植物来源

症状描述：

发生与防控情况及原因：

抽样方法、部位和抽样比例：

备注：

抽样单位（盖章）： 填表人（签名）： 　　　　　　　　　　年　月　日	生产/经营者： 现场负责人： 　　　　　　　　　　年　月　日

注：本单一式两份，分别由抽样单位和受检单位保存。

表7－3 植物有害生物样本鉴定报告

植物名称				品种名称	
植物生育期		样品数量		取样部位	
样品来源		送检日期		送检人	
送检单位				联系电话	

检测鉴定方法：

检测鉴定结果：

备注：

鉴定人（签名）：

审核人（签名）：

鉴定单位盖章：

年　月　日

注：本单一式三份，分别由抽样单位、受检单位和鉴定单位保存。

二、苹果病毒检测技术规范

1. 抽样与制样

（1）抽样

①无病毒母本树。每株均需检测。

②无病毒苗木。分品种进行抽样。采取随机抽样方法。以 666.7 m² 抽检 10 株为基数，每增加 666.7 m²，增检 5 株，不足 666.7 m² 的按 666.7 m² 计。

③苹果植株。对疑似感病的植株每株必检。

（2）制样

①木本指示植物检测。温室检测时，早春从待检的苹果植株上取一年生芽嫁接到特定指示植物上。田间检测时，夏末秋初取待检植株离皮绿枝进行芽接。

②ELISA 和 RT - PCR 检测。春季取待检苹果植株上幼嫩新鲜叶片；或冬季取休眠枝条的韧皮部组织。

2. 检测方法　检测方法共计 4 种，田间症状观测法、木本指示植物检测法、酶联免疫吸附法（ELISA）和反转录—聚合酶链式反应（RT - PCR）。

（1）田间症状观测法　检测对象为苹果锈果类病毒和苹果花叶病毒，田间直接观察其症状表现。其症状表现可根据表 7 - 4 判断病毒的种类。

表 7 - 4　2 种非潜隐性病毒病的主要田间症状

病毒及类病毒	症状类型	症状表现
苹果锈果类病毒	锈果型	先从幼果顶部出现淡绿色水渍状斑块，而后向果梗部扩展成木栓化锈斑与纵纹，随果实生长而发生龟裂
	花脸型	果实着色后，病果果面显现红绿相间的不规则色斑，呈花脸状
	锈果-花脸复合型	呈现既有锈斑又有花脸的复合症状
苹果花叶病毒	斑驳型	从小叶脉开始发生鲜黄色或黄白色病斑，病斑形状不规则、大小不一、边缘清晰
	环斑型	叶片上产生圆形、椭圆形或近圆形黄色环斑，或近似环状的斑纹
	花叶型	病斑不规则，有较大的深绿与浅绿相间色变，边缘不清晰
	条斑型	叶片沿叶脉失绿黄化，并蔓延至附近的叶肉组织，呈黄色条斑或网纹状
	镶边型	叶片边缘发生黄化，形成很窄的黄色镶边

（2）木本指示植物检测法　木本指示植物检测法包括温室检测和田间检测。

检测对象为苹果褪绿叶斑病毒、苹果茎痘病毒、苹果茎沟病毒、苹果花叶病毒和苹果锈果类病毒。

①温室检测法。

a. 砧木准备。早春，将上年播种的实生砧苗移栽于直径 15 cm、高 25 cm 的花盆中，每个花盆栽植 1 株。将花盆移入温室内。温室温度白天控制在 20～28 ℃、夜间 9～15 ℃。

b. 嫁接。砧木开始萌发后，先用嵌芽接法将 1 个待检芽嫁接在砧木基部，再用切接法在该芽上方 5 cm 处嫁接指示植物接穗（带 2～3 个饱满芽），每个样品嫁接 4 株。

c. 嫁接后管理。嫁接后，将温室温度控制在 18～26 ℃。适时浇水、防治害虫和剪除砧木萌果。待指示植物长出嫩叶后，每周观察一次，记载症状表现。

②田间检测法。

a. 砧木准备。春季，挑选前一年播种的生长整齐一致的砧木实生苗，定植于检测圃内，株行距大于 15 cm×60 cm。

b. 嫁接。8 月中旬将待检植株芽接在砧木基部，同时将指示植物芽嫁接在待检芽上方，两芽相距 1.0～2.0 cm，每个样品嫁接 4 株。

c. 嫁接后管理。第 2 年苗木发芽前，在指示植物接芽的上方 1.0～1.5 cm 处剪除砧干，及时除萌，同时加强肥水管理和病虫害防治，5 月下旬开始，每周观察一次，记载症状表现。

3. 结果判断 上述两种方法所嫁接的 4 株中只要有 1 株呈现表 7-5 规定的典型症状，即判定该样品携带相应的苹果病毒。

表 7-5 苹果病毒及类病毒在木本指示植物上的主要症状

病毒及类病毒	指示植物	指示植物症状
苹果褪绿叶斑病毒	苏俄苹果（R12 740-7 A）	褪绿叶斑，植株矮化，舟形叶
苹果茎痘病毒	光辉（Radiant）	叶片反卷，植株矮化
苹果茎沟病毒	弗吉尼亚小苹果（Virginia crab）	木质部产生纵向凹陷条沟；有的病株嫁接口周围肿胀，接合部内有深褐色坏死斑纹；温室鉴定中叶片有时产生黄或环形斑，并扭曲变形
苹果花叶病毒	竺蓬王（Lord lambourne）	叶片上产生黄斑、沿叶脉出现条斑
苹果锈果类病毒	国光（Ralls）	茎中上部叶片向背面反卷、弯曲，叶片变小、易脱落，并在茎上产生不规则的木栓化锈斑

（1）酶联免疫吸附检测法（ELISA） ELISA 检测方法可选择 A 蛋白酶联免疫法（PAS-ELISA）或双抗夹心酶联免疫吸附法（DAS-ELISA）

试剂均为包被缓冲液（pH9.6），冲洗缓冲液（PBST，pH7.4），抗原提取缓冲液，酶标抗体缓冲液，底物缓冲液（pH9.8），底物（现用现配），终止液。

①A 蛋白酶联免疫法（PAS-ELISA）。

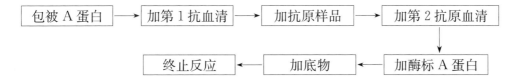

②双抗夹心酶联免疫吸附法（DAS-ELISA）。

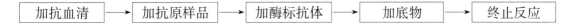

③结果判定。以空白对照调零，测定各微孔 405 nm 吸光值。若待检样品 2 孔平均吸光值/阴性对照 2 孔平均吸光值≥2，则该样品为阳性，即携带所检病毒。

（2）反转录聚合酶链式反应（RT-PCR）检测方法 利用反转录酶将病毒 RNA 反转录为

cDNA，并以耐热 DNA 聚合酶和一对引物（与待测目标核酸分子序列同源的 DNA 片段）通过高温（DNA 分子变性）和低温（引物和目标核酸分子结合并被耐热 DNA 聚合酶延伸）交替循环扩增待测目标核酸分子的方法。

试剂为研磨缓冲液，清洗缓冲液，50×TAE 缓冲液，6×凝胶加样缓冲液。

①操作过程。

总 RNA 提取由以下 7 个步骤组成：

a. 称取 100 mg 待检材料放入塑料袋中，加入 1 mL 研磨缓冲液，磨碎。

b. 取 500 μL 匀浆置于 1.5 mL 消毒离心管中，0 ℃保温 10 min、冰中放置 5 min 后，14 000 r/min 离心 10 min。

c. 取 300 μL 上清液，加入 150 μL 100％乙醇、300 μL 6 mol/L 碘化钠、30 μL 10％硅悬浮液（pH2.0），室温下振荡 20 min。

d. 6 000 r/min 离心 1 min，弃去上清液，加入 500 μL 清洗缓冲液（10.0 mmol/L Tris－HCl，pH7.5；0.5 mmol/L EDTA；50.0 mmol/L NaCl；50％乙醇）重悬浮沉淀，6 000 r/min 离心 1 min。

e. 重复第 4 步。

f. 将离心管反扣在纸巾上，室温下自然干燥后，重新悬浮于无 RNase 和 DNase 的水中，70 ℃保温 4 min。

g. 13 000 r/min 离心 3 min，取上清液，保存于－70 ℃超低温冰箱中。也可采用商品性试剂盒和 CTAB 法提取总 RNA。

合成 cDNA：5 μL 总 RNA 与 1 μL 0.1 μg/μL 六碱基随机引物和 9 μL 水混合，95 ℃变性 5 min 后立即置于冰中冷却 2 min。再加入含 5 μL 5×M－MLV RT 缓冲液、1.25 μL 10 mmol/L dNTPs、0.5 μL 200U/μL M－MLV 反转录酶和 3.25 μL 灭菌纯水的反转录混合液，经 37 ℃ 10 min、42 ℃ 50 min、70 ℃ 5 min 合成 cDNA。

PCR 扩增：PCR 反应混合液共 25 μL，包括 2.5 μL cDNA、2.5 μL 10×PCR 缓冲液、0.5 μL 10 mmol/L dNTPs、0.5 μL 10 μmol/L 互补引物、0.375 μL 2 U/μL Taq DNA 聚合酶、18.125 μL 灭菌纯水。按如下程序进行 PCR 扩增：94 ℃ 10 min；94 ℃ 30 s，退火 45 s，共 35 个循环，最后72 ℃延伸 10 min。根据各组引物的退火温度及扩增产物大小设计。

②结果判定。检测时设阴性、阳性对照，采用 1％琼脂糖电泳，180 V 电泳约 30 min，0.5 μg/mL EB 溶液染色 10～15 min，观察到与阳性对照相同的目的条带的样品为阳性，带病毒；与阴性对照一样，未观察到目的条带的样品为阴性，无病毒。

4. 判定规则　根据上述检测方法的要求进行检测和判定，如果一个样品采用了 2 种以上检测方法，且检测结果不一致，则以阳性结果为准，判定为带毒。

（1）苹果无病毒母本树　检出携带主要检测对象中的任何一种病毒/类病毒，该母本树即判定为不合格。

（2）苹果无病毒苗木　检出某株苗木携带主要检测对象中的任何一种病毒/类病毒，即判定该批苗木不合格。

（3）需要检测的苹果植株　检出携带主要检测对象中的任何一种病毒/类病毒，则判定该株苹果带毒。

三、苹果主要病虫害防治技术规程

>> **苹果树腐烂病**

1. 防治措施　及时检查果园，发现病斑，彻底刮除，然后涂抹消毒保护剂。

2. 防治药剂　代森铵、丁香菌醋悬浮剂、腐殖酸·铜、甲基硫菌灵、甲硫·萘乙酸、硫黄脂膏、络氨铜、噻霉酮、半菌胺醋酸盐、抑霉唑。

>> **苹果轮纹病**

1. 防治措施　落花后至 8 月上旬，根据降水情况，每隔 15～20 d 喷一次保护剂或内吸性杀菌剂。

2. 防治药剂　代森铵、代森联、代森锰锌、多菌灵、二氰蒽醌、氟硅唑、甲基硫菌灵、甲硫·福美双、甲硫·醚菌、戊唑·多菌灵、氧化亚铜、乙铝·多菌灵。

>> **苹果褐斑病**

1. 防治措施　开始发病前 10 d 喷一遍杀菌剂。以后根据降水和田间发病情况，每隔 15～20 d 喷一次药。

2. 防治药剂　多菌灵、代锰·戊唑醇、肟菌·戊唑醇、丙环唑、硫酸铜钙、异菌脲。

>> **苹果白粉病**

1. 防治措施　苹果开花前，芽露出 1 cm、嫩叶尚未展开时，喷第 1 次药。落花 70% 时喷第 2 次药。发病重的果园落花后 10 d 再喷 1 次药。

2. 防治药剂　苯醚·甲硫灵、己唑醇、甲基硫菌灵、腈菌唑、硫黄、硫黄·锰锌、嘧啶核苷类抗菌素、醚菌酯、醚菌·啶酰菌、石硫合剂。

>> **苹果炭疽病**

1. 防治措施　发芽前喷一次药，铲除越冬病源。幼果期至 8 月上中旬，每隔 15～20 d 喷一次药。发病轻的地区和少雨年份，适当减少喷药次数。

2. 防治药剂　代森联、代森锰锌、代森锌、多菌灵、福美锌、福·福锌、甲硫·福美双、戊唑醇戊唑·多菌灵、咪鲜胺、乙铝·锰锌、抑霉唑、唑酮·福美双。

>> **桃小食心虫**

1. 防治措施　幼虫出土期，在距树干 1 m 范围内的地面上喷施药剂，杀灭幼虫。卵临近孵化时，树上喷施药剂，杀灭虫卵、防止幼虫蛀果。

2. 防治药剂　阿维菌素、阿维·矿物油、毒死蜱、高氯·马、高氯·辛硫磷、高效氯氰菊酯、高氟氯氰菊酯、甲氰·菊醋、金龟子绿僵菌、氯虫苯甲酰胺、氘戊·马拉松、三唑磷、苏云金杆菌、乙酰甲胺磷。

>> **绣线菊蚜**

1. 防治措施　苹果芽开绽后至开花前，进行药剂防治。

2. 防治药剂　阿维·啶虫脒、吡虫啉、吡虫·矿物油、吡虫·三唑锡、哒螨·吡虫啉、啶虫脒、氟啶虫酰胺、高氯·吡虫啉、高氯·啶虫脒矿物油、氯氰·吡虫啉、灭脲·吡虫啉、氰戊菊酯、氰戊·马拉松。

苹果主要病害及化学防治方法

苹果主要病害及化学防治方法

≫ 金纹细蛾

1. 防治措施　各代成虫发生盛期进行药剂防治。

2. 防治药剂　阿维·灭幼脲、氯虫苯甲酰胺、灭脲·吡虫啉、除虫脲、高氟氯氰菊酯、杀铃脲、灭幼脲。

≫ 苹果小卷叶蛾

1. 防治措施　冬、春季剪锯口涂抹药剂，消灭越冬幼虫。幼虫出蛰率达到30％时和各代幼虫孵化盛期，喷药防治。

2. 防治药剂　虫酰肼、甲氧虫酰肼、杀螟硫磷、虱螨脲。

≫ 苹果全爪螨

1. 防治措施　春季越冬卵孵化期和夏季进行药剂防治。

2. 防治药剂　阿维菌素、阿维·哒螨灵、阿维·丁醚脲、阿维·甲氰、阿维·四螨嗪、吡虫·三唑锡、哒螨·吡虫啉、氟虫脲、苦参碱、矿物油、联苯肼酯、螺螨酯、螨醇·噻蜗酮、螨醇·哒螨、炔螨特、噻螨酮、三氯杀螨醇、三唑锡、石硫合剂、双甲脒、四螨嗪。

≫ 山楂叶螨

1. 防治措施　越冬雌成螨出蛰盛期、第1代幼螨孵化期和夏季，进行药剂防治。

2. 防治药剂　阿维菌素、阿维·哒螨灵、阿维·丁醚脲、阿维·甲氰、阿维·四螨嗪、阿维·辛硫磷、吡虫·三唑锡、哒蜗灵、哒蛾·吡虫啉、氟虫脲、苦参碱、矿物油、联苯肼酯、螺螨酯、蛾醇·噻螨酮、螨醇·哒螨灵、炔螨特、噻螨酮、三氯杀螨醇、三唑锡、石硫合剂、双甲脒、四螨嗪。

其他防治方法及化学防治注意事项

≫ 农业防治

（1）选用抗病虫优良品种和健康优质苗木。

（2）合理布局，避免与桃、核桃、梨、李、杏等果树混合栽植，园区附近不种植桧柏。

（3）加强土、水、肥管理，提高植株抗性。

（4）及时剪除病僵果、死果台、病枯枝、爆皮枝、病剪口，摘除病虫果和病芽，连同落叶、落果、死树，携出园外集中销毁。

≫ 物理防治

（1）利用杀虫灯、悬挂黄板、性诱剂迷向、树干绑草等方式诱杀苹果小卷叶蛾、桃小食心虫、金纹细蛾、山楂叶螨等害虫。

（2）及时刮除枝干病害，剪除病枝，并将残枝及刮除物带出园外集中焚毁。

（3）进行果实套袋，减轻病虫害对果实的为害。

≫ 生物防治

充分利用寄生性、捕食性天敌昆虫及病原微生物，调节害虫种群密度，将其种群数量控制在为害水平以下。在果园行间生草或种植绿肥植物，为天敌提供庇护场所（药剂种类以农药登记主管部门公布的信息为准）。

≫ 化学防治药剂使用注意事项

上述防治中所列药剂种类仅供参考，其使用方法以产品标签为准。

四、苹果蠹蛾监测技术规范

>> **成虫监测**

时期：每年的 4～10 月。

监测、调查点的设置：在每个需要进行监测的县（区）内设置监测点。监测点之间的距离不得低于 1 km，并尽可能保持均匀分布。监测点应选择在城镇周边、交通干线、果品集散地附近的果园或果品加工厂中。

监测/调查方法：每一个监测点含有一组诱捕器，每组诱捕器由 5 个独立的诱捕器构成，诱捕器间距 30 m 以上，诱捕器安放的高度保持在 1.5 m 以上。诱捕器附近安放醒目标志以便调查并防止受到无意破坏。

>> **幼虫调查**

时期：每年的 5 月下旬至 6 月上旬及 8 月中旬至 8 月下旬。

监测、调查点的设置：调查点应选择在城镇周边、交通干线、果品集散地或果品加工厂附近的果园中，调查在成虫监测点的附近进行，以便调查结果与诱捕器监测结果进行比较与相互补充。

监测/调查方法：每块样地取 10 个样点，每个样点调查 50 个果实，对发现的虫果进行剖果检查，确认是否为苹果蠹蛾幼虫。如监测点所在位置为果树分散的区域，可在监测点附近随机选取 10 个样点，方法同上。

1. 监测原理 利用苹果蠹蛾性信息素对雄成虫的诱集作用，配合使用诱捕器，诱捕苹果蠹蛾成虫，并根据苹果蠹蛾发生规律及为害特征开展幼虫和其他特定虫态的调查。

2. 用具及试剂

（1）用具 解剖镜、放大镜、枝剪、聚乙烯塑料袋、标签、记录本、小刀、镊子、指形管、养虫盒、诱捕器等。

（2）试剂 甲醛、冰醋酸、乙醇等。冰醋酸混合液由甲醛、75%乙醇、冰醋酸（5∶15∶1）混合而成。

3. 监测 根据监测时期，蠹蛾生长期的不同可分为成虫监测和幼虫调查。

4. 诱捕器的日常管理与维护 在整个监测期间，工作人员每周对诱捕器的诱捕情况进行检查，调查结果填入表 4-2。同时对诱捕器进行必要的维护，一旦发现诱捕器出现损坏或丢失的状况，应立即进行更换并做好相应记录。诱捕器的诱芯每月更换 1 次，黏虫胶板每 2 周更换 1 次，更换下的废旧诱芯和胶板集中进行销毁（图 7-1）。

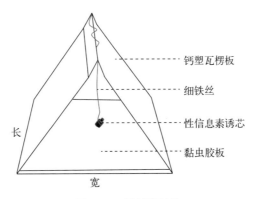

钙塑瓦楞板

细铁丝

性信息素诱芯

黏虫胶板

长

宽

图 7-1 诱捕器结构

5. 鉴定 当检查发现可疑昆虫时，应妥善保存有关标本，带回实验室后按 NY/T 1483—2007 方法进行鉴定。

6. 监测报告 记录监测结果并填写到表中；植物检疫机构对监测结果进行整理汇总形成监测报告。

7. 标本保存 采集到的成虫制作为针插标本，卵、幼虫、蛹放入指形管中，注入冰醋酸混合液，上塞并用蜡封好，制作浸泡标本。填写标本的标签，连同标本一起妥善保存。

8. 档案保存　详细记录、汇总监测区内调查结果。各项监测的原始记录连同其他材料妥善保存于植物检疫机构。

测报表格见表7-6～表7-9。

表7-6　苹果蠹蛾疫情监测调查表

_____年_____月　_____号监测点　　检查人：_____　　　单位公章：

基本信息			捕获数量/检查日期											备注
监测点地点	寄主植物	诱捕编号	日	日	日	日	日	日	日	日	日	日		备注
_____省 _____市 _____县 _____乡（镇） _____村		1												
		2												
		3												
		4												
		5												
		合计												
_____省 _____市 _____县 _____乡（镇） _____村		1												
		2												
		3												
		4												
		5												
		合计												

表7-7　苹果蠹蛾疫情监测调查表

_____年_____月　_____号监测点　　检查人：_____　　　单位公章：

基本信息			捕获数量/检查日期											备注
监测点地点	寄主植物	诱捕编号	日	日	日	日	日	日	日	日	日	日		备注
_____省 _____市 _____县 _____乡（镇） _____村		1												
		2												
		3												
		4												
		5												
		合计												
_____省 _____市 _____县 _____乡（镇） _____村		1												
		2												
		3												
		4												
		5												
		合计												

表 7-8 植物有害生物样本鉴定报告

植物名称			品种名称	
植物生育期		样品数量	取样部位	
样品来源		送检日期	送检人	
送检单位			联系电话	

检测鉴定方法：

检测鉴定结果：

备注：

鉴定人（签名）：

审核人（签名）：

鉴定单位盖章：

年 月 日

注：本单一式三份，分别由抽样单位、受检单位和鉴定单位保存。

表 7-9 疫情监测记录表

监测对象		监测单位	
监测地点		联系电话	
监测到有害生物（或疑似有害生物）的名称		数量	备注

监测方法：

疫情描述：

备注：

监测单位（盖章）：

监测人（签名）：

年　　月　　日

注：本单一式两份，分别由抽样单位和受检单位保存。

五、苹果树腐烂病防治技术规程

》病原及症状

病原：由子囊菌门的苹果黑腐皮壳菌（*Valsa mali* Miyabe et Yamada）[无性世代为半知菌门的苹果干腐烂壳囊孢菌（*Cytospora mandshurica* Miura）]引致的真菌病害。

症状：有溃疡型和枝枯型两种类型。

溃疡型症状多出现于主干、大枝及杈桠部。发病部位树皮微肿胀，水渍状，轮廓呈椭圆形，质地松软，易撕裂，手指稍压即下陷，流出黄褐色汁液。剖开病皮，可看到皮层组织糟烂，红褐色，有酒糟气味。树皮烂透的，病树皮下面的木质部浅层也变为红褐色。溃疡停止活动后，周围树皮形成愈合组织，四周隆起。

枝枯型症状多出现于冻伤或细弱小枝、果台枝和极度衰弱的树枝。发病部位暗褐色至黑褐色，边界不清晰，不肿胀，也不呈水渍状，扩展迅速，很快蔓延到整个树枝。病皮松软，易剥离，后失水干枯。发病后期，溃疡及病枝表面出现小米粒大小的隆起黑点，内含分生孢子器，雨后或天气潮湿时涌出黄色卷曲细丝，即孢子角。

》发生规律

苹果树腐烂病病菌是一种弱寄生菌，以菌丝体、分生孢子器和子囊壳在田间病株和病残体上越冬。条件适宜时病菌产生大量孢子，萌发后从各种伤口、皮孔、柄痕、芽鳞痕等处进行侵染。腐烂病周年均可发生，但早春（3～4月）和秋末冬初（10～12月）为发病高峰期。病斑在树体内全年均可扩展，以3～5月扩展最快。

影响腐烂病发生轻重的主要因素有病原菌数量、树势、气候等。树势是影响病菌侵染形成病斑和病斑扩展的关键因素。田间菌源量大、树势弱、树龄大、栽植密度大、树体营养不平衡、缺乏有机肥、结果量过大、冻害严重、树体伤口过多，其他病虫害发生重，均有利于腐烂病的发生。病斑下木质部带菌及病斑周围树皮的落皮层受侵染，是导致病疤"重犯"的主要原因。

》农业防治技术

1. 科学施肥灌水 均衡施肥，秋季增施有机肥，春夏季追施速效化肥。秋季条沟施或穴施充分腐熟的有机肥每亩2 000～3 000 kg；果树萌芽期，根施氮肥为主，磷肥为辅；果实膨大期和花芽分化前叶面喷施钾肥为主，磷肥为辅。根据降水情况和墒情，适时排灌，春灌秋控。

2. 合理负载 根据树龄、树势、土壤营养等条件，合理修剪和疏花疏果，调整树体负载量。因树定产。中等水平果园一般按照叶果比40∶1留果；丰产园可适当提高挂果量；树势弱的果园降低挂果量，避免因负载过量，形成大小年现象。

3. 减少伤口 合理整形和修剪，尽量避免大拉大砍和环割环剥。减少各种伤口，如冻伤、日灼伤、虫伤等。

4. 树干涂白 初冬落叶后，在彻底刮除腐烂病斑后进行树干涂白，用生石灰、20波美度石硫合剂、食盐、清水按6∶1∶1∶10比例制成涂白剂，涂抹树干和主枝基部，预防冻害。

表 7 - 10　防治苹果树腐烂病的药剂和使用方法

药剂名称	剂型	使用方法
戊唑醇	43%悬浮剂	喷雾
甲基硫菌灵	70%可湿性粉剂	喷雾
	4%膏剂，3%糊剂	病斑涂抹
代森铵	45%水剂	喷雾
	45%水剂	涂抹
甲硫·萘乙酸	3.315%涂抹剂	涂抹
辛菌胺醋酸盐	1.8%水剂	喷雾
	1.8%水剂	涂刷主干、大枝
	1.8%水剂	病斑涂抹
噻霉酮	1.6%涂抹剂	涂刷主干、大枝
	1.6%涂抹剂	病斑涂抹
丁香菌酯	20%悬浮剂	涂抹

>> **清除侵染源**

剪除的病枯枝和干桩、刮除的老翘皮等病残组织，应集中销毁或深埋，防止病菌滋生传播。

>> **药剂防治技术**

1. 树体喷药　果树落叶后（11月上旬）和早春萌芽前（3月中旬），全树各喷施一次具有治疗作用的广谱性杀菌剂如戊唑醇、甲基硫菌灵等。树干、大枝、枝杈处等重点部位一定要喷施周到。

生长期做好褐斑病、斑点落叶病、锈病、叶螨、金纹细蛾等病虫的防治，防止提早落叶削弱树势（表 7 - 10）。

2. 剪锯口和树干涂药　修剪后应对剪锯口及时进行药剂保护，可使用甲基硫菌灵糊剂和甲硫·萘乙酸膏剂涂抹剪锯口。

夏季果树春梢停长、树皮落皮层形成期（6~8月），树干涂刷药剂 1~2 次。涂药前宜先刮除树体粗老翘皮，再涂抹配制好的药液。刮除的粗老翘皮应带出园外集中烧毁。

>> **病树治疗**

1. 病斑刮治　萌芽前后（2~4月）和果实采收后（10月下旬至11月上旬），进行全园检查，发现病斑及时刮治。生长季节发现病斑随见随治。进行全园检查，将当年发生的病斑刮除。刮治后涂刷药剂。

刮治病斑方法：将病斑的变色组织及其两侧 0.5 cm、上下两端 1~2 cm 的健康树皮一并仔细切净，深达木质部，一般切成梭形，边缘要整齐光滑，不留毛茬，上端和两侧切成立茬，下端切成斜茬，达到"光、平、斜、滑"的标准，以利病部愈合和雨水流出。

刮除病部后，晾晒 3~5 h 后即可直接涂抹配制好的药剂。对超过主干 1/4 的较大病斑，先进行单枝或多枝桥接，再将配制好的药液涂抹到刮治部位。涂抹药液时，树干裸露木质部一定要涂上药液，涂抹范围要大出刮治范围 2~3 cm，防止病疤周围健康组织再次被侵染。

2. 桥接复壮　对超过主干及大枝枝围 1/4 的病疤，在刮治病斑后，选用健康枝条作为接穗，对病斑上下两端健皮处实行枝接。主干、主枝基部离地面较近的病疤，可利用萌蘖枝进行脚接。

>> **病树治疗**

桥接复壮方法：选择健康的 1 年生休眠枝做接穗，两端用刀削成光滑平整的楔形。主干基部离地面近的病斑，可利用根部萌蘖枝脚接，将枝条上端削成楔形。在病疤上下方选好位置，用刀划开树皮约 1 cm，将接穗枝条两端锲入韧皮部和木质部之间。注意接穗枝上下端不能颠倒，并用小钉将两端钉紧，嫁接好的接穗略成弓形。最后用塑料薄膜包扎两端桥接口保湿。桥接后不能摇动接穗，半个月后用刀片划破和去除接穗上的塑料薄膜条。

第二节 梨

一、梨小食心虫测报技术规范

>> **形态特征**

成虫：体长 6～7 mm，翅展 13～14 mm，暗褐至灰黑色，下唇须灰褐色向上翘，触角丝状，前翅灰黑色，前翅前缘有白色斜短纹 8～10 条，翅面散生灰白色鳞片而成许多小白点，近外缘有 10 个小黑点，中室端部有 1 明显的小白点，后缘有些条纹。后翅茶褐色，各跗节末端灰白色。腹部灰褐色。

幼虫：体长 10～13 mm，淡红至桃红色，头褐色，前胸盾片黄褐色，前胸侧毛组 3 毛，臀栉 4～7 齿，腹足趾钩单序环 25～40 个，臀足趾钩 15～30 个。小幼虫体白色，头和前胸盾片黑色。

卵：扁椭圆形。周缘扁平，中央鼓起，呈草帽状，长径 0.8 mm，初产时近白色半透明，近孵化时变淡黄；幼虫胚胎成形后，头部褐色，卵中央具一小黑点，边缘近褐色。

蛹：体长 6～7 mm，纺锤形，黄褐色，复眼黑色。第 3～7 腹节背面有 2 行刺突；第 8～10 腹节各有一行较大的刺突，腹部末端有 8 根钩刺。

>> **为害特征**

幼虫蛀果多从果实顶部或萼凹蛀入，蛀入孔比果点还小，呈圆形小黑点，稍凹陷。幼虫蛀入后直达心室，蛀食心室部分或种子，切开后多有汁液和粪便。被为害的果实有几种典型的症状：蛀入孔周围果肉变黑腐烂，称之为"黑膏药"；脱果孔较大，直径约 3 mm，似香头大的孔，俗称"香眼"；蛀入孔和脱果孔内或周围有粪便，俗称"米眼"；有的蛀入孔和脱果孔呈水浸状腐烂，又称"水眼"。桃、杏、李果蛀入孔较大，多在果核附近蛀食并有很多虫粪。

幼虫为害桃梢时多从顶尖部位第 2～3 个叶柄基部幼嫩处蛀入，向下蛀食木质部和半木质部，留下表皮，被蛀食的嫩尖萎蔫下垂，很易识别。这一特点也是判断果园有无"梨小"发生的主要依据之一。幼虫有转梢为害的习性，每头幼虫一生可为害 3～4 个桃梢，有时幼虫也为害樱桃、李、梨和苹果的新梢。

发生期预测：当诱集到的成虫数量连续增加，且累计诱蛾量超过历年平均诱蛾量的 16% 时，即可确定进入成虫羽化初盛期，累计诱蛾量超过历年平均诱蛾量的 50% 时，确定成虫羽化高峰期。越冬代成虫羽化高峰期后推 5～6 d，即为产卵高峰期，产卵高峰期后推 4～5 d 即为卵孵化高峰期；其他世代成虫羽化高峰期后推 4～5 d，即为产卵高峰期，产卵高峰期后推 3～4 d 即为卵孵化高峰期（表 7 - 11）。

表 7-11　梨小食心虫发生程度分级指标

为害寄主	指标	代别	发生程度（%）				
			1 级	2 级	3 级	4 级	5 级
桃	折梢率	1	<1	1~2	2~3	3~4	>4
		2	<2	2~4	4~6	6~8	>8
梨	累计卵果率	3、4、5	<2	2~4	4~6	6~8	>8
桃、梨	虫果率	—	<1	1~3	3~5	5~8	>8

>> **预测预报**

　　长期预测：依据越冬基数、田间成虫消长、果树种植情况及历史资料，结合长期气象预报作出预测。

　　中期预测：依据田间成虫消长、折梢率及历史资料，结合中期气象预报作出预测。

　　短期预测：依据田间成虫消长、卵果率及历史资料，结合短期气象预报作出预测。

田间调查方法

>> **越冬基数**

　　梨小食心虫越冬前，一般在 8 月下旬至 9 月上旬开始，选当地树龄处于盛果期、有代表性的主栽品种果园，梨、桃混栽区各 3 个园，单一种植区 5 个园进行调查。每个果园面积不小于 5×667 m²，随机取 5 点，每点 1 棵树，每棵树在距地面 0.2~0.3 m 的主干上绑果树专用诱虫带（瓦楞纸制，宽 20 cm，棱波幅 4.5×8.5 mm）。12 月下旬调查诱虫带下的梨小食心虫越冬数量。

>> **成虫消长**

　　1. 调查时间和方法　果树生长期，一般在 3~10 月；采用性诱剂诱测法调查。

　　2. 性诱剂组分及含量　人工合成的梨小食心虫性诱剂，有效成分为顺-8-十二烯-1-醇醋酸酯及反-8-十二烯-1-醇醋酸酯；比例 95：5；剂量 200 μg/诱芯。

　　3. 诱捕器构造　性诱剂诱捕器选择水盆型诱捕器。水盆型诱捕器由诱芯、诱捕盆和吊绳三部分组成。诱捕盆采用直径 20~25 cm 的再生塑料盆；吊绳使用 18 号铁丝，将三根铁丝的一端扎在一起，诱捕盆边沿距水面 2~2.5 cm 处等距离钻 3 个小孔，分别将铁丝另一端等距离固定在诱捕盆上。盆口处距上沿约 1 cm 处按直径方向钻两个小孔，用铁丝悬挂一个性诱剂诱芯，诱芯位于铁丝中部，诱芯口向下（浸泡型），诱捕盆内放入含量为 0.1% 的洗衣粉水，液面高度距离诱芯 1 cm。

　　4. 诱捕器设置　选有代表性、面积不小于 5 亩的桃园或梨园 3 块，每园均匀悬挂诱捕器 3 个（诱捕器之间距离不小于 40 m），诱捕器悬挂在树冠外围距地面 1.5 m 树荫处。

　　5. 诱捕器管理和数据记录　每天定时检查诱捕器中的成虫数量。检查完毕后剔除成虫，并补充水分，雨后须加少量洗衣粉。诱芯每 30 d 更换 1 次。

>> **桃园折梢率**

　　调查 2 次，第 1、2 代成虫高峰后 25 d 各调查 1 次；选择有代表性，面积不小于 5 亩以上的桃园 10 个，每个果园内随机抽取 5 棵树，每棵树沿东、南、西、北 4 个不同方位，每个方位调查 25 个当年新抽枝条，记载被害新梢数即折梢数，计算折梢率。

>> **梨园卵量消长**

　　梨园主害代（第 3～5 代）发生期；选择面积不小于 5 亩以上盛果期果园 3 个，每个果园内采用随机取样，选择 5 棵果树，在每棵树的东、南、西、北四个方位，各随机调查 25 个果实，每棵树调查 100 个果实，每 3 d 调查一次，记载梨小食心虫卵果数和卵粒数。每次调查后将发现的卵粒抹掉，并计算卵果率和百果卵量。

>> **虫果率**

　　各地根据当地主栽果树品种的成熟期，采收前一周调查 1 次；选择有代表性、面积不小于 5 亩的梨园、桃园各 5 个，每个园内采用随机取样，选择 5 棵果树，在每棵树的东、南、西、北 4 个方位，各随机调查 25 个果实，每棵树调查 100 个果实，检查果实被害情况，记载虫果数，计算虫果率。

田间调查方法

（一）测报相关计算公式

见公式（7-1）～公式（7-4）。

1. 折梢率

$$C=（M/N）\times100 \tag{7-1}$$

式中：C——折梢率，单位为百分率（%）；

　　　M——新梢中梨小食心虫的折梢数，单位为个；

　　　N——总新梢数，单位为个。

2. 卵果率

$$A=（E/N）\times100 \tag{7-2}$$

式中：A——卵果率，单位为百分率（%）；

　　　E——果实中的卵果数，单位为个；

　　　N——总果实数，单位为个。

3. 百果卵量

$$B=（L/N）\times100 \tag{7-3}$$

式中：B——百果卵量，单位为粒；

　　　L——卵粒数，单位为粒；

　　　N——总果实数，单位为个。

4. 虫果率

$$D=（F/N）\times100 \tag{7-4}$$

式中：D——虫果率，单位为百分率（%）；

　　　F——果实中梨小食心虫的虫果数，单位为个；

　　　N——总果实数，单位为个。

（二）测报基本格式与表格

见表 7-12～表 7-17

表 7-12　梨小食心虫越冬虫量调查记载表

调查地点：_____　　调查日期：_____　　果树种类：_____　　品种：_____　　树龄：_____

果园编号	诱虫量（头/诱虫带）						备注
	样点 1	样点 2	样点 3	样点 4	样点 5	平均	

表 7 - 13 梨小食心虫成虫性诱剂诱集记载表

调查地点：_____ 果树种类：_____ 品种：_____ 树龄：_____

调查日期（月-日）	品种	诱蛾数量（头/盆）					气象情况	备注
		1	2	3	合计	平均		

注：备注内填喷药日期，药剂品种及导致诱捕效果不稳定的原因。

表 7 - 14 桃园折梢率调查表

调查地点：_____ 果树种类：_____ 品种：_____ 树龄：_____

调查日期（月-日）	样点	方位	调查新梢数（个）	被蛀新梢数（个）	折梢率（%）	备注
	1	东				
		南				
		西				
		北				
		合计				
	2					

表 7 - 15 梨小食心虫卵量调查记载表

单位：_____ 地点：_____ 年度：_____ 调查人：_____

调查日期（月-日）	样点	方位	调查果数（个）	卵果数（个）	卵果率（%）	百果卵量（粒）	备注
	1	东					
		南					
		西					
		北					
		小计					
	2						

表 7 - 16 梨小食心虫虫果率调查表

调查地点：_____ 调查日期：_____ 果园面积：_____ 品种：_____ 树龄：_____

样点	方位	调查果数（个）	虫果数（个）	虫果率（%）	备注
1	东				
	南				
	西				
	北				
	合计				
2					

表 7-17 梨小食心虫发生防治基本情况记载表

耕地面积＿＿＿＿＿＿＿＿＿＿＿hm²

　　其中梨树种植面积＿＿＿＿＿＿＿＿＿＿hm²

　　　　梨树主栽品种＿＿＿＿＿＿＿＿＿种植面积＿＿＿＿＿＿＿＿＿hm²

　　　　　　　　　　＿＿＿＿＿＿＿＿＿种植面积＿＿＿＿＿＿＿＿＿hm²

　　　　　　　　　　＿＿＿＿＿＿＿＿＿种植面积＿＿＿＿＿＿＿＿＿hm²

　　　　　　　　　　＿＿＿＿＿＿＿＿＿种植面积＿＿＿＿＿＿＿＿＿hm²

　　　　　　　　　　＿＿＿＿＿＿＿＿＿种植面积＿＿＿＿＿＿＿＿＿hm²

　　　　桃树种植面积＿＿＿＿＿＿＿＿＿hm²

　　　　桃树主栽品种＿＿＿＿＿＿＿＿＿种植面积＿＿＿＿＿＿＿＿＿hm²

　　　　　　　　　　＿＿＿＿＿＿＿＿＿种植面积＿＿＿＿＿＿＿＿＿hm²

　　　　　　　　　　＿＿＿＿＿＿＿＿＿种植面积＿＿＿＿＿＿＿＿＿hm²

　　　　　　　　　　＿＿＿＿＿＿＿＿＿种植面积＿＿＿＿＿＿＿＿＿hm²

　　　　　　　　　　＿＿＿＿＿＿＿＿＿种植面积＿＿＿＿＿＿＿＿＿hm²

发生面积＿＿＿＿＿＿＿＿＿＿hm²

　　其中＿＿＿＿＿＿代＿＿＿＿＿＿hm²，发生程度＿＿＿＿＿＿级

　　　　＿＿＿＿＿＿代＿＿＿＿＿＿hm²，发生程度＿＿＿＿＿＿级

　　　　＿＿＿＿＿＿代＿＿＿＿＿＿hm²，发生程度＿＿＿＿＿＿级

　　　　＿＿＿＿＿＿代＿＿＿＿＿＿hm²，发生程度＿＿＿＿＿＿级

　　　　＿＿＿＿＿＿代＿＿＿＿＿＿hm²，发生程度＿＿＿＿＿＿级

防治面积＿＿＿＿＿＿＿＿hm²，占发生面积＿＿＿＿＿＿＿＿%

　　其中＿＿＿＿代＿＿＿＿hm²　　　　＿＿＿＿代＿＿＿＿hm²

　　　　＿＿＿＿代＿＿＿＿hm²　　　　＿＿＿＿代＿＿＿＿hm²

挽回损失＿＿＿＿＿＿＿＿＿＿t　实际损失＿＿＿＿＿＿＿＿＿＿t

简述发生概况和特点：

（三）梨小食心虫模式报表

见表 7-18～表 7-21。

表 7-18 越冬代梨小食心虫预测模式报表（M1SXA）

要求汇报时间：4月上旬以前报一次

序号	编报项目	编报程序
1	报表代码	M1SXA
2	调查日期（月-日）	
3	当地梨园（或桃园）面积（hm²）	
4	上年虫果率（%）	
5	上年虫果率比历年增减比率（%）	
6	上年果园平均产量（kg/亩）	
7	平均越冬幼虫基数（头/诱虫带）	
8	预计一代发生程度（级）	
9	预计发生面积（hm²）	
10	预计防治适期（月-日）	
11	编报单位	

表 7 - 19 第 1 代梨小食心虫预测模式报表（M2SXA）

要求汇报时间：5 月中旬报一次

序号	编报项目	编报程序
1	报表代码	M2SXA
2	成虫诱集调查日期（月-日～月-日）	
3	5 月 15 日前平均每只诱芯诱蛾数（头）	
4	单芯诱蛾数比历年增减比率（%）	
5	桃折梢率调查日期（月-日）	
6	桃折梢率（%）	
7	折梢率比历年增减比率（%）	
8	预计二代发生程度（级）	
9	预计发生面积（hm²）	
10	预计防治适期（月-日）	
11	编报单位	

表 7 - 20 第 2 代梨小食心虫预测模式报表（M3SXA）

要求汇报时间：6 月中旬报一次

序号	编报项目	编报程序
1	报表代码	M3SXA
2	成虫消长调查日期（月-日～月-日）	
3	6 月 15 日前平均每只诱芯诱蛾数（头）	
4	单芯诱蛾数比历年增减比率（%）	
5	桃折梢率调查日期（月-日）	
6	桃折梢率（%）	
7	折梢率比历年增减比率（%）	
8	梨卵果率调查日期（月-日～月-日）	
9	梨卵果率（%）	
10	梨卵果率比历年增减比率（%）	
11	预计三代发生程度（级）	
12	预计发生面积（hm²）	
13	预计防治适期（月-日）	
14	编报单位	

表 7 - 21 第 3 代梨小食心虫预测模式报表（M4SXA）

要求汇报时间：7 月中旬报一次

序号	编报项目	编报程序
1	报表代码	M4SXA
2	成虫消长调查日期（月-日～月-日）	
3	7 月 15 日前平均每只诱芯诱蛾数（头）	
4	单芯诱蛾数比历年增减比率（%）	
5	梨卵果率调查日期（月-日～月-日）	

（续）

序号	编报项目	编报程序
6	梨卵果率（％）	
7	梨卵果率比历年增减比率（％）	
8	梨虫果率调查日期（月-日～月-日）	
9	虫果率（％）	
10	虫果率比历年增减比率（％）	
11	预计四代发生程度（级）	
12	预计发生面积（hm²）	
13	预计防治适期（月-日）	
14	编报单位	

二、梨主要病虫害防治技术规程

梨主要病虫害及化学防治方法

》》梨黑星病

1. 病原类别　真菌，子囊菌亚门黑星菌属。

2. 传播途径及适宜发生条件　风雨传播/感病品种、雨水多。

3. 化学防治措施　春季新梢生长期和夏季多雨期为病害发生高峰期，在此之前需积极采取必要的防治措施。

4. 防治药剂　喷雾防治，12.5％腈菌唑乳油 1 560～3 125 倍液、40％氟硅唑乳油 6 000～10 000 倍液、25％苯醚甲环唑微乳剂 8 000～10 000 倍液、5％烯唑醇微乳剂 1 000～1 250 倍液、0.36％苦参碱水剂 600～800 倍液等。

》》梨轮纹病

1. 病原类别　真菌，子囊菌亚门贝伦格葡萄座腔菌属梨生专化型。

2. 传播途径及适宜发生条件　风雨传播/气温 20 ℃以上、湿度高、品种抗性弱、管理水平低下。

3. 化学防治措施　生长期，结合降水情况，在落花后喷洒 1 次杀菌剂。在病菌大量传播、侵染时期，根据降水情况每隔 15 d 左右喷洒 1 次杀菌剂。

4. 防治药剂　喷雾防治，61％乙铝·锰锌可湿性粉剂 400～600 倍液。

》》梨黑斑病

1. 病原类别　真菌，半知菌亚门链格孢属。

2. 传播途径及适宜发生条件　风雨传播，自然孔口直接侵入/高温高湿、树势衰弱、品种感病。

》》梨小食心虫

1. 害虫类别　鳞翅目，小卷叶蛾科。

2. 传播途径及适宜发生条件　成虫迁飞产卵扩散/湿度高。

3. 化学防治措施　第 2、3 代成虫产卵盛期和幼虫孵化期为防治关键时期。

4. 防治药剂　喷雾防治，20％氰戊菊酯乳油 10 000～20 000 倍液、25 g/L 溴氰菊酯乳油 2 500～5 000 倍液、25 g/L 高效氯氟氰菊酯乳油 3 000～5 000 倍液。

梨主要病虫害及化学防治方法

>> **中国梨木虱**

1. 害虫类别 同翅目，木虱科。

2. 传播途径及适宜发生条件 成虫迁飞产卵扩散/湿度高。

3. 化学防治措施 越冬成虫出蛰盛期至产卵期及第1代若虫孵化盛期为防治关键时期。

4. 防治药剂 喷雾防治，5%氯氰菊酯乳油1 000～1 500倍液、2.5%高效氯氰菊酯乳油800～1 250倍液、4.5%高效氯氰菊酯乳油1 440～2 160倍液，3%阿维菌素微乳剂2 500～5 000倍液、1.8%阿维菌素乳油2 000～3 000倍液、10%吡虫啉可湿性粉剂2 000～3 000倍液、5%吡虫啉乳油3 000～4 000倍液等。

>> **山楂叶螨**

1. 害虫类别：蛛形纲，蜱螨目，叶螨科。

2. 传播途径及适宜发生条件 自身短距离扩散/最适温度25～30 ℃，相对湿度40%～70%。

其他防治方法

>> **农业防治**

（1）根据当地病虫害发生情况，选用抗病虫优良品种和健康优质苗木。

（2）加强土、水、肥管理，提高植株抗性。

（3）休眠期清理落叶、落果、病残枝，带出园外并集中销毁。

（4）避免与桃、李、杏混栽，减轻梨小食心虫为害。

>> **物理防治**

（1）每2～3 hm² 用20 W杀虫灯或黑光灯1盏，诱杀梨小食心虫。

（2）果实套双层纸袋，减轻梨小食心虫、梨轮纹病、梨黑斑病对果实的为害。

（3）及时刮除枝干病害，剪除病枝，将残枝及刮除物带出园外集中焚毁。

（4）将刮除物带出园外集中焚毁，降低轮纹病等枝干病害的越冬菌源数量，压低梨小食心虫、山楂叶螨的越冬基数。

（5）秋季在树干上绑缚干稻草、草纸、诱虫带等，于当年深冬或次年早春解下并集中烧毁，减少山楂叶螨、梨小食心虫的越冬基数。

（6）悬挂黄板4～8块/亩，诱杀梨木虱成虫。

（7）梨小食心虫越冬代成虫羽化前，在田间均匀悬挂梨小食心虫性诱剂，密度应大于25个/亩，干扰成虫交尾。

>> **生物防治**

（1）提倡行间生草或种植绿肥植物，为天敌提供庇护场所。

（2）梨小食心虫产卵初盛期，释放松毛虫赤眼蜂，每5 d放1次，每次2万～3万头/亩。

（3）山楂叶螨的叶均螨量小于2头（含卵）时，每株树释放1 000～2 000头胡瓜钝绥螨。

（4）3%多抗霉素可湿性粉剂50～200单位液喷雾防治梨黑斑病。

（5）梨树盛花后1个月，喷1.8%阿维菌素乳油3 000～6 000倍液防治山楂叶螨。

第三节　柑　橘　类

一、柑橘全爪螨防治技术规范

>> **形态特征**

1. 成螨　雌成螨体椭圆形，背面有瘤状突起，深红色，背毛白色着生在毛瘤上。雄体略小，鲜红色，后端狭长呈楔形，体长为 0.33 mm。

2. 幼虫　体长 0.2 mm，初孵时淡红色，足 3 对。若螨形状色泽均同成螨相似，但个体略小，足 4 对。幼螨蜕皮则为前若螨，再蜕皮为后若螨。后若螨蜕皮则为成螨。

3. 卵　直径 0.13 mm，扁球形，初产时鲜红色后渐褪色。卵上有一垂直小柄，柄端有 10～12 条细丝，向四周散射伸出，附着于产卵处。

>> **为害特征**

成、若、幼螨以口针刺吸叶、果、嫩枝、果实的汁液，被害叶面出现灰白色失绿斑点，严重时在春末夏初常造成大量落叶、落花、落果。

>> **防治原则**

贯彻"预防为主，防治结合"的植保方针，以改善柑橘园生态环境为核心，加强栽培管理为基础，充分发挥自然控制因素的作用，综合应用各种防治措施，优先采用农业防治、生物防治和物理防治措施，配合适时使用高效、低毒、低残留农药，将柑橘全爪螨控制在经济允许水平以下，将农药残留降低到规定的限量标准的范围。

防治措施

>> **农业防治**

（1）因地制宜选用抗病虫能力强的优良品种。

（2）果园内合理间作和生草栽培。果园内合理间作苏麻、豆类、蔬菜等作物，或种藿香蓟，或适当蓄留野生杂草，以增加果园生物多样性，创造良好的果园生态环境，利于保护天敌。

（3）加强肥水管理，氮、磷、钾肥应合理搭配，避免偏施氮肥，提倡多施有机肥和生物菌肥，合理使用复合肥，促进多施有机肥和生物菌肥，合理使用复合肥，促进植株健壮生长，提高其抗病虫害的能力。

（4）实施冬季翻土、合理修剪、清洁果园、剪除晚秋梢和冬梢等农业措施，减少越冬虫源，降低越冬虫口基数。

>> **生物防治**

（1）协调化学防治和生物防治的矛盾，注意保护天敌。在必须用药时，应优先使用生物源农药、矿物源农药。

（2）人工饲养释放捕食螨等天敌。推荐应用的主要捕食螨有：尼氏钝绥螨（*Amblyseius nicholsi*）、胡瓜钝绥螨（*Amblyseius cucumeris*）、德氏钝绥螨（*Amblyseius deleoni*）、拉哥钝绥螨（*Amblyseius largensis*）、具瘤长须螨（*Aagistemus exsertus*）等。一般在 3 月下旬开始释放捕食螨，分 3～5 批放，每批相隔 10～15 d，每次每株柑橘树，散放捕食螨 300～500 头，基本能控制柑橘全爪螨的发生为害。

（3）释放天敌前 15～20 d 可进行一次化学防治。包括使用杀虫、杀菌、杀螨剂，应使用选择性强、低毒、高效的对捕食螨、草蛉和食螨瓢虫等天敌杀伤力较小的药剂。将每叶害螨降低到 2 头以下时释放，以提高捕食螨对柑橘全爪螨的控制效果，释放后禁用农药。

防治措施

>> 化学防治

1. 虫情监测

（1）调查取样方法 采用平行跳跃或双对角线取样法取样，每个片区（500～1 000 株）查 10～20 株，用 10 倍放大镜在每株树的东、南、西、北、中各查 4 片叶，共计查 200～400 片叶，统计有虫叶率和平均每叶成若螨数。

（2）确定防治适期及指标 春季虫口密度为成、若螨 2～3 头/叶，此时有虫叶率达 45%～52%，秋季成、若螨为 3～5 头/叶，即有虫叶率达 52%～61%，冬季成、若螨为 1～2 头/叶，即有虫叶率达 35%～45%。树势健壮，指标可略高些。

（3）有虫叶率与虫口密度的对应关系。

2. 农药种类选择及使用

（1）柑橘生产中禁止使用剧毒、高毒、高残留农药和致畸、致癌、致突变农药。

（2）限制使用中等毒性的药剂。

（3）推荐使用生物源农药、矿物源农药。

3. 农药合理使用准则

（1）不得使用国家禁用的农药和未登记的农药。

（2）限制使用的农药，每年每种药剂最多使用 1 次。

（3）推荐使用的农药，每年每种药剂最多使用 2 次。

（4）参照 GB 4285、GB/T 8321 中有关的农药使用规则和规定，严格掌握施用剂量，每季使用次数，施药方法和安全间隔期。对标准中未规定的农药严格按照说明书中规定的使用浓度、范围，不得随意加大剂量和浓度。对限制使用的中等毒性农药应针对不同病虫害使用期浓度范围的下限。

（5）不同类型农药应交替使用和合理混用，避免产生抗药性和药害。

（6）应掌握螨类及天敌的发生规律和不同农药的性能及持效期，选择合适的农药种类、最佳防治时期，采用高效施药技术达到最佳效果。同时了解农药毒性，使用选择性农药，减少对人、畜及天敌的毒害及对果品和环境的污染。

（7）在防治柑橘园其他病虫害时限制使用对柑橘全爪螨繁殖有促进作用的农药，如波尔多液、敌杀死和杀灭菊酯等农药品种。

防治效果调查方法和评价指标

>> 防治前虫口基数调查

调查取样方法：采用平行跳跃或双对角线取样法取样，每个片区（500～1 000 株）查 10～20 株，用 10 倍放大镜在每株树的东、南、西、北、中各查 4 片叶，共计查 200～400 片叶，统计有虫叶率和平均每叶成若螨数。

当虫口基数大于确定的防治指标时，就采取措施进行防治。

>> 防治效果调查

防治后 3 d、10 d、20 d 分别各调查 1 次，按有虫叶率计算出存活虫口密度。

>> 防治效果评价指标

实施防治措施后定期调查，若存活虫口密度低于确定的防治指标（春季虫口密度为成、若螨 2～3 头/叶，此时有虫叶率达 45%～52%，秋季成、若螨为 3～5 头/叶，即有虫叶率达 52%～61%，冬季成、若螨为 1～2 头/叶，即有虫叶率达 35%～45%。树势健壮，指标可略高些），表明防治效果良好，若存活虫口密度高于防治指标，则须及时采取相应的防治措施再次进行防治。

（一）柑橘全爪螨有虫叶率与成若螨虫口密度的对应关系

见表7-22。

表7-22 柑橘全爪螨有虫叶率与成若螨虫口密度的对应关系

有虫叶率（X）（%）	20	25	30	35	40	45	50	55	60	65	70	75	80
虫口密度（Y）（头/叶）	0.46	0.61	0.82	1.09	1.46	1.95	2.61	3.49	4.66	6.23	8.33	11.13	14.88

注：$Y = 0.1437 e^{0.0580x}$

（二）柑橘生产中禁止使用的农药

柑橘生产中禁止使用的农药包括六六六，滴滴涕，毒杀芬，二溴氯乙烷，杀虫脒，二溴乙烷，除草醚，艾氏剂，狄氏剂，汞制剂，砷、铅类，敌枯双，氟乙酰胺，甘氟，毒鼠强，氟乙酸钠，毒鼠硅，甲胺磷，甲基对硫磷，对硫磷，久效磷，磷胺，甲拌磷，甲基异柳磷，特丁硫磷，甲基硫环磷，治螟磷，内吸磷，克百威，涕灭威，灭线磷，硫环磷，蝇毒磷，地虫硫磷，氯唑磷，苯线磷等，以及国家规定禁止使用的其他农药。

（三）柑橘园限制使用的主要农药（杀螨剂）品种

见表7-23。

表7-23 柑橘园限制使用的主要农药（杀螨剂）品种

农药品种	毒性	稀释倍数和使用方法	防治对象	安全间隔期（d）
73%克螨特乳油	中毒	2 000～3 000 倍液，喷雾	红蜘蛛、黄蜘蛛、锈壁虱	30
25%三唑锡可湿性粉剂	中毒	1 500～2 000 倍液，喷雾	红蜘蛛、黄蜘蛛、锈壁虱	30
20%双甲脒乳油	中毒	1 000～1 500 倍液，喷雾	红蜘蛛、黄蜘蛛、锈壁虱	21
20%甲氰菊酯乳油	中毒	2 500～3 000 倍液，喷雾	红蜘蛛、黄蜘蛛、锈壁虱	21
2.5%氯氟氰菊酯乳油	中毒	2 500～3 000 倍液，喷雾	红蜘蛛、黄蜘蛛、锈壁虱	21

（四）柑橘园推荐使用的主要农药（杀螨剂）品种

见表7-24。

表7-24 柑橘园推荐使用的主要农药（杀螨剂）品种

农药品种	毒性	稀释倍数和使用方法	防治对象	安全间隔期（d）
10%浏阳霉素乳油	低毒	1 000～2 000 倍液，喷雾	红蜘蛛、黄蜘蛛	21
2.5%华光霉素可湿性粉剂	低毒	400～600 倍液，喷雾	红蜘蛛、黄蜘蛛、锈壁虱	21
0.36%苦参水剂	低毒	400～600 倍液，喷雾	红蜘蛛	
50%硫黄悬浮剂	低毒	200～400 倍液，喷雾	红蜘蛛、黄蜘蛛、锈壁虱	
95%机油乳剂	低毒	100～200 倍液，喷雾	红蜘蛛、黄蜘蛛、锈壁虱	15
15%哒螨灵乳油	低毒	1 500～2 000 倍液，喷雾	红蜘蛛、黄蜘蛛、锈壁虱	30
50%苯丁锡可湿性粉剂	低毒	2 000～3 000 倍液，喷雾	红蜘蛛、黄蜘蛛、锈壁虱	21
5%尼索朗乳油	低毒	2 000 倍液，喷雾	红蜘蛛、黄蜘蛛、锈壁虱	30
1.8%阿维菌乳油	低毒	3 000～4 000 倍液，喷雾	红蜘蛛、黄蜘蛛、锈壁虱	21
50%溴螨酯乳油	低毒	1 000～1 500 倍液，喷雾	红蜘蛛、黄蜘蛛、锈壁虱	21
45%晶体石硫合剂	低毒	200～500 倍液，喷雾	红蜘蛛、黄蜘蛛、锈壁虱	
20%四螨嗪悬浮剂	低毒	1 500～2 000 倍液，喷雾	红蜘蛛、黄蜘蛛、锈壁虱	30
5%氟虫脲乳油	低毒	700～1 000 倍液，喷雾	红蜘蛛、黄蜘蛛、锈壁虱	30
5%唑螨酯悬浮剂	低毒	2 000～3 000 倍液，喷雾	红蜘蛛、黄蜘蛛、锈壁虱	14
73%炔螨特乳油	低毒	2 000～3 000 倍液，喷雾	红蜘蛛、黄蜘蛛、锈壁虱	30

二、柑橘大实蝇检疫检验与鉴定技术规范

>> 形态特征

成虫：体大型，黄褐色，体长 12～13 mm；复眼肾形，金绿或紫红色，单眼三角区黑色；侧额鬃1：2，鬃基有时具褐色小点；内、外顶鬃各1对，均黑色；颊鬃细弱，淡褐色。颜面具长圆形小黑斑1对，位于口缘上触角沟前端；颊部复眼下有深色小黑斑1对；触角黄色或橘黄色，第3节黄褐到深棕黄色；触角芒裸，基黄端黑。中胸背板中央具一倒 Y 形深褐色斑纹，斑纹两侧各有相当宽的粉毛绒形斑纹1条，胸部鬃6对，肩板鬃仅1对，背侧鬃前后各1对，后翅上鬃2对，无前翅上鬃，小盾鬃1对，上述胸鬃均为黑色。翅透明，翅痣和翅端斑点呈棕色，前缘区具1淡棕黄色条纹；前缘室色淡或透明。腹部黄蛋黄褐色，第1节背板呈扁方形，长略大于宽；第3节背板基部有1条黑色横带，与腹背中央从基部直达腹端的黑色长纵纹交叉成"十"字形；第4和第5腹节前缘虽也有黑色横纹，但左右分离不与纵纹相连接。雄虫第3腹节背板两侧具栉毛，第5节腹板后缘向内凹陷的深度达此腹板长度的1/3，侧尾叶的一对端叶近乎退化；雌虫产卵器（指第7腹节）基节似瓶形，其长度与腹部（指第1～5腹节）相等，其后端狭小部分长于第5腹节。

卵：长椭圆形，乳白色，一端稍尖细，另端较圆钝，中部略弯曲，长 1.2～1.5 mm，宽 0.3～0.4 mm，两端透明，中部乳白色。

幼虫：成熟幼虫乳白色，粗大，蛆形，前端小，尾端大而钝圆，长 14～16 mm；前气门扇形，外缘中部凹陷，两侧端向下弯曲，具指突 30 多个，排列成行；第2～3节腹面前端和气门周围各有1个小刺带；第4～11节腹面前端各有1个小刺梭形区；后气门1对位于末节后端，内侧中间各有1个盘状体，气门板上有3个长椭圆形裂孔，其外侧有4丛排成放射状的细毛群。

蛹：长 8～10 mm，宽约 4 mm，椭圆形，鲜黄色，近羽化时变为黄褐色，幼虫前后气门遗痕依然存在。

>> 生物学特性

柑橘大实蝇［英文名：Chinese Citrus Fly，学名：*Bactrocera（Tetradacus）minax*（Enderlein）］属于双翅目（Diptera）实蝇科（Tephritidae），俗称"柑蛆"，又名橘大食蝇、柑橘大果蝇。被害果称"蛆果""柑蛆"，是国际国内植物检疫性有害生物。

柑橘大实蝇一年发生1代，以蛹越冬。越冬蛹于4～5月雨后晴天羽化为成虫，整个夏季都有成虫活动。雌成虫产卵管刺破果皮，每孔产卵数粒。成虫在水分和食物充足时则生命力旺盛，平均寿命达 35～40 d，卵期长。大实蝇成虫可多次产卵，产卵盛期在5月至6月中旬，7～8月孵化。卵孵化高峰期在8月中旬至9月上旬。幼虫9～10月发生，在果内取食瓤瓣汁液，破坏果肉组织，以致溃烂；被害果大量脱落，幼虫随果入土，在土中 3～7 cm 处化蛹越冬。

>> 为害症状

柑橘大实蝇雌成虫将卵产于柑橘类果实的果皮下近果瓤处或果瓤中，由于产卵行为的刺激，在果皮外表形成一个小突起，突起周边略高，中心略凹陷，称之为产卵痕。卵在果瓤中孵化成幼虫，取食果瓤和种子；受害果未熟先黄（黄中带红）、变软，后落果、腐烂。若果中虫少，果实不落，但果瓤被害腐烂。

>> 传播途径

以卵和幼虫随被害果实、种子运输传播蔓延，蛆柑可随水流传播，越冬蛹也可随带土苗木及包装物传播。

>> **产地抽样**

调查对象：调查柑橘大实蝇的主要寄主橙、橘及柚类。

成虫调查时间：长江以北地区的诱捕时间为每年的 6 月 1 日至 9 月 30 日，长江流域地区的诱捕时间为每年的 5 月 1 日至 9 月 30 日，长江以南地区的诱捕时间为每年的 5 月 1 日至 10 月 31 日。

幼虫调查时间：7 月上旬柑橘大实蝇上果产卵期至 10 月底。

果园调查：初次调查选择早现果橘园，以后按不同品种柑橘各选择 4~5 个橘园，每个橘园面积不小于 1 亩。

果实取样：对角线 5 点取样，每点捡拾地面落果 10~30 个；每点选一株，分东西南北中 5 个部位，每个部位检查 5~10 个果实，采集未熟先黄果实。所采果实分类装入样品袋带至园外待检验。

成虫取样：配制糖浆引诱剂（糖 6 份、酒 1 份、醋 2~3 份、水 10 份，加适量敌百虫），诱剂盛入敞口盆内，每 5 d 补充一次，保持液面高度 3~5 cm；诱剂盆放置高度为 1.5 m，每间隔 3 m 放置一个；每天检查并收集诱集的昆虫，将收集的昆虫放入盛有 95％乙醇（酒精）的广口瓶内待检验。

>> **调运抽样**

调查对象和范围：柑橘打蜡加工厂、水果批发市场（包括临时集散地）的橘、橙、柚类果实。

调查时间：柑橘类果实成熟、采收销售季节。

取样方法：按照《农业植物调运检疫规程》（GB 15569—1995）的规定执行。将调查抽样的可疑果实分类装入样品袋集中待检验。

>> **现场检查**

成虫：手持放大镜肉眼检出诱捕标本中柑橘大实蝇成虫，确定为柑橘大实蝇的昆虫标本存放入另一个装有 95％乙醇（酒精）的广口瓶内，用油性记号笔注明标本的来源、寄主、采集时间、地点、采集人，然后带回室内制作标本。不能肉眼鉴定的标本用油性记号笔编号后带入室内鉴定。

果实：以肉眼观察、手触摸或放大镜直接检查柑橘果实表面有无产卵痕（果皮上类似火山口的突起，中间微陷呈黑色小圆点）。将有产卵痕的果实装入样品袋带回实验室饲养、鉴定。用水果刀剖开采集的样品果实肉眼检查，或放大镜检查果瓤中是否有蛆状幼虫。有幼虫的果实分类装入干净的样品袋，用油性记号笔编号，带回室内鉴定。未见幼虫的果实浸入 90％晶体敌百虫 1 000 倍药液中集中处理。

样品保存：带回实验室鉴定的虫果，平摊于大号瓷盘内，放于适当大小的盛水水盆中，上罩防虫罩暂存，2 d 内进行鉴定。

>> **检测鉴定**

幼虫饲养：将有产卵痕的果实、带虫果实平铺在小号白瓷盘里，将小号白瓷盘放在装有自来水的大号白瓷盘内，用防虫网罩盖及小号白瓷盘，罩的下方边缘浸没于大号白瓷盘的自来水中，在常温下培养 5~10 d。每天至少观察 2 次，如发现大号白瓷盘内的水中有幼虫，用镊子将幼虫夹起，一部分幼虫放入盛有洁净水的广口瓶内，用于幼虫鉴定；另一部

现场抽检

>> 检测鉴定

分幼虫放入盛有半干、洁净细沙的一次性杯中化蛹。将化蛹杯移至养虫箱继续培养。成虫羽化后进行鉴定。

成虫鉴定：根据柑橘大实蝇成虫形态特征和近似种区别特征在解剖镜下进行观察比对。

幼虫鉴定：将收集的幼虫置于解剖镜下观察，按照柑橘大实蝇幼虫形态特征和近似种区别特征进行比对（表 7 - 25）。

结果判定：以形态特征为依据确定柑橘大实蝇。将检测鉴定结果填入表 7 - 26、表 7 - 27。

表 7 - 25　柑橘大实蝇与蜜柑大实蝇、柑橘小实蝇的特征比较

项目	柑橘大实蝇	蜜柑大实蝇	柑橘小实蝇
成虫	体形较大，长 12～13 mm，黄褐色。胸背无小盾片前鬃，也无前翅上鬃，肩板鬃仅具侧对，中对缺或极细微，不呈黑色，腹背较瘦长，背面中央黑色纵纹直贯第 5 节。产卵器长大，基部呈瓶状，基节与腹部约等长，其后方狭小部分长于第 5 腹节	体形也较长，长 10～12 mm，黄褐色，甚似柑橘大实蝇。胸背也无小盾片前鬃，但其前翅上鬃 1～2 对，肩板鬃常 2 对，中对较粗、发达、黑色。腹部也较瘦长，背面纵纹似柑橘大实蝇。产卵器基节长度为腹长之半，其后方狭小部分短于第 5 腹节	体形小，长 7～8 mm，深黑色，胸背具小盾片前鬃 1 对。腹较粗短，背面中央黑色纵纹仅限于第 3～5 节上。产卵器较短小，基节不呈瓶状
幼虫	体肥大。前气门甚宽大、扇形，外缘中部凹入，两侧端下弯，约具指突 30 多个。后气门肾脏形，上有 3 个长椭圆气门裂口，其外侧有 4 丛排列成放射状的细毛群（2、3 龄幼虫）	体也肥大，甚似柑橘大实蝇，前气门宽阔呈"丁"字形，外缘较平直，微曲，有指突 33～35 个，后气门也呈肾脏形，3 个裂口也为长椭圆，其周围有细毛样 5 丛（2、3 龄幼虫）	体较细小，末节端部有瘤，前气门较窄小，略呈环柱形，前缘有指突 10～13 个，排列成形。后气门新月形，也具 3 个长形裂口，其外侧有 4 丛细毛群，每群细毛特多
分布	我国四川、贵州、云南、湖北、湖南、广西、陕西。国外分布于不丹、印度	日本、越南及我国台湾、广西、四川、贵州	国外分布于印度、巴基斯坦、斯里兰卡、缅甸、泰国、印度尼西亚、马来西亚。我国分布于台湾、广东、广西、四川
寄主	柑橘类、柚类	柑橘类	番石榴、枇杷、柿、枣、杏、李、桃、梨、苹果、无花果、香蕉、柑橘等

表 7 - 26 植物有害生物调查抽样记录表

编号：

生产/经营者			地址及邮编		
联系/负责人			联系电话		
调查日期			抽样地点		

样品编号	植物名称（中文名和学名）	品种名称	植物生育期	调查代表株数或面积	植物来源

症状描述：

发生与防控情况及原因：

抽样方法、部位和抽样比例：

备注：

抽样单位（盖章）： 填表人（签名）： 　　　　　年　月　日	生产/经营者： 现场负责人： 　　　　　年　月　日

注：本单一式两联，第一联抽样单位存档，第二联交受检单位。

表 7 - 27 植物有害生物样本鉴定报告

编号：

植物名称				品种名称	
植物生育期		样品数量		取样部位	
样品来源		送检日期		送检人	
送检单位				联系电话	

检测鉴定方法：

检测鉴定结果：

备注：

鉴定人（签名）：

审核人（签名）：

鉴定单位盖章：

年　　月　　日

注：本单一式三份，检测单位、受检单位和检疫机构各一份。

三、柑橘主要病虫害防治技术规范

（一）柑橘主要病害的防治

见表 7 - 28。

表 7 - 28　柑橘主要病害的防治

主要防治对象	检验检疫	橘园管理	农业防治	推荐药物防治
黄龙病	依据我国有关植物检疫法规的规定，对调运的柑橘苗木及接穗进行检疫，防止黄龙病从病区传到无病区或新发展区。新发展区须种植无病苗木	果园一旦发现病树，应及时清除；在挖除病树前，先用药剂防治柑橘木虱，防止柑橘木虱迁移传播病害	嫁接刀或修枝剪等工具用1%次氯酸钠液或20%漂白粉液消毒	在春、夏、秋梢新叶始见时，选用噻嗪酮、敌百虫、敌敌畏、毒死蜱和吡虫啉等药剂对柑橘木虱进行喷雾防治，10 d 后再喷1次。冬季清园时选用上述杀虫剂喷雾1~2次。防治蚜虫、粉虱等害虫时，注意兼治柑橘木虱
溃疡病	对调运的柑橘苗木、果实及接穗依法进行检疫，防止溃疡病通过苗木、接穗、种子及果实传入无病区或新发展区。新发展区须种植无病苗木	零星和局部发病区的果园及苗圃应经常检查，一旦发现病株，应及时彻底清除	在病区，冬季将带病的落叶、落果及枯枝集中烧毁，减少菌源病区果园作业人员的衣服、鞋帽、果园机械及采收工具等在完成作业后须彻底消毒，防止病原菌田间传播	在各次新梢长2~3 cm和叶片转绿期，选用农用链霉素、春雷霉素、噻菌铜和氢氧化铜等药剂各喷一次保护新梢；谢花后10 d开始喷药，以后每隔10 d左右再喷1次，连喷2~3次。在发生区还要注意潜叶蛾、柑橘粉虱等害虫的防治
衰退病	应用耐病砧木：选用枳、枳橙等抗（耐）病品种做砧木	应用弱毒系保护：预先免疫接种弱毒系，防止强毒系为害	若无实用弱毒系，对于柚矮化病，建议种植抗病品种如强德勒柚；若种植其他易感病品种时，建议使用无病毒苗木，同时加强蚜虫防治	
炭疽病		加强栽培管理，及时排灌，注意防冻；增施有机肥，防止偏施氮肥，适当施用磷、钾肥	冬、春季节适当修剪，剪除病枯枝、衰弱枝，收集落叶、落果，集中烧毁，并喷0.8~1波美度石硫合剂1次，减少越冬菌源	在各次嫩梢抽发期和果实成熟期，选用溴菌腈、咪鲜胺、胛·锌·福美双、嘧菌酯、代森锰锌和丙森锌等药剂对嫩梢、嫩叶、果实进行喷雾，每10 d左右1次，连喷2~3次
疮痂病	无病区或新发展区对外来苗木和接穗选用苯来特或多菌灵进行消毒处理		重视修剪，使果园通风透光，降低湿度；控制肥水，增强树势，促使新梢抽发整齐，缩短幼嫩期感病时间。冬季剪去病枝叶，清除园内落叶和落果，集中烧毁，并喷0.8~1波美度石硫合剂1次，以减少菌源	选用嘧菌酯、溴菌腈、噻菌铜、甲基硫菌灵、代森锰锌、百菌清和苯菌灵等药剂，在春、秋梢抽发期，芽长1~2 mm和花落2/3时各喷施1次，保护嫩梢、嫩叶和幼果
黑斑病		加强栽培管理，合理施肥，及时排灌，适当修剪，促使树势健壮，提高抗病力	冬季修剪时剪去病枝叶，清除园内枯枝、落叶和落果，集中烧毁，并喷0.8~1波美度石硫合剂1次，减少菌源。采收储运时避免损伤果皮，减少储运期间病害发生	在落花后45 d内选用腈菌唑、苯醚甲环唑、烯唑醇、甲基硫菌灵和代森锰锌等喷布1次保护幼果，隔15 d左右再喷1次

（续）

主要防治对象	检验检疫	橘园管理	农业防治	推荐药物防治
树脂病		加强管理，增强树势，提高树体抗性。早春结合修剪，剪除病枝梢和徒长枝，集中烧毁，并喷0.8～1波美度石硫合剂1次，减少菌源。做好防冻、排涝、抗旱及防日灼工作，及时防治其他病虫害		春芽萌发期及幼果期选用甲基硫菌灵、多菌灵和代森锰锌等进行叶面喷雾，防治叶片上和果实上的砂皮病。上半年4～5月和下半年8～9月，将枝干上的病斑浅刮深刻后选用上述药剂涂抹3～4次
立枯病		合理选择地势高、排灌良好的新地做苗圃地。坚持轮作制度	营养土用100℃蒸汽消毒，或用甲醛溶液熏蒸消毒；夏秋高温季节，可在营养土上覆盖地膜，在阳光下暴晒，利用外界高温自然消毒。注意排水和加强遮阳网使用	播种前，选用高锰酸钾对种子消毒；选用嘧菌酯、噻菌铜和波尔多液等药剂喷洒幼苗，并淋湿苗床的上层覆土，每10 d喷1次
储藏期病害		根据果实的成熟度适时采收，不宜在雨天、大雾天采收。采收后的果实分级包装		果实开始转色时，选用甲基硫菌灵、多菌灵和波尔多液等喷施果实，减少储藏期间菌源。杂柑采前用丙森锌、嘧菌酯等喷雾防治褐腐病。生长期间同时防治其他害虫 在采后24 h内，选用噻菌灵、甲基硫菌灵、抑霉唑、双胍三辛烷基苯磺酸盐、咪鲜胺和咪鲜胺锰盐等药剂进行浸果，浸1～3 min，捞出晾干 药剂处理后预储2～5 d，然后用聚乙烯薄膜袋进行单果包裹，储藏于5～9℃、通风透气的储藏库中
根线虫病	选用抗性较强的枳、枳橙做砧木	增施有机肥，促进未受害根系生长，提高植株耐病能力 对病树采用靠接的方法，增强根系水分及营养吸收	病区苗圃与禾本科或水稻轮作效果较佳。病苗可用48℃热水浸根15 min，杀死病部线虫	

（二）柑橘主要害虫（螨）的防治

见表7-29。

表7-29　柑橘主要害虫（螨）的防治

主要防治对象	橘园管理	农业防治	生物防治	推荐药物防治	
				防治适期	药剂选择
螨类	加强橘园肥水管理，增强树势，提高树体对害螨的抵抗力		培养有利于天敌的生态环境，提倡饲养释放尼氏真绥螨、巴氏钝绥螨、胡瓜钝绥螨等控制橘全爪螨	春芽萌发前为100～200头/百叶，或有螨叶达50%；5～6月和9～11月为500～600头/百叶	开花前后：哒螨酮、噻螨酮、螺螨酯和四螨嗪等药剂；花后：单甲脒、双甲脒、三唑锡、苯丁锡、丁醚脲、丙炔螨特、唑螨酯、阿维菌素和矿物油等

（续）

主要防治对象	橘园管理	农业防治	生物防治	推荐药物防治	
				防治适期	药剂选择
蚧类	冬春季剪除受害枝叶，加强肥水管理，恢复及增强树势		保护利用寄生蜂、食蚧瓢虫和日本方头甲等天敌，提倡保护或利用大红瓢虫和澳洲瓢虫防治吹绵蚧	矢尖蚧：第1代若虫初见日后的21d，为害严重的15d后再喷药防治	优先选用噻嗪酮、松脂酸钠和矿物油进行叶面喷雾，必要时选用毒死蜱、硝虫硫磷等毒性较低的有机磷杀虫剂
蚜虫类	冬季结合修剪，剪除被害枝条，清除越冬虫卵	蚜虫发生高峰期，使用黄色黏虫板诱杀有翅蚜	5月前后减少施用对天敌有伤害的杀虫剂	嫩梢上发现有无翅蚜为害或当新梢有蚜率达到25%时	选用吡虫啉、啶虫脒、烯啶虫胺、氯噻啉、噻虫嗪和阿维菌素，必要时也可选用丁硫克百威、溴氰菊酯和马拉硫磷等喷施嫩叶、嫩梢，每10d喷1次，连喷2~3次
柑橘粉虱和黑刺粉虱	加强肥水管理，冬季剪除受害严重的枝叶及过度郁闭枝叶	使用黄色黏虫板诱杀粉虱成虫		越冬成虫初现后30~35d开始喷药，每10d喷1次，连喷2~3次	防治粉虱成虫和低龄若虫可选用吡虫啉、啶虫脒、噻虫嗪和烯啶虫胺，防治高龄若虫和蛹可选用矿物油、毒死蜱和硝虫硫磷等
星天牛和褐天牛		成虫盛发期，分别在晴天中午人工捕杀星天牛，晚上捕杀褐天牛交尾和产卵成虫		初孵幼虫盛期	用小刀削除星天牛和褐天牛幼虫和卵，第2年3月用镊子夹取少量棉花蘸乐果、敌敌畏塞入虫孔，再用湿泥土封闭全部虫孔
				4~6月成虫盛发期	选用乐果、敌敌畏和毒死蜱等喷树干和树枝毒杀成虫，推荐使用触破式微胶囊剂防治天牛成虫
恶性叶甲和橘潜叶甲				4~6月成虫活动和幼虫孵化盛期	选用甲氰菊酯、溴氰菊酯、氰戊菊酯、马拉硫磷和丁硫克百威等喷施嫩叶、嫩梢，为害严重的隔10d再补喷1次
柑橘花蕾蛆				花蕾现蕾期	选用毒死蜱、甲氰菊酯、溴氰菊酯和氰戊菊酯等进行地面喷施，同时进行树冠喷施，每7~10d喷1次，连喷2~3次

（续）

主要防治对象	橘园管理	农业防治	生物防治	推荐药物防治	
				防治适期	药剂选择
实蝇类	果实成熟前，人工摘除未熟先黄虫果，并将其集中深埋或水煮；对受害果园，冬春季节进行翻土，撒施药剂灭蛹	使用引诱剂和诱捕器诱杀雄成虫或选用杀虫剂和水解蛋白点杀雄成虫		成虫羽化始盛期和产卵期	多杀霉素、阿维菌素、马拉硫磷、溴氰菊酯和甲氰菊酯等
柑橘凤蝶和玉带凤蝶	嫩梢期捕杀卵、幼虫和蛹；结合冬季防治，捕杀越冬蛹		保护和利用凤蝶金小蜂、黄金小蜂、凤蝶赤眼蜂等寄生蜂对凤蝶的控制作用	嫩梢抽发期发生严重时	低龄幼虫时选用苏云金杆菌、阿维菌素、氟虫脲、甲氰菊酯和氰戊菊酯等喷施嫩梢、嫩叶
柑橘潜叶蛾	抹除零星抽发的夏、秋梢，结合控制肥水使秋梢抽发整齐			7～9月，多数嫩叶长 0.5～2.5 cm时	选用阿维菌素、吡虫啉、啶虫脒、灭幼脲、除虫脲、氟虫脲等防治，必要时也可选用氯氰菊酯、溴氰菊酯和氰戊菊酯等喷新梢，7～10 d喷1次，连喷2～3次。注意兼治柑橘木虱和蚜虫等害虫
吸果夜蛾类	果园规划时应注意连片种植，避免混栽不同成熟期的品种及多种果树；铲除果园内木防己、汉防己等寄主植物	橘树树冠四方悬挂卫生球；果园边悬挂频振式杀虫灯诱杀成虫；套袋保护		在果实近成熟期	用糖醋液加敌百虫、溴氰菊酯等农药做诱杀剂或隔行喷洒防治
卷叶蛾类	摘除卵块，捕捉幼虫，修剪病虫枝叶，扫除地下枯枝落叶，铲除园内及周边杂草，清除越冬场所，减少越冬虫口基数		在卷叶蛾第1～2代成虫产卵期释放松毛虫赤眼蜂2～3次，每隔5～7 d放蜂1次，每亩每次放蜂2.5万头	在谢花后和幼果期	选用苏云金杆菌、阿维菌素、溴氰菊酯和毒死蜱等喷施嫩叶、嫩梢和幼果防治幼虫

四、橘小实蝇检疫检测与鉴定方法

>> 形态特征

1. 成虫　以黑色到暗褐色为主，或黑色与黄色相间。头部黄色或黄褐色，中颜板具圆形黑色颜面斑。上侧额鬃 1 对，下侧额鬃 2 对；具内顶鬃、外顶鬃和颊鬃；单眼鬃细小或缺如。触角显长于颜面长（触角各节的长度分别为 0.20 mm、0.35 mm 和 0.90 mm，颜面长为 0.53 mm），末端圆钝。中胸背板黑褐色或黑色带红褐色区；缝后侧黄色条伸至翅内鬃之后；肩胛、背侧胛完全黄色；前翅上鬃、后翅上鬃、翅内鬃和小盾鬃各 1 对，背中鬃缺如；肩板鬃和背侧鬃各 2 对。小盾片较扁平，黄色，基部具狭窄的暗色横条，小盾端鬃 1 对。中背片黑色或中部浅黄色到橙褐色，两侧具暗色斑。翅前缘带褐色，伸至翅尖，较狭窄，其宽度不超出 R_{2+3} 脉；臀条褐色，不达后缘。bm 室长是宽的 1.8~1.9 倍，其宽是 cup 室宽的 2.5 倍；cup 室后端角延伸段长，其长超过 $A_1 + CuA_2$ 脉段长。各足腿节不具暗色斑。腹部背板分离，黄色到橙褐色；第 2 腹背板的前缘有黑色狭短横条；第 3~5 节腹背板具黑褐色中纵条，该中纵条与第 3 腹背板褐色横带形成 T 形斑；第 4 腹背板的前侧缘常有黑色斑纹；第 5 腹背板具腺斑。雄成虫第 3 腹节具栉毛，第 5 腹节腹板后缘深凹。产卵器基节长为 1.3~1.35 mm，其长是第 5 腹背板长的 0.7~0.75 倍；产卵管长 1.4~1.6 mm，末端尖，不具齿；具亚端刚毛，长、短各 2 对；具 2 个骨化的受精囊。

2. 幼虫　老熟 3 龄幼虫体长 7~11 mm（平均约 10 mm），乳白或淡黄色，蛆形，前端细小，后端圆大，由大小不等的 11 节组成，前气门具有 9~10 个指状突。肛门隆起明显突出，全都伸到侧区的下缘，形成一个长椭圆形的后端。臀叶腹面观，两外缘呈弧形。

3. 卵　梭形，长约 1 mm，宽约 0.1 mm，乳白色。精孔一端稍尖，尾端略钝。

4. 蛹　围蛹，椭圆形，长约 5 mm，黄褐色至深褐色，蛹体上残留有由幼虫前气门突起而成的暗点，后端气门处稍收缩。

>> 为害特征

主要为幼虫蛀食果实，雌成虫将产卵器插入果皮下产卵于果实中，由于果皮被刺破，常变为褐色或黑色，因此果皮表面一般留有直径为 1 mm 左右大小圆形产卵孔。果实遭到雌虫产卵刺伤，汁液流溢，病原物易入侵而引起果实腐烂，幼虫潜居果肉中取食汁液，致使果肉破坏、腐烂，被害果物外表完好，但是内部腐烂，故常常未成熟就脱落，造成严重落果。如果幼虫数量不多，被害果实虽然暂时不会脱落，但由于老熟幼虫钻出，形成孔洞，导致被害果实于幼虫钻出后数日内脱落，但果肉腐烂、变质，不能食用。

>> 寄　主

番石榴、杨桃、桃、芒果、柿、枣、李、青梅、杏、枇杷、橘、橙、柚、杨梅、梨、香果、葡萄、香蕉、莲雾、无花果、番木瓜、橄榄、胡桃、樱桃、葡萄、辣椒、茄子、鳄梨、番茄、苦瓜、黄瓜、丝瓜、瓠瓜、甜瓜、网纹甜瓜、香瓜、南瓜、西瓜、冬瓜等 46 科、250 多种栽培果蔬作物及野生植物。

>> 原　理

1. 分类地位　橘小实蝇属双翅目（Diptera）实蝇科（Tephritidiae）。

2. 原理　橘小实蝇主要以幼虫和卵随被害瓜果作远距离传播，蛹可随瓜果的包装物、运载工具或寄主植物所携带的土壤传播。

橘小实蝇检疫检测与鉴定方法

》》 仪器、用具与试剂

1. 仪器 生物显微镜、体视显微镜、手持放大镜、测微尺、培养箱、冰箱、干燥箱、温湿度计、照相机等。

2. 用具 诱捕器、养虫笼、镊子、50～100 mL 玻璃瓶、白瓷盘、医用剪刀、水果刀、昆虫针、记号笔、标签纸、脱脂棉、指形管、培养皿、滤纸、吸水纸，吸管、样品袋。

3. 试剂 甲基丁香酚、马拉硫磷、蛋白诱饵、95％乙醇、75％乙醇、40％甲醛、丙三醇、冰乙酸、蒸馏水等。

》》 检 测

产地检测按照 GB/T 3619—2009《柑橘小实蝇疫情监测规程》的规定执行。

调运检测的检测范围：橘小实蝇寄主植物产品的盛装、储藏、运输器具及存放处，包括瓜果打蜡加工厂、瓜果批发市场、临时集散地等。检测时期：在植物产品存放或者调运时，可常年抽样。

取样方法：

1. 产品取样 按照 GB 15569—2009《农业植物调运检疫规程》的规定执行。用肉眼或手持放大镜检查样品，查看果皮或瓜皮上有无产卵孔、脱果孔或腐烂斑，将可疑瓜果分类装入样品袋集中待检验。并填写"植物有害生物抽样调查及样书鉴定报告"中的表 4-1。

2. 诱捕取样 在当地主要瓜果市场、临时集散地及其周围地点，悬挂诱捕器诱捕成虫。每个地点设置 3 个诱捕器，方法参见 GB/T 3619—2009《柑橘小实蝇疫情监测规程》。

》》 鉴 定

成虫：从诱捕器中收集昆虫样本，将实蝇类昆虫挑出，置于含有 95％乙醇溶液的标本瓶中或制成针插标本，贴上标签，注明采集时间、采集地点、寄主、采集人，并及时送检。

幼虫：检查瓜果表面有无产卵孔、脱果孔或腐烂斑，将带有产卵孔或被害状的瓜果置于白瓷盘上，用水果刀剖开，仔细检查是否有蛆状幼虫。如发现幼虫，则将带有幼虫的瓜果置于干净的塑料盒内，盒底装有高温消毒、含水量 5％～10％、厚度为 3～5 cm 的沙壤土，用带有细密纱网孔的上盖密封，置于 25～28 ℃室内饲养、观察。每天检查 1 次，观察幼虫弹跳、入土、化蛹情况。当被害瓜果中连续 2 d 内无新的幼虫跳出，即将瓜果取出，将塑料盒去掉上盖后，继续放入养虫笼中，置于 25～28 ℃室内饲养 8～10 d 后，收集成虫置于 95％乙醇溶液的标本瓶中保存，或制成针插标本。贴上标签，注明采集时间、采集地点、寄主、采集人，并及时送检。

》》 结果判定与档案保存

结果判定：按照所描述的橘小实蝇成虫、幼虫形态特征和近似种的区别特征，将所获得的成虫标本置于体视显微镜下观察，如符合橘小实蝇的鉴定特征，则鉴定为橘小实蝇，填写表 7-31。

档案保存：调查原始记录、标本和鉴定结果等材料妥善保存于植物检疫机构。

植物有害生物抽样调查及样书鉴定报告见表 7-30、表 7-31。

表 7-30 植物有害生物抽样调查记录表

编号：

生产、经营者			地址及邮编		
联系人			联系电话		
调查日期			抽样地点		
样品编号	植物名称	品种名称	植物生育期	调查株数或面积	植物来源
症状描述					
发生原因及防控情况					
抽样方法、部位、比例					
备注					

抽样单位（盖章）： 抽样人： 　　　　　　　　年　月　日	生产、经营单位（章）： 负责人： 　　　　　　　　年　月　日

注：本单一式两联，第一联抽样单位留档，第二联交受检单位。

表 7-31 植物有害生物样本鉴定报告

编号：

植物名称				品种名称	
植物生育期		样品数量		取样部位	
样品来源		送检日期		送检人	
送检单位				联系电话	

检测鉴定方法：

检测鉴定结果：

备注：

鉴定人（签名）：

审核人（签名）：

鉴定单位（盖章）：

年 月 日

注：本单一式三份，检测单位、受检单位和检疫机构各一份。

五、柑橘采后病害防治技术规范

柑橘采后病害防治技术规范见表 7 - 32。

表 7 - 32 柑橘采后病害防治技术规范

主要防治对象	为害特点或被害状	发生规律	防治时期或指标	防治方法	推荐用药
炭疽病	干燥条件下发生干疤型，湿度大的果实发生果腐型。病斑均为圆形或近圆形，稍凹陷，皮革状，病斑上可见许多黑色小点 为害叶片、枝梢及果实引起叶斑、落果、枯枝	病菌以菌丝体和分生孢子在病部越冬，次年环境适宜时分生，借助风雨或昆虫传播。高温多雨的条件下容易发生	春夏嫩梢期和果实接近成熟时均需喷药。15～20 d1 次，连喷 3～4 次。4 月下旬至 5 月下旬，9 至 10 月，果实采收 24 h 后及时处理	加强栽培管理，增强树势	45%石硫合剂结晶，早春 180～300 倍，晚秋 300～500 倍。有效成分用量早春 1 500～2 500 mg/kg，晚秋 900～1 500 mg/kg。
					波尔多液 0.5：0.5：100，0.5% 等量式
					30%氧氯化铜 SC600～800 倍，安全间隔期 30 d，每年最多使用 5 次。有效成分用量 375～500 mg/kg
					77%氢氧化铜 WP400～600 倍，安全间隔期 30 d，每年最多使用 5 次，有效成分用量 1 283～1 925 mg/kg
					14%络氨铜 AS200～300 倍液，安全间隔期 15 d，有效成分用量 467～700 mg/kg
					25%嘧菌酯 SC800～1 250 倍液，有效成分用量 200～313 mg/kg
					80%代森锰锌 WP400～600 倍液，有效成分用量 1 333～2 000 mg/kg
					60%二氯异氰尿酸钠 SP800～1 000 倍液，有效成分用量 600～750 mg/kg
					10%苯醚甲环唑 WG1 000～2 000 倍液，有效成分用量 50～100 mg/kg
绿霉病、青霉病	绿霉病发生在果皮上，病部绿色，白色菌带较宽，8～15 mm，微褶皱，软腐边缘不规则，水浸状，易与包果纸及接触物黏接 青霉病的孢子丛青色，发展快并可到果心，白色的菌带较狭窄，1～2 mm，果皮软腐的边缘整齐，水浸状，有发霉气味，对包果纸及其他接触物无黏附力	病菌靠气流或接触传播，通过伤口侵染，与病果直接接触的好果也能发病	果实采收后 24 h 及时处理	采果前 1～2 个月对树冠喷杀菌剂，储藏期选用药剂处理	45%噻菌灵 SC300～450 倍液，有效成分用量 1 000～1 500 mg/kg。安全间隔期 10 d，每季最多用量 1 次，最高残留限量全果 10 mg/kg
					25%胨鲜胺 EC500～1 000 倍液，有效成分用量 250～500 mg/kg，安全间隔期 14 d，每季最多用量 1 次，最高残留限量全果 5 mg/kg
					50%抑霉唑 EC1 000～2 000 倍液，有效成分用量 250～500 mg/kg，安全间隔期 60 d，每季最多用量 1 次，最高残留限量全果 5 mg/kg、果肉 0.1 mg/kg

（续）

主要防治对象	为害特点或被害状	发生规律	防治时期或指标	防治方法	推荐用药
褐色蒂腐病	病斑初期褐色水浸状，后期病部呈橄榄色或深褐色。病菌在枝干上引起树脂病，病斑褐色。病菌侵染嫩叶和幼果造成砂皮病，形成黄褐色或黑褐色小粒点 甜橙和温州蜜柑发病重，老树比幼树、大枝比小枝易感染	以菌丝分生孢子器在枯死的枝条上越冬。下雨时分生孢子器内散出分生孢子，分生孢子可潜伏在萼洼与果皮之间，可通过雨滴溅到果实上，耐干燥，适宜条件下孢子萌发通过伤口特别是果蒂伤口侵入，以菌丝潜伏在果皮组织内，当果实衰弱，菌丝变粗，后造成果实腐烂	树脂病：5～6月和8～9月，涂药 砂皮病：春梢萌发期及幼果期喷药 褐色蒂腐病，果实采收后24 h内及时处理	剪除烧毁病枝，防寒防冻，干旱灌水、挖沟排水、合理施肥、增强树势。枝干病斑用浅刮深刻涂药法，幼嫩组织和器官喷药保护	40％双胍三辛烷基苯磺酸盐WP 1 000～2 000倍液，有效成分用量200～400 mg/kg，安全间隔期30 d，每季最多用量1次，最高残留限量全果5 mg/kg
黑色蒂腐病	多自果蒂或近蒂部伤口开始，受害果实内部腐烂，并长有污黑色菌丝，囊瓣、果皮最后变成黑色。在菌丝从中亦产生黑色粒点。枝干发病常从小枝顶端开始向下蔓延。病部红褐色，树皮开裂，流胶，严重时树干枯死。病部表面密生黑色小粒点	以菌丝及分生孢子器在枯死的枝条上越冬。分生孢子可潜伏在萼洼与果皮之间，适宜条件下孢子萌发，以菌丝潜伏在果皮组织内，当果皮衰弱时，菌丝变粗，后造成果实腐烂	果实采收后24 h内及时处理	同青霉病防治	
黑腐病	病菌常从椪柑、柠檬等果蒂剪口侵入，扩展后使中心柱腐烂，长出深绿色绒毛状霉，果实表面无症状。病斑圆形，深褐色，稍凹陷，高温高湿时，长出灰白色菌丝，最后变成深绿色绒毛。在田间可使幼果成黑色僵果，枝叶产生褐色病斑。种子带菌造成出土幼苗枯死	病菌以菌丝在枝叶病斑上或以分生孢子在脱落的果实上越冬。高温高湿有利于病发。分生孢子通过风雨传播至花或幼果上，从蒂部侵入，也可在果实生长期从果皮上的伤口侵入，造成为害	果实采收后24 h内及时处理	同青霉病防治	

（续）

主要防治对象	为害特点或被害状	发生规律	防治时期或指标	防治方法	推荐用药
褐腐病	近地面果实先发病，病斑发生在果实任何部位。初期病斑为淡褐色圆形，病部逐渐扩展，迅速蔓延至全果，呈褐色水浸状，变软。在潮湿条件下，病部长出柔软的菌丝，紧贴果面，形成薄层。病果有一种臭味	病菌存在于果园土壤及病残体中。当地面潮湿时便产生游动孢子，被雨水飞溅到近地面的果实 10 d 内就发病，也可潜伏 1～2 个月才发病。越成熟的果实越易感病。高温高湿条件有利于病发	采收前 1 个月内喷施杀菌剂 果实储藏期，采收后 24 h 内及时处理	采收前 1 个月喷药 贮藏期防治药剂同青霉病防治	25％瑞毒霉 WP100～200 倍液，有效成分用量 1 250～2 500 mg/kg
酸腐病	初为橘黄色圆形斑，迅速扩展，使全果软腐，多汁，呈开水烫伤状，果皮易脱落。后期出现白色黏状物，为气生菌丝及分生孢子，整个果实出水腐烂有酸败臭气	病菌从伤口侵入，果蝇可作为媒介传播为害。在密闭的条件下最易发病	果实采收后 24 h 内及时处理	同青霉病防治	
柑橘水肿病	发病初期，果皮无光泽、颜色变淡，手按稍微软绵，口尝稍有异味。随着病情发展，整个果皮色淡白，局部出现不规则、半透明水浸状或不规则浅褐色斑点，此时果实有煤油味。病情严重时，整个果实为半透明水浸状，表面胀饱，手感松浮、软绵，易剥皮，果实有浓厚的酒精味。后期果实被微生物侵染而腐烂			控制适宜的储藏温度，加强库房通风换气，避免储藏温度偏低，二氧化碳浓度过高，氧气浓度过低 适宜温度：甜橙类和宽皮柑橘 5～8 ℃，柚类 8～10 ℃，柠檬 12～15 ℃ 适宜气体：氧气 10％～15％，二氧化碳：甜橙类 0％～3％，宽皮柑橘类、柚类和柠檬 0％～2％	

（续）

主要防治对象	为害特点或被害状	发生规律	防治时期或指标	防治方法	推荐用药
柑橘生理性干疤（褐斑）	初期症状为果皮出现浅褐色斑点，后颜色变深，病斑扩大。常在蒂部周围形成不规则环形病斑或其他形状的果面斑，病部油胞破裂，凹陷干缩。后期病斑下的白皮层变干，果实风味异变			果实适期采收，不宜过晚，避免果皮受伤；控制储藏库的温度、湿度。库房通风换气，避免储藏温度偏低、氧气浓度偏低，二氧化碳浓度偏高　适宜湿度：甜橙类和柠檬 90%～95%；宽皮柑橘和柚类 85%～90%	
柑橘枯水	枯水的果实外观完好，国内汁胞变硬、变空、变白、缺汁而粒化，或者汁胞干缩缺汁。果皮变厚，白皮层疏松；油胞层内油压降低，色变淡而透明，脆裂，易与白皮层分离。中心柱空隙大，囊壁变厚。果实风味变淡，严重枯水的果实食之无水无味			采前加强果园的肥水管理，适期采收，适当延长预储时间。调节适当的温湿度储藏，可减少果实枯水发生	

六、红江橙主要病虫害防治技术规程

防治原则：贯彻"预防为主，综合防治"的方针，判别红江橙主要病虫害，并根据病虫害的发生规律，协调农业、生物、物理和化学防治措施（表 7-33）。

表 7-33 红江橙主要病虫害防治技术规程

病虫害	农业防治	检验检疫	生物防治	物理防治	水肥管理	化学防治
黄龙病	新建果园与感病果园应保持1 000 m以上的间隔距离 采取宽行窄株种植，在保持足够行距的前提下，适当提高株距。提倡行距为4 m，株距为1.5～2.0 m，种植密度为每公顷1 250～1 650株	严格检疫，杜绝带病种苗进入新种植区	诊断为黄龙病株的，先用杀虫剂扑杀木虱，并立即彻底挖除 在果园周围种植对柑橘木虱有趋避作用的植物		加强果园的土、肥、水管理，增强红江橙的树势，提高树体的抗病和耐病能力	防治柑橘木虱，在新梢萌发初期和冬季进行全园喷杀防治木虱：10%吡虫啉可湿性粉剂800倍液，3%啶虫脒乳油800倍液
衰退病		对母本园种质材料定期监检，并严格检疫，杜绝带病种苗传入新区。挖除病株。选用脱毒无病苗			施用有机生物肥，加强肥水管理，增强红江橙树势	防治橘蚜：50%辟蚜雾可湿性粉剂2 000～3 000倍液，10%吡虫啉可湿性粉剂2 000倍液，27.5%油酸烟碱乳剂500倍液，2.5%鱼藤精乳油800倍液
溃疡病	在每次新梢萌发前剪除有病枝叶，集中深埋或烧毁 在结果期及时剪除感病严重的病枝和病果	严格控制病苗、病果、病枝、病叶等从病区传入		科学放梢，新梢萌发前施用促梢肥。设置防风林，减轻强风对新梢损伤		春、夏、秋新梢萌发期、幼果膨大期或大风雨后，及时喷施0.5%波尔多液，或30%氢氧化铜悬浮液，或72%农用链霉素3 000倍液等1～2次。新梢萌发期间，喷施防治潜叶蛾、凤蝶等害虫的农药
裙腐病	选用酸橘、红橘等抗病砧木，种植时嫁接口位置应离地面10 cm以上。加强田园管理，及时排清积水，保持树干清洁，环割促花的刀具应注意消毒，防止田间作业对树干的损伤					25%瑞毒霉锰锌可湿性粉剂400倍液，90%乙膦铝可溶性粉剂200倍液，90%乙膦铝可溶性粉剂100倍液加鲜牛粪制浆，80%大生M45可湿性粉剂300倍液加2%腐殖酸钠加泥制浆等
炭疽病	加强配套排水工程，及时排除积水。施用有机生物肥，避免偏施氮肥，适当增施磷、钾肥及微肥，增强树势，提高抗病力	结合修剪，剪除病果、病枝，集中深埋或烧毁，及时清除落叶落果，减少初侵染来源				推荐使用：0.5%波尔多液，50%甲基托布津可湿性粉剂800～1 000倍液，40%灭霉威胶悬剂500倍液，65%代森锌可湿性粉剂800倍液

（续）

病虫害	农业防治	检验检疫	生物防治	物理防治	水肥管理	化学防治
树脂病	加强栽培管理，种植增施采果前后肥，保持良好树势，提高抗病力。盛暑前用白涂剂刷白树干（生石灰5 kg、食盐0.5 kg、动物油75 g，水20～25 kg）			发现初病树时，应及早剪除病枝或把病部组织刮除		春梢萌发前，落花2/3时以及幼果期各喷1次药：0.5%波尔多液，50%甲基托布津可湿性粉剂500～800倍液，50%多菌灵可湿性粉剂600～800倍液，50%退菌特可湿性粉剂600～800倍液
螨类	结合冬季清园，剪除病虫枝叶，过密枝，减少越冬虫源，推迟发虫高峰期；增施有机肥，避免偏施氮肥，在梢叶转绿后，喷施叶面肥，促进新叶整齐老熟；种植绿肥或实行园地生草栽培；干旱时在果园喷淋水，保持果园有一定的湿润度，使其利于螨类繁殖		在果园内外种植藿香蓟等有利于天敌繁衍的植物，以保护天敌，在春、秋梢叶片物候稳定时，在果园放养捕食螨。勿滥用菊酯类、铜制剂等对天敌伤害较重的农药			5%噻螨酮乳油2 000倍液，20%螨克乳油1 000～1 500倍液，1.8%阿维菌素乳油2 000～3 000倍液，70%克螨特乳油1 500倍液，机油乳油200～400倍液，50%苯丁锡可湿性粉剂1 500～2 000倍液
潜叶蛾	在新梢盛发期抹除过早、过迟抽发的零星不整齐的嫩梢，中断或限制害虫食料来源，以控减害虫数量。通过虫情测报，选择在害虫发生低峰期统一放梢。采取"一梢三肥"法放梢，即分别在放梢前15 d施促梢肥，2～3 d前施攻梢肥，3～4 d前施壮梢肥					采取"一梢三药"法治蛾护梢。1.8%阿维菌素乳油3 000～4 000倍液，98%巴丹可湿性粉剂1 500～2 000倍液，10%吡虫啉可湿性粉剂1 500倍液，10%氯氰菊酯乳油2 000倍液，25%杀虫双水剂800倍液，80%敌百虫可湿性粉剂800倍液等
白粉虱	科学密植，结合修枝整形，营造良好的通风透光环境。清除果园周围的寄主植物，减少虫源					在若虫盛发期至初龄幼虫出现高峰期施药。10%吡虫啉可湿性粉剂1 000～1 500倍液，48%毒死蜱乳油800倍液，25%噻嗪酮可湿性粉剂1 000倍液等

（续）

病虫害	农业防治	检验检疫	生物防治	物理防治	水肥管理	化学防治
矢间蚧	结合冬剪，剪除病虫枝，集中烧毁，减少越冬源。在盛果期，经常查园，将矢间蚧为害的果及时清理，防止其扩展为害		保护利用蚜小蜂、日本方头甲等寄生和捕食性天敌，控制矢间蚧的繁衍为害			48%毒死蜱乳油800倍液，40%速扑杀乳油1 000倍液，25%噻嗪酮可湿性粉剂800倍液，20%松脂合计10～15倍液，机油乳剂200倍液等
星天牛	5～6月星天牛成虫发生盛期，组织人力于中午前后捕杀成虫，及在夜晚用灯光引诱捕杀			在星天牛产卵前的春季，用生石灰10 kg，硫黄粉1 kg，牛胶0.5 kg，加水40 kg均匀搅拌配制成白涂剂，自主干基部围绕树干涂刷0.5～1 m高，以防止星天牛产卵		对已入驻木质部的幼虫，可用锥子裹小棉球蘸药剂放入蛀道内熏杀，或用注射器向虫道内注入药剂毒杀。推荐使用：80%敌敌畏乳油，40%乐果乳油，48%毒死蜱乳油等的10～20倍液

第四节 桃

桃小食心虫测报技术规范

>> 形态特征

成虫：全身淡灰褐色，雌虫体长7～8 mm，翅展16～18 mm，雄虫略小。前翅中央近前缘处有一蓝黑色的近似三角形大斑，翅基部至中部有7簇褐色斜立的鳞片丛，后翅灰色。雌蛾触角丝状，下唇须长而直并向前伸。雄蛾触角栉齿状，下唇须短而上翘。

卵：红色，近孵化时呈暗红色，椭圆形，长0.40～0.41 mm，宽0.31～0.36 mm，表面密布椭圆形刻纹，顶端环生2～3圈Y状刺。扁椭圆形。

幼虫：初孵化幼虫淡黄白色，老熟幼虫桃红色，体长13～16 mm，头及前胸背板暗褐色，前胸有2根刚毛，腹足趾钩排成单序环，无臀栉。

茧：有夏茧和冬茧两种。越冬茧呈扁圆形，长4.5～6.2 mm，宽3.2～5.2 mm，质地紧密，包被老龄休眠幼虫。夏茧呈纺锤形，长7.8～9.9 mm，宽3.2～5.2 mm，质地疏松，一端有羽毛孔，包被蛹体。

蛹：黄白色，长6.5～8.6 mm，刚化蛹黄白色，近羽化时灰黑色，蛹壁光滑无刺。

>> 为害特征

桃小食心虫以幼虫蛀果为害，初卵幼虫由果面蛀入后留有针尖大小的蛀入孔，经2～3 d后孔外溢出汁液，呈水珠状，干涸后呈白色蜡状物。不久蛀入孔变为极小的黑点，其周围稍凹果，前期果实受害，幼虫大多数在果皮下串食，虫道纵横弯曲，使果实发育成凹凸不平的畸形果，俗称

>> **为害特征**

"猴头果"。后期受害果实形变化较小，幼虫大多直接蛀入到果实深层串食，直至果心部位。被害果虫道内充满褐色颗粒状虫粪，俗称"豆沙馅"。幼虫老熟后脱出果实，果面上留有明显的脱果孔，孔外常带有虫粪。

范围：本标准适用于苹果、梨园桃小食心虫田间调查和预报，其他果树可参照此标准执行。

>> **划分指标**

桃小食心虫发生程度划分指标见表 7-34。

表 7-34 桃小食心虫发生程度划分指标

发生程度（级）	虫果率（%）
1	≤1.0
2	1.1～3.0
3	3.1～8.0
4	8.1～14.9
5	≥15.0

>> **预测预报**

越冬幼虫出土期预测预报：根据幼虫出土期调查方法进行观测，当连续 2 d 发现出土幼虫时，可确定为越冬幼虫出土始期。

发生期和发生量中期预报：从 6 月下旬开始，根据田间成虫和卵量调查数据，对比历年测报资料，结合近期天气、苹果结果和生长情况，做出发生期和发生量中期预报。

长期发生趋势预报：4 月，根据上一年苹果采收期前虫果率调查结果，对比历年测报资料，结合本地长期天气趋势预报，做出当年桃小食心虫长期发生趋势预报。

田间调查方法

>> **越冬幼虫出土期调查**

调查时间：从谢花后开始，直至 7 月中下旬越冬幼虫全部出土为止。

调查方法：在具有代表性的果园，选择上年受害较重的 5 株树为调查树（虫口密度低时，可于上年 8 月末以后采集虫果堆积在调查树下补足虫量），每株树以树干为圆心，在 1 m 半径的圆内，同心轮纹错落放置小瓦片 50 片。从谢花后开始，每天定时翻查一次瓦片，检查越冬幼虫出土数量，记载调查结果。

>> **成虫消长**

调查时间和方法：5 月 10 日至 9 月 30 日，果实主要生长期。采用性诱剂诱测法调查。

性诱剂组分及含量：人工合成的桃小食心虫性外激素，其 A 成分：顺-7-二十烯-11 酮；B 成分：顺-7-十九烯-11 酮，两成分混合液的配比，即 A：B 一般为（80～95）：（20～5），性外激素诱芯含性外激素 500 μg。

性诱剂诱捕器构造：性诱剂诱捕器分诱捕盆和吊绳两部分。诱捕盆用直径约为 20 cm 的碗或塑料盆制作。吊绳用三根长度为 50 cm 的细铁丝，将铁丝的一端捆绑在一起，再分别将三根铁丝的另一端等距离捆绑在事先准备好的直径小于 20 cm 的铁圈上，将诱捕盆放在铁圈上，盆内倒入少许洗衣粉的清水，水量约占诱捕盆的 4/5，将性诱剂诱芯固定在诱捕盆正中距水面 1 cm 处，诱捕盆周围罩一尼龙纱罩，以防降水时将蛾冲出。

性诱剂诱捕器的设置：选择上年桃小食心虫发生较重、面积不小于 5 亩的果园 2～3 个。每园采用对角线 5 点取样法，在果园中部选 5 棵树，树间距 50 m，每株悬挂 1 个性诱剂诱捕器，诱捕器悬挂在树冠外围距地面 1.5 m 树荫处。

管理和数据记录：诱捕器应经常清洗和加水，雨后应将多余的水倒掉，并加少量洗衣粉水。诱芯每隔 30 d 更换 1 次。每日上午检查诱蛾数，统计和记载每日诱捕器诱蛾水量。

>> **田间卵量消长调查**

田
间
调
查
方
法

调查时间：成虫发生期间，即成虫始见开始至成虫终见期结束。

调查方法：选择为害轻重不同、面积不小于 5 亩的果园 3～5 个作为调查园，于每个园内采用棋盘式取样法，选择苹果树 10 株，在每株树的东、南、西、北、中五个方位，各随机调查 20 个果实，每株树调查 100 个果实，每 5 d 调查一次，记载调查果中的卵果数和卵粒数，调查后将卵抹掉。

>> **虫果率调查**

调查时间：共调查 2 次，第 1 次调查时间为 8 月上旬，第 2 次调查时间为正常采收期前。

调查方法：取样方法同卵果率调查，检查果实被害情况，记载调查果实中的虫果数、幼虫脱果孔数。

（一）测报相关计算公式

见公式 7 - 5、公式 7 - 6。

1. 卵果率

$$A = (E/N) \times 100 \qquad (7-5)$$

式中：

A——卵果率，单位为百分率（%）；

E——调查果实中桃小食心虫的卵果数（个）；

N——调查总果实数（个）。

2. 虫果率

$$B = (M/N) \times 100 \qquad (7-6)$$

式中：

B——虫果率，单位为百分率（%）；

M——调查果实中桃小食心虫虫果数（果）；

N——调查总果实数（果）。

（二）测报基本格式与表格

见表 7 - 35～表 7 - 39。

表 7 - 35　桃小食心虫幼虫出土调查表

调查日期	果园名称	品种	各树号越冬幼虫出土数量（头/样方）					备注
			1	2	3	4	5	

表 7 - 36　桃小食心虫成虫发生调查表

调查日期	品种	各诱捕器诱捕数量（头）							气象情况	备注
		1	2	3	4	5	合计	平均		

注：备注内填喷药日期，药剂品种及诱捕器效果不稳定的其他原因。

表 7-37　桃小食心虫田间卵量消长调查表

调查日期	品种	标定果数（个）	卵果数（个）	卵果率（%）	累计卵果率（%）	平均卵粒数（粒/果）	累计卵量（粒/果）	备注

表 7-38　桃小食心虫虫果率调查表

调查日期	果园名称	品种	调查株数（株）	调查果数（个）	虫果数（个）	虫果率（%）	脱果孔数（个）	代表面积（hm²）	备注

表 7-39　桃小食心虫发生防治基本情况记载表

发生面积＿＿＿＿＿＿＿＿＿＿hm²

其中：＿＿＿＿＿＿＿代＿＿＿＿＿＿＿hm²，发生程度＿＿＿＿＿＿＿＿＿级

　　　＿＿＿＿＿＿＿代＿＿＿＿＿＿＿hm²，发生程度＿＿＿＿＿＿＿＿＿级

　　　＿＿＿＿＿＿＿代＿＿＿＿＿＿＿hm²，发生程度＿＿＿＿＿＿＿＿＿级

　　　＿＿＿＿＿＿＿代＿＿＿＿＿＿＿hm²，发生程度＿＿＿＿＿＿＿＿＿级

　　　＿＿＿＿＿＿＿代＿＿＿＿＿＿＿hm²，发生程度＿＿＿＿＿＿＿＿＿级

发生面积＿＿＿＿＿＿＿＿＿＿hm²

其中：＿＿＿＿＿代＿＿＿＿＿hm²；＿＿＿＿＿代＿＿＿＿＿hm²；＿＿＿＿＿代＿＿＿＿＿hm²

发生程度＿＿＿＿＿＿＿＿＿级

防治面积＿＿＿＿＿＿＿hm²，占发生面积＿＿＿＿＿＿＿%

其中：＿＿＿＿＿＿＿代＿＿＿＿＿hm²；＿＿＿＿＿代＿＿＿＿＿hm²；＿＿＿＿＿代＿＿＿＿＿hm²

挽回损失＿＿＿＿＿＿＿＿＿t，实际损失＿＿＿＿＿＿＿＿＿t

简述发生概况和特点：

（三）桃小食心虫预测模式报表

见表 7-40、表 7-41。

表 7-40　一代桃小食心虫预测模式报表（M1SXA）

要求汇报时间：4 月上旬以前报一次

序号	编报项目	编报程序
1	报表代码	M1SXA
2	调查日期（月-日）	
3	当地苹果园面积（hm²）	
4	上年 8 月上旬虫果率（%）	
5	上年 8 月上旬平均单果脱果孔数（个）	
6	上年采收前虫果率（%）	
7	上年采收前平均单果脱果孔数（个）	

（续）

序号	编报项目	编报程序
8	上年果园亩产量（kg）	
9	上年果实平均单果重（kg）	
10	预计一代发生程度（级）	
11	预计发生面积（hm²）	
12	预计防治适期（月-日）	
13	编报单位	

表7-41 二代桃小食心虫预测模式报表（M2SXA）

要求汇报时间：8月上旬报一次

序号	编报项目	编报程序
1	报表代码	M2SXA
2	调查日期（月-日～月-日）	
3	8月5日前平均每只诱芯诱蛾数（头）	
4	单芯诱蛾数比历年增减比率（%）	
5	调查日期（月-日）	
6	平均单果卵数（粒）	
7	卵果率（%）	
8	卵果率比历年平均增减比率（%）	
9	虫果率（%）	
10	虫果率比历年平均增减比率（%）	
11	预计二代发生程度（级）	
12	预计发生面积（hm²）	
13	预计防治适期（月-日）	
14	编报单位	

（四）苹果不同单位产量下桃小食心虫参考防治指标

见表7-42。

表7-42 桃小食心虫参考防治指标

防治指标（卵果率，%）	亩单位产量（kg）	防治方法
1.8	1 100以下	
1.5	1 100～1 400	
1.3	1 401～1 600	地下防治
1.0	1 601～2 200	树上防治
0.7	2 201～3 300	
0.5	3 301以上	
1.8	800以下	
1.5	800～1 000	
1.3	1 001～1 200	
1.0	1 201～1 500	树上防治
0.7	1 501～2 200	
0.5	2 200以上	

第五节 坚果类

腰果病虫害防治技术规范

》》防治原则

概述：贯彻"预防为主，综合防治"的植保方针，以腰果园整个生态系统为整体，针对主要病虫害的发生特点，综合考虑影响病虫害发生的各种因素，以农业防治为基础，协调应用检疫、物理防治、生物防治和化学防治等措施对腰果病虫害进行安全、有效、经济的防治。推荐选用的杀菌/杀虫剂是经我国药剂管理部门登记允许在腰果或其他水果上使用的。不应使用国家严格禁止在果树上使用的和未登记的农药。

》》防治方法

农业防治：选种抗病虫腰果品种或品系，培育健壮苗。同一品种或品系集中成片种植，使腰果植株抽梢期整齐，实施病虫害的统一防治。加强水肥与花果管理，提高植株抗性，注意腰果园通风透光，避免过度密植，创造不利于腰果病虫害发生的果园环境。搞好果园清洁，控制病虫害的侵染来源。结合果园修剪及时剪除植株上严重受害或干枯的枝叶、花（果）、穗（枝）和果实，及时清除果园地面的落叶、落果等残体，集中烧毁或深埋。

物理防治：鼓励使用灯光诱杀、人工捕捉、色板及防虫网等无公害防治措施。

生物防治：保护和利用天敌。采用助育和人工饲放天敌控制害虫，利用昆虫性信息素诱杀或干扰成虫交配。

化学防治：鼓励使用微生物源、植物源及矿物源等对天敌、授粉昆虫等有益昆虫及环境与产品影响小的无公害防治措施。使用药剂防治时应参照 GB 4285 和 GB/T 8321 中的有关规定，严格掌握使用浓度或剂量、使用次数、施药方法和安全间隔期，注意药剂的合理轮换使用，病虫害及防治措施见表 7-43、表 7-44。

主要病害：流胶病、花枝回枯病、炭疽病、叶疫病、猝倒病、烟煤病、藻斑病，具体病害的特点见表 7-45。

主要虫害：茶角盲蝽、腰果云翅斑螟、脊胸天牛、咖啡胖天牛、腰果细蛾、蓟马类、蚜虫类、象甲类、蓑蛾类、介壳虫类，具体虫害特点见表 7-46。

表 7-43 腰果病害及防治措施

病害	防治措施	推荐使用的主要杀菌剂及方法
流胶病	增施氮磷钾肥，促进腰果植株生长健壮，提高植株抗病力。培育抗病品种或品系	把腰果树干受害部位溃烂部清除，然后涂上 1% 波尔多液 10～15 倍液，保护切除部位直到伤口愈合，可减轻该病为害
花枝回枯病	做好田间卫生。冬季至少在腰果树开花前，清除腰果园所有残留的病果、病枝和枯枝、落叶，集中烧毁，以减少田间菌源。增施氮磷钾肥，促进腰果植株生长健壮，提高植株抗病力	在腰果树开花时期，选用 80% 代森锰锌可湿性粉剂 600～800 倍液与 90% 晶体敌百虫 1 000 倍液混合喷洒花枝，每周 1 次，连续喷 2 次。或用 50% 多菌灵可湿性粉剂 500～1 000 倍液与 80% 敌敌畏乳油 1 000～1 500 倍液混合喷洒。可兼治茶角盲蝽，有效防止茶角盲蝽为害引发花枝回枯病的发生
炭疽病	在腰果园周围建设防风林带，减少风害损伤，有助于减少炭疽病为害。做好果园卫生。收果后及时清除树上的病死枝叶和僵果及果园地面的枯枝、落果和落叶，集中烧毁。在腰果幼嫩组织敏感时期，即新梢抽发期、开花期和坐果期进行药剂防治，每隔 10～14 d 喷施 1 次，连续喷施 2 次	选用 75% 百菌清可湿性粉剂 600～800 倍液、25% 咪鲜胺乳油 800～1 500 倍液、1% 波尔多液 500～1 000 倍液、50% 甲基托布津可湿性粉剂 800～1 000 倍液等喷洒嫩梢、嫩叶、花穗和果实

（续）

病害	防治措施	推荐使用的主要杀菌剂及方法
叶疫病	加强果园管理，增施氮磷钾肥，清除病残组织，避免腰果园田间湿度过大	选用58%甲霜灵·锰锌可湿性粉剂800~1000倍液、75%百菌清可湿性粉剂800~1000倍液或72.2%霜霉威水剂800~1000倍液喷洒叶片
猝倒病	苗床及腰果幼苗培养土要进行消毒灭菌。保持腰果苗圃或袋装育苗排水良好，防止积水	选用50%多菌灵可湿性粉剂500~1000倍液、75%百菌清可湿性粉剂800~1000倍液、80%多福锌可湿性粉剂700~800倍液或72%霜脲·锰锌可湿性粉剂500~1000倍液等洗淋苗床
烟煤病	加强果园管理，适当修剪，以利通风透光，增强树势。加强果园巡查，及时防治介壳虫、粉虱和蚜虫等刺吸式口器的害虫	选用石灰过量式波尔多液200倍液或50%灭菌丹可湿性粉剂400~500倍液喷洒树冠，可抑制烟煤病蔓延。选用25%扑虱灵可湿性粉剂1500~2000倍液、0.3%苦参碱水剂200~300倍液、2.5%功夫乳油3000~4000倍液、3%啶虫脒乳油1500~2500倍液等喷洒树冠、枝条等防治蚧类、粉虱和蚜虫等刺吸式口器的害虫
藻斑病	加强果园管理。果园要有排灌设施，注意排水，合理修剪，提高果园通风透光度，降低果园湿度。平时注意清除果园病枝落叶，减少病原菌。有计划地对老衰树进行复壮，合理施肥，增施有机肥，以增强树势，提高抗病力	选用77%氢氧化铜可湿性粉剂600~800倍液、58%甲霜灵·锰锌可湿性粉剂800~1000倍液、0.5%等量式波尔多液200倍液或70%石硫合剂晶体180~200倍液等喷洒叶片和枝条

表7-44　腰果虫害及防治措施

虫害	防治措施	推荐使用的主要杀菌剂及方法
茶角盲蝽	做好预测预报。每年在腰果植株初梢开始，定期进行田间调查，随时掌握茶角盲蝽的发生动态。在腰果园收后，进行修枝管理，剪除过密枝条，除去带卵枝条。结合除草施肥，彻底清除腰果园中的杂草，以减少盲蝽的食料来源。注意保护黄獠蚁、蜘蛛、瓢虫和猎蝽等捕食性天敌。在腰果初梢期、初花期和初果期进行药剂防治，初花初果期是防治关键期	选用4.5%高效氯氰菊酯乳油2500~3000倍液、40%乐果乳油1000~1500倍液、80%敌敌畏乳油1000~1500倍液或90%晶体敌百虫1000倍液喷洒嫩叶、嫩梢、花穗和果实
腰果云翅斑螟	在腰果结果初期，人工摘除树上被害果实或被害花枝，以降低当年虫源基数。捡拾地上被害落果集中处理，以减少下代虫源。在蛹期结合中耕除草挖掘蛹。在腰果盛果期初期开始喷药，每隔7~10d喷1次	选用4.5%高效氯氰菊酯乳油2500~3000倍液、1.8%阿维菌素乳油2000~2500倍液、80%敌敌畏乳油1000~1500倍液、20%除虫脲悬浮剂4000~5000倍液、25%灭幼脲3号可湿性粉剂2000~2500倍液或50%杀螟松乳油1000~1500倍液等喷施花枝及果实
脊胸天牛	在腰果收获后，结合果园的修枝工作，剪除被害枝条集中烧毁。加强田间巡查，每年7月开始逐株检查，发现虫枝从最后1个排粪孔的下方15cm处剪锯除虫害枝，以后每隔1~2个月复查1次。对受害严重的腰果树，可在收后采取重修剪的办法，将病虫老弱枝全部锯除，仅保留主骨干枝，同时加强管理，增施有机肥，促进新树冠形成	选用80%敌敌畏乳油1000倍液或20%高效氯氰菊酯·马拉硫磷乳油1000倍液注入最后1个排粪孔，或用棉花沾药液堵塞虫洞，然后以湿泥封住排粪孔以保药效
咖啡胖天牛	加强腰果园虫害情况调查，每年至少逐株普查1次，复查2次，分别在收果后6~7月和8~9月进行。发现被害植株时，当即用刀剖开被害处树皮，清除干净幼虫，在被害枝干洞口塞以蘸有药液的棉球，外封以湿泥。避免树干损伤，如有伤口应及时涂封保护。待伤口干燥后，培土促使树基部不定根生长，促进植株恢复长势	选用90%晶体敌百虫500倍液或80%敌敌畏乳油1000倍液蘸湿棉花堵塞虫孔

（续）

虫害	防治措施	推荐使用的主要杀菌剂及方法
腰果细蛾	注意保护羽角姬小蜂和瑟姬小蜂等寄生性天敌。在腰果嫩梢期初期开始进行药剂防治，每隔10～15 d喷药1次，连喷2～3次	选用50%杀螟松乳油1 000～1 500倍、5%氟铃脲乳油1 000～2 000倍液、2%阿维菌素乳油3 000～5 000倍液、5%氟苯脲乳油1 000～2 000倍液、4.5%高效氯氰菊酯乳油2 500～3 000倍液或2.5%溴氰菊酯4 000～6 000倍液等喷洒嫩叶
蓟马类	改善腰果园光照条件，减少荫蔽。清除杂草，减少虫源。加强腰果植株肥水管理，增强树势，提高腰果树补偿能力。注意保护黄獠蚁、花蛸、蚂蚁、草蛉、大赤螨、蜘蛛等捕食性天敌	选用3%啶虫脒乳油1 500～2 500倍液、5%吡虫啉乳油1 000～2 000倍液、2.5%乙基多杀素悬浮剂1 000～1 500倍液或24%螺虫乙酯悬浮剂4 000～5 000倍液等喷洒枝叶和果实
蚜虫类	加强预测预报，当腰果嫩梢抽发时，有蚜梢率达10%时应用药剂防治。结合修剪，剪除被害和有虫、卵的枝叶和果实。注意保护瓢虫、草蛉、食蚜蝇等捕食性天敌和芽茧蜂等寄生性天敌	选用50%抗蚜威可湿性粉剂2 000～3 000倍液、3%啶虫脒乳油1 500～2 500倍液、80%敌敌畏乳油1 000～1 500倍液、25%噻虫嗪水分散粒剂10 000～12 000倍液、5%吡虫啉乳油1 000～2 000倍液等喷施嫩叶、嫩梢和果实
象甲类	利用象甲假死性，人工捕捉成虫	选用48%毒死蜱乳油1 000～1 500倍液、4.5%高效氯氰菊酯乳油2 500～3 000倍液、2.5%溴氰菊酯4 000～6 000倍液、50%辛硫磷乳油800～1 000倍液等喷洒树干基部附近地表、树干和枝叶
蓑蛾类	田间重点抓好幼虫刚孵化至3龄前时间段集中为害时施用药剂。利用冬季或夏季修剪虫枝，发现虫囊及时摘除，集中烧毁。也可利用蓑蛾雄成虫有趋光的习性，用黑光灯、白炽灯等诱杀成虫。受蓑蛾为害比较严重的植株，应重点防治，剪除虫枝，增施肥水，促进植株生长旺盛，减轻受害。蓑蛾有护囊保护，药剂难以渗透，应适当增加药量，施用药剂时务必使叶背和虫囊充分湿润	选用90%晶体敌百虫1 000～1 500倍液、50%杀螟松乳油1 000～1 500倍液、50%杀螟硫磷乳油1 500～2 000倍液、2.5%溴氰菊酯4 000～6 000倍液等喷洒枝叶
介壳虫类	结合清理果园，剪除严重受害叶片集中烧毁。在蚧虫发生不多时，可采取人工刷除。注意保护蚜小蜂、瓢虫、草蛉、钝绥螨等天敌。在若虫孵化盛期进行药剂防治	选用20%害扑威乳油600～800倍液、50%马拉硫磷乳油1 000～1 500倍液、50%二溴磷乳油1 000～1 500倍液、52.25%毒死蜱·氯氰菊酯乳油1 500倍液、松脂合剂7～10倍液或95%机油乳剂100～150倍液等喷洒枝叶和果实

表7-45　腰果主要病害名称及发生特点

病害名称及病原菌	发生特点
流胶病 *Lasiodiplodia theobromae*（Pat.）	主要为害腰果的树干。在世界各个腰果种植区均有发生，特别是在巴西、东南亚国家和我国腰果种植区发病严重 多发生在老龄树，在幼龄和壮年树也可发生，一般在发病几个月后才能发现症状。受害植株，除了叶片黄化和脱落外，树干渗出树脂是最明显的症状。被流胶病侵染的组织呈黑色且破裂，伤及深度可达木质部。腰果流胶病造成的为害包括减少植株水分和营养的传输，减少光合作用，致使枝叶枯萎，在导致产量降低的同时，最终也导致植株死亡。在有利于腰果流胶病发生的环境条件下，腰果植株种植一年后即可表现出症状，第2年开始可造成严重破坏

（续）

病害名称及病原菌	发生特点
花枝回枯病 *Lasiodiplodia theobromae*（Pat.）	主要为害腰果的花枝，造成花枝、幼嫩坚果和果梨干枯 　　该病致病菌在腰果树的病死花序、枝条、僵果等组织内残存和越冬。当腰果树开花时期，在这些组织上产生的病菌孢子，随风、水传播，侵入花序，在花枝组织内蔓延。以后又侵染幼嫩坚果，并向下蔓延到嫩梢和小枝条，引起枝条回枯。该病开始表现为一部分的花和花瓣萎蔫，接着是小花序梗陆续回枯，由顶端开始向下为害至主花枝，一般在发病6周内表现症状。染病花枝变成褐色，所有花序萎蔫，不能结实。纵剖主花梗可见到髓部变褐色，蔓延到嫩梢和小枝后，使染病嫩梢和小枝髓部变褐色和干枯。受害的幼嫩坚果和果梨变成黑色，最后干枯形成僵果，僵果可挂在病死花枝上经久不落。该病适宜发生温度为25～30℃，腰果树在开花期间经常在花序上取食蜜汁的昆虫常在花枝上造成伤口，成为诱发此病的重要因子
炭疽病 *Colletotrichum loeosPorioides*（Penz.）	为害腰果的叶片、嫩枝、花序、幼果和果梨 　　该病病原菌在腰果树上残存在病枝、病叶组织内越冬，成为主要侵染来源。在雨季或腰果树开花期，病菌残留组织或土壤中产生的病菌孢子，随风、水传播，侵入枝叶、果梨和坚果组织中。在高湿条件下这些病组织上常产生大量分生孢子，孢子由雨水和昆虫传播，从寄主伤口、皮孔或气孔侵入。腰果树的所有幼嫩部分均可受炭疽病的侵染。在高湿条件下，染病嫩叶先在叶缘处产生红褐色、不规则形病斑，重病嫩叶皱缩、脱落。染病嫩梢初期产生红褐色、闪光的水渍状病斑，继之病部溢出树脂。病斑纵向辐射状扩展，最终导致嫩梢干枯。在干枯嫩梢下方的枝条上又萌发新梢，重复染病新梢又可枯死，结果常形成鹿角状的枝条。花序染病变黑、枯萎和脱落。坚果和果梨染病常导致果腐，形成同心轮纹状。在雨季，炭疽病特别容易严重发生，可完全毁坏新抽出的枝梢，并会持续地毁坏抽出的嫩枝和嫩叶，受害严重的腰果植株的全株嫩枝干枯和嫩叶脱落，表现类似火烧的症状
叶疫病 *Pestalotia paeoniae* Serv.	主要为害腰果叶片 　　初侵染源来自腰果园病叶。表现症状为在叶的表面产生一种小的褐色圆斑，此小斑多数先在叶尖发生，以后小斑逐渐扩大和聚合，由叶尖向下扩展到叶面积一半以上。叶片两面均有分生孢子堆呈现
猝倒病 *Fusarium* sp. *Pythium* sp. *Phytophthora palmivora* Butler *Cylindrocladium scoparium* Morgan *Selerotium rolfsii* Sacc. *Pythium ultimum* Trow	主要为害腰果幼苗，排水不良的苗圃或袋装育苗的腰果幼苗极易感染该病。 　　该病病原菌在腰果苗圃以卵孢子或菌丝在土壤中及病残体上越冬，并可在土壤中长期存活。主要靠雨水、喷淋而传播，带菌的有机肥和农具也能传病。病菌在土温15～16℃时繁殖最快，适宜发病地温为10℃。当腰果苗圃温度低、湿度大时利于发病。光照不足，腰果幼苗播种过密也容易诱发该病。该病造成腰果幼苗生长停滞并逐渐凋萎，根茎部位出现环茎水渍状带，有时根系完全腐烂，最后导致植株倒伏
烟煤病 *Chaetothyrium* spp. *Capnodium* spp. *Meliola* spp.	主要为害的腰果植株叶片、枝梢和果实 　　该病在腰果叶片、枝梢和果实的表面，初生一薄层暗褐色或稍带灰色的霉层，后期于霉层上散生黑色小粒点或刚毛状突起物。烟煤病产生的霉层遮盖叶面，阻碍光合作用，并分泌毒素使植物组织中毒，受害严重时，腰果叶片卷缩褪绿或脱落。腰果烟煤病绝大多数的烟煤病均伴随蚧类、粉虱和蚜虫等害虫的活动而消长、传播与流行。蚧类、粉虱和蚜虫等害虫的存在是烟煤病发生的先决条件。凡栽培管理不良或荫蔽、潮湿的腰果园，均有利于此类病害的发生
藻斑病 *Cephaleuros virescens* Kunze	主要为害腰果成熟叶和老叶，在叶片正面和背面均能发生，发生在叶片正面较多 　　病原菌以菌丝体在病部组织上越冬。当温、湿度适宜时病原菌游动孢子萌发借风雨传播。发病初期，叶片表面先出现针头大小的淡黄褐色圆点，小圆点逐渐向四周呈放射状扩展，成圆形或不规则形稍隆起的毛状斑，表面呈纤维状纹理，边缘缺刻。随着病斑的扩展、老化，呈灰绿色或橙黄色，后期病斑色泽较深，但边缘保持绿色。发病严重时，成熟叶和老叶可布满病斑，影响植株光合作用，树势早衰。一般在温暖、高温的条件下或在雨季，此病侵害蔓延迅速。植株的枝叶密集荫蔽、通风透光差、土壤瘠薄、地势低洼、管理水平低等的果园，此病发生为害较为严重

表 4 - 46 腰果主要害虫名称及发生特点

害虫名称	发生特点
茶角盲蝽 *elopeltis theivora* Waterhouse	主要在腰果嫩梢期、初花初果期为害。以成、若虫刺吸腰果嫩梢、嫩叶、花枝和正在发育的坚果及果梨，直接造成腰果园减产失收 茶角盲蝽 1 年发生 12 代。若虫对腰果的为害随着龄期的增加而增大，成虫对腰果的为害远大于若虫。茶角盲蝽 1 代需时 26～52 d。在腰果梢期、花期、坐果期及幼果期虫口数量较大。雌虫卵产于花枝、叶柄表皮组织下，少数亦产于果托里，连续产卵天数最长的达 22 d，每头雌虫产卵52～242 粒，在冬季照常产卵繁殖。初孵若虫有群集性，成、若虫喜荫蔽，可昼夜不断地对腰果进行为害，吸取组织汁液。嫩梢和花枝被害后呈现多角形水渍状斑、幼果及果梨被害后呈现圆形下凹水渍斑，这些水渍状斑经 24 h 后变成黑色，最后干枯。雌成虫于嫩梢、花枝上产卵，致使此部分组织遭受破坏最后干枯
腰果云翅斑螟 *ephopteryx* sp.	主要在腰果果期为害，以幼虫蛀食正在发育的腰果坚果、果梨以及成熟的果梨，致使其腐烂、干枯 1 年发生约 9 代，在海南 1 代需时 30～34 d。成虫交尾后第 2 d 即开始产卵，卵产于坚果果腹、果蒂、果柄上，花萼萼片背面及花枝脱落处，最高产卵量达 125 粒。当产于坚果上的卵孵化幼虫后立即蛀害，而产于其他部位的卵孵出幼虫后转移至坚果或果梨进行蛀害。蛀孔入口呈圆形，洞口布满呈条状或堆状的排泄物，被蛀害的坚果果肉或种仁可被蛀食一空，剩下果壳最后呈干枯状，生长发育较久的坚果果仁被蛀害后呈扭曲状，果梨被蛀害后引起腐烂。老熟幼虫随落果或夜间悬丝直接下地，在离地表约 1 cm 深的土中吐丝结缀土粒作茧并脱去旧皮在其内化蛹
天牛类 脊胸天牛 *hytidodera bowringii* White 咖啡胖天牛 *locaederus obesus* Gahan	脊胸天牛以幼虫蛀害腰果枝条，造成枝条枯死或折断，使腰果植株生势减弱，严重时可导致植株死亡 脊胸天牛在我国华南地区年发生 1 代，跨年完成，部分两年 1 代，以幼虫越冬。成虫发生时间因地区略有差异。成虫产卵于枝条及枝条断裂或树缝隙中，卵散产，大多一处 1 粒，也有多达 6～8 粒黏结成块，卵期约 10 d。幼虫孵化后大多从枝条末梢的端部侵入，被害枝条每隔一定距离有一排粪孔。幼龄时排粪孔小而密，随着虫龄增长，排粪孔渐大而距离逐渐加大。幼虫期 260～310 d。蛹期 30～50 d。成虫羽化后在蛹室中滞留一段时间（10～30 d），而后拓宽排粪孔爬出。通常在夜间活动，有趋光性。白天藏匿于浓密的枝叶丛中。每雌虫一生产卵 6～25 粒，成虫寿命 13～36 d。 咖啡胖天牛以幼虫钻蛀腰果树干引起树干干枯，甚至全植株死亡。在中国海南省 1 年发生 1 代，跨年完成。成虫于 5 月中旬飞出茧室交尾及产卵，卵多产在离地 1 m 以内的树皮缝隙处，幼虫孵出后先在皮下及边材部分为害，然后蛀入心材，孔道纵横交错，老熟幼虫能分泌碳酸钙类物质在树皮下，隧道内较宽处结成扁椭圆形坚实的茧壳，蛹在茧内。若、成虫在 10 月羽化则当年化茧，否则则在茧内越冬至初春才破茧而出，直至 5 月才往外飞出。成虫大多在 4～7 月羽化
腰果细蛾 *Acrocercops syngramma* Meyrick	主要在腰果嫩梢期为害，以幼虫取食腰果嫩叶叶肉 幼虫大部分时间在叶片造成的"水泡"里活动。卵产在嫩叶上。老熟幼虫在土壤中化蛹。有时也在叶片上化蛹，一般是在下表皮中脉附近。雌成虫产卵于嫩叶上表皮，幼虫孵出后立即往下钻蛀咬食叶肉，使被害嫩叶出现曲折弯曲的为害纹。幼虫继续潜食叶肉，为害纹逐渐扩大，外观呈灰白色水泡状。待被害叶片成熟后，水泡状被害处破裂出现一个大洞。最后整片叶只剩一层角质层膜，白色水泡状变为黑褐色，叶片枯萎脱落。一般每片叶有 2～8 个水泡为害斑，有多头幼虫为害。幼虫期为 9～15 d，蛹期 7～9 d，整个生活史需 20～25 d
蓟马类 红带蓟马 *Selenothrips rubrocinctus* (Giard) 茶黄蓟马 *Scirtothrips dorsalis* Hood	红带蓟马主要在腰果叶片成熟期为害，以成虫、若虫锉吸腰果叶片汁液。年发生约 10 代，在我国海南主要发生为害期在 3～6 月。其成虫、若虫最初主要在腰果叶背面为害，被害处渐变黄褐色，嫩叶被害时会使叶片卷曲畸形。成、若虫还排出红色液体状物于叶片上，待干涸后呈现锈褐色或黑色亮斑，影响光合作用，严重时整株树叶黄化脱落 茶黄蓟马主要在腰果嫩梢期为害，以成虫、若虫在新梢上锉吸嫩叶汁液。年发生 10～11 代，田间世代重叠现象严重，在我国海南主要发生为害期在 10～12 月。受害叶片背面主脉两侧出现两条至数条纵列的凹陷的红褐色条状疤痕，相应的叶正面出现浅色的条痕状隆起，叶色暗淡变脆。虫口密度大，严重为害时，整张叶片变褐色，叶片布满小褐点，嫩叶变小甚至枯焦脱落，影响树势。卵期 5～8 d，若虫期 5～8 d，蛹期 5～8 d，成虫寿命 7～25 d。5～10 月完成 1 个世代需 11～21 d。成虫较活跃，受惊后会弹跳飞起。成虫无趋光性，但对色板有趋向性，尤对绿色的趋性较强。每雌产卵 5～98 粒，一般为 35～62 粒

（续）

害虫名称	发生特点
蚜虫类 棉蚜 *Aphis gossypii* Glover 橘二叉蚜 *Toroptera aurantii*（Boyer de Fonscolombe） 芒果蚜 *Toxoptera odinae*（van der Goot）	棉蚜主要在腰果嫩梢期为害，以成虫、若虫吸食腰果嫩叶背面、嫩梢或幼嫩果梨和坚果的汁液。受害腰果叶片表面有蚜虫排泄的蜜露，易诱发霉菌滋生。在我国海南1年发生约30代。有翅棉蚜对黄色有趋性。棉蚜发生适温17.6～24℃，相对湿度低于70% 橘二叉蚜主要在腰果嫩梢期为害，以成虫、若虫吸食腰果嫩梢、嫩叶、花蕾和花的汁液。受害叶叶背有许多灰褐色蜕皮壳，严重时叶片卷曲硬化、皱缩，新梢枯死，幼果和花蕾脱落。并诱发烟煤病，使枝叶表面覆盖黑色霉层，影响光合作用。1年发生20多代。在我国海南腰果植区于9～12月发生，主要在腰果嫩叶背面为害 芒果蚜成、若虫成群为害花及嫩梢，致使花皱缩及嫩梢干枯。为害嫩果及果梨时，在被害处出现疤痕。在我国海南每年2～3月大多为无翅蚜，3月底至4月初大量发生有翅蚜，4～5月有翅蚜和无翅蚜均可发生，繁殖最适温度为16～24℃
象甲类 食芽象甲 *Scythropus yasumatsui* Kono et Mori moto 绿鳞象甲 *Hypomeces squamosus* Fabricius	食芽象甲主要在腰果嫩梢期为害，以成虫取食为害腰果的嫩芽、嫩叶，严重发生时可将腰果嫩芽全部吃光。受害幼嫩叶呈半圆形或锯齿状缺刻，被害腰果植株大量消耗树体营养，推迟开花结果，严重影响产量。在我国海南1年1代。成虫始见于7月下旬，9月为为害高峰期，1月上旬为发生末期。成虫有很强的假死性，受惊时则从树上坠落到地面。雌虫产卵40～100粒。雌成虫的寿命为33～65 d，雄成虫的寿命为25～49 d。卵常成堆分布于腰果枝痕裂缝内、腰果树嫩芽间或叶面上。幼虫在表土层内作蛹室化蛹 绿鳞象甲以成虫为害腰果树叶片和嫩芽，致使受害叶片呈缺刻状，为害严重时可吃光腰果植株全部叶片和嫩芽，降低树势。1年发生1代。成虫具假死性，受惊即下落。雌成虫在土中产卵，卵多产于疏松肥沃的土中
蓑蛾类 茶蓑蛾 *Clania minuscula* Butler 大蓑蛾 *Clania oariegata* Snellen	茶蓑蛾以幼虫在护囊中咬食腰果叶片、嫩梢或剥食枝干。1年发生3代。雄蛾寿命2～3 d，雌蛾寿命12～15 d。幼虫共6～7龄。每雌虫平均产卵676粒，多的可达2 000～3 000粒。雄虫活跃，有趋光性。茶蓑蛾耐饥力强，幼虫发生比较集中，常数百头聚集在一起，形成为害中心。幼虫向光，借风力传播，向附近果园扩散 大蓑蛾以幼虫在护囊中咬食腰果叶片、嫩梢或剥食枝干。1年发生2代。雌蛹13～20 d，雄蛹20～33 d。雄蛾寿命为2～9 d，雌成虫寿命为13～26 d。雌成虫将卵产在护囊内，每雌产卵2 063～6 000粒。卵期17～21 d。幼虫共5龄。初孵幼虫有群居习性，耐饥力强。雌蛾夜晚活跃，趋光性强
介壳虫类 糠片盾蚧 *Parlataria pergandii* Comstock 牡蛎盾蚧 *Paralepidosaphes tubulorum*（Ferris） 椰圆蚧 *Aspidiotus destructor* Signoret 红蜡蚧 *Ceroplastes rubens* Maskell	糠片盾蚧为害腰果的枝、叶和果实，喜吸附在腰果叶片主脉附近，叶背叶面均有发生。为害严重时叶落枝枯，影响树势和产量。1年发生2～3代，以若虫、雌成虫群集吸汁为害。发生严重时植株皮层表面如敷满了一层糠皮，易使花、枝、叶发黄枯萎，能诱发烟煤病 牡蛎盾蚧以雌成虫和若虫附着在腰果枝叶表面吸食汁液，致芽叶瘦小，严重时造成植株枝枯落叶或全株死亡。每雌产卵40～60粒。初孵若虫十分活泼，孵化后24 h即可到达新梢、叶片或枝条固定，荫蔽处尤多，叶面雄虫较雌虫多 椰圆蚧以雌成虫及若虫附着在腰果叶片背面吸食组织汁液，被害叶正面呈现黄色褪绿不规则斑，严重发生时叶片发黄。年发生7～12代。雌虫产卵约100粒。卵产在雌成虫体周围的介壳上，7～8 d内孵化 红蜡蚧在腰果园中多聚集在腰果枝梢上吸取汁液，叶片及果梗上亦有发生。腰果枝梢受害后，抽梢量减少，枯枝增多，诱发烟煤病，影响植株的光合作用。年发生1代。卵期1～2 d。雄成虫寿命20～48 h。雌成虫繁殖力强，一般固着于枝叶上，雄虫多发生在叶柄、叶背沿主脉处

第八章 花 卉

一、花卉植物线虫检测技术规程

>> **为害症状**

地上部分特异性症状：死芽、器官畸形、种瘿、叶斑、坏死。

地上部分非特异性症状：生长不良、矮化、黄化、萎蔫、叶片褪绿等。

根据地上部分的特异、非特异症状，挖其根部，观察是否有根结或根瘿、粗短根，有些非特异症状如根系衰退、根褐变、根腐烂等。

样本采集

症状明显时：采集病变部位不少于 50 g，根际土壤（或介质）不少于 1 000 g。

症状不明显时：

种苗或小型植株：整株采样。

一般盆花：整盆采样。

大型植株：环形五点采样，每点取 ≥200 g 的根际土壤。

样本类型：罹病植物、根际土壤或介质。

田间或种苗或盆栽花卉，按 GB/T 5569—1995 中表 1 的规定随机抽取样品后，将样品混合，取 ≥100 g 待检植物的新根（或营养根）和 ≥1 000 g 植物根际土壤（或介质）作为 1 份样本，每份样本所含株数或盆数应符合 GB/T 5569—1995 中表 3 的规定。

病原线虫分离

>> **直接解剖法**

方法：先把根洗净，剪成 1～2 cm 小段，放在盛有适量水的培养皿中，在双目显微镜下，用镊子将根夹持，用解剖针轻轻挑开组织，将膨大的雌虫小心挑出，再用吸管将线虫吸出、收集起来。

适用：分离在植物组织中营固着寄生的线虫，如根结线虫、胞囊线虫、球胞囊线虫和肾形线虫等。

根据地上部份的特异、非特异症状，挖其根部，观察是否有根结或根瘿、粗短根，有些非特异症状如根系衰退、根褐变、根腐烂等。

>> **直接浸泡法**

方法：将病组织剪成小段或撕开，放入小培养皿中，加清水，浸泡一段时间即有线虫游出，在解剖镜下用挑针或吸管收集线虫。

适用：分离地上或地下部迁移性内寄生线虫。如水稻干尖线虫、菊花叶枯线虫、穿孔线虫、根腐线虫、粒线虫和茎线虫等。

病原线虫分离

>> **浅盘法**

方法：将样品平放在铺有单层或双层纸巾的筛盘中，筛盘放在装有适量清水的底盘内（水量以刚浸透样品为宜），室温 25 ℃左右，12～24 h 后，移去筛盘，将底盘中的线虫悬浮液通过 400 目的筛子收集线虫。

适用：分离植物组织和土壤中的线虫。

>> **贝曼漏斗法**

方法：选用直径 10～16 cm 的漏斗，置于漏斗架上。漏斗下面套接一段 3～4 cm 的乳胶管，乳胶管另一端接上小试管，将漏斗注满清水，将土壤样品或切碎的植物材料用 2～3 层纱布或韧性较好的纸巾包好，轻轻放在漏斗中，置于 25 度左右的室温下，12～24 h 后，将线虫悬浮液静止 30～60 min，弃上清液，收集线虫悬浮液约 5 mL。

适用：分离土壤和植物组织中的迁移性线虫，如香蕉穿孔线虫、菊花叶枯线虫等。

>> **离心漂浮法**

方法：混匀土壤样本：将 100 cm³ 土样放入 1 000 mL 烧杯或容器内，加水至 600 mL；搅动 20 s 后，静止 1 min，上清液经孔径 500 μm 和 38 μm 的套网筛依次倾倒。网筛保持倾斜 35°～40°；用洗瓶冲洗 500 μm 上网筛。从孔径 38 μm 的网筛上冲洗杂物和线虫混合物至 150 mL 烧杯内，将冲洗入的混合物倒入离心管内，加高岭土 2～3 g，3 000 r/min 离心 5 min；弃上清液，线虫存留于管底的残渣沉淀物内，再注入蔗糖溶液到离心管内，混匀，1 000 r/min 离心 1 min，线虫悬于蔗糖溶液中，取上清蔗糖悬浮液，倾入孔径 26 μm 网筛上，用洗瓶淋洗线虫混合样到 150 mL 烧杯内，水总体控制在 20 mL。

适用：如胞囊属线虫和球胞囊属线虫，两筛间再加一孔径 250 μm 的网筛，收集胞囊。

>> **淘洗-过筛-贝曼浅盘法**

方法：将土壤样品放入淘洗器内，高压强水流冲洗，静止 30～40 s，将水悬浮液通过孔径 2 000 μm 和 38 μm 的样品筛，重复冲洗和过筛 3～4 次，从筛上分别收集根组织和土壤残留物，并放置于过滤器上，注水浸没残留物，补充蒸发掉的水分；置 21～24 ℃室温下，1～2 d 后收集线虫。

>> **漂浮法**

1. 方法 1　简易漂浮法：将待分离的土样风干后用手将土粒轻轻辗碎，经 6 mm 孔径筛子过筛后，放入 1 000 mL 锥形瓶内，加少量水充分摇动使土样湿润，然后边加水边搅动至呈悬浮液，再加水至瓶口处，静置 10～15 min，将漂浮物倒入有滤纸的漏斗内过滤，稍晾干，用解剖镜检查有无胞囊，用毛笔粘取胞囊置于小平皿内待鉴定。

适用：分离 100 g 以下土壤中的胞囊。

2. 方法 2　漂浮器法：将漂浮筒加满水，把风干的土样放在孔径 4 mm 的上筛中，用强水流冲洗，把全部土样冲洗到漂浮筒内，胞囊和草屑等浮在水面并溢出，经环颈水槽流到孔径 0.25 mm 的底筛中，用清水冲洗底筛，并将胞囊淋洗到烧杯中，把烧杯中的漂浮物倒在铺有滤纸的漏斗中过滤，胞囊留在滤纸上。把晾干后的滤纸放在解剖镜下，用毛笔收集胞囊。

适用：分离较多土壤中的胞囊。

（一）线虫标本的制作和保存

步骤一：线虫的杀死

用温和热杀死法杀死线虫，即在线虫悬浮中加入等量沸水。

杀死少量线虫：可以把线虫挑到载玻片上的水滴中，在酒精灯火焰上方来回移 5～6 s 即可。加热时注意观察，当弯曲的虫体突然伸直，或呈 C 形及螺旋形时，立即停止加热，或用手背托着载玻片，感觉稍烫手即可。

杀死大量线虫：可将 3～5 mL 线虫悬浮液，置于 60～65 ℃的水浴锅处理 3～5 min，待悬浮液冷却后立即加固定液。

步骤二：线虫的固定

少量线虫：用挑虫针将杀死的线虫移到固定液中固定和保存，或在含有杀死线虫的水中加入等量固定液。

大量线虫：去上清液法固定，线虫悬浮液→沉淀 30～60 min→去上清液→加入等量的浓度提高 1 倍的固定液→重复上述步骤 2～3 次。

步骤三：线虫的保存

将杀死并固定的线虫标本放入盛有线虫保存液的瓶中保存；为了准确鉴定胞囊线虫种，应鉴定 2 龄幼虫，因此，胞囊不能杀死，而要湿润冷冻保存。

步骤四：玻片标本的制作

临时标本玻片：以固定液为浮载剂（或用蒸馏水作浮载剂，但如观察时间很长，需要定时补充蒸发掉的水），滴适量于凹玻片上，用挑针将固定好的线虫移数条（一般 5～10 条）至浮载剂中，使其下沉，如盖玻片，用指甲油或凡士林封固。待封片剂干后，贴上标签，观察或置于保湿皿看保存数天至几周（表 8-1）。

表 8-1　永久标本玻片制作方法

一般方法		快速方法	
脱水	稀甘油缓慢脱水法	杀死	
	AFG 液封藏法	固定	
制片		脱水	
		制片	

》》 线虫的形态鉴定

在显微镜下观察线虫标本雌虫、雄虫、幼虫的形态（内外部特征及结构），并进行详细描述，各性别的个体观察不少于 3 重复。必要时，对固定过的线虫个体进行数据测量。同一性别的线虫个体需测量 20 条以上，不足 20 条的全部测量。

（二）结果判定

根据线虫的为害症状、形态特征、器官结构、测量数据，进行比较、核对、判定，鉴别所检花卉及其他植物是否携带有特定的有害线虫。

（三）固定液、保存液等溶液配方见表8-2。

表8-2　固定液、保存液等溶液配方

序号	溶液名称	配比液	体积	序号	溶液名称	配比液	体积
1	FAA固定液	95％酒精	20 mL	7	乳酚油快速脱水液	蒸馏水	20 mL
		福尔马林（40％）甲醛	6 mL			棉蓝	5～10 mL
		冰醋酸	1 mL			或酸性品红	10～15 mL
		蒸馏水	40 mL	8	甘油缓慢脱水液	甘油	1.5份
2	FA4：1固定液	福尔马林（40％甲醛）	10 mL			75％酒精	98.5份
		冰醋酸	1 mL			硫酸铜	少量
		蒸馏水	89 mL	9	鲁果氏液改良剂	鲁果氏碘液	1份
备注：在1、2固定液中固定后的标本，移到甘油酒精液（甘油2份，90％酒精30份，蒸馏水68份）中，可以长期保存						汞合氯醛	1份
						甘油	1份
3	甲醛甘油固定液	福尔马林（40％甲醛）	8 mL	10	多色蓝染液	1％次甲基蓝	100 mL
		甘油	2 mL			碳酸钾结晶	1 g
		蒸馏水	90 mL			95％酒精	20 mL
4	AFG双倍液	95％酒精	8份	备注：多色蓝染液，先在250 mL三角烧瓶中加1％的次甲基蓝溶液100 mL和碳酸氢钾结晶1 g，在瓶壁上标好液面位置，然后加95％酒精20 mL。烧瓶中的溶液用水浴加热法加热至沸，直至液面低于原标记的位置为止。此时溶液呈深紫色，冷却后用滤纸过滤到另一个棕色试剂瓶中，加盖密闭20 d后使用		
		福尔马林	4份				
		甘油	2份				
		甲醇	0.4份				
		苯甲酸钠防腐剂	0.1份				
		蒸馏水	86份	11	鲁果氏碘液	碘	0.1 g
5	FG线虫保存液	福尔马林	2.5 mL			碘化钾	0.2 g
		甘油	1 mL			蒸馏水	1 000 mL
		蒸馏水	96.5 mL	备注：鲁果氏碘液，碘化钾0.2 g溶于1 000 mL蒸馏水中，最后加入碘0.1 g溶解即成。碘易升华，需随配随用		
6	FAG线虫保存液	40％甲醛	10 mL				
		甘油	2 mL	12	石蜡凡士林混剂	石蜡	8份
		冰醋酸	1 mL			凡士林	3份
		蒸馏水	87 mL	13	甘油明胶冻封固剂	明胶	7～9 g
7	乳酚油快速脱水液	苯酚	20 g			苯酚	1 g
		乳酸	20 mL			甘油	49 mL
		甘油	40 mL			蒸馏水	42 mL

二、花卉植物真菌病害检测规程

主要检测对象

1. **灰霉病**　葡萄孢菌。
2. **白粉病**　粉孢菌。
3. **炭疽病**　炭疽菌。
4. **青霉病**　青霉菌。
5. **锈病**　柄锈菌、单胞锈菌、多胞锈菌。
6. **叶斑病**　褐孢霉菌、枝孢霉菌、链格孢菌、弯孢霉、尾孢霉菌、放线霉菌、壳针孢菌、叶点霉菌。
7. **根腐病**　丝核菌、小核菌。
8. **疫病**　疫霉菌。
9. **枯萎病（立枯病、根腐病）**　镰刀菌。

抽样标准

花卉种苗、种球及田间植株真菌病害检测抽样标准见表8-3。

表8-3　花卉种苗、种球及田间植株真菌病害检测抽样标准表

植株/种球总数量（株/粒）	抽样百分率（%）	备注
100以下	≥20	每批抽样数不少于20株（粒），如总数少于20株（粒）应全部检查
101～300	10～20	
301～500	8～10	
501～1 000	6～8	
1 001～2 000	4～6	
2 001～5 000	2～4	
5 000以上	0.4～2	

主要花卉植物真菌病害的症状特点见表8-4。

表8-4　主要花卉植物真菌病害的症状特点

病害名称	为害部位	症状特点	病原
灰霉病	植物的叶、茎、花、果实	初期：水渍状病斑，病组织逐渐变软枯黄或变褐腐烂，后期在病斑上出现灰色绒毛状霉层	葡萄孢菌
白粉病	植物的叶片、叶柄、嫩梢和花器	被害部位着生白色粉状霉层。嫩叶发病叶皱缩、变厚、反卷；生长期叶片染病，叶面出现褪绿黄斑，逐渐扩大，终至全叶枯黄脱落；叶柄和嫩梢受害，病部略膨肿向下弯曲状，节间缩短。花蕾感病，轻者畸形，重者枯萎，丧失观赏价值，后期可见灰黑色小颗粒	粉孢菌
炭疽病	植物地上各部	叶枯、叶斑、枝枯、花腐、果斑和果腐。叶上病斑不规则形或近圆形，中央淡褐色，边缘褐色至暗褐色，具同心纹，潮湿条件下生橙红色或黑色小点	炭疽菌
青霉病	植物球茎、鳞茎、块茎、果实	器官腐烂，后期在腐烂部出现青绿色粉状霉层	青霉菌
锈病	植物叶片、叶柄、嫩枝和芽、花蕾、幼枝	叶片正面出现黄色小斑，背面初为黄色小斑，后变为暗褐色疱状突起，破裂后产生黄色、橘红色或褐色粉末状物，导致叶早落	柄锈菌、单胞锈菌、多胞锈菌

（续）

病害名称	为害部位		症状特点	病原
叶斑病	植物叶片	叶片病部出现白色或紫灰色、黑褐色、绒状、烟霉状或毡状霉层	初期叶片正面出现边缘不清的黄色褪绿斑，背面密生灰白色绒状霉层，后变紫灰色	褐孢霉
			叶片受害，呈现圆形、椭圆形或多角形的小型病斑，初期病部褪色，后期呈黄褐色至淡黑色	枝孢霉
			叶片感病，产生黄斑，病斑周围有草绿色或褐绿色的晕圈，病斑常愈合成片，可导致全株叶片枯死	弯孢霉
			感病叶片病斑圆形、近圆形、椭圆或不规则形，有轮纹、深色	链格孢
			感病叶片病斑多为圆形、灰褐色、边缘暗褐色	尾孢霉
		叶片病部出现黑色小点，呈疣状突起	感病叶片正面出现褐色小斑点，逐渐扩展为圆形、近圆形或不规则形斑，黑紫色，病斑边缘呈放射状，病重时引起落叶	放线霉
			感病叶片初期出现大小不等的淡黄色至紫褐色斑点，逐渐扩展为圆形、椭圆形或不规则形褐色病斑	壳针孢
			叶片感病，逐渐形成枯斑，病斑圆形或不规则形，黄褐色至黑褐色，后期中央变灰褐色至灰色，病健交界处明显	叶点霉
根腐病	植物根部	根部皮层腐烂	花卉苗木茎基部受害后出现水渍状腐烂，稍缢缩，病部常黏着小土粒状褐色菌核，随后根部腐烂，造成苗枯萎而死，幼苗出土后1个月左右容易发病	丝核菌
		白绢病	从茎基部至表土层的主根出现白色丝状霉层，根部湿腐，易从土中拔起，后期植株萎蔫而枯死，天气潮湿时，病株茎基部常有白色菌丝体和老鼠屎状菌核	小核菌
疫病	植物叶片、花、茎、根		叶产生油渍状小斑，病斑逐渐扩大，呈灰绿色，潮湿时病部产生绵状霉层，霉层上有白色粉状物，发病严重时导致叶和花软腐，茎曲折 下垂及根腐	疫霉菌
枯萎病	植株		发病时植株梢端生长缓慢，一侧出现明显枯萎，幼株受害常呈畸形，根部发病，植株表现为叶色变化，呈淡绿色，枯黄色，最后呈枯草色。纵剖病茎可以看到维管束中有褐色的条纹，从根部一直扩展到茎梢部。	镰刀菌

真菌病害检验流程

>> **显微镜检验方法**

1. 菌丝体和子实体的挑取镜检　直接用针挑取，载玻片上加1滴浮载剂，加盖玻片在显微镜下观察。

2. 叶面真菌的粘贴镜检　将小段透明胶带贴在真菌生长部位的叶面上，将胶带取下放在滴有甘油乳酸中，上面再加1滴甘油乳酸，加盖玻片观察。

3. 组织整体透明镜检　将小块病组织薄片放在酒精冰醋酸的混合液中固定24 h，接着浸在饱和的水合氯醛水溶液中，待组织透明后取出用水洗净，再用苯胺蓝水溶液染色，然后放入甘油醋酸浮载剂，在显微镜下观察。

4. 徒手切片镜检　将材料修整至合适大小（1~2 cm，直径0.5 cm左右）切下4~5片薄片后，用毛笔蘸水轻沿刀口取下放入有蒸馏水的培养皿中，切到一定数量后，选取带病原物的薄片材料进行镜检，也可将病组织浸湿，放在表面很平的小木板块上，上面加载玻片用手指轻轻压住，随着手指慢慢地后向退，用刀片将材料拉切成薄片。

》病原菌培养检测方法

1. 保湿培养检测法　在培养皿中放 2 张滤纸，用无菌水湿润，上面放两根细玻棒，将可疑标本用无菌水冲洗净后搁在玻棒上，20～25 ℃温度培养，当标本上长出菌丝体或子实体时进行镜检。

2. 分离培养检测法　选择典型症状的新鲜植株、器官或组织，洗净晾干后取病健交界部分切成 3～5 mm 小块用作分离材料，若材料严重腐败，就将病组织直接接种在健康植株上，等发病后再进行分离培养。分离用的工具需先经过杀菌和消毒。制作平板 PDA 培养基，为防止细菌感染，可在培养基内加入链霉素或 25% 乳酸。在培养皿上标明分离材料、日期，将培养皿放 25 ℃黑暗条件下培养，待长出明显的真菌菌丝体或子实体即可鉴定。

结果判定：根据病因特征符合，就可以判定该病原。

三、花卉植物病毒检测规程

1. **麝香石竹**　斑驳病毒、坏死斑点病毒、潜隐病毒、蚀环病毒、叶脉斑驳病毒、环斑病毒。
2. **菊花**　菊花 B 病毒、番茄斑萎病毒、番茄不孕病毒、黄瓜花叶病毒。
3. **满天星**　黄瓜花叶病毒。
4. **火鹤**　芋花叶病毒。
5. **非洲菊**　烟草脆裂病毒、黄瓜花叶病毒、番茄斑萎病毒。
6. **月季**　苹果花叶病毒、李属坏死环斑病毒。
7. **一品红**　一品红花叶病毒。
8. **洋桔梗**　黄瓜花叶病毒、烟草脆裂病毒。
9. **补血草**　黄瓜花叶病毒、芜菁花叶病毒。
10. **百合**　黄瓜花叶病毒、百合无症病毒、百合斑驳病毒。
11. **郁金香**　郁金香脆叶病毒、黄瓜花叶病毒、百合无症病毒。
12. **鸢尾**　鸢尾重花叶病毒、水仙潜隐病毒。
13. **唐菖蒲**　菜豆黄花叶病毒、烟草花叶病毒、黄瓜花叶病毒。
14. **马蹄莲**　芋花叶病毒。
15. **水仙**　黄瓜花叶病毒、水仙花叶病毒、水仙苏条斑病毒。
16. **兰花**　剑兰花叶病毒、齿兰环斑病毒、烟草花叶病毒。
17. **凤仙花**　凤仙花坏死斑点病毒、黄瓜花叶病毒、番茄斑萎病毒。
18. **仙客来**　黄瓜花叶病毒。
19. **凤梨**　番茄斑萎病毒。

》抽　样

见表 8-5。

表 8-5　抽　样

抽样次数	抽样比例	抽样数量
第 1 次	≤10 000 株（粒），按 6%～10%抽取	≥100 株（粒）
	≥10 000 株（粒），按 3%～5%抽取，	≤1 000 株（粒）
第 2 次	在第 1 次抽取的样品中再随机抽取 10%	

病毒检测方法

>> 指示植物检测法

1. 指示植物栽培　指示植物不少于 4 种，真叶 2～3 叶时移栽，4～6 叶完全展开后接种。栽植环境条件：20～25 ℃，光照 12 h。

2. 机械摩擦接种　将检测样品与 3 倍量的磷酸缓冲液混合研磨，过滤后取上清液，接种时喷撒金刚砂粉，用毛笔蘸上清液摩擦叶片表面，经冲洗，设阳性、阴性和空白对照 3 个处理。

3. 管理　严格控制室温，防虫，盆间距 50 cm，每天观察记录指示植物症状。

4. 结果判断　根据指示植物症状，确定病毒有无。在所有指示植物中，只要有一株表现典型症状，就判定为阳性。

>> 双抗体夹心酶联免疫吸附检测法

1. 包被抗体　在酶标板孔中加入 100 μL 用包被缓冲液按工作浓度稀释好的抗体，将酶标板放入湿盒中，4 ℃冰箱内过夜或 20～25 ℃冰箱内 4 h。

2. 样品准备　将植物材料和研磨缓冲液放入一次性自封袋中，碾压样品。

3. 洗板　孵育结束后，用洗涤缓冲液清洗酶标板 4～6 次，每孔每次加洗液 400 μL，每次停留 1～2 s。

4. 包被样品　取研磨后的上清液，每孔加 100 μL 待测样品进行 2 次重复，设阴性和阳性对照。将酶标板放入湿盒，4 ℃冰箱过夜或 20～25 ℃冰箱 2.5 h。

5. 洗板　孵育结束后，用洗涤缓冲液清洗酶标板 4～6 次，每孔每次加洗液 400 μL，每次停留 1～2 s。

6. 包被酶标抗体　包被前 10 s 准备酶标抗体，将特异性酶标抗体用酶标抗体稀释缓冲液稀释至工作浓度，每孔加 100 μL。酶标板放入湿盒中，21～25 ℃冰箱 2.5 h。

7. 洗板　孵育结束后，用洗涤缓冲液清洗酶标板 4～6 次，每孔每次加洗液 400 μL，每次停留 1～2 s。

8. 加底物溶液　每孔加入 100 μL 的底物溶液，酶标板放入湿盒中 21～24 ℃下避光显色 30～60 min。

9. 加终止液　每孔加入 50 μL 终止液终止反应。

10. 酶联检测　终止反应 20 min 内，将酶标板置于酶标仪中，在 405 nm 下测定吸收值，记录反应结果。

11. 结果判断　阳性对照和阴性对照按预期结果显色时，检测结果有效。

>> RNA 病毒的反转录—聚合酶链式反应（RT - PCR）检测法

RNA 的提取→反转录→PCR 扩增→扩增产物检测→结果判断

阳性对照有目标带出现，阴性对照无带时，检测结果有效。检测样品有与阳性对照相同的目标带时为阳性，无目标带为阴性。

第九章 其 他

一、境外引进植物隔离检疫流程

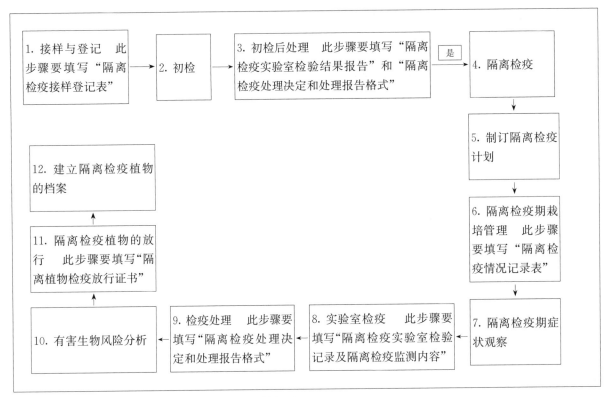

（一）境外引进植物隔离检疫流程的具体规定

1. 接样与登记 货主携带包装完整的隔离种植物材料到检疫隔离场接样室报检，填写《隔离检疫接样登记表》。按要求提交相关材料，并签订《隔离检疫责任书》。

2. 初检 将接收的隔离植物与《引进种子、苗木检疫审批单》等相关资料进行核实后，检验人员根据隔离植物的种类、产地有可能传带的有害生物等基本情况进行初步检验，可采用如下方法：

（1）直观检查 目测或放大镜检查样品是否带有昆虫、菌体、病残体、杂草种子等，根据病害症状或昆虫为害状进行初步鉴定。

（2）显微镜检 取样品病变部分或病症材料制片后，置于显微镜下直接检查检定。

（3）解剖镜检 剖开被害虫和病菌为害或可疑部分，或对害虫进行直接检验。

（4）过筛检验 用合适孔径的筛分离种子和杂物，鉴定筛出物。

3. 初检后处理 经初检后确认携带禁止进境检疫性有害生物的，出具《隔离检疫实验室检验结果报告》和《隔离检疫处理决定书》，根据本规程规定的隔离植物的检疫处理要求对引进植物予以销毁或除害处理，经除害处理后的引进植物再次进行隔离检疫。不能确认携带禁止进境检疫性有害生物的，直接进行隔离检疫。

4. 隔离检疫 其内容包括制订计划，隔离检疫期栽培管理，隔离检疫期症状观察等内容。

5. 制订隔离检疫计划 对每一批隔离植物制订一份书面的《隔离检疫计划》，明确种植时间、地点、栽培管理要点和生长期检疫方法。该计划由专职检疫员制订，隔离场负责人审核同意后执行。隔离检疫计划至少包括：隔离植物来源及相关背景，隔离植物数量，隔离检疫期限和隔离检疫试验设计。其中，隔离检疫期限按审批意见执行。审批意见不明确的，一年生植物隔离检疫一个生长周期，多年生植物一般不少于2年，因特殊原因，在规定时间内未得出检疫结果的可适当延长隔离检疫时间。根据不同的植物，提供适宜的隔离检疫场地，确定具体地点和布局规划，并对隔离方式，管理要点、定期观察，取样检验，重点观察的有害生物种类和观察记载要点、发生检疫性有害生物时的处理等进行详细设计。

6. 隔离检疫期栽培管理

（1）隔离检疫种植要求　同一批次的隔离植物按照《隔离检疫计划》集中种植，不同批次的隔离植物应相互隔离，以防止相互污染。

（2）种植前设施的处理　隔离设施，介质，盆钵及专用器械应预先进行灭菌处理。

（3）栽培管理措施　根据货主提供的植物栽培管理资料，采用适当的栽培管理措施。

（4）环境条件数据采集　隔离植物进入隔离检疫场地后，需记录隔离检疫环境的温度、空气湿度数据，有特殊要求的作物同时记载其他数据。

（5）隔离植物的生长管理记录　管理员负责隔离植物生长期管理，定时记录生长状况，填写《隔离检疫情况记录表》。

7. 隔离检疫期症状观察　管理员每周2次观察隔离植物生长情况，发现植株出现异常现象应在24 h内报告专职检疫员。专职检疫员根据需要定期观察隔离植物有害生物发生情况，发现可疑植株应立即挂牌、并进行详细记录和准确描述，将有害生物发生、发展过程记载于《隔离检疫情况记录表》中，发现可疑的检疫性有害生物，应立即取样送室内检验。

8. 实验室检疫

（1）取样范围　下列情况需要取样送检，取样后填写《隔离检疫实验室检验样品登记表》，分别是隔离检疫期间未发现有可疑症状或为害状的材料，隔离检疫期间发现的有害生物和特定的无症状材料。对我国禁止携带的检疫性有害生物（特别是病毒类）的无症状材料，应根据需要取样进行针对性检测。

（2）检验方法　虫害的样品，送虫害室进行为害状识别、害虫饲养、分类鉴定或针对性检验鉴定。真菌和细菌病害样品，送真菌室，细菌室进行形态鉴定和某种病菌针对性检验鉴定。病毒和植原体病害，送病毒室进行指示植物鉴定、血清学检验、分子检验或其他针对性检验鉴定。线虫样品，送线虫室进行线虫分离，形态鉴定或针对性检验鉴定。

（3）检验记录和报告　检验员在检验过程中详细填写《隔离检疫实验室检验记录表》，每项检验完成，出具《隔离检疫实验室检验结果报告》，由检验员填写，由实验室负责人审核。

9. 检疫处理

（1）设施及废弃物处理

① 焚烧。下列废弃物品需进行焚烧处理，隔离植物材料的包装、铺垫材料、检验过程中一次性使用、可以焚烧的物品，检验后的病组织或有害生物体，栽培过程中产生的枯枝落叶和其他废弃物。

② 灭菌。包括干热灭菌、湿热灭菌和熏蒸灭菌。下列废弃物品需进行灭菌处理：进出隔离温室前，用于隔离种植栽培用的土壤、基质材料、盆钵及有关器具，实验室检验产生的可能携带有有害生物的废物、废水、直接用于有害生物检验的器皿，检验过程中其他要求灭菌的用具或制剂。

③ 消毒。包括物理的、化学的方法。隔离温室的消毒：种植前后的隔离温室进行紫外线照射消毒，时间为0.5 h。灌溉废水的消毒：隔离植物过程中产生的灌溉废水需专门收集，经次氯酸钠和广谱杀菌剂消毒处理。

（2）隔离种植物检疫处理　经检疫发现携带有检疫性有害生物的隔离种植物须进行检疫处理。对隔离种植物进行检疫处理前，由隔离检疫场向货主送达《隔离检疫处理决定通知书》，处理后由操作人员编写《隔离检疫处理报告》，检疫处理包括：

① 销毁处理。携带禁止进境检疫性有害生物，却又无有效除害方法的，对隔离植物进行焚烧或

煮沸处理。

②　除害处理。携带禁止进境检疫性有害生物，有有效除害方法的，对隔离植物按检疫机构认定的方法进行除害处理，除害处理后经检验合格的，予以放行，允许分散种植。

③　脱毒处理。对特别珍贵的种质资源携带病毒或病菌的，应货主的要求，可进行脱毒脱菌处理，再进行组织培养生产健康种苗。

10. 有害生物风险分析　在隔离种植期间，发现国内没有报道的新的有害生物，应根据 ISPM No. 2 和 ISPM No. 11 重新对该有害生物进行风险分析，再提出处理或释放决定。

11. 隔离检疫植物的放行

（1）放行条件　直接放行和处理后放行。直接放行：隔离种植物在隔离检疫期间，经检验和监测未发现携带禁止进境的检疫性有害生物，或新的有害生物的隔离种植物，予以放行，允许分散种植。处理后放行：对进行除害处理后经检验合格的隔离种植物，进行脱菌处理合格的健康植物或进行新的有害生物风险分析后确定可以释放的隔离种植物，予以放行，允许分散种植。

（2）放行证书　调出隔离检疫场所的隔离种植物随付《隔离植物检疫放行证书》，放行证书用于证明该批植物未携带任何检疫性有害生物，符合植物检疫安全标准。

12. 建立隔离检疫植物的档案　每批次隔离种植物应建立专门档案并由专人管理，档案的保管期限为 10 年。

（二）隔离检疫接样登记表格式

见表 9-1。

表 9-1　隔离检疫接样登记表

登记号：	货主：
地址：	邮政编码：
联系人：	电话：
传真：	电子信箱：
植物中文名：	植物学名：
品种名称：	植物部位
种苗来源国：	入境口岸：
入境数量：	入境日期：
送检数量：	接样日期：
货值：	包装材料：
引进种子、苗木检疫审批编号：	
原产国植物检疫证书号：	
口岸放行通知单或检疫调离通知单号：	
发现新的有害生物后是否需要作风险分析报告：是□　　　　　否　□	
附件： 　1.《引进种子、苗木检疫审批单》复印件。 　2.《有害生物风险分析报告》。 　3. 出口国《植物检疫证书》或产地植物检疫复印件。 　4.《口岸放行通知单》《检疫调离通知单》复印件。	
货主（签名、盖章）： 货主（签名）：　　　　　送样人（签名）： 　　　　　　　　　　　　　　　年　　月　　日	

《隔离检疫接样登记表》登记号编写格式为：隔离场所在省（直辖市、自治区）名称汉语拼音的一个字母（大写）＋样品进场年份数字＋该年份进场样品批次数（三位）。例如，北京隔离场 2006 年进场的第 23 批样品，登记号为 BJ2 006 023。

（三）隔离检疫责任书格式

见表 9－2。

表 9－2 隔离检疫责任书

登记号：	审批编号：
引进植物名称：	原产地：
隔离检疫情况： 1. 地点： 2. 场地： 3. 数量： 4. 面积： 5. 入场时间：　　年　　月　　日 6. 预计隔离检疫期限：	费用预算： 1. 隔离检疫费： 2. 检测费： 3. 脱毒及组培费： 4. 其他： 5. 费用预算合计： 6. 预缴费：
甲方（隔离检疫场）权利和义务 1. 负责制订隔离检疫计划和检验方案并负责具体实施。 2. 根据乙方提供的栽培资料进行隔离种植物栽培管理。 3. 根据隔离检疫期间的检疫检验结果对种植物作出放行或销毁处理决定。 4. 将检验结果、处理决定及时通知乙方。 5. 按照国家制定的收费项目和标准收费。	
乙方（货主）权利和义务 1. 配合甲方进行隔离种植物生长期栽培管理工作，为甲方提供栽培管理的技术资料，包括特殊的环境要求、肥水要求，管理措施和组培材料的培养基配方等。 2. 有权要求甲方公开检验结果和处理决定。 3. 服从甲方的检疫处理决定，对检验结果和处理决定有异议的，可在收到《隔离检疫处理决定通知书》后，5 个工作日内提出。 4. 负担隔离检疫和检疫检验、鉴定的费用。	
甲方（隔离检疫场）签字： 签字日期：　　年　　月　　日	乙方（货主）签字： 签字日期：　　年　　月　　日

注：本责任书一式两份，甲、乙双方各执一份。

（四）隔离检疫情况记录表格式

见表 9－3。

表 9-3　隔离检疫情况记录表

登记号		植物中文名		种植数量		
隔离种植物类别：　　□苗木　　　□种子　　　□试管苗　　　□其他（明确类别）：						
种植地点：				种植时间：　　年　　月　　日		
种植基础条件：						

时间	生育期	栽培管理要点或有害生物发生情况记录	记录人

（五）隔离检疫实验室检验记录及隔离检疫监测内容

隔离检疫实验室检验样品登记表见表 9-4。

表 9-4　隔离检疫实验室检验样品登记表

登记号	植株编号	样品编号	植物中文名	采样时间	取样人	取样地点	取样部位	取样数量	症状描述

隔离检疫实验室检验记录表，见表 9-5。

表 9-5 隔离检疫实验室检验记录

登记号：		植物中文名：	
植株编号：		样品编号：	
取样部位：		取样数量：	
检验记录（对检验方法、步骤、结果作详细描述）：			
检验员（签名）：	检验时间：　　　　年　　月　　日		

隔离检疫实验室检验结果报告见表 9-6。

表 9-6 隔离检疫实验室检验结果报告

登记号：		审批编号：	
植物中文名：		样品编号：	
取样部位：		取样数量：	
取样时间：		取样人：	
送检时间：		检验时间：	
检验方法：			
检验结果：			
检验员（签名）：	实验室负责人：　　　　年　　月　　日		

进境植物繁殖材料入境后疫情监测报告见表 9 - 7。

表 9 - 7　进境植物繁殖材料入境后疫情监测报告

登记号

货主：	联系人：	联系电话：
审批单位：	审批编号：	审批数量：
植物名称：	品种名称：	
种苗来源国（地区）：		引进数量：
种植地点：	种植面积：	种植日期：

应检有害生物名单（中名和学名）：

监测及检验方法：

疫情监测结果：

1. 发现危险性有害生物及为害程度：

2. 发现可疑有害生物及为害程度：

处理意见：

□ 1. 符合国家检疫要求，入境后检疫合格。

□ 2. 发现危险性有害生物，经处理后继续检疫监测　　年，不宜再次从境外引进。

□ 3. 发现危险性有害生物，对携带疫情的该批种苗作销毁处理。

□ 4. 其他处理意见。

　　检疫单位（植物检疫专用章）：　　　　　专职检疫员（签名）：

　　　　　　　　　　　　　　　　　　　　　　　　　　　　　　年　　月　　日

注：本报告一式三份，第一联交货主，作为再次引进同一种苗的依据之一，第二联由隔离检疫场存留，第三联交检疫审批单位。

（六）隔离检疫处理决定和处理报告格式
隔离检疫处理决定通知书

货主：　　　　　　　　　　　　　　　　　　　　　编号：

你单位从（原产国）引进的（隔离种植物）种子/种球/苗木　　克/株，在我场进行隔离检疫，登记号（　　　　），审批编号（　　　　　）。检验结果如下：

1. 初检发现如下有害生物：

2. 隔离检疫期间发现如下有害生物：

根据该批次隔离种植物《有害生物风险分析报告》中提出的风险管理方案和《植物检疫等条例》及其《实施细则》及所签协议有关规定，对该批次隔离种植物进行如下检疫处理：

□销毁

□除害

□脱毒

贵单位对销毁决定若有疑义，有权在 5 个工作日内向我场提出复检申请，复检期限为 20 个工作日，复检费用由贵单位承担。

隔离检疫场（盖章）　　　　　　　　　　　　货主（签字、盖章）

专职检疫员（签字）

　　　　　　　　　　　　　　　　　　　　年　　月　　日

隔离检疫处理报告见表 9-8。

表 9-8　隔离检疫处理报告

登记号：		审批编号：	
货主：		植物中文名：	
隔离检疫处理决定通知书编号：			
处理数量：		处理时间：	
检疫发现有害生物：			
处理方法：			
处理结果：			
隔离检疫场（盖章）： 专职检疫员（签字）：		货主（签字、盖章）： 　　　　年　　　月　　　日	

（七）隔离植物检疫放行证书格式

隔离植物检疫放行证书

货主： 编号：

你单位从（种苗来源产国）引进的（隔离种植物）种子/种球/苗木_____克/株，自_____年_____月_____日至_____年_____月_____日在隔离检疫场实施隔离检疫。检验结果如下：

□ 1. 隔离检疫期间，该批种苗未发现任何有害生物的为害，属健康安全种苗，可以出圃栽种。

□ 2. 经隔离检疫和实验室检验，发现有害生物_____。采取_____除害处理措施后，经检测和连续检验观察，再未发现任何有害生物的为害，证明该批种苗已健康安全种苗，可以出圃栽种。

□ 3. 经隔离检疫和实验室检验，发现有害生物_____。采取_____等脱毒处理后进行组织培养繁殖，提供无毒试管苗/栽培种苗。

□ 4. 经隔离检疫和实验室检验，发现有害生物_____。经有害生物风险分析，该有害生物经除害处理后合格，可以出圃栽种。

现各项隔离检疫程序已经完成，该隔离种植物符合健康安全标准，予以安全释放种子/种球/苗木_____克/株。

隔离检疫场负责人（签字）：

隔离检疫场（盖章）：

年　　　月　　　日

二、外来昆虫引入风险评估技术规范

》》 范　围

规定了外来昆虫拟从国外（含境外）引入时进行风险评估的程序和方法。

适用于首次从国外（含境外）将外来昆虫引入的单位、个人及相应的行业管理部门，进行外来昆虫引入时的风险管理决策。外来昆虫为具有生命属性的活体。

》》 术语和定义

昆虫（insect）：是小型到微小的有节动物，属于动物界节肢动物门中的昆虫纲。其主要共同特征有：体驱的环节分别集合组成头、胸、腹 3 个体段；有 3 对口器、1 对触角、3 对足、通常有复眼和单眼、一般有 2 对翅。

外来物种（alien species, exotic species, non‑native species, non‑indigenous species）：在其过去或现在的正常分布地区以外被引入的物种、亚种或较低级的生物分类单位；包括其任何可能存活并继而繁殖的部分、配子或繁殖体。

引种（introducing species）：指以人类为媒介，将物种、亚种或以下的分类单元（包括其所有可能存活、继而繁殖的部分、配子或繁殖体），转移（包括国家内的和国家间的）到其自然分布范围及扩散潜力以外的地区。

物种引入风险评估（risk assessment for introducing alien species/exotic species）：针对拟引入物种，评价其生物学（或其他相关学科）和经济证据的过程，以期预测其引入后果，确定其引入后的风险，为判断该物种是否可以被现实引入提供科学依据。

》》 风险评估程序

申请受理的条件：提供申请受理材料

↓

评判：按照风险评估方法进行评估

↓

报告：出具评估报告

》》 风险评估指标体系建立及计分标准

风险评估方法

1. 风险评估指标体系建立及计分标准

（1）外来昆虫潜在为害（P1）

① 是否为其他检疫性有害生物的传媒媒介（P11）

传带检疫性有害生物，难以发现和处理（3 分）

可以传带检疫有害生物，但是容易发现并容易处理（2 分）

可以传带其他生物（1 分）

不传带任何有害生物（0 分）

② 外来昆虫在原产地发生情况（P12）

发生为害，难以控制（3 分）

发生为害，可以控制（2 分）

不发生为害（0 分）

（2）外来昆虫扩散定殖能力（P2）

① 外来昆虫对目标对象的专一性，引入地是否存在非目标对象（P21）

10 种以上（3 分）　　　　　存在 5～10 种（2 分）

存在 2～5 种（1 分）　　　　目标对象专一（0 分）

② 引入地是否存在外来昆虫的天敌（P22）

引入地没有天敌（3 分）　　　存在 1 种（2 分）

存在 2、3 种（1 分）　　　　存在 3 种以上（0 分）

③ 外来昆虫的繁殖能力（P23）

考虑的因素有：生命周期短；较强的抗逆能力；生长发育快、性成熟时间短；繁殖周期短；产生后代的数量大；生殖方式多样。

符合上述因素 3 种或 3 种以上（3 分）

符合 2 种（2 分）

符合 1 种（1 分）

不符合上述情况（0 分）

④ 外来昆虫对气候和环境的适生范围（P24）

潜在适生区占国内 50％以上的面积（3 分）

潜在适生区在 50％～25％（2 分）

潜在适生区在 25％以下（1 分）

没有适生地区（0 分）

⑤ 外来昆虫的扩散能力（P25）

可通过风、气流、水等自然传播（3 分）

由活动力很强的介体传播、远距离主动传播潜在适生区在 50％～25％（2 分）

短距离主动传播（1 分）

（3）外来昆虫逃逸或扩散后，可能产生的生态经济为害（P3）

① 对经济的影响（P31）

外来昆虫可能产生重要的经济影响分为 3 类：农畜产品产量减少、品质降低；生活用品产值降低，或者对于外来昆虫控制费用的增加；由于外来昆虫的出现，失去市场份额。

外来昆虫对经济植物、动/植物及其产品造成以上所有三种影响，或任意两种影响且范围较大（3 分）

外来昆虫对经济植物、动/植物及其产品造成以上两种影响，或任意一种影响且范围较大（2 分）

外来昆虫对经济植物、动/植物及其产品造成以上任意一种影响（1 分）

外来昆虫对经济植物、动/植物及其产品没有影响（0 分）

② 对环境和人类社会的影响（P32）

如果引入，可能会：影响生态系统；影响生物群落构成；影响人类健康：如，攻击、过敏性反应、改变空气、水和生活环境质量；影响娱乐方式和审美价值；影响控制措施的改变，包括有毒的化学杀虫剂的使用或引入非本土的生物防治作用物；对农作物品质、产量造成严重影响。

对环境造成的影响有上述情形中的 3 种或 3 种以上（3 分）

对环境造成的影响有上述情形中的任意 2 种（2 分）

对环境造成的影响有上述情形中的任意 1 种（1 分）

无上述影响（0 分）

（4）外来昆虫引入风险可控难度（P4）

① 监测难度（P41）

<table>
<tr><td rowspan="14" style="writing-mode: vertical">风险评估方法</td><td>

监测效果差，成本高，难度大（3分）

监测效果好，成本低，简便（1分）

介于之间（2分）

② 除害处理的难度（P42）

现有的除害方法几乎不能杀死（3分）

除害率在50%以下（不包括50%）（2分）

除害率在50%～100%（包含50%）（1分）

除害率在100%（0分）

③ 根除难度（P43）

根除效果差，成本高，根除难度大（3分）

根除方法效果好，成本低，简便（1分）

介于之间（2分）

</td></tr>
</table>

》》风险评估结果的计算方法与风险分级

外来昆虫引入风险值（P_i）的计算：

由风险评估专业人员，确定各级指标评判值和权重值，并按照多目标综合评判分析方法对拟将引入的外来昆虫的各一级指标（P_x）逐一进行计算的基础上，计算外来昆虫引入风险值（P_i）。

二级指标（P_x）之间互不依赖，独立地为一级指标的数值大小做出贡献，这些指标之间为累加关系。因此，一级指标风险值算法按公式（9-1）进行：

$$P_i = \frac{\sum W_{xy}P_{xy}}{\sum W_{xy}} \quad (x=1,2,3,4) \tag{9-1}$$

式中：

z———一级指标的编号；

y———一级指标对应的二级指标编号；

P_i———一级指标风险值；

W_{xy}———二级指标项目权重值，由评估者确定；

P_{xy}———二级指标评判值。

一级指标之间互相依存，共同对物种的引入风险做出贡献，这些指标之间为连乘的关系，因此采用几何平均值按公式（9-2）计算物种引入风险值：

$$R = \sqrt[4]{P_1 \times P_2 \times P_3 \times P_4} \tag{9-2}$$

式中：

P_1、P_2、P_3、P_4———4个一级指标的风险值；

R———引入物种的风险值。

外来昆虫引入风险性评估分级见表9-9。

表9-9　外来昆虫引入风险性评估分级

等级	风险综合评估值（R）	风险等级
Ⅰ	$2 \leqslant R \leqslant 3$	高（建议不引入）
Ⅱ	$1 \leqslant R < 2$	中（需增加评估内容或暂缓引入）
Ⅲ	$1 < R < 1$	低（可以引入，但要实施监测措施）
Ⅳ	$R = 0$	0（可以引入）

三、外来草本植物引入风险评估技术规范

》》范 围

规定了外来草本植物从国外（含境外）引入时进行风险评估的程序和方法。

适用于首次从国外（含境外）将外来草本植物引入的单位、个人及其相应的行业管理部门，进行外来草本植物引入时进行风险管理决策。外来草本植物包括草本植物活体或具有生命属性的草本植物体。

》》术语和定义

草本植物（herbaceous plant）：草本植物是一类植物的总称，与木本植物相对。草本植物茎内木质部不发达，木质化细胞较少。植株一般较小，茎干多柔软，多数在生长季终了时，其整体或地上部死亡。

外来物种（alien species，exotic species，non‑native species，non‑indigenous species）：在其过去或现在的正常分布地区以外被引入的物种、亚种或较低级的生物分类单位，包括其任何可能存活并继而繁殖的部分、配子或繁殖体。

引种（introducing species）：指以人类为媒介，将物种、亚种或以下的分类单元（包括其所有可能存活、继而繁殖的部分、配子或繁殖体），转移（包括国家内的和国家间的）到其自然分布范围及扩散潜力以外的地区。

物种引入风险评估（risk assessment for introducing alien species/exotic species）：针对拟引入物种，评价其生物学（或其他相关学科）和经济证据的过程，以期预测其引入后果，确定其引入后的风险，为判断该物种是否可以被现实引入提供科学依据。

》》风险评估程序

申请受理的条件：按照"外来草本植物引入风险评估申报表"提供申请受理材料

↓

评判：按照风险评估方法进行评估

↓

报告：按照"外来草本植物引入风险评估报告单"的规定出具评估报告

风 险 评 估 方 法

风险评估指标体系建立及计分标准

1. 外来草本植物潜在危险性（P1）

（1）是否带其他生物（P11）

传带难以发现和处理的检疫性有害生物（3分）

可以传带检疫有害生物，但是有害生物容易发现和处理（2分）

可以传带其他生物（1分）

不传带任何生物（0分）

（2）外来草本植物在原产地发生情况（P12）

发生为害，难以控制（3分）

发生为害，可以控制（2分）

不发生为害（0分）

2. 外来草本植物扩散与定殖能力（P2）

（1）外来草本植物的竞争能力（P21）

风险评估方法

灭绝其他生物（3分）

抑制其他生物生长繁殖（2分）

对其他生物生长繁殖无不良影响（1分）

对其他生物生长繁殖无影响（0分）

（2）外来草本植物的繁殖能力（P22）

考虑的因素：种子发芽率高；种子适应能力强、有较强抗逆性；
生长发育快、性成熟时间短线；繁殖周期短；
产生后代的数量大；繁殖方式多样。

符合上述因素3种或3种以上（3分）

符合2种（2分）

符合1种（1分）

不符合上述情况（0分）

（3）外来草本植物对气候和环境的适应范围（P23）

潜在适生区占国内面积≥50%（3分）

潜在适生区占国内面积25%～50%（2分）

潜在适生区占国内面积≤25%（1分）

没用适生区（0分）

（4）外来草本植物繁殖体的扩散能力或传播力（P24）

可通过风、大气、水等自然传播（3分）

仅能通过活动力很强的介体传播（人或动物或植物）（2分）

繁殖力弱或繁殖体扩散力强（1分）

不能进行传播（0分）

3. 外来草本植物扩散后，可能产生的生态经济为害（P3）

（1）对经济的影响（P31）

外来草本植物可能产生重要的经济影响分为3类：

农畜产品产量减少、品质降低（如通过竞争降低牧草的产量、产生花粉使牲畜过敏）；
生活用品产值降低（如增加生产成本，降低市场价格，或两者都有）。或者对于外来草本植
物控制费用的增加；由于外来草本植物的出现，使原有产品失去市场份额（国外或国内）。

外来草本植物存在上述所有3种影响，或任意2种影响且范围较大（3分）

外来草本植物存在上述2种影响，或任意1种影响且范围较大（2分）

外来草本植物存在上述任意1种影响（1分）

外来草本植物不存在上述任意1种影响（0分）

（2）对环境和人类社会的影响（P32）

考虑是否为有害植物（杂草），如果引入，可能会：影响生态系统（水文格局，水土保
持，养分规律，生产力，生态系统的功能、输入与输出等）；影响生物群落（如生物多样性
降低，影响自然种群，影响濒危物种、关键物种，影响本地动物、授粉媒介或微生物，改
变植物群落层次密度，包括郁闭度，增加或减少植物园群落层次，影响野生动植物生境
等）；直接为害人畜或造成过敏反应、改变空气和水的质量；影响娱乐方式和审美价值；影
响控制措施的改变，包括有毒的化学杀虫剂的使用或引入非本土的生物防治作用物。

对环境造成上述任意3种或3种以上的影响力（3分）

对环境造成的影响力有上述情形中的任意2种（2分）

对环境造成的影响力有上述情形中的任意1种（1分）

无上述影响（0分）

风险评估方法

4. 外来草本植物引入风险可控难度（P4）

（1）对外来草本植物监测的难度（P41）

监测效果差，成本高，难度大（3分）

监测效果差，成本低，简便（0分）

介于上述两者之间（2分）

（2）除害处理的难度（P42）

现有的除害方法几乎不能杀灭（3分）

除害率在外0%以下（不包含50%）（2分）

除害率在50%～100%（包含50%）（1分）

除害率在100%（0分）

（3）外来草本植物根除难度（P43）

根除效果差、成本高、难度大（3分）

根除效果差、成本很低、简便（1分）

介于上述两者之间（2分）

>> 风险评估结果的计算方法与风险分级

外来草本植物园引入风险值（P_{ii}）的计算：

由风险评估专业人员，确定各级指标评判值和权重值，并按照多目标综合评判分析方法在对拟将引入的外来草本植物的各一级指标（P_x）逐一进行计算的基础上，计算外来草本植物引入风险值（P_{ii}）。

二级指标（P_x）之间互不依赖，独立地为一级指标的数值大小做出贡献，这些指标之间为累加关系。因此，一级指标风险值算法按公式（9-3）进行：

$$P_{ii} = \frac{\sum W_{xy} P_{xy}}{\sum W_{xy}} \quad (x=1,2,3,4) \tag{9-3}$$

式中：

z——一级指标的编号；

y——一级指标对应的二级指标编号；

P_{ii}——一级指标风险值；

W_{xy}——二级指标项目权重值，由评估者确定；

P_{xy}——二级指标评判值。

一级指标之间互相依存，共同对物种的引入风险做出贡献，这些指标之间为连乘的关系，因此采用几何平均值按公式（9-4）计算物种引入风险值：

$$R = \sqrt[4]{P_1 \times P_2 \times P_3 \times P_4} \tag{9-4}$$

式中：

P_1、P_2、P_3、P_4——分别是4个一级指标的风险值；

R——引入物种的风险值。

>> 风险性评估分级及引进建议

见表9-10。

表9-10 风险性评估分级及引进建议

等级	风险综合评估值（R）	风险等级
I	$2 \leqslant R \leqslant 3$	高（建议不引入）
II	$1 \leqslant R < 2$	中（需增加评估内容或暂缓引入）
III	$1 < R < 1$	低（可以引入，但要实施监测措施）
IV	$R = 0$	0（可以引入）

（一）外来草本植物引入风险评估申报表

见表 9-11。

表 9-11　外来草本植物引入风险评估申报表

申报单位　　　　　　　　　　　　　　　　　　　　　　　　　　　　编号：

单位名称			
通信地址		邮政编码	
单位法人代码		联系人	
电话		传真	
电子信箱			
提供材料科目		材料的来源、数量等	
引入植物材料的名称（包括学名）			
引入植物材料的来源（国家和地区等）			
引入植物材料的目的、用途和应用地区			
引入植物材料目前的分布范围（国家和地区）			
外来草本植物其他国家和地区引入历史情况			
引入植物的主要经济价值及为害			
是否传带其他检疫性有害生物			
在原产地发生情况			
与其他生物的竞争情况			
引入植物的繁殖状况			
在我国潜在的适生区面积			
繁殖体的扩散或传播方式			
对经济可能的影响			
对环境和人类社会可能的影响			
监测方法			
处理方法			
根除方法			
风险评估机构审核意见： 评估人： 　（引入风险评估专用章） 　　　　　　　　　　　　　　　　　　　　　　年　　月　　日			

注：本表一式二联，第 1 联由审核机关留存，第 2 联返还申报单位。

（二）外来草本植物引入风险评估报告单

见表 9 - 12。

表 9 - 12 外来草本植物引入风险评估报告单

样品受检单位						
样品送检申报单位						
草本植物名称（包括"异名"或"其他俗名"，含学名）			报审号		样品编号	
草本植物产地			批号			
样品基本特征描述						
评估指标及计分			权重		赋分	
			一级指标	二级指标	一级指标	二级指标
1. 外来草本植物潜在危险性 满分：3						
外来草本植物是否为其他检疫性有害生物的传播媒介						
外来草本植物在原产地发生情况						
2. 外来草本植物扩散后，产生为害的可能性 满分：3						
外来草本植物的竞争能力						
外来草本植物的繁殖能力						
外来草本植物对气候和环境的适应范围						
外来草本植物繁殖体的扩散能力						
3. 外来草本植物扩散后，可能产生的生态经济为害 满分：3						
对经济的影响						
对环境和人类社会的影响						
4. 外来草本植物引入风险可控难度 满分：3						
监测难度						
除害处理的难度						
根除难度						
风险值：						
评估结果	引入风险级别：					
评估结论	评估单位（签章） 评估日期： 年 月 日					

四、西藏飞蝗测报技术规范

>> **范　围**

规定了西藏飞蝗发生程度分级、蝗情调查、资料整理和汇报及预测预报方法等内容。

适用于农区西藏飞蝗蝗情调查和预测预报。

>> **术语和定义**

蝗区：适宜西藏飞蝗孳生和栖息的地理生态区域。

重点蝗区（一类蝗区）：指常年发生密度达到或超过 1 头/m² 的面积占常发面积 50% 以上的区域。

一般蝗区（二类蝗区）：指常年发生密度达到或超过 1 头/m² 的面积占常发面积 20%～50% 以上的区域。

监视蝗区（三类蝗区或偶发区）：指常年发生密度达到或超过 1 头/m² 的面积占常发面积 20% 以下的区域。

发生面积：没有采取防治措施前，蝗蝻密度大于或等于 0.2 头/m² 的蝗区面积。

常发面积：某区域内西藏飞蝗近十年发生面积平均值定为该区域常发面积。

残蝗面积：西藏飞蝗越冬前，成虫密度每 667 m² 数量大于或等于 6 头的蝗区面积。

西藏飞蝗发生程度分级指标见表 9-13。

表 9-13　西藏飞蝗发生程度分级指标

发生程度（级）	轻发生（1）	偏轻发生（2）	中等发生（3）	偏重发生（4）	大发生（5）
蝗蝻平均密度（头/m²，d）	$0.2<d<0.7$	$0.7<d\leqslant1.0$	$1.0<d\leqslant3.0$	$3.0<d\leqslant5.0$	$d>5.0$
发生面积占常发面积比率（%，P）	$P\leqslant50$	$P>50$	$P>50$	$P>50$	$P>50$

>> **蝗情调查**

1. 卵期调查　从 4 月上旬开始，各蝗区常年蝗卵孵化期前调查 1 次。按不同类型蝗区，选择沿河谷地带、相对平坦地域等不同生态环境，每个生态环境，随机取样点 30 个以上，利用手持 GPS 定位仪记录样点经、纬度及海拔高度。每样点调查 1 m²，挖取 10 cm 土层，分别统计样点内卵块数和卵粒数（西藏飞蝗形态特征见"西藏飞蝗形态特征"）；在同一生态环境挖取的卵块中，随机抽取 5～10 块，逐粒观察卵粒存活状态，统计死亡数。调查结果记入西藏飞蝗卵期调查记载表。

2 蝗蝻期调查

（1）发育进度调查　4 月上旬至 5 月上旬开始，每 3 d 调查 1 次，直至蝗蝻始见，确定蝗蝻始见期；自蝗蝻始见期至成虫羽化盛期，进行发育进度调查，每隔 10 d 调查 1 次。按不同类型蝗区，选择不同生态环境，每个生态环境随机取样 10 个点，利用手持 GPS 定位仪记录样点经、纬度及海拔高度。每点调查 1 m² 以上，捕获样点内蝗虫，检查统计各虫态（虫龄）数量（各龄期蝗蝻主要特征参见"西藏飞蝗各龄期蝗蝻主要特征"）。调查结果记入西藏飞蝗蝗蝻发育进度调查记载表。

（2）发生密度与面积普查　在 3 龄蝗蝻发生盛期、采取防治措施前普查 1 次。各蝗区取样点数量按以下进行：重点蝗区，发生面积 1 000 hm² 以上，环境自然条件基本一致的，每 20 hm² 取 1 点，发生面积 1 000 hm² 以下，环境自然条件较复杂的，每 10 hm² 取 1 点。一般蝗区，每 50 hm² 取 1 点。监视蝗区，每 100 hm² 取 1 点。各蝗区内采用随机取样方法选定调查点，利用手持 GPS 定位仪记录取样点经、纬度及海拔高度。每点调查 10 m²，即前行 10 m 目测 1 m 宽范围内的蝗虫数量，或用捕虫网在样点内进行扫网 100 次，之后对网捕的蝗虫进行数量统计，记载样点内蝗虫总头数、群居型蝗虫数量（西藏飞蝗群居型与散居型形态特征参见"西藏飞蝗形态特征"），观察记录各类型蝗区群居性蝗群数量和大小，并用GPS定位仪进行发生范围定位，并估算本地发生面积。调查结果记入西藏飞蝗蝗蝻发生密度和面积调查记载表。

3. 残蝗调查 在西藏飞蝗越冬前普查1次。各蝗区取样方法同蝗蝻期发生密度与面积普查，利用手持GPS定位仪记录经、纬度及海拔高度。每样点调查面积666 m²，即前行222 m目测3 m宽范围内的蝗虫数量，亦可用捕虫网捕获样点内所有蝗虫，记载西藏飞蝗成虫数量。同时随机取不少于50头成虫，记载雌虫数量。并估算本地残蝗面积。调查结果记入西藏飞蝗残蝗密度调查记载表。

>> 资料整理和汇报

（1）根据春季挖卵调查结果，整理数据资料，记入西藏飞蝗卵期调查统计表，于每年4月中旬上报上级业务主管部门。

（2）根据蝗蝻发育进度调查结果，整理数据资料，记入西藏飞蝗蝗蝻发育进度表调查统计表，从蝗蝻出土期开始，每10 d一次报上级业务主管部门。

（3）根据3龄蝗蝻高峰期大田普查结果，整理数据资料，记入西藏飞蝗蝗蝻密度和面积调查统计表，于7月中旬报上级业务主管部门。

（4）根据残蝗调查结果，整理数据资料，记入西藏飞蝗残蝗密度和面积调查统计表，于10月底报上级业务主管部门。

>> 预测预报方法

1. 发生期预测预报

（1）蝗蝻出土期 在蝗区5 cm地温达到蝗卵发育起点温度14.2 ℃后，根据蝗卵的发育有效积温（西藏飞蝗各虫态的发育起点温度和有效积温见表9-24，预期预报蝗蝻出土期。

（2）蝗蝻三龄盛期 根据蝗蝻各龄有效积温，结合气象情况预测预报蝗蝻3龄发生盛期。

2. 发生面积预测预报 根据上一代残蝗分布范围、面积和当代卵期调查基数、结合蝗区气象和生态环境等因素预报当代蝗蝻发生面积。

3. 发生程度预测预报 根据蝗蝻密度与发生面积占常发面积比率，对照西藏飞蝗发生程度分级指标进行预测预报。

（一）农作物病虫害调查资料表册

见表9-14~表9-20。

表9-14 西藏飞蝗卵期调查记载表

调查日期：　　　　　　　　　调查人：　　　　　　　　　记录人：

调查地点	调查环境	经度	纬度	海拔高度（m）	调查面积（m²）	卵块数（块）	卵粒数（粒）	死亡卵粒数（粒）	备注

表 9-15 西藏飞蝗蝗蝻发育进度调查记载表

调查日期： 调查人： 记录人：

调查地点	调查环境	经度	纬度	海拔高度（m）	调查面积（m²）	蝗蝻总头数（头）	各发育虫态蝗虫数量（头）					
							1龄	2龄	3龄	4龄	5龄	成虫

表 9-16 西藏飞蝗蝗蝻密度和面积调查记载表

调查日期： 调查人： 记录人：

调查地点	调查环境	经度	纬度	海拔高度（m）	调查面积（m²）	飞蝗总头数（头）	群居型蝗蝻头数（头）	群居型蝗群个数（头）	群居型蝗群大小（m²）	备注

表 9-17 西藏飞蝗残蝗密度调查记载表

调查日期： 调查人： 记录人：

调查地点	调查环境	经度	纬度	海拔高度（m）	调查面积（m²）	飞蝗总头数（头）	雌虫头数（头）	备注

表 9-18 西藏飞蝗卵期调查统计表

调查日期	调查地点	代表面积（hm²）	调查样点数（个）	有卵样点数（个）	总卵块数（块）	平均每块卵粒数（粒/块）	平均蝗卵密度（粒/m²）	最高蝗卵密度（粒/m²）	死亡率（%）	备注

表 9-19 西藏飞蝗蝗蝻发育进度调查统计表

调查日期	调查地点	代表面积（hm²）	群居型蝗群密度（头/m²）	各发育阶段蝗虫比率（%）					
				1龄	2龄	3龄	4龄	5龄	成虫

表 9-20 西藏飞蝗蝗蝻发生密度和面积调查统计表

调查日期	调查地点	宜蝗面积（hm²）	普查面积（hm²）	取样点数（个）	有蝗点数（个）	有蝗样点比率（%）	蝗虫总头数（头）	平均密度（头/m²）	群居型蝗蝻比率（%）	发生面积（hm²）	不同虫口密度（头/亩）的面积（hm²）					最高密度		
											0.2~1.0	1.0~3.0	3.1~6.0	6.1~10	>10	密度（头/m²）	面积（hm²）	分布地点

表 9 - 21　西藏飞蝗残蝗面积和密度调查统计表

调查日期	调查地点	普查面积（hm²）	取样点数（个）	有蝗点数（个）	有蝗样点比率（%）	蝗虫总头数（头）	雌虫总头数（头）	平均密度（头/亩）	残蝗面积（hm²）	不同残蝗密度的面积（hm²）				最高密度（头/亩）
										6～10头/亩	11～30头/亩	31～100头/亩	>100头/亩	

（二）西藏飞蝗形态特征

西藏飞蝗 Locusta migratoria tibetensis Chen，属直翅目，短角蝗亚目，蝗总科。成虫体绿或黄褐色，多因型、性别、羽化后时间的长短以及环境背景而变异。触角丝状，多为淡黄色；具 1 对复眼和 3 个单眼。复眼后有淡色条纹，前下方有暗色斑纹。前胸背板形状与色泽因型的不同有明显区别。中胸腹板侧叶的中隔之长大于宽。前翅发达，常超过后足胫节的中部，具有光泽和暗色斑纹；后翅较宽，折叠于前翅之下，色淡透明。后足腿节上侧上隆线细齿明显，内上侧基部之半在隆线之间呈黑色，近顶端处有明显较狭的暗色横纹。后足胫节常为橘红色，顶端无外端刺，内外缘具刺 10～11 个；跗节爪间的中垫短，不到达爪的中部；腹部听器鼓膜盖较大，常覆盖骨膜孔一半或一半以上。

西藏飞蝗具变型特征，当中群密度大时成群居型；密度低时，为散居型。两型之间尚有中间型（或转变型）、由高密度蝻群居分散或低密度蝻群聚集而形成。群居型和散居型飞蝗不仅在形态和生物学特征上有明显区别，在猖獗为害周期上也不同。二型的区别如下：

群居型：蝗蝻体色黑、黑褐色或灰褐色；颅顶黑褐色或灰褐色；翅芽一般黑褐色或黑色；各龄蝻腿节为黄褐色、黑褐色或灰褐色，第 4 龄起颜色加深。成虫体黑褐色。较固定。头部较宽，复眼大。前胸背板略短，沟前区明显收缩变狭，沟后区较宽平，因而成马鞍状。前胸背板前缘近圆形，后缘成钝圆形。前翅较长，超过腹末较多。后足腿节较短，稍短于或等于前翅长度的一半；后足胫节淡黄色，略带红色。

散居型：蝗蝻多为草绿色、褐绿色；颅顶、翅芽和腿节草绿色。成虫体节常为绿色或灰色。头部较狭，复眼较小。前胸背板稍长，沟前区不明显缩狭，沟后区略高，不呈马鞍状。前胸背板前缘为锐角状向前突出，后缘呈直角形。前翅较短，超过腹端不多。后足腿节较长，通常长于前翅长度的一半。后足胫节通常呈淡红色。

西藏飞蝗产卵于卵囊中，卵囊黄褐色或淡褐色，长筒形，长 45～67 mm，中部略弯，每块卵囊一般含卵 40～105 粒，个别多达 200 粒左右，卵粒呈香蕉状，一般长 6 mm，直径约为 1.8 mm。根据卵的发育进度，将之分为原头期、胚转期、显节期和胚熟期四个时期。卵孵化形成的若虫称蝗蝻，蝗蝻经 5 次蜕皮变为成虫。各龄蝗蝻除大小、色泽有差别外，形态上也有明显差别。

（三）西藏飞蝗胚胎发育特征

见表 9 - 22。

表 9 - 22　西藏飞蝗胚胎发育特征

发育时期	分级标准
原头期	胚胎尚未发育，破壳肉眼难以在卵浆中找到胚胎
胚转期	胚胎开始发育，破壳后肉眼可见芝麻大的白色胚胎
显节期	胚胎已形成，个体较大，几乎充满整个卵壳，眼、腹、足明显，腹、足已分节
胚熟期	胚胎发育完全待孵化

（四）西藏飞蝗各龄期蝗蝻主要特征

见表 9-23。

表 9-23　西藏飞蝗各龄期蝗蝻主要特征

虫龄	体长（mm）		翅芽特征	前胸背板后缘
	幅度	平均		
1	5.9～9.3	7.04	翅芽很小或不见	近似直线
2	7.8～11.9	9.28	翅芽略显、前后翅芽大小相当、向后斜伸	近似直线略向后突出
3	♀：11.2～15.1 ♂：10.8～15.6	♀：12.83 ♂：12.56	翅芽明显、翅芽似三角形，后芽大前芽小	后突明显向后延伸并掩盖中胸背面部分
4	♀：16.1～21.5 ♂：16.3～20.8	♀：18.61 ♂：17.64	翅芽达第1、2腹节，翅芽向背部靠拢	向后延伸掩盖中、后胸背面部分，后缘角度减小
5	♀：21.5～31.7 ♂：21.0～27.5	♀：27.69 ♂：24.94	翅芽达第3、5腹节，翅脉明显	前胸背板中隆线隆起、背板后缘呈三角形突出

（五）西藏飞蝗各虫态的发育起点温度和有效积温

见表 9-24。

表 9-24　西藏飞蝗各虫态的发育起点温度和有效积温

发育虫态	发育起点温度（℃）	有效积温（℃）
卵	14.18±0.95	179.14±15.92
1龄蝗蝻	15.84±0.96	67.53±7.09
2龄蝗蝻	16.64±1.07	61.07±7.75
3龄蝗蝻	16.80±1.09	62.09±8.18
4龄蝗蝻	16.35±1.04	71.16±8.46
5龄蝗蝻	15.00±0.67	99.20±6.72
成虫	14.61±0.60	787.78±45.75

五、外来草本植物普查技术规程

>> **范围**

规定了外来草本植物普查的程序和方法。

适用于外来草本植物普查的组织实施。

>> **术语和定义**

普查（general survey）：对某一种（类）或几种（类）外来草本植物进行全面调查的官方行动。

定植（establishment）：一个物种传入新布区后，在自然条件下成功繁殖并能维持一定种群规模的过程。

外来草本植物（herbaceous alien plant）：偶然传入或被人为引入到新地区并定殖的草本植物（即非本土原产的各种草本植物）。

>> **总　则**

1. 行政性　外来草本植物普查工作是官方行为，由县级以上农业行政主管部门组织实施。普查获得的信息归政府所有，相关信息公开的权利也属于政府。普查获取的信息为政府制订外来生物管理战略和决策服务，同时也为政府主导下的相关科学研究提供基础数据。

2. 专业性　普查组织部门应建立相应的专家组，负责普查方案的制订、普查方法的培训、标本鉴定、结果汇总整理的指导等技术支持。通过查询文献资料或接受培训，普查人员应能识别常见的或者大部分的本地植物。有条件的情况下，可开展系统的培训与考核，普查人员持证上岗，确保普查工作的顺利进行。

3. 全面性　全面性是普查工作的核心原则。在开展普查的地区，要全面覆盖所有区域和生境，争取不遗漏任何一个外来草本植物易发生地区，不遗漏任何一个外来草本植物物种，不遗漏外来草本植物任何一个可获得的详细信息。

4. 准确性　普查是对外来草本植物风险评估、对有害植物监测预警、应急治理、综合防控等一系列行动的基础和依据，对结果的准确性要求高。普查中应综合利用踏查、走访调查、样地调查、信息咨询等措施，获取确切真实的外来草本植物发生信息。

5. 规范性　普查工作涉及地域广、人员多、工作量大，一个地区甚至一个普查人员的不规范操作可能对整个普查工作的进度和结果准确性造成很大的影响。因此，普查要严格按照统一的时间、统一的进度开展。

》》普查范围和时间

1. 普查类型和区域　普查类型总体可分为特定物种普查和全面普查 2 种类型。特定物种普查指在普查区域内对 1 种（类），也可以是几种（类）外来草本植物开展普查；全面普查指在普查区域内对所有外来草本植物开展的普查。

普查区域可以是某一个行政区域、地理区域，也可以是几个行政区域或几个地理区域的组合，或者是全国。

普查以村级行政区划为普查实施的基础单位，城市城区内以街道为基础单位，村、乡镇/街道、县、市、省逐级向上负责。

普查可分为以下几种情况：

——全国范围内的外来草本植物全面普查；

——全国范围内的特定外来草本植物普查；

——区域范围内的外来草本植物全面普查；

——区域范围内的特定外来草本植物普查。

2. 普查时间　根据当地的气候、植物物候和生物学特性，选择目标植物或最多的植物种类处于生长盛期至成熟期开展。

》》普查方法

1. 基本发生情况调查

（1）通则　采用踏查和走访调查 2 种方法对外来草本植物的发生情况进行调查，可将 2 种方法结合使用。

根据公报、公告、统计年鉴、工作报告、专著、学术报告、期刊文献、报纸等方式获取的外来草本植物发生信息，应通过踏查或走访调查的方式进行核实确认。

（2）走访调查　走访调查是指对熟悉当地实际情况的群众、管理部门工作人员及专家等进行走访或问卷调查，以获取调查地区外来草本植物发生情况的方法。走访调查的内容主要为外来草本植物的发生种类、传入和扩散途径、生长发育历期、发生面积、生境类型、为害情况、利用方式，一级防控措施等。走访调查获取的信息按"外来草本植物普查走访调查结果记录格式"的要求记录。

（3）踏查　踏查是指通过实地察看，以获取调查地区的外来草本植物发生情况的方法。踏查的内容主要为外来草本植物的发生种类、发生面积、是否为害等。

踏查适用于所有人力能够到达的区域。踏查路线按各生境的特点进行设计。

踏查人员应有专业性。

踏查的结果按"外来草本植物普查踏查结果记录格式"的要求记录。

2. 种群和群落特征调查　根据基本发生情况调查的结果，确定样地。每个样地内选取 20 个以上的样方，样方面积不小于 0.25 m²。

取样可采用随机取样、规则取样、限定随机取样或代表性样方取样等方法，详细取样方法参见"样地调查的取样方法"。同一次普查中，应采用相同的取样方法。

对样方中的所有植物进行调查，按"种群和群落特征调查结果与汇总"的要求记录调查结果并汇合。

》 影响评估

1. 生态影响评价　外来草本植物在山坡、草原（场）、森林、自然保护区、荒地、路边、河岸等生境中发生并为害的，应评估其生态影响。

根据种群和群落特征的调查结果，计算外来草本植物（及其主要伴生植物）在群落中的重要值（IV）以及群落的生物多样性指数，评价外来草本植物在群落中的作用和地位及对生态和生物多样性的影响。本标准采用丰富度指数、α 多样性指数与均匀度指数来综合反映群落的生物多样性水平。其中，丰富度指数采用 Margalef 丰富度指数与 Patrick 丰富度指数，α 多样性指数采用 Shannon - Wiener 多样性指数与 Simp - son 多样性指数，均匀度指数采用 Pielou 均匀度指数与 Alatalo 均匀度指数。计算方法见"种群和群落指标计算方法"。

2. 经济损失估算　黄顶菊对耕作区、林地、草原（场）、水产养殖场、运输河道、人畜健康及社会活动等为害的，应估算其经济损失。可通过当地受害的作物、果树、林木、水产、牧草等的产量或载畜量与未受害时的差值，人类受伤害后的误工费和医疗费，社会活动成本增加量等估算经济损失。

"外来草本植物为害的经济损失估算方法"给出了几种经济损失的估算方法，可参考使用。

》 标本采集、制作、鉴定、保存和处理

普查中发现外来草本植物或无法当场鉴定的植物，因拍摄其生境、全株、茎、叶、花、果、地下部分等的清晰照片，采集制作成标本，并做好记录。草本植物标本采集和制作的常见方法参见"草本植物标本采集和制作的常用方法"。

标本采集、运输、制作等过程中，植物活体部分均不可遗撒或随意丢弃，对于掉落后不用的部分，一律烧毁或灭活处理。对种子较小、较轻，容易飞散的植物，在运输中应特别注意密封。

未鉴定的植物带回后，应首先根据植物图鉴、植物志等工具书自行鉴定。自行鉴定结果不确定或仍不能做出鉴定的，选择制作效果较好的标本并附上照片，寄送给有关专家进行鉴定。

标本应保存于县级以上的普查负责部门，以备复核。标本的保存期限不少于 2 年。对于重复的标本、经鉴定后认为无需保存的标本及超出保存期限的标本，应集中销毁，不得随意丢弃。

》 普查结果上报和数据保存

县级普查负责部门应于所有标本鉴定结束后或送交鉴定的标本鉴定结果返回后 7 日内，形成普查报告并上报。省级、市级普查负责部门在收到上报的普查结果后应于 10 日内核对并汇总整理，上报上一级普查负责部门。"外来草本植物普查县级结果汇总"给出了县级汇总表的格式，也可将外来草本植物分种单独汇总成表。其他各级普查负责部门的汇总上报可参考"外来草本植物普查县级结果汇总"的格式。

普查中所有原始记录、记录表、照片等均应进行整理后妥善保存于县级以上的普查负责部门，以备复核。保存期限不少于 2 年，重要数据应永久保存。

（八）外来草本植物普查县级结果汇总格式

见表 9 - 25。

表 9 - 25 外来草本植物普查县级结果汇总表

调查日期＿＿＿＿＿＿＿＿＿＿普查区域＿＿＿＿＿＿＿省（市、区）＿＿＿＿＿＿市＿＿＿＿＿＿县（市、区）

填表人＿＿＿＿＿＿＿＿＿＿工作单位：＿＿＿＿＿＿＿＿＿＿＿＿＿职务/职称＿＿＿＿＿＿＿＿＿

联系方式（固定电话＿＿＿＿＿＿＿＿＿移动电话＿＿＿＿＿＿＿＿＿电子邮件＿＿＿＿＿＿＿＿＿）

汇总内容	（植物种类Ⅰ）	（植物种类Ⅱ）	…
学名及当地俗名			
首次发现情况			
（可能的）传入及扩散途径			
当前发生面积（hm²），为害的给出其生态影响程度和/或经济损失			
生长发育时期			
生境 A 内发生情况（生境类型，发生面积，是否为害，为害的其为害方式，影响程度或经济损失）			
生境 B 内发生情况			
……			
病虫害			
开发利用（利用途径、规模及经济效益）			
人工/机械铲除（铲除难度、成本及防治效果）			
化学防治（药剂种类、成本及防治效果）			
替代控制（替代物种、成本及防治效果）			
生物防治（生物防治物、成本及防治效果）			
其他信息			

（一）外来草本植物普查走访调查结果记录格式

走访调查的结果按表 9 - 26 的格式记录。

表 9 - 25 外来草本植物普查走访调查结果记录表

调查日期＿＿＿＿＿＿＿＿＿＿＿＿＿＿＿表格编号＿＿＿＿＿＿＿＿＿＿＿＿

调查涉及地区基本情况＿＿＿＿省＿＿＿＿市＿＿＿＿县＿＿＿乡镇/街道＿＿＿村；区域面积＿＿＿＿＿＿

＿＿＿＿＿＿经纬度＿＿＿＿＿＿，海拔范围＿＿＿＿＿＿，耕地＿＿＿＿＿，林地＿＿＿＿＿hm²，

＿＿＿＿＿＿草场（原）＿＿＿＿＿hm²，其他＿＿＿＿＿＿＿＿＿＿＿＿＿＿＿＿。

调查人＿＿＿＿＿＿＿＿＿＿工作单位＿＿＿＿＿＿＿＿＿＿职务/职称＿＿＿＿＿＿＿

联系方式（固定电话＿＿＿＿＿＿＿＿移动电话＿＿＿＿＿＿＿＿电子邮件＿＿＿＿＿＿＿＿＿）

被调查人＿＿＿＿＿＿＿文化程度＿＿＿＿＿＿工作单位＿＿＿＿＿＿职务/职称＿＿＿＿＿＿

联系方式（固定电话＿＿＿＿＿＿＿＿移动电话＿＿＿＿＿＿＿＿电子邮件＿＿＿＿＿＿＿＿＿）

走访调查内容	（植物种类Ⅰ）	（植物种类Ⅱ）	…
首次发现（时间、地点、生境、经纬度、海拔等）			
（可能的）传入及扩散途径			
生长发育时期（出苗期、分蘖期、花期、成熟期等）			
发生面积（hm²）			
发生生境类型			
是否为害（若为害，其为害对象、为害面积、经济损失）			
当地是否对其进行利用（若有，利用途径及经济效益）			
当地是否对其进行防控（若有，防控措施、成本及效果）			
是否有病虫害发生（若有，病虫害种类、发生情况等）			
尽可能列出外来草本植物的中文名、俗名和学名			

走访调查记录表的编号可由如下的一组 13 位的数字××××××××××××组成：

——前 2 位为年份代码，由普查开展年份的最后两位组成；

——第 3～8 位为县级行政区划得代码，全国各行政区代码见 GB/T 2260；

——第 9～10 位，走访调查涉及区域为一个乡（镇）行政区以下的［如一个乡（镇、街道）、一个村或几个村］，此两位用乡（镇）级行政区划代码；走访调查涉及区域为一个乡（镇）级行政区域以上的［如走访县级相关部门，调查结果可能涉及本县级行政区域内的多个乡（镇）级行政区域］，次两位的编码为 99；

——第 11～12 位为表格特征码，可根据走访调查的实际情况自行编排；

——末位为附加码，走访调查结果记录表的附加码为 1。

示例：编号为 10 130 421××021 的表格可表示 2010 年开展全国外来草本植物普查时在河北省邯郸县南吕固乡进行走访调查的一份记录表；编码为 10 130 421 990×1 的表格可表示 2010 年开展全国外来草本植物普查时对河北省邯郸市邯郸县植保站进行走访调查的一份记录表。

（二）外来草本植物普查踏查结果记录格式

踏查的结果按表 9 - 27 的格式记录。

表 9 - 27　外来草本植物普查踏查结果记录表

日期_____　表格编号_____

地点_____省_____市_____县_____乡镇/街道_____村；经纬度_____生地类型_____

踏查人_____工作单位_____职务/职称_____

联系方式（固定电话_____移动电话_____电子邮件_____）

踏查内容	植物种类Ⅰ	植物种类Ⅱ	
发生面积（hm²）			
是否为害（若为害，其为害方式、面积等）			
是否有病虫害发生（若有，病虫害种类、发生情况等）			
其他			
尽可能列出外来草本植物的中文名、俗名和学名。			

踏查记录表的编号可由如下的一组 13 位的数字××××××××××××组成：

——前 2 位为年份代码，由普查开展年份的最后两位组成；

——第 3～8 位为县级行政区划得代码，全国各行政区代码见 GB/T 2260；

——第 9～10 位为乡（镇）行政区划代码；可按县级民政或国土部门的规定进行编排，或按本县级政府日常工作中习惯的顺序进行编排；

——第 11～12 位为表格特征码，可根据走踏查的实际情况自行编排（如用对踏查的村、农田、林场、草场等编排的序号作为特征码）；

——末位为附加码，踏查记录表的附加码为 2。

示例：编号为 11 120 111×××2 的表格可表示 2011 年天津开展外来植物普查时在西青区张家窝镇康庄子村进行踏查的一份记录表。

对发生在农田、果园、荒地、绿地、生活区等具有明显边界的生境地内外来草本植物，其发生面积以相应地块的面积累计计算，或划定包含所有发生点的区域，以整个区域的面积进行计算；对发生在草场、森林、水域、铁路公路沿线等没有明显边界的外来草本植物，持 GPS 定位仪沿其分布边缘走完一个闭合轨迹后，将 GPS 定位仪计算出面积作为其发生面积，其中，铁路路基、公路路面的面积也计入外来草本植物发生面积。对发生地地理环境复杂（如山高坡陡、沟壑纵横），人力不便或无法实地踏查或使用 GPS 定位仪计算面积的，可使用目测法、通过咨询当地国土资源部门（测绘部门）或者熟悉当地基本情况的基层人员，获取其发生面积。

（三）样地调查的取样方法

随机取样：可根据随机数字，在两条相互垂直的轴上成对地取样，或通过罗盘在任意几个方向上，分别以随机步程法取样。随机数字可以用抽签、纸牌、随机数字表等获得。

规则取样：又叫系统取样，可使用对角线取样、方格取样、梅花形取样，S形取样等，使样方以相等的间隔分布于样地内，或在样地内设置若干等距离的直线，以相等的间距在直线上选取样方。

限定随机取样以规则取样的方法，将样地划分为若干个较小的区域，然后在每个划分的小区域内随机选取样方。

代表性样方取样：主观地将样方设置在认为有代表性的和某些特殊的区域。

一般情况下，应尽量避免使用代表性样方取样设置样方。

（四）种群和群落特征调查结果记录与汇总

1. 结果记录 见表9-28。

表9-28 种群和群落特征调查的结果记录表

调查日期＿＿＿＿＿＿＿ 样地编号＿＿＿＿＿＿＿ 样方序号＿＿＿＿＿＿＿ 样方大小＿＿＿＿＿＿m²

样地位置＿＿＿省＿＿市＿＿县＿＿乡镇/街道＿＿＿＿＿村 经纬度＿＿＿＿＿ 生地类型＿＿＿＿＿＿＿

踏查人＿＿＿＿＿＿＿＿＿ 工作单位＿＿＿＿＿＿＿＿＿ 职务/职称＿＿＿＿＿＿＿

联系方式（固定电话＿＿＿＿＿＿＿ 移动电话＿＿＿＿＿＿＿ 电子邮件＿＿＿＿＿＿＿＿＿＿）

植物种类序号	植物种类名称	株数（株）	覆盖度（%）
1			
2			
…			

注：样方内某种植物所有植株的冠层投影面积占该样方面积的比例，通过估算获得。

样地编号可由如下的一组14位的数字××××××××××××××组成：

——前2位为年份代码，由普查开展年份的最后两位组成；

——第3～8位为县级行政区划的代码，全国各行政区代码见GB/T 2260；

——第9～10位为乡（镇）行政区划代码；可按县级民政或国土部门的规定进行编排，或按本县级政府日常工作中习惯的顺序进行编排；

——第11～12位为村级行政区代码，按本乡（镇）级政府日常工作中习惯的顺序进行编排，或主观指定村级行政区域的代码；在城区街道进行样地调查时，此两位代码为99；

——第13～14位为表格特征码，可根据样地的位置的生境等自行编排；

——末位为附加码，踏查记录表的附加码为2。

示例1：编号为12 152 523×××01的表格可表示2012年内蒙古开展外来植物普查时在锡林郭勒盟苏尼特左旗巴彦乌拉苏木赛汗塔拉嘎查的草场上对划定的第1个样地进行调查的记录表。

2. 结果汇总 由县级普查负责部门根据结果记录表，按表9-29的格式进行汇总整理。

表9-29 外来草本植物普查样地调查结果汇总表

植物种类序号	植物种类名称	样地内的株数（株）	出现的样方数（个）	地内平均覆盖度（%）
1				
2				
…				

（五）种群和群落指标计算方法

见公式（9-5）～公式（9-11）。

重要值：

$$IV＝（RD＋RF＋RC）/3 \qquad (9-5)$$

式中：

RD——相对密度，*RD*＝（该种植物的种群密度/所有植物的种群密度之和）×100%

种群密度（*D*）＝该种植物的个体总数/所有样方的面积之和；

RF——相对频度，*RF*＝（该种植物的频度/所有植物的频度之和）×100%

频度（F）＝（该种植物出现的样方数/样地内选取的样方总数）×100％；

RC——相对盖度，RC＝（该种植物的覆盖度/所有植物的覆盖度之和）×100％。

不同垂直层次的植物的重要值没有可比性，外来草本植物的重要值不与群落中的乔木、苔藓等类群进行比较。

Patrick 丰富度指数：

$$Ap=S \tag{9-6}$$

Margalef 丰富度指数：

$$A_m=(S-1)/\ln N \tag{9-7}$$

Shannon‐Wiener 多样性指数：

$$H'=-\sum_{i=1}^{s}\left(\frac{N_i}{N}\ln\frac{N_i}{N}\right) \tag{9-8}$$

Simpson 多样性指数：

$$DS=1-\sum_{i=1}^{s}\left(\frac{N_i}{N}\right)^2 \tag{9-9}$$

Pielou 均匀度指数：

$$J=H'/\ln S \tag{9-10}$$

Alatalo 均匀度指数：

$$Ea=(DS^{-1}-1)/(e^{H'}-1) \tag{9-11}$$

式中：

S——所有样方中的植物种类总数；

N_i——第 i 种植物在所有样方内的个体总数；

N——所有样方中的植物个体总数；

e＝2.718 28…。

（六）外来草本植物为害的经济损失估算方法

1. 种植业经济损失估算方法

种植业经济损失＝农产品产量经济损失＋农产品质量经济损失＋防治成本

农产品产量经济损失＝外来草本植物发生面积×单位面积产量损失量×农产品单价

农产品质量经济损失＝外来草本植物发生面积×受害后单位面积产量×农产品质量损失导致的价格下跌

防治成本包括药剂成本、人工成本、生物防治成本、防除机械燃油或耗电成本等。

示例 1：某外来植物某年在某地麦田发生并为害，发生面积 1 000 hm²，当年当地对其中 500 hm² 开展了化学防治，喷施除草剂 2 次，每次每公顷药剂成本 100 元，每次喷药每公顷人工费用 150 元；对其中 200 hm² 开展了生物防治，释放天敌 2 000 000 头，每头天敌引进/繁育成本 0.01；对另外 300 hm² 进行了人工拔草，每公顷人工费用 600 元。当地未受为害的麦田当年平均产量为 6 000 kg/hm²，小麦平均收购价格为 1.6 元/kg，经过防治，受害的麦田当年平均产量为 5 600 kg/hm²，由于混杂外来草本植物种子，小麦收购价格降为 1.4 元/kg，此外来草本植物当年在该地区造成的种植业经济损失为：1000 hm²×（6000 kg/hm²－5600 kg/hm²）×1.6 元/kg＋1000 hm²×5600 kg/hm²×（1.6 元/kg－1.4 元/kg）＋2×500 hm²（100 元/hm²＋150 元/hm²）＋0.01 元/头×2000000 头＋600 元/hm²× 300 hm²＝221 万元。

2. 畜牧业经济损失估算方法

畜牧业经济损失＝发生面积×单位面积草场牧草产量损失量×单位牧草载畜量×单位牲畜价值＋牧产品损失量×畜牧产品单价＋养殖成本增加量＋防治成本

示例 2：某地牧场发生某外来草本植物，发生面积 1 000 hm²，未进行防治，每公顷受害草场每年因此减产 800 kg 牧草（鲜重），4 000 kg 牧草（鲜重）载畜量为 1 头奶牛，每头奶牛价值 3 000 元，牧场饲养有 1 000 头奶牛，奶牛取食外来草本植物后产奶量下降，平均每头每年少产奶 10 kg，当年原奶收购价格为 2 元/kg；牧场饲养有 1 000 只绵羊，外来草本植物果实粘附于羊毛中，剪毛时需拣出，因此，剪毛工作全年增加入工 100 个，人工单价 50 元。此外来草本植物当年在该地区造成的畜牧业经济损失：1 000 hm² × 80 kg/hm² × 1/4000（头/kg）× 3000 头/元 + 2 元/kg × 10 千克/头 × 1000 头 + 50 元/（人·日）× 100 人·日 = 62.5 万元。

3. 林业经济损失估算方法

林业经济损失 = 外来草本植物发生面积 × 单位面积林地林木蓄积损失量 × 单位林木价格 + 防治成本

示例 3：某林区发生某外来草本植物，发生面积 1 000 hm²；未进行防治，每公顷林地林木蓄积量每年因此减少 0.2 m²，每立方米林木市场价格平均为 3 000 元，次外来草本植物每年在该林区造成的林业经济损失为：

$$1\ 000\ \text{hm}^2 × 0.2\ \text{m}^2/\text{hm}^2 × 3\ 000\ 元/\text{m}^2 = 60\ 万元$$

（七）草本植物标本采集和制作的常用方法

1. 标本采集

（1）采集方法 采集时应先全面、仔细地观察，选择有代表性（茎、叶、花、果等任何部分形态异常的植株不宜用于制作标本）、姿态良好、无病虫的植株或部分进行采集。

尽可能采集花、果、根、茎、叶具备的完全标本，地下部分有变态根或变态茎的，应一并挖出。植物体过大，采集全株不便制作标本的，可采集长度 30~50 cm 的一段典型部位（如带有花、果、叶的枝条），并挖取根部。对于叶片过大的植物（如芋头等），可采集部分叶片，叶片为单叶的可沿中脉的一边剪下，或剪一个裂片，叶片为复叶的可采总轴一边的小叶；单叶或复叶的采集均应保留叶片的顶端和基部，或顶端的小叶。对于花序较大的植物（如向日葵），可采集花序的一部分。

注：用于举例的植物不一定是外来草本植物，普查过程中不一定需要对本部分中提及的植物进行采集和制作标本。

只采集正株的一部分，而同株植物有不同叶形的（如基生叶和茎生叶、漂浮叶和沉水叶、营养叶和繁殖叶），各种不同叶形均应采集。

采集雌雄异株或单性花、雌雄同株的植物标本时，雌花和雄花均应采集。

采集水生植物时，应尽可能采集到其根部。对于捞出后容易缠成团、不易分开的水生植物，可用硬纸板将其从水中托出，连同纸板一起压入标本夹内。

采集寄生或附生植物时，应将寄/附主上被/附生的部分同时采下来，分别注明寄/附生植物及寄/附主植物，并记录寄/附主植物的种类、形态、寄/附生位置以及寄/附生植物的影响等。

（2）野外记录 野外记录在标本的鉴定中具有重要作用。采集标本时应详细记录采集号、采集人、采集地点、采集时间、经纬度、海拔、坡向、采集生境、伴生种、所采集植物的基本性状（如叶、花、果的颜色、大小、气味等）、当地俗名等。对于大型标本或进行部分采集的标本，其野外记录更为重要，必须详细记录株高，茎粗，整片叶的形状和长、宽、裂片或小叶的数目、长短，叶柄、叶鞘长度，全花序的大小等。

（3）标本编号 标本采集后应立即进行标本编号，挂上号牌（可用硬纸板自制）。同一标本，一般采集 2~3 份，副份标本与主标本使用同一标本编号。同一批次采集的标本，编号一般采用连贯法，不随采集点的改变而重新编号。

同种植物在不同地区采的标本应编不同的编号，雌雄异株植物也应分开编号，注明 2 份标本为同一种植株的雌株或雄株。

2. 标本制作

（1）蜡叶标本的制作。

（2）清理 去除枯枝烂叶、凋萎的花果、破损或受病虫为害的叶片。

用清水洗去泥沙杂质，用海绵吸走织物表面的残水。注意冲洗时不要损伤标本，避免破坏植物表面的绒毛和蜡粉等。

① 整形。整形主要是对标本的形态进行调整。将标本展平枝叶，使大部分叶片和花正面朝上，

适量的叶和花背面朝上。若叶片太密集，应适当修剪，但要留下一点叶柄，以示叶片着生情况。有花、果的标本，宜将其中一朵花或一个果剖开，以显示其内部结构，便于鉴定。对于有硬刺的植物，可用木板等把刺压平。

② 干燥。标本干燥最常用的是压干法，将采集的标本与号牌一起夹在草纸之间，用标本夹捆紧，通过换纸使之干燥。开始的 2～3 d 每天换纸 2～4 次，此后每天换纸 1 次，直至标本被压干。在潮湿多雨的地区或季节，应增加换纸的频率。

在换纸时可根据标本的形态进行必要的整形，但随着标本逐渐干燥，整形时容易损伤标本，应特别注意。换纸或整形时从标本上脱落下来但应保留的部分，应及时收集装入纸袋，并注上标本号，与原标本放在一起压制。

压干中的标本应置于通风干燥处。

马齿苋科、石蒜科、景天科、仙人掌科等植物的营养器官厚而多肉（肉质植物）或蜡质较厚，压制时不易压干，甚至在标本夹中还能生长，可切开压制，或用沸水烫 1～2 min，或用福尔马林液浸泡片刻，将外面的细胞杀死后再进行压制。大戟科等的一些植物在标本压制时，即使频繁换纸，其叶片仍非常容易脱落，失去标本的原本形态，对于这类植物也可将标本浸于沸水中处理，杀死其叶片肉细胞再进行压制。注意：不可将花浸于沸水中。

在标本干燥过程中，可使用如下方法加速标本的干燥，能更好地保留标本的原色，气候潮湿时使用效果更明显：

烘烤：用微火烘烤标本夹。

烙干：将标本置于标本夹中压制 1～2 d，铺一层棉布于草纸上，用熨斗熨烫，每天 1～2 次。

烘箱干燥：将标本夹置于 30～50 ℃的烘箱中进行干燥。

红外灯干燥：用瓦楞纸板、泡沫板把夹着标本的草纸隔开，用标本夹捆好，置于烘烤架（用金属材料自制）上，将红外灯放在烘烤架下进行烘烤，温度以 40 ℃左右为宜。

③ 消毒。标本压干后，需要进行消毒。

可使用升汞（$HgCl_2$）乙醇溶液进行消毒。配制方法：将升汞 1～3 g，溶于 1 000 mL 70％乙醇。消毒方法如下：

用喷雾器直接往标本上喷消毒液；

将标本放在较大的盆或盘中，用毛笔沾上消毒液，轻轻地在标本上涂刷；

将消毒液倒在较大的盆或盘中，将标本放在消毒液里浸泡 10～30 s。

升汞为剧毒药品，操作时避免手部及其他部位的皮肤直接接触带药标本，可戴胶皮手套以防中毒。也可把标本置于消毒室和消毒箱内，将敌敌畏与二硫化碳混合液、四氯化碳与二硫化碳混合液置于玻璃器皿内，利用毒气熏杀标本上的虫体或虫卵，约 3 d 后取出即可。标本量大时毒气熏杀法可提高消毒效率。

消毒后的标本，需重新压干。

④ 装订。台纸是承托蜡叶标本的白色硬纸，台纸一般长约 40 cm，宽约 30 cm，以质密、坚韧、白色为宜。

标本上台纸时要注意布局的美观大方，合理排放，不要使花、果离台纸边缘太近，并进行最后一次整形，剪去过多的枝、叶、果。若标本较长，可稍微进行弯曲或折成 U 形、∩ 形、N 形、V 形等形状。注意避免在拿取时损坏标本。

用刀片在根、枝条和叶柄的两侧划破台纸，将坚韧的纸条两端分别从切口穿过台纸，在台纸背面，用胶水等将纸条两端固定于台纸上。也可以棉线装订或用透明胶带将标本直接粘在台纸上。

装订标本时，对于较大的花、果，可按自然着生情况装订在相应位置或用透明纸装贴于台纸上的一角。

标本固定好后，按标本号，复写一份采集记录，贴于台纸的左上角，在台纸右下角贴上定名标签（未鉴定的标本不贴定名标签）。

⑤ 蜡叶标本制作的其他方法。除用标本夹制作外，下面的方法也可用于制作蜡叶标本，对于肉质、蜡质厚的植物以及小型羽状复叶失水后很快闭合的植物，本方法尤其适用。

清理、整形步骤同①~②，不同之处为整形直接在台纸上进行，整形时可将较粗的茎的背面一半去掉。

尽量用一面白色另一面深色的硬纸板作为台纸。新鲜植物体摆放在台纸上，一般不在一个平面上，可用海绵轻轻按压，仍不理想的可用窄透明胶带（宽度 1 cm 以下）将需要暂时固定的部分固定在台纸上。在合适的位置贴上采集记录标签。

用宽透明胶带（宽度大于 10 cm）将标本密封在台纸上，再隔着海绵按压透明胶带，将标本在台纸上粘牢。将粘好的标本背面朝上置于烈日下暴晒，至标本正面胶布上不再有水蒸气凝结，再适当多晒一段时间，标本即晒制完成。

将台纸背面涂成黑色可加快晒制的速度。

（3）浸液标本的制作

① 适用范围。对于地下部分、地上茎或果实肥厚或较大的标本，可浸放于药液中，制成浸液标本。此法也适用于植物其他部分以及藻类、苔藓类、蕨类等的保存。

② 不保持原色的标本浸制。如下药液可用于浸制植物标本，但标本材料容易褪色。

FAA 固定液：甲醛、冰醋酸和乙醇的混合液，参考比例为 50%或 70%乙醇 90 mL（柔软材料用 50%乙醇，坚硬材料用 70%乙醇），冰醋酸 5 mL，福尔马林（浓度 37%~40%的甲醛）5 mL。可加入少许甘油。各成分的比例可适当调整。

5%~6%的甲醛水溶液（可加入少许甘油），瓶内保存的标本不宜太多。

3%~5%冰醋酸水溶液。

③ 原色标本的浸制。

a. 绿色标本的浸制。将 10~20 g 醋酸铜粉末溶于 100 mL 50%醋酸中，加水稀释 3~4 倍，加热升温至 70~80 ℃，放入标本并不断翻动，10~30 s 后，标本的绿色经过消失又重新恢复。取出标本，洗净药液，放入 5%~6%的甲醛水溶液中保存。

对于较大的未成熟的绿色果实，可放入硫酸铜饱和溶液中 2~5 d，待颜色稳定后，取出洗净，放入 0.5%亚硫酸水溶液中巩固 1~3 d，最后放入 1%亚硫酸水溶液中，加适量甘油，便可长期存放。

b. 红色标本的浸制。先将红色标本放入 10%~15%硫酸铜水溶液中，或放入 4 mL 福尔马林、3 g 硼酸与 400 mL 水配置的药液中，浸泡至颜色由红变褐时取出。如果药液不浑浊，则可转入保存液中。常用的保存液配置方法如下：

25 mL 福尔马林、25 mL 甘油、1 000 mL 水。

30 g 硼酸、20 mL 福尔马林、130 mL 75%乙醇、1 350 mL 水。

20 mL 10%亚硫酸、10 g 硼酸、580 mL 水。

c. 黄色标本的浸制。用 6%亚硫酸 500 mL、85%乙醇 500 mL、水 400 mL 配成药液，直接将黄色标本放入保存。

亚硫酸饱和水溶液 568 mL、95%乙醇 568 mL、水 4 500 mL 配成药液，直接将黄色标本放入保存。

d. 黑色和紫色标本的浸制。50 mL 福尔马林、100 mL 饱和氯化钠水溶液、870 mL 水配成药液，混合后过滤，将标本浸入即可。

45 mL 福尔马林、280 mL 95%乙醇和 2 000 mL 水配置成药液，静置使其沉淀，取澄清液备用。将标本浸入 5%硫酸铜水溶液中 24 h，取出保存于配制的药液中。

e. 蓝色标本的浸制。先将标本放入 5%硫酸铜水溶液中 24 h，转入由 6 mL 福尔马林、2 mL 甘油、3 g 氢氧化钠和 200 mL 水配制的药液中保存。

④ 标本浸制的注意事项。制作浸液标本时，瓶口要用石蜡或凡士林等密封，并避免阳光直射。

（4）风干标本的制作　对于禾本科植物、一些菊科植物较大的完整花盘、肥厚或较大的地下部分和果实等，可置于通风干燥处自然风干制成标本。

六、外来入侵植物监测技术规程——加拿大一枝黄花

形态特征

1. 根 主根欠发达,根状茎发达,横生于浅土层中,外形似根,具明显的节和节间,节上有鳞片状叶,叶腋有潜伏芽,节生不定根,顶端有顶芽。粗 0.3~0.8 cm,乳白色,间有紫红色,顶芽露地长成次生苗,根状茎是主要繁殖器官之一花的重要繁殖器官之一。

2. 茎 近木质化,植株高 2~3 m,茎粗(离地 50 cm 处)0.5~1.0 cm,近圆形,绿色,表皮条棱密生土黄色柔毛。节间短,间距 0.4~0.8 cm。中、下部腋芽基本不发育。分枝出于上部多数。分枝也可开花地上部分枯萎。

3. 叶 叶长 12~20 cm,叶宽 1~3.5 cm,单叶互生,长圆形或狭披针形,表面粗糙,背面有软毛,先端尖或渐尖或钝,边缘有锐锯齿,叶脉羽状,叶背面三条主脉明显,自中部出。叶柄短,叶片渐小,手感渐粗糙。叶柄内侧均具一锥形腋芽。

4. 花 头状花序成蝎尾状排列于花轴向上一侧,形成开展的圆锥花序。花柄长 2~4 mm。头状花序小,直径 3~4 mm,总苞片筒状,黄绿色,3~4 层,覆瓦状排列。外层苞片短,卵形,长约 1 mm,背部有短柔毛,先端尖,有缘毛。内层苞片线状披针形,长 3~4 mm,背面上部有毛,缘花一层,舌状,黄色,雌性。小花 4~8 朵。盘花管状,顶端 5 齿裂,黄色,两性,基部白色丝状冠毛 10 余根。雄蕊位于花冠内方,花丝顶端有 2 个条形花粉囊组成的花药,色鲜黄。雌蕊位于花的中央,子房下位,1 室。花期 9~10 月。花是重要繁殖器官之一。

5. 果实(种子) 连萼瘦果圆柱形,稍扁,先端截形,基部渐狭,长 0.8~1.2 mm,淡褐色,有纵肋,上生微齿,先端冠毛糙毛状 1~2 层,白色,果期 10~11 月。

田间调查方法

》发生区的监测

1. 监测地点 在发生区,选取 20% 的下一级行政区域直至乡(镇)为单位,每个乡(镇)选取 3 个行政村,设立监测点。加拿大一枝黄花发生的省、市、县、乡(镇)或村的实际数量低于设置标准的,只选实际发生的区域。

2. 监测时间 每年进行 2 次监测调查。根据加拿大一枝黄花的生长发育时期情况确定监测时间,两次测调查时间应间隔 3 个月以上。

3. 监测内容 包括加拿大一枝黄花的发生面积、分布扩散趋势、生态影响、经济危害等。

4. 群落调查方法 样方法或样点法确定后,在此后的监测中不可更改调查方法。

(1)样方法:在监测点选取 1~3 个典型样地,每样地最少取 20 个面积为 1 m² 的样方。采用随机取样、规则取样、限定随机取样或代表性样方取样等方法。填写"加拿大一枝黄花监测样地调查结果记录"记录调查结果。

(2)样点法:在监测点选取 1~3 个典型样地,随机选取 1 条或 2 条样线,每条样线选 50 个等距的样点,也可参考"加拿大一枝黄花监测样点法中样线选取方案"确定取样方案。样点确定后,将取样签(方便获取和使用的木签、竹签、金属签等均可)以垂直于样点所处地面的角度插入地表,插入点半径 5 cm 内的植物即为该样点的样本植物,填写"加拿大一枝黄花监测样点法调查结果记录"记录调查结果。

发生面积与经济损失调查方法:采用踏查结合走访调查的方法,根据所有监测点面积之和占整个监测区面积的比例,推算加拿大一枝黄花在监测区的发生面积与经济损失。对发生在农田、果园、荒地、绿地、生活区等具有明显边界的生境内的加拿大一枝黄花,其发生面积以相应地块的面积累计计算,或划定包含所有发生点的区域,以整个区域的面积

进行计算；对发生在草场、森林、铁路公路沿线等没有明显边界的加拿大一枝黄花，持GPS定位仪沿其分布边缘走完一个闭合轨迹后，将GPS定位仪计算出的面积作为其发生面积，其中，铁路路基、公路路面的面积也计入其发生面积。对发生地地理环境复杂（如山高坡陡），人力不便或无法实地踏查或使用GPS定位仪计算面积的，可使用目测法、通过咨询当地国土资源部门（测绘部门）或者熟悉当地基本情况的基层人员，获取其发生面积。在进行发生面积调查的同时，调查加拿大一枝黄花为害造成的经济损失情况。经济损失估算方法 参见NY/T 1861—2010中7.20，调查的结果按"加拿大一枝黄花监测点发生面积与为害调查结果记录"的要求记录。

　　生态影响评价方法：加拿大一枝黄花的生态影响评价按照NY/T 1861—2010中7.1规定的方法进行。在生态影响评价中，通过比较相同样地中加拿大一枝黄花及主要伴生植物在不同监测时间的重要值的变化，反映加拿大一枝黄花的竞争性和侵占性；通过比较相同样地在不同监测时间的生物多样性指数的变化，反映加拿大一枝黄花入侵对生物多样性的影响。监测中采用样点法时，不计算群落中植物的重要值，通过生物多样性指数的变化反映加拿大一枝黄花的影响。

　　标本采集、制作、鉴定、保存和处理：在监测过程中发现的疑似加拿大一枝黄花而无法当场鉴定的植物，应采集制作成标本，并拍摄其生境、全株、茎、叶、花、果、地下部分等的清晰照片。标本采集和制作的方法参见NY/T 1861—2010的附录G。

　　监测结果上报与数据保存：发生区的监测结果应于监测结束后或送交鉴定的标本鉴定结果返回后7 d内汇总上报。

>> 潜在发生区的监测

1. 监测地点　在发生区，选取20%的下一级行政区域直至乡（镇）为单位，每个乡（镇）选取3个行政村，设立监测点。加拿大一枝黄花发生的省、市、县、乡（镇）或村的实际数量低于设置标准的，只选实际发生的区域。

2. 监测时间　根据离监测点较近的发生区或气候特点与监测区相似的发生区中加拿大一枝黄花的生长特性，或者根据现有的文献资料进行估计，选择加拿大一枝黄花可能开花的时期进行。

3. 监测内容　监测加拿大一枝黄花是否发生，若发生，按上述发生区方法进行监测。

4. 调查方法

（1）踏查结合走访调查　对距离加拿大一枝黄花发生区较近的区域、江河沟渠上游为加拿大一枝黄花发生区的区域、与加拿大一枝黄花发生区有频繁的客货运往来的地区，应进行重点调查，可适当增加踏查和走访的频率（每年2次以上）；其他区域每年进行1次调查即可。调查结果按"加拿大一枝黄花潜在发生区的踏查结果记录表"的格式记录。

（2）定点调查　对港口、机场、园艺/花卉公司、种苗生产基地、良种场、原种苗圃等有对外贸易或国内调运活动频繁的高风险场所及周边，尤其是与加拿大一枝黄花发生区之间存在粮食、种子、花卉等植物和植物产品调运活动的地区及周边，进行定点跟踪调查。调查结果按"加拿大一枝黄花潜在发生区的定点调查结果记录表"格式记录。

　　监测结果上报与数据保存：潜在发生区发现加拿大一枝黄花后，应于3 d内将初步结果上报，包括监测人、监测时间、监测地点或范围、初步发现加拿大一枝黄花的生境和发生面积等信息，并在详细情况调查完成后7 d内上报完整的监测报告。监测中所有原始数据、记录表、照片等均应进行整理后妥善保存于县级以上的监测负责部门，以备复核。

種植業標準應用手冊　植保植檢分冊

（一）加拿大一枝黄花监测样地调查结果记录格式

加拿大一枝黄花监测的样地调查结果按表9-30的格式记录。

表9-30　加拿大一枝黄花监测样地调查结果记录表

调查日期＿＿＿＿＿＿＿　表格编号＿＿＿＿＿＿＿　样方序号＿＿＿＿＿＿＿　样方大小＿＿＿＿＿＿＿m²
监测点位置＿＿＿省＿＿＿市＿＿县＿＿乡镇/街道＿＿＿＿村　经纬度＿＿＿＿　生境类型＿＿＿＿＿＿＿
调查人＿＿＿＿＿＿　工作单位＿＿＿＿＿＿＿＿＿＿　职务/职称＿＿＿＿＿＿＿＿＿＿＿＿
联系方式（固定电话＿＿＿＿＿＿＿　移动电话＿＿＿＿＿＿＿　电子邮件＿＿＿＿＿＿＿＿＿＿＿＿＿）

植物种类序号	植物种类名称	株数（株）	覆盖度（%）
1			
2			
3			
4			
…			

注：表格编号以监测点编号＋监测年份后两位＋样地编号＋样方序号＋1组成。确定监测点和样地时，自行确定其编号。覆盖度样方内某种植物所有植株的冠层投影面积占该样方面积的比例。通过估算获得。

根据表9-30的调查结果，按表9-31的格式进行汇总整理。

表9-31　加拿大一枝黄花监测样地调查结果汇总表

汇总日期＿＿＿＿＿＿＿　表格编号＿＿＿＿＿＿＿＿＿　样方数量＿＿＿＿＿＿＿
汇总人＿＿＿＿＿＿＿　工作单位＿＿＿＿＿＿＿＿＿＿　职务/职称＿＿＿＿＿＿＿
联系方式（固定电话＿＿＿＿＿　移动电话＿＿＿＿＿＿＿＿　电子邮件＿＿＿＿＿＿＿＿）

植物种类序号	植物种类名称	样地内的株数（株）	出现的样方数（个）	样地内的平均覆盖度（%）
1				
2				
3				
4				
…				

注：表格编号以监测点编号＋监测年份后两位＋样地编号＋99＋2组成。

（二）加拿大一枝黄花监测样点法中样线选取方案

见表9-32。

表9-32　样点法中不同生境中的样线选取方案

生境类型	样线选取方法	样线长度（m）	点距（m）
菜地	对角线	20～50	0.4～1
果园	对角线	50～100	1～2
玉米田	对角线	50～100	1～2
棉花田	对角线	50～100	1～2
小麦田	对角线	50～100	1～2
大豆田	对角线	20～50	0.4～1
花生田	对角线	20～50	0.4～1
其他作物田	对角线	20～50	0.4～1
撂荒地	对角线	20～50	0.4～1
江河沟渠沿岸	沿两岸各取一条（可为曲线）	50～100	1～2
干涸沟渠内	沿内部取一条（可为曲线）	50～100	1～2
铁路、公路两侧	沿两侧各取一条（可为曲线）	50～100	1～2
天然/人工林地、天然/人工草场、城镇绿地、生活区、山坡以及其他生境	对角线，取对角线不便或无法实现时可使用S形、V形、N形、W形线	20～100	0.4～2

（三）加拿大一枝黄花监测样点法调查结果记录格式

见表 9-33。

表 9-33 加拿大一枝黄花监测样点法调查结果记录

调查日期＿＿＿＿＿＿＿ 表格编号＿＿＿＿＿＿＿ 样方序号＿＿＿＿＿＿＿ 样方大小＿＿＿＿＿＿＿ m²

监测点位置＿＿＿＿＿ 省＿＿＿市＿＿＿县＿＿＿乡镇/街道＿＿＿＿＿村 经纬度＿＿＿＿＿生境类型＿＿＿＿＿＿＿

调查人＿＿＿＿＿＿＿ 工作单位＿＿＿＿＿＿＿＿＿＿＿＿＿ 职务/职称＿＿＿＿＿＿＿＿＿＿＿＿＿

联系方式（固定电话＿＿＿＿＿＿＿ 移动电话＿＿＿＿＿＿＿ 电子邮件＿＿＿＿＿＿＿＿＿＿＿）

样点序号	植物名称 I	株数（株）	植物名称 II	株数（株）	植物名称 III	株数（株）	植物名称 IV	株数（株）	植物名称 V	株数（株）
1										
2										
3										
…										

注：表格编号以监测点编号＋监测年份后两位＋生境类型序号＋3组成。生境类型序号按调查的顺序编排，此后的调查中，生境类型序号与第1次调查时保持一致。样点序号选取2条样线的，所有样点依次排序，记录于本表。

根据表 9-33 的调查结果，按表 9-34 的格式进行汇总整理。

表 9-34 加拿大一枝黄花监测样点法调查结果汇总表

汇总日期＿＿＿＿＿＿＿ 表格编号＿＿＿＿＿＿＿ 样方数量＿＿＿＿＿＿＿

汇总人＿＿＿＿＿＿＿ 工作单位＿＿＿＿＿＿＿ 职务/职称＿＿＿＿＿＿＿

联系方式（固定电话＿＿＿＿＿＿＿ 移动电话＿＿＿＿＿＿＿ 电子邮件＿＿＿＿＿＿＿）

植物种类序号	植物名称	株数（株）
1		
2		
3		
…		

注：表格编号以监测点编号＋监测年份后两位＋生境类型序号＋4组成。

（四）加拿大一枝黄花监测点发生面积与为害调查结果记录格式

加拿大一枝黄花监测点发生面积与为害调查结果按表 9-35 的格式记录。

表 9-35 加拿大一枝黄花监测点发生面积与为害调查结果记录表

调查日期＿＿＿＿＿＿＿ 表格编号＿＿＿＿＿＿＿ 样方序号＿＿＿＿＿＿＿ 样方大小＿＿＿＿＿＿＿ m²

监测点位置＿＿＿＿＿ 省＿＿＿市＿＿＿县＿＿＿乡镇/街道＿＿＿村 经纬度＿＿＿＿＿生境类型＿＿＿＿＿＿＿

调查人＿＿＿＿＿＿＿ 工作单位＿＿＿＿＿＿＿ 职务/职称＿＿＿＿＿＿＿

联系方式（固定电话＿＿＿＿＿＿＿ 移动电话＿＿＿＿＿＿＿ 电子邮件＿＿＿＿＿＿＿

发生生境类型	发生面积（hm²）	为害对象	为害方式	为害程度	防治面积（hm²）	防治成本（元）	经济损失（元）
合计							

注：表格编号以监测点编号＋监测年份后两位＋年内调查的次序号（第n次调查）＋5组成。

（五）加拿大一枝黄花监测潜在发生区调查结果记录格式

加拿大一枝黄花潜在发生区的踏查结果按表 9-36 的格式记录。

表 9-36　加拿大一枝黄花潜在发生区踏查结果记录表

踏查日期＿＿＿＿＿＿　监测点位置＿＿＿＿省＿＿＿市＿＿＿县＿＿＿乡镇/街道＿＿＿＿村

经纬度＿＿＿＿＿＿　生境类型＿＿＿＿　踏查人＿＿＿　工作单位＿＿＿＿　职务/职称＿＿＿＿

联系方式（固定电话＿＿＿＿　移动电话＿＿＿＿＿＿＿＿＿　电子邮件＿＿＿＿＿＿＿＿）

踏查生境类型	踏查面积（hm²）	踏查结果	备注
合计			

注：表格编号以监测点编号＋监测年份后两位＋年内踏查的次序号（第 n 次踏查）＋6 组成。

加拿大一枝黄花潜在发生区的定点调查结果按表 9-37 的格式记录。

表 9-37　加拿大一枝黄花潜在发生区定点调查结果记录表

定点调查单位＿＿＿＿＿＿＿　位置＿＿＿＿＿＿＿　表格编号＿＿＿＿＿＿＿＿

调查人＿＿＿＿＿＿＿　工作单位＿＿＿＿＿＿　职务/职称＿＿＿＿＿＿＿

联系方式（固定电话＿＿＿＿　移动电话＿＿＿＿＿＿＿＿＿　电子邮件＿＿＿＿＿＿＿）

调查日期	调查的周围区域面积或沿线长度	调查结果	备注

注：表格编号以监测点编号＋监测年份后两位＋99＋7 组成。

七、外来入侵植物监测技术规程——飞机草

形态特征

1. **生境**　花果期全年；种子和横走根茎都是其繁衍的工具。除海南岛外，云南也有。低海拔的丘陵地、灌丛中及稀树草原上。但多见于干燥地、森林破坏迹地、垦荒地、路旁、住宅及田间。干旱、瘠薄的荒坡隙地，甚至石缝和楼顶上照样能生长。生于热带、亚热带的山坡、路旁。

2. **根**　主根欠发达，根状茎发达，横生于浅土层中，外形似根，具明显的节和节间，节上有鳞片状叶，叶腋有潜伏芽，节生不定根，顶端有顶芽。粗 0.3～0.8 cm，乳白色，间有紫红色，顶芽露地长成次生苗，根状茎是主要繁殖器官之一。

3. **茎**　多年生粗壮草本，直立，呈苍白色，表面有细条纹；全部茎枝被稠密黄色茸毛或短柔毛，植株高 1～3 m，最高可达 7 m 左右，根茎粗壮，横走。

4. **叶**　单叶对生；叶柄长 1～2 cm；叶片三角形或三角状卵形，长 4～10 cm，宽 1.5～5.5 cm，先端渐尖，基部楔形，边缘有粗大钝锯齿，两面粗涩，均被绒毛及红褐色腺点，下面的毛较密而呈灰白色，基出 3 脉，挤碎后有刺激性的气味。

5. **花**　头状花序多数或少数在茎顶或枝端排成伞房状或复伞房状花序。花白色或粉红色，花冠长 5 mm，管状，淡黄色，柱头粉红色，总苞圆柱状，长不及 1 cm，总苞片 3～4 层，紧抱小花；总苞片有褐色纵条纹；冠毛较花冠稍长。

6. **子实**　瘦果狭线形，黑褐色，长 4～5 mm，5 棱，无腺点，沿棱有稀疏的白色贴紧的顺向短柔毛，花果期 4～12 月。

>> **发生区的监测**

1. 监测地点　在发生区，选取 20％的下一级行政区域直至乡（镇）为单位，每个乡（镇）选取 3 个行政村，设立监测点。飞机草发生的省、市、县、乡（镇）或村的实际数量低于设置标准的，只选实际发生的区域。

2. 监测时间　每年进行 2 次监测调查。根据飞机草的生长发育时期情况确定监测时间，两次调查时间应间隔 3 个月以上。

3. 监测内容　包括飞机草的发生面积、分布扩散趋势、生态影响、经济危害等。

4. 群落调查方法　样方法或样点法确定后，在此后的监测中不可更改调查方法。

（1）样方法　在监测点选取 1～3 个典型样地，每样地最少取 20 个面积为 9 m² 的样方。采用随机取样、规则取样、限定随机取样或代表性样方取样等方法。填写"飞机草监测样地调查结果记录格式"记录调查结果

（2）样点法　在监测点选取 1～3 个典型样地，随机选 1 条或 2 条样线，每条样线选50 个等距的样点，也可参考"飞机草监测样点法中样线选取方案"确定取样方案。样点确定后，将取样签（方便获取和使用的木签、竹签、金属签等均可）以垂直于样点所处地面的角度插入地表，插入点半径 15 cm 内的植物即为该样点的样本植物，填写"飞机草监测样点法调查结果记录格式"记录调查结果。

5. 发生面积与经济损失调查方法　采用踏查结合走访调查的方法，根据所有监测点面积之和占整个监测区面积的比例，推算飞机草在监测区的发生面积与经济损失。对发生在农田、果园、荒地、绿地、生活区等具有明显边界的生境内的飞机草，其发生面积以相应地块的面积累计计算，或划定包含所有发生点的区域，以整个区域的面积进行计算；对发生在草场、森林、铁路公路沿线等没有明显边界的飞机草，持 GPS 定位仪沿其分布边缘走完一个闭合轨迹后，将 GPS 定位仪计算出的面积作为其发生面积，其中，铁路路基、公路路面的面积也计入其发生面积。对发生地地理环境复杂（如山高坡陡等），人力不便或无法实地踏查或使用 GPS 定位仪计算面积的，可使用目测法、通过咨询当地国土资源部门（测绘部门）或者熟悉当地基本情况的基层人员，获取其发生面积。在进行发生面积调查的同时，调查飞机草为害造成的经济损失情况。经济损失估算方法 参见NY/T 1861—2010 中 7.20，调查的结果按"飞机草监测点发生面积与为害调查结果记录格式"的要求记录。

6. 生态影响评价方法　飞机草的生态影响评价按照 NY/T 1861—2010 中 7.1 规定的方法进行。在生态影响评价中，通过比较相同样地中飞机草及主要伴生植物在不同监测时间的重要值的变化，反映飞机草的竞争性和侵占性；通过比较相同样地在不同监测时间的生物多样性指数的变化，反映飞机草入侵对生物多样性的影响。监测中采用样点法时，不计算群落中植物的重要值，通过生物多样性指数的变化反映飞机草的影响。

7. 标本采集、制作、鉴定、保存和处理　在监测过程中发现的疑似飞机草无法当场鉴定的植物，应采集制作成标本，并拍摄其生境、全株、茎、叶、花、果、地下部分等的清晰照片。标本采集和制作的方法参见 NY/T 1861—2010 的附录 G，或求助专家鉴定，标本采集、运输、制作等过程中，植物活体部分均不可遗撒或随意丢弃，在运输中应特别注意密封，标本制作中掉落后不用的植物部分一律烧毁或灭活处理。

8. 监测结果上报与数据保存　发生区的监测结果应于监测结束后或送交鉴定的标本鉴定结果返回后 7 d 内汇总上报。

田间调查方法

≫ 潜在发生区的监测

1. 监测地点 在发生区，选取 20% 的下一级行政区域直至乡（镇）为单位，每个乡（镇）选取 3 个行政村，设立监测点。飞机草发生的省、市、县、乡（镇）或村的实际数量低于设置标准的，只选实际发生的区域。

2. 监测时间 根据离监测点较近的发生区域气候特点与监测区相似的发生区中飞机草的生长特性，或者根据现有的文献资料进行估计，选择飞机草可能开花的时期进行。

3. 监测内容 监测飞机草是否发生，若发生，按上述发生区方法进行监测。

4. 调查方法

（1）踏查结合走访调查 对距离飞机草发生区较近的区域（尤其处于发生区下风区的）、与飞机草发生区有频繁的客货运往来的地区，应进行重点调查，可适当增加踏查和走访的频率（每年 2 次以上）；其他区域每年进行 1 次调查即可。

（2）定点调查 对港口、机场、园艺/花卉公司、种苗生产基地、良种场、原种苗圃等有对外贸易或国内调运活动频繁的高风险场所及周边，尤其是与飞机草发生区之间存在粮食、种子、花卉等植物和植物产品调运活动的地区及周边，进行定点跟踪调查。

监测结果上报与数据保存：潜在发生区发现飞机草后，应于 3 d 内将初步结果上报，包括监测人、监测时间、监测地点或范围初步发现飞机草的生境和发生面积等信息，并在详细情况调查完成后 7 d 内上报完整的监测报告。监测中所有原始数据、记录表、照片等均应进行整理后妥善保存于县级以上的监测负责部门，以备复核。

（一）飞机草监测样地调查结果记录格式

飞机草监测的样地调查结果按表 9-38 的格式记录。

表 9-38 飞机草监测样地调查结果记录表

调查日期＿＿＿＿＿＿ 表格编号＿＿＿＿＿＿ 样方序号＿＿＿＿＿＿ 样方大小＿＿＿＿＿＿ m²

监测点位置＿＿＿＿＿ 省＿＿＿ 市＿＿＿ 县＿＿＿ 乡镇/街道＿＿ 村 经纬度＿＿＿＿ 生境类型＿＿＿

调查人＿＿＿＿＿＿ 工作单位＿＿＿＿＿＿ 职务/职称＿＿＿＿＿＿

联系方式（固定电话＿＿＿＿＿＿ 移动电话＿＿＿＿＿＿ 电子邮件＿＿＿＿＿＿）

植物种类序号	植物种类名称	株数（株）	覆盖度（%）
1			
2			
3			
4			

注：表格编号以监测点编号＋监测年份后两位＋样地编号＋样方序号＋1 组成。确定监测点和样地时，自行确定其编号。覆盖度样方内某种植物所有植株的冠层投影面积占该样方面积的比例。通过估算获得。

根据表 9-38 的调查结果，按表 9-39 的格式进行汇总整理。

表 9-39 飞机草监测样地调查结果汇总表

汇总日期＿＿＿＿＿＿ 表格编号＿＿＿＿＿＿ 样方数量＿＿＿＿＿＿

汇总人＿＿＿＿＿＿ 工作单位＿＿＿＿＿＿ 职务/职称＿＿＿＿＿＿

联系方式（固定电话＿＿＿＿ 移动电话＿＿＿＿＿＿ 电子邮件＿＿＿＿＿＿）

植物种类序号	植物种类名称	样地内的株数（株）	出现的样方数（个）	样地内的平均覆盖度（%）
1				
2				

（续）

植物种类序号	植物种类名称	样地内的株数（株）	出现的样方数（个）	样地内的平均覆盖度（%）
3				
4				

注：表格编号以监测点编号＋监测年份后两位＋样地编号＋99＋2组成。

（二）飞机草监测样点法中样线选取方案

见表9－40。

表9－40 样点法中不同生境中的样线选取方案

生境类型	样线选取方法	样线长度（m）	点距（m）
菜地	对角线	20～50	0.4～1
果园	对角线	50～100	1～2
玉米田	对角线	50～100	1～2
棉花田	对角线	50～100	1～2
小麦田	对角线	50～100	1～2
大豆田	对角线	20～50	0.4～1
花生田	对角线	20～50	0.4～1
其他作物田	对角线	20～50	0.4～1
撂荒地	对角线	20～50	0.4～1
江河沟渠沿岸	沿两岸各取一条（可为曲线）	50～100	1～2
干涸沟渠内	沿内部取一条（可为曲线）	50～100	1～2
铁路、公路两侧	沿两侧各取一条（可为曲线）	50～100	1～2
天然/人工林地、天然/人工草场、城镇绿地、生活区、山坡以及其他生境	对角线，取对角线不便或无法实现时可使用S形、V形、N形、W形线	20～100	0.4～2

（三）飞机草监测样点法调查结果记录格式

见表9－41。

表9－41 飞机草监测样点法调查结果记录表

调查日期＿＿＿＿＿＿ 表格编号＿＿＿＿＿＿ 样方序号＿＿＿＿＿＿ 样方大小＿＿＿＿＿＿ m²

监测点位置＿＿＿省＿＿＿市＿＿＿县＿＿＿乡镇/街道＿＿＿村 经纬度＿＿＿＿ 生境类型＿＿＿＿＿＿

调查人＿＿＿＿＿ 工作单位＿＿＿＿＿＿＿ 职务/职称＿＿＿＿＿

联系方式（固定电话＿＿＿＿＿＿ 移动电话＿＿＿＿＿＿ 电子邮件＿＿＿＿＿＿＿ ）

样点序号	植物名称 I	株数（株）	植物名称 II	株数（株）	植物名称 III	株数（株）	植物名称 IV	株数（株）	植物名称 V	株数（株）
1										
2										
3										
...										

注：表格编号以监测点编号＋监测年份后两位＋生境类型序号＋3组成。生境类型序号按调查的顺序编排，此后的调查中，生境类型序号与第1次调查时保持一致。样点序号选取2条样线的，所有样点依次排序，记录于本表。

根据表 9-41 的调查结果，按表 9-42 的格式进行汇总整理。

表 9-42 飞机草监测样点法调查结果汇总表

汇总日期＿＿＿＿＿＿＿＿＿＿ 表格编号＿＿＿＿＿＿＿＿＿＿＿＿＿＿＿＿ 样方数量＿＿＿＿＿＿＿＿＿

汇总人＿＿＿＿＿＿＿＿＿ 工作单位＿＿＿＿＿＿＿＿＿ 职务/职称＿＿＿＿＿＿＿＿＿

联系方式（固定电话＿＿＿＿＿＿＿ 移动电话＿＿＿＿＿＿＿＿＿ 电子邮件＿＿＿＿＿＿＿＿＿＿ ）

植物种类序号	植物名称	株数（株）
1		
2		
3		
...		

注：表格编号以监测点编号＋监测年份后两位＋生境类型序号＋4 组成。

（四）飞机草监测点发生面积与为害调查结果记录格式

飞机草监测点发生面积与为害调查结果按表 9-43 的格式记录。

表 9-43 飞机草监视点发生面积与为害调查结果记录表

调查日期＿＿＿＿＿＿＿＿ 表格编号＿＿＿＿＿＿＿＿ 样方序号＿＿＿＿＿＿＿ 样方大小＿＿＿＿＿＿ m²

监测点位置＿＿＿＿＿ 省＿＿＿＿ 市＿＿＿ 县＿＿＿ 乡镇/街道＿＿ 村 经纬度＿＿＿＿ 生境类型＿＿＿＿

调查人＿＿＿＿＿＿＿＿ 工作单位＿＿＿＿＿＿＿＿ 职务/职称＿＿＿＿＿＿＿＿

联系方式（固定电话＿＿＿＿＿＿ 移动电话＿＿＿＿＿＿＿ 电子邮件＿＿＿＿＿＿＿＿ ）

发生生境类型	发生面积（hm²）	为害对象	为害方式	为害程度	防治面积（hm²）	防治成本（元）	经济损失（元）
合计							

注：表格编号以监测点编号＋监测年份后两位＋年内调查的次序号（第 n 次调查）＋5 组成。

（五）飞机草监测潜在发生区调查结果记录格式

1. 踏查结果 飞机草潜在发生区的踏查结果按表 9-44 的格式记录。

9-44 飞机草潜在发生区踏查结果记录表

踏查日期＿＿＿＿＿＿ 监测点位置＿＿＿＿＿ 省＿＿＿ 市＿＿＿ 县＿＿＿ 乡镇/街道＿＿＿ 村

经纬度＿＿＿＿ 生境类型＿＿＿＿ 调查人＿＿＿＿ 工作单位＿＿＿＿＿ 职务/职称＿＿＿＿

联系方式（固定电话＿＿＿＿＿ 移动电话＿＿＿＿＿ 电子邮件＿＿＿＿＿＿ ）

踏查生境类型	踏查面积（hm²）	踏查结果	备注
合计			

注：表格编号以监测点编号＋监测年份后两位＋年内踏查的次序号（第 n 次踏查）＋6 组成。

2. 定点调查结果　飞机草潜在发生区的定点调查结果按表 9 - 45 的格式记录。

表 9 - 45　飞机草潜在发生区定点调查结果记录表

定点调查单位＿＿＿＿＿＿＿＿＿＿＿＿　　位置＿＿＿＿＿＿＿＿＿＿＿＿＿　表格编号＿＿＿＿＿＿＿＿＿＿

调查人＿＿＿＿＿＿＿＿＿＿＿＿＿　工作单位＿＿＿＿＿＿＿＿＿＿　职务/职称＿＿＿＿＿＿＿＿＿

联系方式（固定电话＿＿＿＿＿＿＿　移动电话＿＿＿＿＿＿＿＿＿＿＿＿　电子邮件＿＿＿＿＿＿＿＿＿＿＿）

调查日期	调查的周围区域面积或沿线长度	调查结果	备注

注：表格编号以监测点编号＋监测年份后两位＋99＋7组成。

八、外来入侵植物监测技术规程——紫茎泽兰

形态特征

　　1. 生境　具长久性土壤种子库；高繁殖系数、化感作用强烈、耐贫瘠和解磷解氮作用；以风、流水、动物、车载等方式传播。根状茎发达，可依靠强大的根状茎快速扩展蔓延。适应干旱、瘠薄的荒坡隙地，甚至石缝和楼顶上都能生长。侵占草地，造成牧草减产和草场荒废，家畜中毒死亡，破坏土壤可耕性，影响林业生产。

　　2. 茎　直立，株高 30～200 cm，分枝对生、斜上，茎紫色、被白色或锈色短柔毛。

　　3. 叶　叶对生，叶片质薄，卵形、三角形或菱状卵形，腹面绿色，背面色浅，两面被稀疏的短柔毛，在背面及沿叶脉处毛稍密，基部平截或稍心形，顶端急尖，基出三脉，边缘有稀疏粗大而不规则的锯齿，在花序下方则为波状浅锯齿或近全缘。

　　4. 花　头状花序小，直径可达 6 mm，在枝端排列成复伞房或伞房花序，总苞片三四层，约含 40～50 朵小花，管状花两性，白色，花药基部钝。

　　5. 果实（种子）　瘦果，黑褐色。每株可年产瘦果 1 万粒左右，借冠毛随风传播。花期 11 月至翌年 4 月，结果期 3～4 月。

田间调查方法

　　▷▷ **发生区的监测**

　　1. 监测地点　在发生区，选取 20% 的下一级行政区域直至乡（镇）为单位，每个乡（镇）选取 3 个行政村，设立监测点。紫茎泽兰发生的省、市、县、乡（镇）或村的实际数量低于设置标准的，只选实际发生的区域。

　　2. 监测时间　每年进行 2 次监测调查。根据紫茎泽兰的生长发育时期情况确定监测时间，两次调查时间应间隔 3 个月以上。

　　3. 监测内容　包括紫茎泽兰的发生面积、分布扩散趋势、生态影响、经济危害等。

　　4. 群落调查方法　样方法或样点法确定后，在此后的监测中不可更改调查方法。

　　（1）**样方法**　在监测点选取 1～3 个典型样地，每样地最少取 20 个面积为 9 m² 的样方。采用随机取样、规则取样、限定随机取样或代表性样方取样等方法。填写"紫茎泽兰监测样地调查结果记录格式"记录调查结果。

　　（2）**样点法**　在监测点选取 1～3 个典型样地，随机选取 1 条或 2 条样线，每条样线选 50 个等距的样点，也可参考"紫茎泽兰监测样点法中样线选取方案"确定取样方案。样点确定后，将取样签（方便获取和使用的木签、竹签、金属签等均可）以垂直于样点所处地面的角度插入地表，插入点半径 15 cm 内的植物即为该样点的样本植物，填写"紫茎泽兰

监测样点法调查结果记录表"记录调查结果。

5. 发生面积与经济损失调查方法　采用踏查结合走访调查的方法，根据所有监测点面积之和占整个监测区面积的比例，推算紫茎泽兰在监测区的发生面积与经济损失。对发生在农田、果园、荒地、绿地、生活区等具有明显边界的生境内的紫茎泽兰，其发生面积以相应地块的面积累计计算，或划定包含所有发生点的区域，以整个区域的面积进行计算；对发生在草场、森林、铁路公路沿线等没有明显边界的紫茎泽兰，持 GPS 定位仪沿其分布边缘走完一个闭合轨迹后，将 GPS 定位仪计算出的面积作为其发生面积，其中，铁路路基、公路路面的面积也计入其发生面积。对发生地地理环境复杂（如山高坡陡），人力不便或无法实地踏查或使用 GPS 定位仪计算面积的，可使用目测法、通过咨询当地国土资源部门（测绘部门）或者熟悉当地基本情况的基层人员，获取其发生面积。在进行发生面积调查的同时，调查紫茎泽兰为害造成的经济损失情况。经济损失估算方法参见 NY/T 1861—2010 中 7.20，调查的结果按"紫茎泽兰监测点发生面积与为害调查结果记录格式"的要求记录。

6. 生态影响评价方法　紫茎泽兰的生态影响评价按照 NY/T 1861—2010 中 7.1 规定的方法进行。在生态影响评价中，通过比较相同样地中紫茎泽兰及主要伴生植物在不同监测时间的重要值的变化，反映紫茎泽兰的竞争性和侵占性；通过比较相同样地在不同监测时间的生物多样性指数的变化，反映紫茎泽兰入侵对生物多样性的影响。监测中采用样点法时，不计算群落中植物的重要值，通过生物多样性指数的变化反映紫茎泽兰的影响。

7. 标本采集、制作、鉴定、保存和处理　在监测过程中发现的疑似紫茎泽兰无法当场鉴定的植物，应采集制作成标本，并拍摄其生境、全株、茎、叶、花、果、地下部分等的清晰照片。标本采集和制作的方法参见 NY/T 1861—2010 的附录 G。或求助专家鉴定，标本采集、运输、制作等过程中，植物活体部分均不可遗撒或随意丢弃，在运输中应特别注意密封，标本制作中掉落后不用的植物部分一律烧毁或灭活处理。

8. 监测结果上报与数据保存　发生区的监测结果应于监测结束后或送交鉴定的标本鉴定结果返回后 7 d 内汇总上报。

》》潜在发生区的监测

1. 监测地点　在发生区，选取 20% 的下一级行政区域直至乡（镇）为单位，每个乡（镇）选取 3 个行政村，设立监测点。紫茎泽兰发生的省、市、县、乡（镇）或村的实际数量低于设置标准的，只选实际发生的区域。

2. 监测时间　根据离监测点较近的发生区域气候特点与监测区相似的发生区中紫茎泽兰的生长特性，或者根据现有的文献资料进行估计，选择紫茎泽兰可能开花的时期进行。

3. 监测内容　监测紫茎泽兰是否发生，若发生，按上述发生区方法进行监测。

4. 调查方法

（1）踏查结合走访调查　对距离紫茎泽兰发生区较近的区域（尤其处于发生区下风区的）、与紫茎泽兰发生区有频繁的客货运往来的地区，应进行重点调查，可适当增加踏查和走访的频率（每年 2 次以上）；其他区域每年进行 1 次调查即可。调查结果按表 9-52 的格式记录。

（2）定点调查　对港口、机场、园艺/花卉公司、种苗生产基地、良种场、原种苗圃等有对外贸易或国内调运活动频繁的高风险场所及周边，尤其是与紫茎泽兰发生区之间存在粮食、种子、花卉等植物和植物产品调运活动的地区及周边，进行定点跟踪调查。调查结果按表 9-53 的格式记录。

5. 监测结果上报与数据保存　潜在发生区发现紫茎泽兰后，应于 3 d 内将初步结果上报，包括监测人、监测时间、监测地点或范围、初步发现紫茎泽兰的生境和发生面积等信息，并在详细情况调查完成后 7 d 内上报完整的监测报告。监测中所有原始数据、记录表、照片等均应进行整理后妥善保存于县级以上的监测负责部门，以备复核。

（一）紫茎泽兰监测样地调查结果记录格式

紫茎泽兰监测的样地调查结果按表9-46的格式记录。

表9-46 紫茎泽兰监测样地调查结果记录表

调查日期＿＿＿＿＿ 表格编号＿＿＿＿＿ 样方序号＿＿＿＿＿ 样方大小＿＿＿＿＿ m²

监测点位置＿＿＿省＿＿＿市＿＿＿县＿＿＿乡镇/街道＿＿＿村 经纬度＿＿＿ 生境类型＿＿＿

调查人＿＿＿＿＿ 工作单位＿＿＿＿＿ 职务/职称＿＿＿＿＿

联系方式（固定电话＿＿＿＿＿ 移动电话＿＿＿＿＿ 电子邮件＿＿＿＿＿ ）

植物种类序号	植物种类名称	株数（株）	覆盖度（%）
1			
2			
3			
4			
...			

注：表格编号以监测点编号＋监测年份后两位＋样地编号＋样方序号＋1组成。确定监测点和样地时，自行确定其编号。覆盖度样方内某种植物所有植株的冠层投影面积占该样方面积的比例，通过估算获得。

根据表9-46的调查结果，按表9-47的格式进行汇总整理。

表9-47 紫茎泽兰监测样地调查结果汇总表

汇总日期＿＿＿＿＿ 表格编号＿＿＿＿＿ 样方数量＿＿＿＿＿

汇总人＿＿＿＿＿ 工作单位＿＿＿＿＿ 职务/职称＿＿＿＿＿

联系方式（固定电话＿＿＿＿＿ 移动电话＿＿＿＿＿ 电子邮件＿＿＿＿＿ ）

植物种类序号	植物种类名称	样地内的株数（株）	出现的样方数（个）	样地内的平均覆盖度（%）
1				
2				
3				
4				
...				

注：表格编号以监测点编号＋监测年份后两位＋样地编号＋99＋2组成。

（二）紫茎泽兰监测样点法中样线选取方案

见表9-48。

表9-48 样点法中不同生境中的样线选取方案

生境类型	样线选取方法	样线长度（m）	点距（m）
菜地	对角线	20～50	0.4～1
果园	对角线	50～100	1～2
玉米田	对角线	50～100	1～2
棉花田	对角线	50～100	1～2
小麦田	对角线	50～100	1～2
大豆田	对角线	20～50	0.4～1
花生田	对角线	20～50	0.4～1
其他作物田	对角线	20～50	0.4～1
撂荒地	对角线	20～50	0.4～1
江河沟渠沿岸	沿两岸各取一条（可为曲线）	50～100	1～2

（续）

生境类型	样线选取方法	样线长度（m）	点距（m）
干涸沟渠内	沿内部取一条（可为曲线）	50～100	1～2
铁路、公路两侧	沿两侧各取一条（可为曲线）	50～100	1～2
天然/人工林地、天然/人工草场、城镇绿地、生活区、山坡以及其他生境	对角线，取对角线不便或无法实现时可使用S形、V形、N形、W形线	20～100	0.4～2

（三）紫茎泽兰监测样点法调查结果记录格式

见表9-49。

表9-49　紫茎泽兰监测样点法调查结果记录表

调查日期＿＿＿＿＿＿＿＿　表格编号＿＿＿＿＿＿＿＿＿　样方序号＿＿＿＿＿＿＿　样方大小＿＿＿＿＿＿＿m²

监测点位置＿＿＿＿＿省＿＿＿＿＿市＿＿＿＿＿县＿＿＿＿乡镇/街道＿＿＿＿村　经纬度＿＿＿＿＿＿　生境类型＿＿＿＿＿

调查人＿＿＿＿＿＿＿＿＿＿＿工作单位＿＿＿＿＿＿＿＿＿＿＿＿职务/职称＿＿＿＿＿＿＿

联系方式（固定电话＿＿＿＿＿＿＿＿＿　移动电话＿＿＿＿＿＿＿＿＿＿＿电子邮件＿＿＿＿＿＿＿＿＿＿）

样点序号	植物名称 I	株数（株）	植物名称 II	株数（株）	植物名称 III	株数（株）	植物名称 IV	株数（株）	植物名称 V	株数（株）
1										
2										
3										
…										

注：表格编号以监测点编号＋监测年份后两位＋生境类型序号＋3组成。生境类型序号按调查的顺序编排，此后的调查中，生境类型序号与第1次调查时保持一致。样点序号选取2条样线的，所有样点依次排序，记录于本表。

根据表9-49的调查结果，按表9-50的格式进行汇总整理。

表9-50　紫茎泽兰监测样点法调查结果汇总表

汇总日期＿＿＿＿＿＿＿＿＿＿　表格编号＿＿＿＿＿＿＿＿＿＿＿＿　样方数量＿＿＿＿＿＿＿

汇总人＿＿＿＿＿＿＿＿＿＿＿＿工作单位＿＿＿＿＿＿＿＿＿＿＿＿＿职务/职称＿＿＿＿＿＿＿

联系方式（固定电话＿＿＿＿＿＿＿　移动电话＿＿＿＿＿＿＿＿＿＿＿电子邮件＿＿＿＿＿＿＿＿）

植物种类序号	植物名称	株数（株）
1		
2		
3		
…		

注：表格编号以监测点编号＋监测年份后两位＋生境类型序号＋4组成。

（四）紫茎泽兰监测点发生面积与为害调查结果记录格式

紫茎泽兰监测点发生面积与为害调查结果按表9-51的格式记录。

表9-51　紫茎泽兰监视点发生面积与为害调查结果记录表

调查日期＿＿＿＿＿＿＿＿　表格编号＿＿＿＿＿＿＿＿＿　样方序号＿＿＿＿＿＿＿　样方大小＿＿＿＿＿＿＿m²

监测点位置＿＿＿＿＿省＿＿＿＿＿市＿＿＿＿＿县＿＿＿＿乡镇/街道＿＿＿＿村　经纬度＿＿＿＿＿＿　生境类型＿＿＿＿＿

调查人＿＿＿＿＿＿＿＿＿＿＿工作单位＿＿＿＿＿＿＿＿＿＿＿＿职务/职称＿＿＿＿＿＿＿

联系方式（固定电话＿＿＿＿＿＿＿＿＿　移动电话＿＿＿＿＿＿＿＿＿＿＿电子邮件＿＿＿＿＿＿＿＿＿＿）

发生生境类型	发生面积（hm²）	为害对象	为害方式	为害程度	防治面积（hm²）	防治成本（元）	经济损失（元）
合计							

注：表格编号以监测点编号＋监测年份后两位＋年内调查的次序号（第n次调查）＋5组成。

（五）紫茎泽兰潜在发生区调查结果记录格式

1. 踏查结果　紫茎泽兰潜在发生区的踏查结果按表9-52的格式记录。

表9-52　紫茎泽兰潜在发生区踏查结果记录表

踏查日期＿＿＿＿＿＿　监测点位置＿＿＿＿＿＿省＿＿＿＿＿＿市＿＿＿＿＿＿县＿＿＿＿＿＿乡镇/街道＿＿＿＿＿＿村

经纬度＿＿＿＿＿＿　生境类型＿＿＿＿＿＿　调查人＿＿＿＿＿＿　工作单位＿＿＿＿＿＿　职务/职称＿＿＿＿＿＿

联系方式（固定电话＿＿＿＿＿＿　移动电话＿＿＿＿＿＿　电子邮件＿＿＿＿＿＿　）

踏查生境类型	踏查面积（hm²）	踏查结果	备注
合计			

注：表格编号以监测点编号＋监测年份后两位＋年内踏查的次序号（第 n 次踏查）＋6组成。

2. 定点调查结果　紫茎泽兰潜在发生区的定点调查结果按表9-53的格式记录。

表9-53　紫茎泽兰潜在发生区定点调查结果记录表

定点调查单位＿＿＿＿＿＿　位置＿＿＿＿＿＿　表格编号＿＿＿＿＿＿

调查人＿＿＿＿＿＿　工作单位＿＿＿＿＿＿　职务/职称＿＿＿＿＿＿

联系方式（固定电话＿＿＿＿＿＿　移动电话＿＿＿＿＿＿　电子邮件＿＿＿＿＿＿　）

调查日期	调查的周围区域面积或沿线长度	调查结果	备注

注：表格编号以监测点编号＋监测年份后两位＋99＋7组成。

九、外来入侵植物监测技术规程——薇甘菊

形态特征

1. 生境　2008年来已广泛分布在珠江三角洲地区。薇甘菊种子细小而轻，且基部有冠毛，易借风力、水流、动物、昆虫以及人类的活动而远距离传播，也可随带有种子、藤茎的载体、交通工具传播。

主要分布在年平均气温＞1 ℃；平均风速＞2 m/s，有霜日数＜5 d，日最低气温≤5 ℃的日数在10 d以内，寒潮较轻、寒露风较轻的地区。

2. 茎　多年生草质或木质藤本，茎细长，匍匐或攀缘，多分枝，被短柔毛或近无毛，幼时绿色，近圆柱形，老茎淡褐色，具多条肋纹，营养茎为繁殖体之一。

3. 叶　茎中部叶三角状卵形至卵形，长4.0～13.0 cm，宽2.0～9.0 cm，基部心形，偶近载形，先端渐尖，边缘具数个粗齿或浅波状圆锯齿，两面无毛，基出3～7脉；叶柄长2.0～8.0 cm；上部的叶渐小，叶柄亦短。

4. 花　头状花序多数，在枝端常排成复伞房花序状，花序渐纤细，顶部的头状花序花先开放，依次向下逐渐开放，头状花序长4.5～6.0 mm，含小花4朵，全为结实的两性花，总苞片4枚，狭长椭圆形，顶端渐尖，部分急尖，绿色，长2～4.5 mm，总苞基部有一线状椭圆形的小苞叶（外苞片），长1～2 mm，花有香气；花冠白色，脊状，长3～3.5(～4)mm，5齿裂。

5. 子实　瘦果长1.5～2.0 mm，黑色，具冠毛，具5棱，被腺体，冠毛有32～38(～40)条刺毛组成，白色，长2～3.5(～4)mm，子实体为繁殖体之一。

田间调查方法

》 发生区的监测

1. 监测地点 在发生区，选取 20％的下一级行政区域直至乡（镇）为单位，每个乡（镇）选取 3 个行政村，设立监测点。薇甘菊发生的省、市、县、乡（镇）或村的实际数量低于设置标准的，只选实际发生的区域。

2. 监测时间 每年进行 2 次监测调查。根据薇甘菊的生长发育时期情况确定监测时间，两次调查时间应间隔 3 个月以上。

3. 监测内容 包括薇甘菊的发生面积、分布扩散趋势、生态影响、经济危害等。

4. 群落调查方法

（1）样方法 在监测点选取 1～3 个典型样地，每样地最少取 20 个样方，农田及草本群落样方面积为 1 m²，灌木及灌草群落样方面积为 9～25 m²、木本群落样方面积 100 m²。采用随机取样、规则取样、限定随机取样或代表性样方取样等方法。填写"薇甘菊监测样地调查结果记录"记录调查结果。

（2）发生面积与经济损失调查方法 采用踏查结合走访调查的方法，根据所有监测点面积之和占整个监测区面积的比例，推算薇甘菊在监测区的发生面积与经济损失。对发生在农田、果园、荒地、绿地、生活区等具有明显边界的生境内的薇甘菊，其发生面积以相应地块的面积累计计算，或划定包含所有发生点的区域，以整个区域的面积进行计算；对发生在草场、森林、铁路公路沿线等没有明显边界的薇甘菊，持 GPS 定位仪沿其分布边缘走完一个闭合轨迹后，将 GPS 定位仪计算出的面积作为其发生面积，其中，铁路路基、公路路面的面积也计入其发生面积。对发生地地理环境复杂（如山高坡陡），人力不便或无法实地踏查或使用 GPS 定位仪计算面积的，可使用目测法、通过咨询当地国土资源部门（测绘部门）或者熟悉当地基本情况的基层人员，获取其发生面积。在进行发生面积调查的同时，调查薇甘菊为害造成的经济损失情况。经济损失估算方法参见 NY/T 1861—2010 中 7.20，调查的结果按"薇甘菊监测点发生面积与为害调查结果记录格式"的要求记录。

（3）生态影响评价方法 通过调查的植物种类数量及频度的变化反映薇甘菊对入侵地生物多样性的影响。频度计算方法见"薇甘菊监测样地调查结果记录格式"。

5. 标本采集、制作、鉴定、保存和处理 在监测过程中发现的疑似薇甘菊无法当场鉴定的植物，应采集制作成标本，并拍摄其生境、全株、茎、叶、花、果、地下部分等的清晰照片。标本采集和制作的方法参见 NY/T 1861—2010 的附录 G。或求助专家鉴定，标本采集、运输、制作等过程中，植物活体部分均不可遗撒或随意丢弃，在运输中应特别注意密封，标本制作中掉落后不用的植物部分一律烧毁或灭活处理。

6. 监测结果上报与数据保存 发生区的监测结果应于监测结束后或送交鉴定的标本鉴定结果返回后 7 d 内汇总上报。

》 潜在发生区的监测

1. 监测地点 在发生区，选取 20％的下一级行政区域直至乡（镇）为单位，每个乡（镇）选取 3 个行政村，设立监测点。薇甘菊发生的省、市、县、乡（镇）或村的实际数量低于设置标准的，只选实际发生的区域。在高风险场所及周边应额外设立监测点。

2. 监测时间 根据离监测点较近的发生区域气候特点与监测区相似的发生区中薇甘菊的生长特性，或者根据现有的文献资料进行估计，选择薇甘菊可能开花的时期进行。

3. 监测内容 监测薇甘菊是否发生，若发生，按上述发生区方法进行监测。

4. 监测方法

（1）踏查结合走访调查 对距离薇甘菊发生区较近的区域、江河沟渠上游为薇甘菊发生区、与薇甘菊发生区有频繁的客货运往来的地区，应进行重点调查，可适当增加踏查和走访的频率（每年 2 次以上），其他区域每年进行 1 次调查即可。

（2）定点调查 对港口、机场、园艺/花卉公司、种苗生产基地、良种场、原种苗圃等有对外贸易或国内调运活动频繁的高风险场所及周边，尤其是与薇甘菊发生区之间存在切花、苗木、木材等植物和植物产品调运活动的地区及周边，进行定点跟踪调查。

5. 监测结果上报与数据保存 潜在发生区发现薇甘菊后，应于 3 d 内将初步结果上报，包括监测人、监测时间、监测地点或范围、初步发现薇甘菊的生境和发生面积等信息，并在详细情况调查完成后 7 d 内上报完整的监测报告。监测中所有原始数据、记录表、照片等均应进行整理后妥善保存于县级以上的监测负责部门，以备复核。

（一）薇甘菊监测样地调查结果记录格式

薇甘菊监测的样地调查结果按表 9-54 的格式记录。

表 9-54 薇甘菊监测样地调查结果记录表

调查日期_____ 表格编号_____ 样方序号_____ 样方大小_____ m²

监测点位置_____省_____市_____县_____乡镇/街道____村 经纬度_____ 生境类型_____

调查人_____ 工作单位_____ 职务/职称_____

联系方式（固定电话_____ 移动电话_____ 电子邮件_____ ）

植物种类序号	植物种类名称	高度	薇甘菊攀爬高度（m）	薇甘菊盖度（%）
1				
2				
3				
4				
…				

注：表格编号以监测点编号＋监测年份后两位＋样地编号＋样方序号＋1 组成。确定监测点和样地时，自行确定其编号。薇甘菊盖度样方内某种植物所有植株的冠层投影面积占该样方面积的比例。通过估算获得。

根据表 9-53 的调查结果，按表 9-55 的格式进行汇总整理。

表 9-55 薇甘菊监测样地调查结果汇总表

汇总日期_____ 表格编号_____ 样方数量_____

汇总人_____ 工作单位_____ 职务/职称_____

联系方式（固定电话_____ 移动电话_____ 电子邮件_____ ）

植物种类序号	植物种类名称	出现的样方数（个）	薇甘菊攀爬高度（m）	薇甘菊覆盖度（%）
1				
2				
3				
4				
…				

注：表格编号以监测点编号＋监测年份后两位＋样地编号＋99＋2 组成。

（二）薇甘菊监测点发生面积与为害调查结果记录格式

见表 9-56。

表 9-56 薇甘菊监测点发生面积与为害调查结果记录表

调查日期＿＿＿＿＿＿ 表格编号＿＿＿＿＿＿ 样方序号＿＿＿＿＿＿ 样方大小＿＿＿＿＿m²

监测点位置＿＿＿＿省＿＿＿市＿＿＿县＿＿乡镇/街道＿＿村 经纬度＿＿＿＿生境类型＿＿＿＿

调查人＿＿＿＿＿＿＿工作单位＿＿＿＿＿＿＿职务/职称＿＿＿＿＿＿

联系方式（固定电话＿＿＿＿＿＿移动电话＿＿＿＿＿＿电子邮件＿＿＿＿＿＿）

发生生境类型	发生面积（hm²）	为害对象	为害方式	为害程度	防治面积（hm²）	防治成本（元）	经济损失（元）
合计							

注：表格编号以监测点编号＋监测年份后两位＋年内调查的次序号（第 n 次调查）＋3 组成。

（三）薇甘菊监测潜在发生区调查结果记录格式

薇甘菊监测潜在发生区调查结果记录表见表 9-57。

表 9-57 薇甘菊潜在发生区踏查结果记录表

踏查日期＿＿＿＿＿＿ 表格编号＿＿＿＿＿＿ 样方序号＿＿＿＿＿＿ 样方大小＿＿＿＿＿m²

监测点位置＿＿＿＿省＿＿＿市＿＿＿县＿＿乡镇/街道＿＿村 经纬度＿＿＿＿生境类型＿＿＿＿

调查人＿＿＿＿＿＿＿工作单位＿＿＿＿＿＿＿职务/职称＿＿＿＿＿＿

联系方式（固定电话＿＿＿＿＿＿移动电话＿＿＿＿＿＿电子邮件＿＿＿＿＿＿）

踏查生境类型	踏查面积（hm²）	踏查结果	备注
合计			

注：表格编号以监测点编号＋监测年份后两位＋年内踏查的次序号（第 n 次踏查）＋4 组成。

定点调查结果：薇甘菊潜在发生区的定点调查结果按表 9-58 的格式记录。

表 9-58 薇甘菊潜在发生区定点调查结果记录表

定点调查单位＿＿＿＿＿＿ 位置＿＿＿＿＿＿ 表格编号＿＿＿＿＿m²

调查人＿＿＿＿＿＿＿工作单位＿＿＿＿＿＿＿职务/职称＿＿＿＿＿＿

联系方式（固定电话＿＿＿＿＿＿移动电话＿＿＿＿＿＿电子邮件＿＿＿＿＿＿）

调查日期	调查的周围区域面积或沿线长度	调查结果	备注

注：表格编号以监测点编号＋监测年份后两位＋99＋5 组成。

十、外来入侵植物监测技术规程——黄顶菊

形态特征

1. **根**　根系发达，长到 2 m，耐盐碱、耐瘠薄、抗逆性强，繁殖速度惊人。

2. **茎**　一年生草本植物。植株高低差异很大，株高 20～300 cm，茎直立、紫色，茎上带短绒毛。

3. **叶**　叶子交互对生，长椭圆形，长 6～18 cm、宽 2.5～4 cm，叶边缘有稀疏而整齐的锯齿，基部生 3 条平行叶脉。

4. **花**　主茎及侧枝顶端上有密密麻麻的黄色花序，头状花序聚集顶端密集成蝎尾状聚伞花序，花冠鲜艳，花鲜黄色，非常醒目。

5. **生境**　喜生于荒地，尤其偏爱废弃的厂矿、工地和滨海等富含矿物质及盐分的环境，在靠近河、溪旁的水湿处、峡谷、悬崖、峭壁、陡岸、原野、牧场、弃耕地、街道附近、道路两旁，以及含砾岩或沙子的黏土都能生长。常在靠近码头丢弃的沙子等压舱物和海岸边的荒地上滋生。

田间调查方法

>> **发生区的监测**

1. **监测地点**　在发生区，选取 20% 的下一级行政区域直至乡（镇）为单位，每个乡（镇）选取 3 个行政村，设立监测点。黄顶菊发生的省、市、县、乡（镇）或村的实际数量低于设置标准的，只选实际发生的区域。

2. **监测时间**　每年对监测点进行调查，时间为黄顶菊的苗期和花期。

3. **监测内容**　包括黄顶菊的发生面积、分布扩散趋势、生态影响、经济为害等。

4. **群落调查方法**　样方法或样点法确定后，在此后的监测中不可更改调查方法。

（1）**样方法**　在监测点选取 1～3 个典型样地，每样地最少取 20 个面积为 1 m² 的样方。采用随机取样、规则取样、限定随机取样或代表性样方取样等方法。填写"黄顶菊监测样地调查结果记录格式"记录调查结果。

（2）**样点法**　在监测点选取 1～3 个典型样地，随机选取 1 条或 2 条样线，每条样线选 50 个等距的样点，也可参考"黄顶菊监测样点法中样线选取方案"确定取样方案。样点确定后，将取样签（方便获取和使用的木签、竹签、金属签等均可）以垂直于样点所处地面的角度插入地表，插入点半径 5 cm 内的植物即为该样点的样本植物，填写"黄顶菊监测样点法调查结果记录"记录调查结果。

5. **发生面积与经济损失调查方法**　采用踏查结合走访调查的方法，根据所有监测点面积之和占整个监测区面积的比例，推算黄顶菊在监测区的发生面积与经济损失。对发生在农田、果园、荒地、绿地、生活区等具有明显边界的生境内的黄顶菊，其发生面积以相应地块的面积累计计算，或划定包含所有发生点的区域，以整个区域的面积进行计算；对发生在草场、森林、铁路公路沿线等没有明显边界的黄顶菊，持 GPS 定位仪沿其分布边缘走完一个闭合轨迹后，将 GPS 定位仪计算出的面积作为其发生面积，其中，铁路路基、公路路面的面积也计入其发生面积。对发生地地理环境复杂（如山高坡陡），人力不便或无法实地踏查或使用 GPS 定位仪计算面积的，可使用目测法、通过咨询当地国土资源部门（测绘部门）或者熟悉当地基本情况的基层人员，获取其发生面积。在进行发生面积调查的同时，调查黄顶菊为害造成的经济损失情况。经济损失估算方法参见 NY/T 1861—2010 中 7.20，调查的结果按"黄顶菊监测点发生面积与为害调查结果记录格式"的要求记录。

田间调查方法

6. 生态影响评价方法　黄顶菊的生态影响评价按照 NY/T 1861—2010 中 7.1 规定的方法进行。在生态影响评价中，通过比较相同样地中黄顶菊及主要伴生植物在不同监测时间的重要值的变化，反映黄顶菊的竞争性和侵占性；通过比较相同样地在不同监测时间的生物多样性指数的变化，反映黄顶菊入侵对生物多样性的影响。监测中采用样点法时，不计算群落中植物的重要值，通过生物多样性指数的变化反映黄顶菊的影响。

7. 标本采集、制作、鉴定、保存和处理　在监测过程中发现的疑似黄顶菊无法当场鉴定的植物，应采集制作成标本，并拍摄其生境、全株、茎、叶、花、果、地下部分等的清晰照片。标本采集和制作的方法参见 NY/T 1861—2010 的附录 G。或求助专家鉴定，标本采集、运输、制作等过程中，植物活体部分均不可遗撒或随意丢弃，在运输中应特别注意密封，标本制作中掉落后不用的植物部分一律烧毁或灭活处理。

8. 监测结果上报与数据保存　发生区的监测结果应于监测结束后或送交鉴定的标本鉴定结果返回后 7 d 内汇总上报。

≫ 潜在发生区的监测

1. 监测地点　在发生区，选取 20% 的下一级行政区域直至乡（镇）为单位，每个乡（镇）选取 3 个行政村，设立监测点。黄顶菊发生的省、市、县、乡（镇）或村的实际数量低于设置标准的，只选实际发生的区域。

2. 监测时间　在黄顶菊营养生长后期，花期至种子成熟期进行，此时其植株相对高大，有鲜艳的花朵或大量成熟花序，容易观察和识别。监测时间可根据离监测点较近的发生区域气候特点与监视区相似的发生区中黄顶菊的生长特性，或者根据现有的文献资料进行估计确定。

3. 监测内容　监测黄顶菊是否发生，若发生，按上述发生区方法进行监测。

4. 调查方法

（1）踏查结合走访调查　对距离黄顶菊发生区较近的区域（尤其处于发生区下风区的）、与黄顶菊发生区有频繁的客货运往来的地区，应进行重点调查，可适当增加踏查和走访的频率（每年 2 次以上）；其他区域每年进行 1 次调查即可。

（2）定点调查　对港口、机场、园艺/花卉公司、种苗生产基地、良种场、原种苗圃等有对外贸易或国内调运活动频繁的高风险场所及周边，尤其是与黄顶菊发生区之间存在粮食、种子、花卉等植物和植物产品调运活动的地区及周边，进行定点跟踪调查。

监测结果上报与数据保存：潜在发生区发现黄顶菊后，应于 3 d 内将初步结果上报，包括监测人、监测时间、监测地点或范围、初步发现黄顶菊的生境和发生面积等信息，并在详细情况调查完成后 7 d 内上报完整的监测报告。监测中所有原始数据、记录表、照片等均应进行整理后妥善保存于县级以上的监测负责部门，以备复核。

（一）黄顶菊监测样地调查结果记录格式

黄顶菊监测的样地调查结果按表 9 - 59 的格式记录。

表 9-59　黄顶菊监测样地调查结果记录表

调查日期＿＿＿＿＿＿＿＿　表格编号＿＿＿＿＿＿＿＿　样方序号＿＿＿＿＿＿＿＿　样方大小＿＿＿＿＿＿＿m²

监测点位置＿＿＿＿＿省＿＿＿＿市＿＿＿＿县＿＿＿＿乡镇/街道＿＿＿村 经纬度＿＿＿＿＿生境类型＿＿＿＿＿

调查人＿＿＿＿＿＿＿＿＿＿　工作单位＿＿＿＿＿＿＿＿＿　职务/职称＿＿＿＿＿＿＿＿＿

联系方式（固定电话＿＿＿＿＿＿＿＿移动电话＿＿＿＿＿＿＿＿＿＿电子邮件＿＿＿＿＿＿＿＿＿＿＿）

植物种类序号	植物种类名称	株数（株）	覆盖度（%）
1			
2			
3			
4			
…			

注：表格编号以监测点编号＋监测年份后两位＋样地编号＋样方序号＋1组成。确定监测点和样地时，自行确定其编号。覆盖度样方内某种植物所有植株的冠层投影面积占该样方面积的比例。通过估算获得。

根据表 9-59 的调查结果，按表 9-60 的格式进行汇总整理。

表 9-60　黄顶菊监测样地调查结果汇总表

汇总日期＿＿＿＿＿＿＿＿　表格编号＿＿＿＿＿＿＿＿＿　样方数量＿＿＿＿＿＿＿

汇总人＿＿＿＿＿＿＿＿＿＿　工作单位＿＿＿＿＿＿＿＿＿　职务/职称＿＿＿＿＿＿＿

联系方式（固定电话＿＿＿＿＿＿＿移动电话＿＿＿＿＿＿＿＿＿＿＿电子邮件＿＿＿＿＿＿＿＿＿＿）

植物种类序号	植物种类名称	样地内的株数（株）	出现的样方数（个）	样地内的平均覆盖度（%）
1				
2				
3				
4				
…				

注：表格编号以监测点编号＋监测年份后两位＋样地编号＋99＋2组成。

（二）黄顶菊监测样点法中样线选取方案

见表 9-61。

表 9-61　样点法中不同生境中的样线选取方案

生境类型	样线选取方法	样线长度（m）	点距（m）
菜地	对角线	20～50	0.4～1
果园	对角线	50～100	1～2
玉米田	对角线	50～100	1～2
棉花田	对角线	50～100	1～2
小麦田	对角线	50～100	1～2
大豆田	对角线	20～50	0.4～1
花生田	对角线	20～50	0.4～1
其他作物田	对角线	20～50	0.4～1
撂荒地	对角线	20～50	0.4～1
江河沟渠沿岸	沿两岸各取一条（可为曲线）	50～100	1～2
干涸沟渠内	沿内部取一条（可为曲线）	50～100	1～2
铁路、公路两侧	沿两侧各取一条（可为曲线）	50～100	1～2
天然/人工林地、天然/人工草场、城镇绿地、生活区、山坡以及其他生境	对角线，取对角线不便或无法实现时可使用S形、V形、N形、W形线	20～100	0.4～2

（三）黄顶菊监测样点法调查结果记录格式

黄顶菊监测样点法调查结果记录表见表 9-62。

表 9-62　黄顶菊监测样点法调查结果记录表

调查日期＿＿＿＿＿＿＿＿＿＿　表格编号＿＿＿＿＿＿＿＿＿＿　样方序号＿＿＿＿＿＿＿＿＿＿　样方大小＿＿＿＿＿＿＿＿m²

监测点位置＿＿＿＿＿省＿＿＿＿＿市＿＿＿＿＿县＿＿＿＿＿乡镇/街道＿＿＿＿村　经纬度＿＿＿＿＿＿生境类型＿＿＿＿＿＿

调查人＿＿＿＿＿＿＿＿＿＿＿工作单位＿＿＿＿＿＿＿＿＿＿＿＿＿＿职务/职称＿＿＿＿＿＿＿＿＿＿＿

联系方式（固定电话＿＿＿＿＿＿＿＿＿＿移动电话＿＿＿＿＿＿＿＿＿＿电子邮件＿＿＿＿＿＿＿＿＿＿＿）

样点序号	植物名称 I	株数（株）	植物名称 II	株数（株）	植物名称 III	株数（株）	植物名称 IV	株数（株）	植物名称 V	株数（株）
1										
2										
3										
...										

注：表格编号以监测点编号＋监测年份后两位＋生境类型序号＋3组成。生境类型序号按调查的顺序编排，此后的调查中，生境类型序号与第1次调查时保持一致。样点序号选取2条样线的，所有样点依次排序，记录于本表。

根据表 9-62 的调查结果，按表 9-63 的格式进行汇总整理。

表 9-63　黄顶菊监测样点法调查结果汇总表

汇总日期＿＿＿＿＿＿＿＿＿＿＿＿＿＿＿＿＿＿＿表格编号＿＿＿＿＿＿＿＿＿＿＿＿＿＿＿＿＿＿＿＿

监测点位置＿＿＿＿＿省＿＿＿＿＿市＿＿＿＿＿县＿＿＿＿＿乡镇/街道＿＿＿＿＿村　经纬度＿＿＿＿＿生境类型＿＿＿＿＿＿＿＿＿

调查人＿＿＿＿＿＿＿＿＿＿＿工作单位＿＿＿＿＿＿＿＿＿＿＿＿＿＿职务/职称＿＿＿＿＿＿＿＿＿＿

联系方式（固定电话＿＿＿＿＿＿＿＿＿＿移动电话＿＿＿＿＿＿＿＿＿＿电子邮件＿＿＿＿＿＿＿＿＿＿＿）

植物种类序号	植物名称	株数（株）
1		
2		
3		
...		

注：表格编号以监测点编号＋监测年份后两位＋生境类型序号＋4组成。

（四）黄顶菊监测点发生面积与为害调查结果记录格式

黄顶菊监测点发生面积与为害调查结果按表 9-64 的格式记录。

表 9-64　黄顶菊监视点发生面积与为害调查结果记录表

调查日期＿＿＿＿＿＿＿＿＿＿　表格编号＿＿＿＿＿＿＿＿＿＿　样方序号＿＿＿＿＿＿＿＿＿＿　样方大小＿＿＿＿＿＿＿＿m²

监测点位置＿＿＿＿＿省＿＿＿＿＿市＿＿＿＿＿县＿＿＿＿＿乡镇/街道＿＿＿＿村　经纬度＿＿＿＿＿＿生境类型＿＿＿＿＿＿

调查人＿＿＿＿＿＿＿＿＿＿＿工作单位＿＿＿＿＿＿＿＿＿＿＿＿＿＿职务/职称＿＿＿＿＿＿＿＿＿＿＿

联系方式（固定电话＿＿＿＿＿＿＿＿＿＿移动电话＿＿＿＿＿＿＿＿＿＿电子邮件＿＿＿＿＿＿＿＿＿＿＿）

发生生境类型	发生面积（hm²）	为害对象	为害方式	为害程度	防治面积（hm²）	防治成本（元）	经济损失（元）
合计							

注：表格编号以监测点编号＋监测年份后两位＋年内调查的次序号（第 n 次调查）＋5组成。

（五）黄顶菊监测潜在发生区调查结果记录格式

1. 踏查结果　黄顶菊潜在发生区的踏查结果按表 9 - 65 的格式记录。

表 9 - 65　黄顶菊潜在发生区踏查结果记录表

踏查日期_____　监测点位置_____省_____市_____县_____乡镇/街道_____村

经纬度_____　生境类型_____　调查人_____　工作单位_____　职务/职称_____

联系方式（固定电话_____　移动电话_____　电子邮件_____）

踏查生境类型	踏查面积（hm²）	踏查结果	备注
合计			

注：表格编号以监测点编号＋监测年份后两位＋年内踏查的次序号（第 n 次踏查）＋6 组成。

2. 定点调查结果　黄顶菊潜在发生区的定点调查结果按表 9 - 66 的格式记录。

表 9 - 66　黄顶菊潜在发生区定点调查结果记录表

定点调查单位_____　位置_____　表格编号_____

调查人_____　工作单位_____　职务/职称_____

联系方式（固定电话_____　移动电话_____　电子邮件_____）

调查日期	调查的周围区域面积或沿线长度	调查结果	备注

注：表格编号以监测点编号＋监测年份后两位＋99＋7 组成。

十一、农业植物保护专业统计规范

≫ 范　围

规定了农业植物保护专业统计的术语和定义、统计要求、统计方法、统计程序。

适用于全国各级农业行政主管部门植物保护机构对农业植物保护统计数据资料的采集、上报、汇总、审核和发布。

≫ 术语和定义

防治指标（economic threshold）：也称为经济阈值，即有害生物种群密度或数量增长到造成的经济损失相当于实际防治费用，而需采取防治措施时的临界值，是确定有害生物防治的一个参数，达到防治指标即应该实施防治。不同的防治适期、不同的作物或有害生物，其防治指标也不同。

≫ 有害生物发生及损失情况

发生面积：通过各类有代表性田块的抽样调查，其病虫草鼠发生程度达到防治指标的面积。

发生程度：有害生物防治之前，在自然发生情况下用各种指标来表示其发生的轻重，如虫口密度、病情指数。通用的五级分级方法是：1 级为轻发生，2 级为偏轻发生，3 级为中等发生，4 级为偏重发生，5 级为大发生。

防治面积：指各种病虫各次化学防治和生物防治及物理防治的累加面积，以次/亩表述。

自然损失：指作物受有害生物为害后不采取任何防治措施情况下的理论损失量。

实际损失：指防治后因残存的有害生物为害所造成的损失量。

挽回损失：指通过防治有害生物后挽回的损失量。

》 农作物病虫主要防治措施

播种面积：指当年各种农作物播种的总面积，以各地统计部门的数据为准。

化学防治面积：指田间使用化学农药及植物源农药防治病虫的面积，包括种子处理和土壤处理面积。

生物防治面积：指人工释放天敌、施用微生物制剂防治病虫的面积，不包括天敌保护利用的面积。

物理防治面积：指通过各种物理器械、诱捕和人工等物理方法防治害虫的面积。

综防示范面积：统计各地组织安排并完成的综防示范样板面积，辐射面积不统计。

作物有害生物防治总面积：化学防治面积、生物防治面积和物理防治面积之和。

》 农作物有害生物灾害情况统计

受灾面积：指遭到有害生物为害的面积，即现在统计的农作物有害生物发生面积。

成灾面积：指因有害生物为害造成减产 30%（含）以上的面积。

绝收面积：指因有害生物为害造成减产 80%（含）以上的面积。

》 农药使用情况

农药品种：统计使用量较大的杀菌剂、杀虫剂、除草剂、杀鼠剂和生物农药等。

农药商品量：利用抽样调查和农药防治面积推算相结合的办法进行统计。

农药折纯量：折纯药量＝农药商品量×该农药有效含量（％），计量单位为吨（t）。

》 植保施药机械

手动施药药械：背负式手动喷雾器、贮压式手动喷雾器、踏板喷雾机、手动喷粉器等。

背负式机动药械：背负式机动喷粉喷雾机、背负式液泵喷雾机。

小型机动药械：担架式、单体式、车载式机动液泵喷雾机。

大型机动药械：拖拉机悬挂或牵引式喷杆喷雾机、自走式或牵引式风送弥雾机。

手持电动药械：利用电池为动力的手持操作药械。

年底社会保有量：当年年底用户手中能正常使用的植保药械的数量。

作业面积：每种施药器械一年中田间实际作业的面积。

》 农药中毒情况

生产性中毒人数：指在生产活动中因不按照农药安全使用规定而引起中毒的人数。

非生产性中毒人数：指在非生产性环节中，食用农药和带有农药残留的农产品而引起中毒的人数。

生产性死亡人数：指在生产活动中因不按照农药安全使用规定引起死亡的人数。

非生产性死亡人数：指在非生产性环节中，食用农药和带有农药残留的农产品而引起死亡的人数。

以上数字均以当地卫生防疫部门的统计数字为准。

》 植物检疫性有害生物发生防除情况

发生范围和发生面积：发生范围是指已发生的检疫对象所涉及的范围，统计到县及县所涉及的乡。发生面积是指经调查有检疫性有害生物发生的实际面积。

防除情况：指利用化学药剂及铲除病株等有效措施防除检疫性有害生物的面积。化学药剂防治面积和其他防除措施面积分别统计。

损失情况：参照农作物病虫害中挽回损失和实际损失计算方法。

>> 植物检疫情况

产地检疫面积：指植物检疫机构在作物生长季节到田间对种子、苗木及应施检疫的植物、植物产品进行的，旨在为出具产地检疫合格证提供依据的检疫检查的实际面积。签证合格种苗数量是指经检疫合格并发给产地检疫合格证的种苗数量。

省间调运检疫量：指种苗及应施检疫的植物和植物产品跨省交换、调运时实施的检疫检验批次和数量。包括直接抽样检验后出证和凭产地检疫合格证获取检疫证书的批次和数量。

国外引种量：指省级农业行政主管部门植物检疫机构根据有关法规规定，办理从国外引进种苗检疫审批的批次和数量。

违章处理量：指植物检疫机构在执法中，发现并处理违反植物检疫规定进行交换或调运的应检货物的批次和数量。

植物产品：指按照国家或地方有关规定应施检疫的植物产品。

>> 植保系统人员情况

植保系统总人数：指各级农业行政主管部门植保植检机构及县以下农技部门从事植保工作的在职技术干部、行政干部、工人数量。

学历：只统计中等专业学历及以上学历的在职干部和工人。

技术职务：指从事植保工作人员的技术职务。

检疫人员数量：指持有农业部颁发的"植物检疫员证"并从事植物检疫工作的人员。

技术培训：指对植保技术人员及农民的植保技术培训，包括各级植保培训班和现场培训。

>> 植保服务组织及有偿服务情况

植保服务组织：从事植保服务的各类社会化服务组织。

有偿服务情况：主要统计植保服务组织的经营状况。

服务面积：指植保服务组织为农民提供的承包、代治病虫的面积。

咨询服务：指在病虫防治季节为农民提供植保技术咨询服务的人次。

>> 统计程序

采集：植保专业统计的各类报表格式和内容由全国农业技术推广服务中心统一制订，并报国家统计局批准。数据采集由县级植保机构负责。各省（自治区、直辖市）可根据本地区植保工作需要，增加或扩展全国统一制订的报表内容，但不得减少本报表的内容，不能制订与本报表内容矛盾或重复的统计报表。

上报：县（市）级年度植保专业统计原始报表的数据采集截止时间为当年12月31日，经校对核实后，于次年1月15日前上报到地（市）级植保机构。经地（市）级汇总的统计报表，于次年1月31日前上报到所在的省级植保机构。省级汇总后的统计报表，于2月28日前上报到全国农业技术推广服务中心。计划单列市的统计报表上报到所在省植保机构。新疆生产建设兵团的统计报表直接上报到全国农业技术推广服务中心。各级植保专业统计报表需一式两份，一份上报，一份存档。统计报表需经本级植保机构负责人审核签字并加盖单位公章后，才能上报。

汇总：各级植保专业统计资料的汇总由本级植保机构负责，上级部门不得修改下级单位上报数据，如对数据存在疑义，下级单位应在规定时限内予以说明、解释或修正，出现难以确认的数据，汇总单位应及时与有关单位协商修正。

审核：全国农业技术推广服务中心和各级植保机构要对植保专业统计数据进行审核和会商，保证数据的真实可靠。审核实行分级负责制。

发布：全国农业技术推广服务中心受农业部委托，是全国植保专业数据资料发布的唯一权威（授权）机构；各省级植保机构是辖区内植保专业数据资料发布的唯一（授权）机构，对发布的信息负责，所发布内容必须与上报全国的数据资料保持一致；植保专业重大事件和重大农作物病虫草鼠等生物灾害数据资料只能由省级以上单位发布。

>> 统计要求

数据：本专业统计原始数据应依据国家统计法的规定，按照植保专业统计抽样调查方法采集，根据国家统计部门核发的《植保专业统计报表制度》中各报表的指标解释要求填写。

人员：从事植保专业统计工作的人员应具有大专以上植保（农学）专业学历，从事植保相关专业2年以上，并经过专业技术培训。

十二、地中海实蝇监测规范

>> 分类地位

地中海实蝇属双翅目（Diptera），实蝇科（Tetriphitidae）。

>> 监测原理

利用实蝇引诱物对实蝇成虫的诱集作用，配合实蝇诱捕器，诱捕实蝇成虫，并根据地中海实蝇发生规律、为害特征进行幼虫调查。

>> 用具及试剂

解剖镜、放大镜、镊子、指形管、昆虫针、标签纸、75％乙醇、40％甲醛、冰醋酸、脱脂棉等。

>> 监测点

监测区域包括进口寄主植物产品集散地和主要消费区，水果、蔬菜主要种植地。每县（市、区）确定3个监测点，每个监测点挂3个诱捕器，诱捕器间距50 m以上。

>> 监测时间

各地可根据气候条件、地中海实蝇生物学特性和寄主作物生长情况调整具体监测时间，一般为每年的3～11月或日平均温度10℃以上。

>> 监测方法

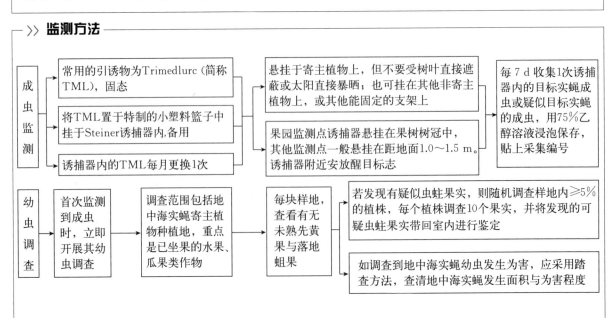

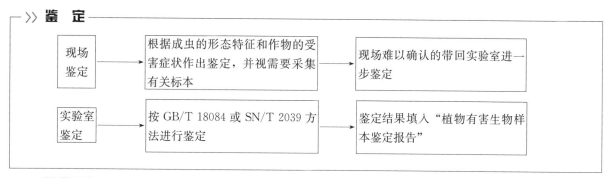

≫ 鉴 定

| 现场鉴定 | → | 根据成虫的形态特征和作物的受害症状作出鉴定,并视需要采集有关标本 | → | 现场难以确认的带回实验室进一步鉴定 |

| 实验室鉴定 | → | 按 GB/T 18084 或 SN/T 2039 方法进行鉴定 | → | 鉴定结果填入"植物有害生物样本鉴定报告" |

≫ 监测报告

记录监测结果并填写表 9-67;植物检疫机构对监测结果进行整理汇总形成监测报告。

≫ 档案保存

采集到的成虫制作为针插标本或浸泡标本,填写标本标签,连同标本一起妥善保存。

≫ 档案保存

详细记录、汇总监测区内调查结果。各项监测的原始记录连同其他材料妥善保存于植物检疫机构。

(一) Steiner 诱捕器

见图 9-1。

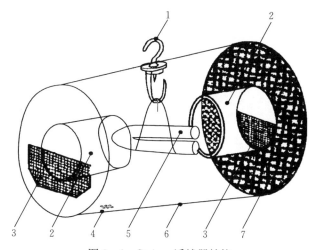

图 9-1 Steiner 诱捕器结构

1. 挂钩 2. 漏斗状通道 3. 防护网 4. 泄水孔 5. 引诱物 6. 诱捕器外壳 7. 诱捕器盖

(二) 植物有害生物样本鉴定报告

见表 9-67。

表 9-67 植物有害生物样本鉴定报告

植物名称				品种名称	
植物生育期		样品数量		取样部位	
样品来源		送检日期		送检人	
送检单位				联系电话	
检测鉴定方法:					

（续）

检测鉴定结果：
备注：
鉴定人（签名）：
审核人（签名）： 鉴定单位盖章： 年 月 日

注：本单一式三份，检测单位、受检单位和检疫机构各一份。

（三）表9-68 疫情监测记录表

见表9-68。

表9-68 疫情监测记录表

监测对象		监测单位	
监测地点		联系电话	
监测到有害生物（或疑似有害生物）的名称		数量	备注
监测方法：			
疫情描述：			
备注：			
监测单位（盖章）： 监测人（签名）： 年 月 日			

十三、美国白蛾监测规范

>> **分类地位**

美国白蛾属鳞翅目 (Lepidoptera), 灯蛾科 (Arctiidae)。

>> **监测原理**

根据美国白蛾发生规律、为害特征, 对果树、蔬菜、花卉、林木、灌木等植物进行调查。

调查

>> **调查地点**

发生区及毗邻地区的果园及林地、防护林周边的农田、有货物运输往来的交通要道、货物集散地周围的寄主植物。

>> **调查时间**

调查前询问种苗来源、栽培管理及美国白蛾发生情况, 确定调查时间, 美国白蛾发生期每月不得少于 3 次。

>> **调查方法**

选择有代表性的路线, 必要时采用定点 (定株) 调查。调查前询问种苗来源、栽培管理及美国白蛾发生情况, 确定调查方法。

果树及林木	成虫期调查	查看植物叶片背面是否有卵块, 寄主植物及附近物体上是否有成虫
	幼虫期调查	查看寄主植物是否有网幕, 网幕一般为50～60 cm, 最长可达100 cm; 叶片呈缺刻孔洞状, 叶脉成白膜状枯黄或植物全部受害
	蛹期调查	检查寄主植物叶下、树干老树皮下、乱石堆中、墙缝、屋檐下, 调查是否有越冬(越夏)蛹
大田作物		沿大田、蔬菜地走向调查3～5点, 每点调查100～300株, 少于100株时, 向外扩查到100株

>> **发生程度调查**

在踏查过程中发现美国白蛾的地段, 设立样地做详细调查。样地的累计面积不少于发生面积的 5%。

采取 5 点取样法, 选取植物 50～100 株, 也可根据需要临时增补植株, 对抽取的样株进行每株幼虫网幕数调查。

监测

>> **监测寄主**

苹果、桃、白菜、豆角及其他主要寄主植物。主要寄主植物参见表 9 - 69。

>> **监测时间和区域**

监测时间: 每年 5～10 月进行监测, 每月不少于 3 次。

监测区域: 疫情发生区及周边地区、与疫区有货物运输往来的车站、码头、机场、公路、铁路等周边果园、菜地及其他农作物种植地。

>> **监测方法和记录**

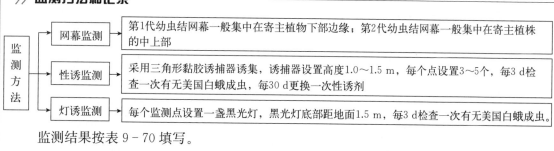

监测方法	网幕监测	第1代幼虫结网幕一般集中在寄主植物下部边缘; 第2代幼虫结网幕一般集中在寄主植株的中上部
	性诱监测	采用三角形黏胶诱捕器诱集, 诱捕器设置高度1.0～1.5 m, 每个点设置3～5个, 每3 d检查一次有无美国白蛾成虫, 每30 d更换一次性诱剂
	灯诱监测	每个监测点设置一盏黑光灯, 黑光灯底部距地面1.5 m, 每3 d检查一次有无美国白蛾成虫

监测结果按表 9 - 70 填写。

>> 档案保存

调查与监测过程中的样品制作成标本，注明寄主、发生地和发现时间等信息并保存。被害状及为害现场要拍摄照片、录像等存档。

各项原始记录连同上述材料妥善保存于植物检疫机构。

（一）美国白蛾主要寄主植物

见表 9-69。

表 9-69 美国白蛾主要寄主植物

寄主植物中文名	寄主植物学名
枣树	*Ziziphus jujuba*
葡萄	*Vitis vinifera*
文冠果	*Xanthoceras sorbifolia*
李属	*Prunus*
梨属	*Pyrus*
柳属	*Salix*
杨属	*Poplus*
柿	*Diospyros kaki*
复叶槭	*Acer negundo*
元宝槭	*A. truncatum*
三球悬铃木	*Platanus orientalis*
桑树	*Morus alba*
白桦	*Betula platyphylla*
榆树	*Ulmus pumila*
板栗	*Castanea mollissima*
梧桐	*Firmiana simplex*
樱桃	*Cerasus pseudocerasus*
连翘	*Forsythia suspensa*
刺槐	*Robinia pseudoacacia*
槐树	*Sophora japonica*
紫穗槐	*Amorpha fruticosa*
臭椿	*Ailanthus altissima*
香椿	*Toona sinensis*
山楂	*Crataegus pinnatifida*
水曲柳	*Fraxinus mandshurica*
美国白蜡树	*Fraxinus americana*
枫杨	*Pterocarya stenoptera*
毛泡桐	*Paulownia tomentosa*
核桃楸	*Juglans mandshurica*
紫丁香	*Syringa oblata*

（二）疫情监测记录表

见表 9 - 70。

表 9 - 70 疫情监测记录表

监测对象		监测单位		
监测地点		联系电话		
监测到有害生物（或疑似有害生物）的名称		数量		备注
监测方法：				
疫情描述：				
备注：				

监测单位（盖章）：

监测人（签名）：

年 月 日

十四、薇甘菊综合防治技术规程

》》薇甘菊的形态特征

1. 菊科的鉴定特征 草本、亚灌木；叶通常互生，全缘或具齿或分裂，无托叶；花整齐或左右对称，五基数，少数或多数密集成头状花序或为短穗状花序，头状花序单生或数个至多数排列成总状、聚伞状、伞房状或圆锥状；子房下位，合生皮 2 枚，1 室，具 1 个直立的胚珠；果为不开裂的瘦果；种子无胚乳，具 2 个，稀 1 个子叶。

2. 管状花亚科的鉴定特征 头状花序全部为同形的管状花，或有异形的小花，中央花非舌状；植物无乳汁。

3. 假泽兰属的鉴定特征 总苞片 4 个，稍不相等；头状花序有 4 个小花；攀缘草本；冠毛毛状，多数，分离。

4. 薇甘菊种的鉴定特征 在放大 10～15 倍体视解剖镜下检验。根据种的特征图和近缘种的比较（"薇甘菊及其近缘种检索表"和"薇甘菊及其近缘种的比较"），鉴定是否为薇甘菊。

》》防治的原则和策略

1. 防治原则 采取"预防为主，综合防治"的原则。加强监测预警，防止薇甘菊向未发生区传播扩散；综合运用各种防治技术，将薇甘菊种群控制在经济损失允许的水平以下，并避免或力求减少对经济和环境的为害，以取得最大的经济效益和生态效益。

2. 防治策略 根据薇甘菊发生的不同生境及为害程度，因地制宜利用物理、化学和生态措施控制薇甘菊的发生为害。

>> **调查监测**

参照 NY/T 1865 调查薇甘菊发生生境、发生面积、为害方式、为害程度、潜在扩散范围、潜在为害方式、潜在为害程度等（薇甘菊的形态鉴别参见"薇甘菊及其近缘种检索表"和"薇甘菊及其近缘种的比较"）。掌握薇甘菊发生动态，防范薇甘菊传入或扩散，为防治提供决策依据。

主要防治措施

>> **防治措施**

1. 物理防治 对零星发生或不适宜使用化学药剂防治的粮食作物田，在薇甘菊营养生长期，人工铲除薇甘菊地上部的藤蔓。用刀、枝剪等将攀援生长的薇甘菊藤蔓在离地面 0.5 m 处割断，并挖出根部，集中烧毁或就地深埋。对成片发生薇甘菊，采取机械铲除或割除，并结合化学防治措施进行控制。

2. 化学防治 选用甲嘧磺隆、草甘膦、锈去津等药剂，参照 GB 4285、GB 12475、GB/T 8321、NY/T 1276 等的规定使用。甲嘧磺隆对于大多数针叶树具有选择性。在樟子树、油松、金钱松、马尾松、云杉、侧松、桧柏、红松等使用甲嘧磺隆较安全，但杉木和落叶松对于甲嘧磺隆则比较敏感，应谨慎使用，水域边慎用。

3. 生态控制 人工种植速生本土阔叶树种，搭配种植本土灌木和草本植物，尽快使栽培植物占领空间、郁闭生境，从而可在群落自然生长中逐渐抑制薇甘菊的生长，达到控制薇甘菊、恢复生态的效果。

不同生境综合防治措施

>> **不同生境防治**

1. 粮食作物田 在作物田内发生的薇甘菊，可采取人工铲除的方法清除薇甘菊的地上藤蔓，并挖根进行集中处理。在作物田周边发生的薇甘菊每公顷使用甲嘧磺隆 560 g（有效成分，下同）配制成水溶液进行叶面喷雾；或每公顷用草甘膦 1 800 g，兑水 450 L，均匀喷雾。

2. 经济作物田 对于在作物田内零星发生的薇甘菊进行人工铲除。甘蔗田中耕管理后，薇甘菊幼苗期之前，每公顷使用莠去津 1 800 g，兑水 450～600 L，封闭处理；薇甘菊幼苗期之后，每公顷使用草甘膦 1 800 g 或百草枯水剂 600 g，兑水 450～600 L，定向喷雾。柠檬、香蕉、橘、柚、茶、麻竹等经济作物园，每公顷用草甘膦 1 800 g，兑水 450 L，均匀喷雾。

3. 路边、荒地、沟渠 对路边、沟渠边成片发生的薇甘菊，每公顷用草甘膦 1 800 g，兑水 450 L，均匀喷雾。对荒地成片发生的薇甘菊，每公顷使用甲嘧磺隆 560 g 配制成水溶液进行叶面喷雾。薇甘菊与其他植物伴生或覆盖其他植物时，对薇甘菊茎叶定向喷雾。

4. 林地 在薇甘菊成片大面积发生的山地、人工林、次生林等生境中，将人工防治、化学防治与群落改造相结合。施用化学药剂 2～3 个月后，有效控制薇甘菊种群数量，或人工铲除薇甘菊后，在空旷或树木不太密集的地方（树木荫蔽度在 70% 以下）利用群落改造措施逐渐抑制薇甘菊的生长，达到控制薇甘菊、恢复生态的效果。

5. 有机农产品和绿色食品产地 有机农产品和绿色食品产地实施薇甘菊防治，应遵照 NY/T 393、HJ/T 80 等标准的规定，根据允许使用的农药种类、剂量、时间、使用方式等规定进行控制。不得使用农药的应采用物理防治的方法进行控制。

（一）薇甘菊及其近缘种检索表

1. 叶卵形，或披针形，基部不为戟形。
　　2. 叶基部圆形至楔形，膜质，通常薄或软，大，长 12～21 cm，宽 9～12 cm，表面具柔毛，背面具软近黄褐色绒毛；头状花序长 10～12 mm；冠毛刚毛状，约 65 条，浅黄色至黄色 ……………………………………………………………………………………………… *Mikania guaco* H. & B.
　　2. 中部茎叶卵形，长 4～10 cm，宽 2～7 cm，基部心形，全缘或具波状齿，上部叶渐小，基部平截或楔形；头状花序长 7～7.5 mm；冠毛刚毛状，40～45 条，灰白色或红褐色 ……………………………………………… 假泽兰 *Mikania cordata*（Burm. f.）B. L. Robinson
1. 叶心形，或戟形
　　3. 茎常无毛；叶片近全缘，或具波状锯齿；聚伞花序或圆顶状；总苞片白色、绿色或带紫色，狭矩圆形；花冠粉红色、带紫色或白色；冠毛白色或微红色 ……………………… *Mikania scandens* Willd.
　　3. 茎、叶柄、叶片常多少被毛；叶片常具深波刻、粗波状锯齿或牙齿；聚伞花序开展，侧生的花序常超过顶生的花序；总苞片无毛，干后近红色；花冠常白色，带红色 …………………………………………………………………………………………… 薇甘菊 *Mikania micrantha* H. B. K.

（二）薇甘菊及其近缘种的比较

见表 9-71。

表 9-71　薇甘菊及其近缘种的比较

特征	薇甘菊 *M. micrantha* H. B. K.	*M. scandens* Willd.	假泽兰 *M. cordata*（Burm. f.）B. L. Robinson	*M. guaco* H. & B.
茎	茎圆柱形或管状，有浅沟及棱，茎和叶柄常被暗白色柔毛	茎圆柱形，无毛	茎多分枝，被短柔毛或几无毛	茎圆柱形，很快无毛；分枝被暗色绒毛
叶片	卵形，心脏形，具深凹刻，近全缘或粗波状齿或牙齿，长 5～13 cm，叶表面常被暗白色柔毛	三角状箭形，或戟形，卵形，卵状椭圆形，顶端锐尖或渐尖，具波状齿；通常无毛或少被毛；北美的该种毛被明显	卵状三角形，深锯齿，或形成裂片状；两面疏被短柔毛	卵形，锐尖至渐尖，具波形状小齿或全缘；基部圆形至楔形，长 12～21 cm，表面具柔毛，背面具金黄褐色绒毛
头状花序	长 4～6 cm，常聚集成开展圆锥聚伞状，花序伸展时侧生的花序常超过顶生	长约 7 mm，大多数聚集成圆顶状聚伞花序，顶生或腋生，具花序梗	开展聚伞圆锥状，基部稍开展；头状花序长 7～7.5 mm；花序梗 3～5 mm	聚伞花序具长花序梗；头状花序长约 10 mm；花序几无柄
总苞鳞	狭披针形至椭圆形，通常长度为总苞片的 1/2～2/3	近线形至狭披针形，通常长度为小苞的 2/3	线形，披针状，长约 3 mm	矩圆形，背面被毛
总苞片	线形，披针形，锐尖，呈绿色至禾秆色，长 2.5～4.5 mm	渐狭，白色，绿色或略带紫色	狭长椭圆形，长 5～7 mm，尖端收缩成短尖头	矩圆形，背面被毛
花冠	细长管状，长 1.5～1.7 mm，白色，有小齿或弯曲成长约 0.5 mm 的齿尖	花冠粉红色，苍白紫色，稀白色	长 3.5～5 mm，5 齿裂，白色	管细长，3～3.5 mm，齿裂三角形
冠毛	附毛状，33～36 条，白色或少红色	刚毛状，35～39 条，白色或紫色	刚毛状，40～45 条，灰白至红褐色	刚毛状，达 65 条，浅黄色至黄色
瘦果	瘦果黑色，长 1.7 mm，表面散布粒状突起物	瘦果近无毛，黑褐色	瘦果长 3.5 mm，有腺点	瘦果长 3.3 mm，有糙点
备注	与 *M. cordata* 相比，巴西的 *M. micrantha* 有时有明显的红色冠毛，头状花序更小，刚毛更少，苞片更狭，较园林中采的标本刚毛更硬	接近海岸地区花冠倾向于白色和被柔毛	与北美洲的 *M. scandens* 相比，该种花序更开展，头状花序稍大，苞片灰褐色，冠毛更多	与 *M. scandens*，*M. micrantha* 相比，本种叶膜质，阔卵形，多少被毛，基部圆形或楔形，具长柄，极不相同

十五、空心莲子草综合防治技术规程

》》空心莲子草的形态特征

1. 苋科植物的鉴定特征 一年生或多年生草本，稀为灌木。茎直立或伏卧。单叶，互生或对生，有柄，全缘或具不明显锯齿；托叶缺。花小，两性或单性，辐射对称，常密集簇生；萼片3~5个，干膜质。雄蕊1~5个，与萼片对生，雄蕊基部联合成管。子房上位，1室，有胚珠1个（稀多个）。果实为胞果，稀为浆果或蒴果，包于花被内或附于花被上。种子扁球形或近肾形，光滑或有小疣点。

2. 莲子草属植物的鉴定特征 总苞片4个，稍不相等；头状花序有4个小花；攀缘草本；冠毛毛状，多数，分离。叶对生，全缘。花两性，单生在苞片腋部；苞片及小苞片干膜质，宿存；花被片5，干膜质；花丝基部连合成管状或短杯状，花药1室；退化雄蕊全缘。胞果不裂，边缘翅状。种子凸镜状。

3. 空心莲子草的鉴定特征 在放大10~15倍体视解剖镜下检验。根据种的特征图和近缘种的比较（空心莲子草），鉴定是否为空心莲子草。水生型空心莲子草的一个重要鉴定依据为成熟时茎中空，髓腔大。

》》防治的原则和策略

1. 防治原则 采取"预防为主、综合防治"的原则，以适当的成本，将空心莲子草控制在可接受的为害水平之下，避免或减少空心莲子草对农业、生态、经济和社会造成的为害。

2. 防治策略 采取以化学防治为主、农业、物理、生物防治为辅的防治旱生型空心莲子草和以生物防治为主，农业、物理、化学防治为辅的防治水生型空心莲子草的技术策略。

》》调查监测

参照NY/T 1861调查空心莲子草发生生境、发生面积、为害方式、为害程度、潜在扩散范围、潜在为害方式、潜在为害程度等（空心莲子草的形态鉴别参见"空心莲子草近缘种检索表"）。通过调查监测，掌握空心莲子草发生动态，防范空心莲子草传入或扩散，为综合防治提供依据。

主要防治措施

》》防治措施

1. 农业防治 深秋和初冬进行两次深翻，使地下根茎充分暴露在空气中，从而被霜冻和严寒杀死；结合耕作栽培措施实施薄膜覆盖高温灭草，农事操作中耕除草；严格控制农田氮肥施用量，特别是水田中氮肥用量，防止空心莲子草疯长。

2. 化学防治 选用草甘膦、氯氟吡氧乙酸乳油、甲磺·氯氟吡等药剂防治。

3. 物理防治 采取人工、机械铲除或人工、机械打捞；铲除和打捞空心莲子草时应尽可能深挖或连根打捞；铲除或打捞出的空心莲子草可集中烧毁或经充分腐熟沤制成绿肥使用。

4. 生物防治 当早春最低气温回升到10℃以上时，释放莲草直胸跳甲成虫，每公顷水域释放1 000~3 000头成虫，可控制其为害与蔓延。

5. 生境管理 在空心莲子草发生地区，将闲置池塘、河滩、荒地等以低价或无偿承包或租借给农民开发利用，减少适宜空心莲子草孳生的生境。

不同生境综合防治措施

>> **不同生境防治**

1. 作物田 在作物（油菜、大豆）播种前或水稻插秧前采取农业防治或人工铲除或化学防治措施，控制空心莲子草。每公顷可使用氯氟吡氧乙酸乳油150 g（有效成分，下同），或氯氟吡氧乙酸乳油90 g＋二甲四氯225 g，兑水450～600 L喷雾；或每公顷使用14％甲磺·氯氟吡105～147 g，兑水400～600 L喷雾。周围如有需要保护的阔叶植物，施药时需避免药剂喷施到阔叶植物上，或设置防护罩。对于糯稻、甜玉米，避免使用氯氟吡氧乙酸。

2. 蔬菜田 在蔬菜空茬期，每公顷可使用氯氟吡氧乙酸乳油150 g，兑水450～600 L喷雾。在蔬菜生长期采取农业防治或人工防治措施。

3. 果园 在生长季节可采用农业防治、人工机械铲除或化学防治措施。

4. 有机农产品和绿色食品产地 遵照NY/T 393、HJ/T 80等标准的规定或采用农业防治、物理防治的方法进行控制。

5. 路边、荒地 采取人工机械铲除或化学防治措施或生境管理措施。

6. 保护水源区 在饮用水源地，采用人工或机械打捞措施，或辅以生物防治的方法进行长效控制。打捞或铲除的空心莲子草应全部集中烧毁或经过充分腐熟沤制成绿肥。

7. 水产养殖区 优先采取生物防治措施，辅助采用人工机械打捞措施。

8. 沟渠、河道、水塘等水域 可优先采取生物防治措施，辅助采用人工机械打捞措施，应急时可采取化学防治措施。

空心莲子草近缘种检索表

1. 茎紫红色，节上密生白色长柔毛 ·············· 匙叶莲子草 *A. paronychioides* A. St. - Hil
   茎绿色 ·· 2
2. 叶片绿色或红色，或部分绿色，杂以红色或黄色斑纹；栽培植物 ································
   ························· 锦绣苋 *Alternanthera bettzickiana*（Regel）Nichols.
   叶片绿色；野生植物，少有栽培 ···································· 3
3. 苞片及2外花被片顶端有刺 ·················· 刺花莲子草 *A. pnngens* H. B. K.
   苞片及2外花被片顶端无刺 ·· 4
4. 头状花序1～4个，无总花梗 ·············· 莲子草 *A. sessilis*（L.）DC
   头状花序单一，有总花梗，野生或栽培 ·········· 空心莲子草 *A. philoxeroides*（Mart.）Gris.

十六、紫茎泽兰综合防治技术规程

>> **紫茎泽兰的形态特征**

1. 菊科的鉴定特征 草本、亚灌木；叶通常互生，全缘或具齿或分裂，无托叶；花整齐或左右对称，五基数，少数或多数密集成头状花序或为短穗状花序，头状花序单生或数个至多数排列成总状、聚伞状、伞房状或圆锥状；子房下位，合生皮2枚，1室，具1个直立的胚珠；果为不开裂的瘦果；种子无胚乳，具2个，稀1个子叶。

2. 管状花亚科的鉴定特征 头状花序全部为同形的管状花，或有异形的小花，中央花非舌状；植物无乳汁。

3. 泽兰属的鉴定特征 头状花序排成伞房花序式，同性，花少数；总苞圆柱形至半球形，总苞片2至多列；花两性，管状，5齿裂；花柱长突出于花冠外；瘦果5棱形，有刺毛状冠毛。

4. 紫茎泽兰种的鉴定特征 茎紫色；总苞1层或2层花淡紫或白色，头状花序内有40～50朵花；瘦果无毛。

>> 防治的原则和策略

1. 防治原则　采取"预防为主，综合防治"的原则。加强监测预警，防止紫茎泽兰向未发生区传播扩散；协调化学、物理、生态防治的措施，减少紫茎泽兰对经济和环境的为害，以取得最大的经济效益和生态效益。

2. 防治策略　根据紫茎泽兰的发生和为害及地理分布，将防治区域划分为潜在发生区、扩散区、重灾区和生态脆弱区。采取监测潜在发生区、控制扩散区、防治重灾区、修复生态脆弱区的策略，综合控制紫茎泽兰的为害。

>> 调查监测

在潜在发生区建立早期监测预警体系，根据紫茎泽兰主要沿交通运输公路、水路传播的特点，建立早期监测预警隔离带（参照 NY/T 1864）。

主要防治措施

>> 防治措施

1. 物理防治　紫茎泽兰开花前采取人工拔除、机械铲除的防治措施；对成片发生的紫茎泽兰可人工剪花枝，减少紫茎泽兰的种子量，控制蔓延。拔除或剪掉的花枝集中焚烧或作为燃料、饲料原料等。

2. 化学防治　选用草甘膦、甲嘧磺隆、胺氯吡啶酸乳油等药剂对紫茎泽兰进行化学防治，使用方法参照 GB 4285、GB 12475、GB/T 8321、NY/T 1276 等的规定。

3. 生态修复　选择种植当地适宜生态气候特征、生长迅速、具有竞争能力的草种、灌木、经济或生态林木，控制紫茎泽兰的蔓延和为害，恢复自然生态。

不同生境综合防治措施

>> 不同生境防治

1. 农田　采用物理或化学防治措施控制紫茎泽兰为害。作物种植前，每公顷用草甘膦丙胺盐水剂 2 220～2 460 g（有效成分，下同），兑水 600～900 L，对紫茎泽兰均匀喷雾；也可选择使用噻吩磺隆，安全用于小麦、玉米等禾本科作物田。

2. 果园　采用物理、化学、生态措施控制紫茎泽兰为害。生态修复中可选用紫花苜蓿、多年生黑麦草等适宜当地种植的牧草。

3. 草场　采取物理、化学措施防除紫茎泽兰，播种非洲狗尾草、多年生黑麦草等耐旱、速生的牧草恢复草场的生态。

4. 针叶林　化学防除紫茎泽兰，恢复自然植被。每公顷用甲嘧磺隆可溶性粉剂 157.5～315 g，兑水 600～900 L，对紫茎泽兰均匀喷雾。

5. 阔叶林　化学防除紫茎泽兰，恢复自然植被。

6. 沟渠边　每公顷用草甘膦异丙胺盐水剂 2 220～2 460 g，兑水 600～900 L，对紫茎泽兰均匀喷雾。

7. 荒地　采取化学防治和生态修复相结合的防控措施。

8. 生态脆弱区　花前砍枝留根，控制种子扩散，防止处置不当造成水土流失，也可采用涂抹法施用甲嘧磺隆或胺氯吡啶酸，控制紫茎泽兰，然后种植耐瘠薄的替代植物。

9. 有机农产品及绿色食品产地　在有机农产品和绿色食品产地实施，应按照 NY/T 393、HJ/T 80 的规定进行控制。不得使用农药的区域应采取其他方法进行控制。

紫茎泽兰近缘种检索表

1. 头状花序圆柱状；瘦果上有稀疏紧贴的短柔毛 ⋯⋯⋯⋯⋯⋯⋯⋯⋯⋯⋯⋯ 飞机草 *Chromolaena odorata* L.

头序花序钟状；瘦果无毛 ……………………………………………………………………………

2. 花序托突出，呈圆锥形；头状花序内有 40～50 朵花 ……… 茎泽兰 *Eupatorium adenophorum* Spreng.

花序托平；头状花序内通常只有 5 朵花 …………………………… 台湾泽兰 *Eupatorium formosanum* Hayata

十七、外来入侵杂草根除指南

≫ 启动根除工作

1. 外来入侵杂草　偶然传入或被人为引入到新地区（即非本地原产），成功定殖并对当地生态环境、农业生产或人畜安全为害的草本植物。外来入侵杂草的鉴定由政府指定的或学术界公认的专家进行，或由其对初步鉴定结果予以确认。

2. 根除原则　外来入侵杂草的根除工作由政府主管部门组织开展实施，并在可接受的成本下进行。根除过程需依照国家相关法律、法规、政策及涉及的保密规定。管理部门根据对外来入侵杂草发生和为害信息的评价，形成是否需要根除的初步意见。认为需要根除的，成立工作组开展后续工作。

3. 工作组的组成　工作组成员可包括但不限于：管理部门人员和风险分析、杂草、植物检疫、农药、生态等相关专家。

≫ 初步根除意见的审查

1. 风险分析　根据收集的外来入侵杂草在发生区的传入途径、发生情况、扩散情况、为害情况等资料，发生区的作物布局、气候和土壤等环境特征、需要特别保护的物种或环境、相关内外贸易情况，外来入侵杂草的生物学和生态学特征，采取科学的方法进行风险分析，确定外来入侵杂草在经济、贸易、生态环境、生物多样性、人畜健康、社会文化等方面的（潜在）影响。风险分析指标体系见"外来入侵植物风险评估指标体系"。

2. 审查　综合审查、评估根除计划的可行性。

3. 信息发布　确定实施根除时，应公开并与当地政府、居民、组织、单位等共享相关信息，通过充分宣传，提高公众对根除计划的认识、理解和支持程度，充分利用社会资源、发挥社会各阶层的力量，保障和促进根除计划的顺利实施。

≫ 根除方案的制订

工作组负责根除方案的制订，制订方案时，应尽可能提出并讨论所有可行的防治技术措施，综合考虑各种措施或措施组合的利弊、短期和长期总费用、成本、效益、是否具备资源以及政治和社会因素，最终确定采取的技术措施或组合。

田间实施

≫ 根除方案的执行

根除方案由管理部门负责并组织实施。工作组监督审查方案的执行、根除效果及方案的正确性，在出现可能影响根除进程或根除效果的意外情况发生时，及时修改根除方案。

根除工作核实

≫ 根除的核实与报告

1. 核实　工作组根据根除方案中确定的监测方法、监测强度和监测时间，核实外来入侵杂草是否已根除。

2. 报告　根除方案执行完成后，由工作组起草根除工作报告，报管理部门审核。报告的内容包括根除计划的来源、根除方案、根除方案执行过程、根除计划成功结论或根除计划失败结论、工作组建议。根除计划失败的应彻底审查根除方案，并综合方案的详细执行情况、方案执行中出现的任何预期之外的情况进行系统的分析评估，确定根除计划实施失败的原因，形成根除计划失败的说明文件一并报管理部门。

根除工作核实

>> **审核与决定**

管理部门对根除工作报告进行审核，参考工作组建议作出如下决定：

（1）宣布根除。

（2）开始实施一项新的根除计划。

将根除计划变更为目标外来入侵生物的综合治理计划或其他。

（一）外来入侵植物风险评估指标体系

表 9-72。

表 9-72　外来入侵植物风险评估指标体系

准则层	指标层		指标参数	赋值	分值
	一级指标	二级指标			
入侵性 R_1	国外分布	分布广度 R_{1-1}	极广	2	
			广	1	
			局部	0.5	
			稀少	0	
		地位 R_{1-2}	有经济价值植物	0	
			一般性植物	1	
			杂草	2	
	国内分布	已知分布广度 R_{1-3}	极广	2	
			广	1	
			局部	0.5	
			稀少	0	
		预测分布广度 R_{1-4}	极广	2	
			广	1	
			局部	0.5	
			稀少	0	
		地位 R_{1-5}	有经济价值植物	0	
			一般性植物	0.5	
			杂草	1	
	分布生境	生境类型多样性 R_{1-6}	很多	1.5	
			多	1	
			少	0.5	
	检验鉴定难度	专业知识要求程度 R_{1-7}	高	1.5	
			普通	1	
			不需要	0.5	
		我国是否有相似植物 R_{1-8}	有	1.5	
			未知	1	
			无	0	

（续）

准则层	指标层		指标参数	赋值	分值
	一级指标	二级指标			
入侵性 R_1	防除难度	物理防治 R_{1-9}	无需防治	0	
			有效、容易实施、成本低	0.5	
			有效、实施较难或成本较高	1	
			有效、实施极难或成本极高	1.5	
			无效	2	
		化学防治 R_{1-10}	无需防治	0	
			有效、容易实施、成本低	0.5	
	防除难度	化学防治 R_{1-10}	有效、实施较难或成本较高	1	
			有效、实施极难或成本极高	1.5	
			无效	2	
		生物防治 R_{1-11}	无需防治	0	
			有效、容易实施、成本低	0.5	
			有效、实施较难或成本较高	1	
			有效、实施极难或成本极高	1.5	
			无效	2	
		根除 R_{1-12}	容易	0.5	
			难	1	
			极难	2	
适应性 R_2	气候适宜度	气候适宜区面积 R_{2-1}	无适合地区	0	
			仅局部地区适合	0.5	
			10%以上地区适合	1	
			20%以上地区适合	1.5	
			50%以上地区适合	2	
		气候适宜度资料的质量 R_{2-2}	高	0.5	
			中	1	
			低	1.5	
	在风险分析地区以外的发生情况	在原产地以外归化 R_{2-3}	是	2	
			否	0	
		农业杂草 R_{2-4}	是	2	
			否	0	
		环境杂草 R_{2-5}	是	2	
			否	0	
		其他性质的杂草 R_{2-6}	是	2	
			否	0	
		同属植物中有杂草 R_{2-7}	是	2	
			否	0	
	耐逆性	耐阴 R_{2-8}	是	2	
			否	0	
		耐盐碱 R_{2-9}	是	2	
			否	0	
		耐旱 R_{2-10}	是	1	
			否	0	
		耐贫瘠 R_{2-11}	是	1	
			否	0	
	天敌情况	原产地天敌情况 R_{2-12}	无	0.5	
			少，或对其种群影响较小	1	
			多，或对其种群影响较大	1.5	

（续）

准则层	指标层		指标参数	赋值	分值
	一级指标	二级指标			
适应性 R_2	天敌情况	风险分析地区天敌情况 $R_{2\text{-}13}$	无	1.5	
			少，或对其种群影响较小	1	
			多，或对其种群影响较大	0.5	
扩散性 R_3	繁殖特性	有性生殖 $R_{3\text{-}1}$	能	1	
			否	0	
		无性繁殖 $R_{3\text{-}2}$	能	1	
			否	0	
		孤雌生殖 $R_{3\text{-}3}$	能	1	
			否	0	
		生活史类型 $R_{3\text{-}4}$	一年生	0.5	
			二年生	1	
			多年生	1.5	
		自花授粉结实 $R_{3\text{-}5}$	能	1	
			否	0	
		异花授粉结实 $R_{3\text{-}6}$	能	1	
			否	0	
		单性结实 $R_{3\text{-}7}$	能	1	
			否	0	
		需专门的传粉媒介 $R_{3\text{-}8}$	是	0	
			否	1	
		传粉媒介分布 $R_{3\text{-}9}$	广	1	
			少	0.5	
			无	0	
		繁殖体数量 $R_{3\text{-}10}$	少	0	
			中	0.5	
			多	1	
		繁殖体休眠特性 $R_{3\text{-}11}$	无	0.5	
			弱	1	
			强	1.5	
		成苗率 $R_{3\text{-}12}$	低	0.5	
			中	1	
			高	1.5	
	传播特性	繁殖体可被无意传带 $R_{3\text{-}13}$	是	1	
			否	0	
		人类有意散播 $R_{3\text{-}14}$	是	2	
			否	0	
		混杂于农产品散播 $R_{3\text{-}15}$	能	1	
			否	0	

（续）

准则层	指标层		指标参数	赋值	分值
	一级指标	二级指标			
扩散性 R_3	传播特性	风力传播 R_{3-16}	能	1	
			否	0	
		水流传播 R_{3-17}	能	1	
			否	0	
		鸟类传播 R_{3-18}	能	1	
			否	0	
		其他动物携带 R_{3-19}	能	1	
			否	0	
		繁殖体被动物取食，经排泄后，仍具萌发能力 R_{3-20}	是	1	
			否	0	
	遗传特性	高度驯化 R_{3-21}	是	2	
			否	0	
		遗传稳定性 R_{3-22}	经过 10 代以上，不稳定	1	
			经过 10 代以上，稳定	0.5	
		多倍体 R_{3-23}	是	1	
			否	0.5	
		与近缘植物杂交可能性 R_{3-24}	可能	2	
			不可能	0	
为害性 R_4	直接经济为害	具化感作用 R_{4-1}	是	2	
			否	0	
		具寄生性 R_{4-2}	是	2	
			否	0	
		攀援或覆盖生长 R_{4-3}	是	1	
			否	0	
		为害作物的种类及重要性 R_{4-4}	种类多，非常重要	1.5	
			种类有限，重要	1	
			不多，一般	0.5	
			对作物无为害	0	
		为害作物的面积 R_{4-5}	很大	2	
			大	1	
			小	0.5	
			无	0	
		对为害作物的产量品质的影响 R_{4-6}	产量损失 1% 以下，无质量损失	0	
			产量损失 1%～5%，有较小的质量损失	0.5	
			产量损失 5%～20%，有较大的质量损失	1	
			产量损失 20% 以上，严重降低品质	2	
		具芒、刺、钩 R_{4-7}	是	1	
			否	0	
		家畜拒食 R_{4-8}	是	1	
			否	0	
		对家畜具毒性 R_{4-9}	是	1	
			否	0	
	间接经济为害	增加生产成本 R_{4-10}	严重增加成本	2	
			明显增加成本	1	

（续）

准则层	指标层		指标参数	赋值	分值
	一级指标	二级指标			
为害性 R_4	间接经济为害	增加生产成本 R_{4-10}	成本增加较少	0.5	
			无影响	0	
		对国际国内市场的影响 R_{4-11}	严重影响	2	
			影响中等	1	
			影响较小	0.5	
			无影响	0	
	直接生态环境为害	传带其他检疫性有害生物 R_{4-12}	是	2	
			否	0	
		对生物多样性的影响 R_{4-13}	无	0	
			证实	1	
		对生态平衡的影响 R_{4-14}	无	0	
			证实	1	
	间接生态环境为害	水土流失 R_{4-15}	无	0	
			证实	1	
		土壤沙化 R_{4-16}	无	0	
			证实	1	
		其他间接不良影响 R_{4-17}	无	0	
			证实	1	
	对人类健康的为害	引起人类过敏症 R_{4-18}	是	2	
			否	0	
		对人类具毒性 R_{4-19}	是	2	
			否	0	
	其他为害	在自然生态系统中引起火灾 R_{4-20}	能	1	
			否	0	
		连片密集发生 R_{4-21}	能	1	
			否	0	

十八、美洲斑潜蝇防治技术规程

>> 形态特征

1. 成虫 浅灰黑色，体长 1.3～2.3 mm，额宽约为眼宽的 1.5 倍，稍凸出于眼眶，上眶鬃 2 对，下眶鬃 2 对，眶毛散生，向后倾，下颊长约为高的 1/3，背中鬃 3+1，中鬃不规则 4 行，翅长 1.3～1.7 mm，中室小，M3+4 末端为次末段的 3～4 倍，中胸背板亮黑色，中侧片黄色，下缘带黑色斑，腹侧片有一个大黑斑。

2. 卵 米色，半透明，大小（0.2～0.3 mm）×（0.1～0.15 mm）。

3. 幼虫 蛆状，初无色，后变为浅橙黄色至橙黄色，长 3 mm 左右，后气门突呈圆锥状突起，顶端三分叉，各具 1 开口。

4. 蛹 椭圆形，橙黄色，腹面稍扁平，大小（1.7～2.3 mm）×（0.5～0.75 mm）。

》》寄主与为害

美洲斑潜蝇寄主范围广，可为害 22 科 110 多种植物，主要为害黄瓜、番茄、茄子、辣椒、豇豆、蚕豆、豌豆、大豆、菜豆、芹菜、甜瓜、西瓜、冬瓜、丝瓜、西葫芦等瓜果类蔬菜及花卉等作物。

成虫多在靠近叶柄处产卵，其次是叶片中部，然后是叶尖部，主要是以产卵器刺伤叶片，吸食汁液，雌虫把卵产在部分伤孔表皮下，叶片取食后造成白色小斑点，根据为害程度不同，取食斑少则几个、多则几百个，雄虫虽不能刺伤叶片，但可在雌虫造成的伤口上取食。幼虫一般在叶片的上下表皮之间取食，潜入叶片和叶柄为害，形成蛇形潜道，且逐渐加宽加长；老熟幼虫咬破叶片出外化蛹后，叶片上形成半月形开口，由于雨水的浸入，潜道变成褐腐状，破坏叶绿素，影响光合作用，受害重的叶片脱落，花芽、果实受伤。

》》生物学特性

美洲斑潜蝇在 12～32 ℃条件下均可正常生长发育，25～32 ℃为最佳发育温度，低温、高温对其发育不利。一年发生多代，卵期 2～5 d，幼虫期 4～7 d，蛹期 7～14 d，每世代夏季 2～4 周，冬季 6～8 周。成虫有飞翔能力，但飞行距离仅 100 m 左右，自然扩散能力不强，远距离传播主要靠卵和幼虫随寄主植株，或者蛹随盆栽植株土壤传播。

温度对美洲斑潜蝇的蛹有明显影响。成虫主要在白天活动，夜晚栖居于植株下部叶片，成虫的取食、求偶、产卵均在白天进行，对黄色有较强的趋性，波长 250～490 nm 的黄色对斑潜蝇的吸引力最强，对荧光、蓝色和白色没有趋性反应。

美洲斑潜蝇具有光周期反应，这种反应受温度、寄主以及地理位置和海拔高度的影响，同一物种在不同地理位置其光周期反应也不相同。全光照对美洲斑潜蝇的幼虫离叶化蛹及成虫羽化是连续的，在光照和黑暗交替的节律中，主要发生在光照条件下，特别在 7:00～13:00 最高。蛹在全光照条件下 24 h 都可发生，在交替条件下仅在光照条件下发生。

》》防治原则

综合用农业防治、生物防治和物理防治措施，适时选用高效、低毒、低残留农药进行化学防治，将美洲斑潜蝇控制在经济允许水平以下。

防治措施

》》农业防治

保护无虫区，防止扩大蔓延；因地制宜地选用抗虫的优良品种；合理安排种植结构：在种植区域内将牛皮菜、甜菜、蚕豆和莴苣等美洲斑潜蝇嗜好作物与非嗜好作物合理进行间、套和轮作，不宜成片种植和连作美洲斑潜蝇嗜好作物。合理安排播种期：适当调整作物播种期，使目标保护作物的重点保护生育期避开美洲斑潜蝇的为害高峰期。肥水管理：根据作物种类及不同生长时期的需求，加强肥水管理，合理搭配氮、磷、钾或施用适合的复合肥，避免偏施氮肥，提倡多施有机肥和生物菌肥，以促进作物健壮生长，提高抗虫能力。田园清洁：种植作物前彻底清理田间植株残体、落叶和杂草，采取集中深埋等方式处理；作物种植后从苗期开始及时清除虫叶，清理杂草，集中销毁。翻耕灭蛹：种植前深翻土壤，将土表的蛹翻入深层，减少虫口密度。有条件的可在整地前采用灌水的方式淹灭土壤中的蛹。

》》生物防治

保护和利用天敌：在种植地进行药剂防治时，选择对美洲斑潜蝇毒力较强但对天敌低毒性的防治药剂，并尽可能避开寄生蜂羽化高峰期，保护利用栉角姬小蜂，潜蝇姬小蜂等美洲斑潜蝇的寄生性天敌，以减轻美洲斑潜蝇的田间为害。天敌的引进和管理执行 SN/T 2118 的规定。

选用微生物源或植物源杀虫剂：阿维菌素类、印楝制剂等微生物、植物源杀虫剂对美洲斑潜蝇具有较好的防治效果，且对人畜天敌及环境安全。

防治措施

>> 物理防治

1. 黄板诱杀 在田间设置黄板 30 cm×15 cm，进行田间成虫监测和诱杀防治，方法为采用筒状或平板状黄板（板面迎风向），均匀放置，板面高度与作物生长高度等高。每亩种植地放置 20～25 块黄板，每 10～15 d 更换 1 次，雨天每 7～10 d 更换 1 次。

2. 防虫网预防 设施栽培条件下，在美洲斑潜蝇开始为害前，用 40 目以上的防虫网直接覆盖在棚架上，四周用土或砖压严实，隔离防虫。

>> 化学防治

1. 防治指标 可采用田间调查或黄板监测的方法来确定防治指标。

（1）田间调查 在种植地内，花卉、叶菜类及短期作物平均每株有成虫 2～3 头或幼虫（观察植株叶片上幼虫初为害潜道）2～3 头，果菜类及长期作物平均每株有成虫 3～5 头或幼虫（观察植株叶片上幼虫初为害潜道）3～5 头即可进行防治。方法：调查 10 点，每点选取 5 株植株。

（2）黄板监测 在种植地内，花卉、叶菜类及短期作物 24 h 内每板平均成虫达 5 头以上，果蔬类及长期作物 24 h 内每板平均成虫达 10 头以上即可进行防治。方法：采用 5 点取样法，每个点放置 1 张黄板。

2. 药剂选择

（1）禁用农药 严禁使用国家明令禁止使用的农药，在蔬菜、果树、茶叶、中草药材上不得使用和限制使用的农药。

（2）推荐使用的农药及使用浓度 推荐使用我国农药管理部门登记并获准用于美洲斑潜蝇防治的农药，当新有效农药出现或新的管理规定出台时，以最新的管理规定为准，根据美洲斑潜蝇及天敌的发生规律、不同农药的性能及持效期、农药毒性等进行选择，减少对人、畜及天敌的毒害及对作物和环境的污染。推荐使用的农药使用时参照 GB 4285 和 GB/T 8321 的有关使用准则和规定，严格把握施用剂量，每季使用次数，施药方法和安全间隔期。本标准中未规定的农药严格按照说明书规定的使用范围、浓度进行防治，不应随意加大剂量和浓度。

防治适期及方法：美洲斑潜蝇防治以成片联防效果较好。成虫防治适期为 10：00～12：00、15：00～18：00；幼虫防治适期在成虫高峰期后 6～8 d。选用内吸性强，有渗透作用的药剂进行防治，不同类型农药应交替使用，避免美洲斑潜蝇产生抗药性和对目标作物产生药害。

十九、亚洲飞蝗测报技术规范

>> 术语和定义

1. 亚洲飞蝗蝗区 适宜亚洲飞蝗孳生和栖息的地理生态区域统称为亚洲飞蝗蝗区。我国分为常发区和偶发区，常发区指新疆维吾尔自治区，偶发区指黑龙江和吉林等东北地区。

2. 系统调查 为了解某蝗区亚洲飞蝗种群消长动态，对其进行定点、定期、定内容的调查。

3. 普查 为了解某蝗区亚洲飞蝗总体发生情况，在其发生为害的某段时间，进行较大范围的多点取样调查。

>> **术语和定义**

4. 发生期 用于表述亚洲飞蝗某一虫态的发育进度，一般分为始见期、始盛期、高峰期、盛末期。当代各虫态累计发生量占发生总量的 16%、50%、84% 的时间分别为始盛期、高峰期、盛末期，从始盛期至盛末期一段时间统称为发生盛期。

5. 宜蝗面积 指适宜亚洲飞蝗发生的农区面积。

6. 发生面积 指蝗虫发生密度大于或等于 0.02 头/m² 区域的面积。

7. 残蝗面积 残蝗指防治活动结束后仍然存活的蝗虫，此时每亩蝗虫数量大于或等于 1 头的蝗区面积为亚洲飞蝗残蝗面积。

>> **分级指标**

常发区亚洲飞蝗发生程度分级指标见表 9-73。

表 9-73 常发区亚洲飞蝗发生程度分级指标

发生程度	1 级 (轻发生)	2 级 (偏轻发生)	3 级 (中等发生)	4 级 (偏重发生)	5 级 (大发生)
平均密度 (D, 头/m²)	$0.02 < D \leqslant 0.1$	$0.1 < D \leqslant 0.3$	$0.3 < D \leqslant 0.5$	$0.5 < D \leqslant 1.0$	$0.1 < D \leqslant 0.3$
发生面积占宜蝗面积比率 (P,%)	$P \leqslant 20$	$P > 20$	$P > 20$	$P > 20$	$P > 20$

>> **春季卵存活情况调查**

早春土壤解冻后开始调查蝗卵存活情况（主要蝗区亚洲飞蝗生活史参见表 9-84～表 9-86），每 10 d 调查 1 次。根据当地亚洲飞蝗宜蝗区不同生态类型，随机调查 5～10 个样点。每点样面积为 1 m²，挖取 2～5 cm 的表土层，分别计数样点内卵块数和卵粒数；再随机抽取 5～10 块卵，逐粒观察卵粒存活状态，统计总卵粒数和死亡卵粒数，计算卵死亡率。调查结果记入亚洲飞蝗卵越冬死亡调查记载表（表 9-74）。

>> **蝗蝻和成虫调查**

发育进度系统调查：春季气温达 10 ℃时，在室外人工罩笼或饲养棚中，调查蝗卵的发育进度。当在室外罩笼中的蝗卵发育至胚熟期时，选择有代表性的不同生境的蝗区进行野外调查，每隔 5 d 调查 1 次，直至蝗蝻始见，以确定蝗蝻始见期和出土盛期。自蝗蝻始见期至成虫羽化盛期，进行发育进度调查，每隔 10 d 调查 1 次。选择不同生境，每个生境随机捕获蝗蝻不少于 30 头，统计各龄期蝗蝻、成虫的数量（亚洲飞蝗各龄期蝗蝻主要特征参见"亚洲飞蝗各龄期蝗蝻主要特征"，成虫形态特征参见"亚洲飞蝗成虫形态特征"），计算各龄蝗蝻、成虫比率和成虫雌雄比例。调查结果记入亚洲飞蝗蝗蝻发育进度调查记载表（表 9-75）。同时，将各生境捕获的蝗蝻和未产卵成虫，按雌、雄约 1:1 比例、不低于每平方米 5～10 头的密度放入人工罩笼或饲养棚中，总饲养面积不少于 50 m²。每天用采集的新鲜禾本科植物饲养直至交配产卵，以备翌年春季观测蝗蝻发育进度。

蝗蝻及天敌普查：在 3 龄蝗蝻发生盛期即采取防治措施前普查 1 次，选择不同生境蝗区，随机取 5 个样点，每点调查 10 m²，即目测 1 m 宽前行 10 m 范围内的蝗虫数量，记载样点内蝗虫总头数、蝗蝻密度，观察记录群居型或散居型蝗群，并用 GPS 定位仪进行发生范围定位；并估算本地发生面积。调查结果记入亚洲飞蝗蝗蝻发生密度和面积调查记载表（表 9-76）。在普查蝗蝻的同时进行各类天敌的调查。蜘蛛、蚂蚁、步甲等：每点调查 1 m²，目测蛙类与鸟类数量。寄生性天敌调查：观察是否被昆虫、细菌、真菌等所寄生（具体特征参见"被寄生蝗虫虫体识别特征")。调查结果记入亚洲飞蝗天敌调查记载表（表9-77）。

边境蝗情调查：7～8月成虫发生期，在适宜亚洲飞蝗发生的边境地区，沿边境线对亚洲飞蝗入境情况开展调查。前期以巡查为主，每隔10 d调查1次，观察是否有境外成虫迁入；一旦发现迁飞成虫随即开展普查，调查方法同蝗蝻及天敌普查，记载亚洲飞蝗发生密度、发生类型，并估算本地发生面积。调查结果记入亚洲飞蝗边境虫情调查记载表（表9-78）。

残蝗普查：每年在亚洲飞蝗即将越冬时普查1次，选择不同生境蝗区，随机取5个样点。每样点调查666 m²，即步行222 m目测3 m宽范围内的蝗虫数量，记载亚洲飞蝗成虫数量，并估算本地残蝗面积。扫网捕捉蝗虫30头以上，调查成虫雌雄比例。调查结果记入亚洲飞蝗残蝗密度普查记载表（表9-79）。

>> 偶发区蝗情调查

在亚洲飞蝗历史曾经发生地区及相邻适生区，7月上旬至8月上旬，开展以目测为主的拉网式普查，每隔5 d调查一次。发现蝗虫后再进行定点调查，方法见蝗蝻及天敌普查，调查结果记入亚洲飞蝗蝗蝻发生密度和面积调查记载表（表9-76）和亚洲飞蝗天敌调查记载表（表9-77）。

>> 发生期预测

1. 历期法

（1）蝗蝻出土期　根据不同生境蝗卵发育进度及当地气候条件，预测蝗蝻孵化出土盛期（亚洲飞蝗越冬卵发育历期参见表9-89）。

（2）蝗蝻3龄盛期　根据当地历年积累的资料和气候情况以及当年蝗蝻出土情况，预测蝗蝻3龄盛期（即防治适期，亚洲飞蝗各龄蝗蝻发育历期参见表9-90、表9-91）。

（3）有效积温法　有效积温法则按公式（9-12）和当地下一段时间气温的预测值进行发生期和防治适期预测（亚洲飞蝗卵及各龄蝗蝻发育起点温度和有效积温参见表9-92）。

$$N=\frac{K}{T-C} \tag{9-12}$$

式中：

N——发育天数；

K——有效积温，单位为日·度（d·℃）；

T——实际温度，单位为摄氏度（℃）；

C——发育起点温度，单位为摄氏度（℃）。

2. 发生面积预测　根据上年残蝗分布区域、面积和当年春季卵期调查卵死亡率，结合蝗区气象和生态环境等因素，作出当年发生面积预测。

3. 发生程度预测　根据上年残蝗密度、面积及占宜蝗面积比例，结合当年春季卵死亡率，对照常发生区亚洲飞蝗发生程度分级指标，作出发生程度预报。

>> 资料整理和汇报

1. 发生实况统计表　11月，总结统计当年亚洲飞蝗发生情况，整理数据资料，填写亚洲飞蝗发生实况统计表（表9-80），按规定时间汇报。

2. 翌年发生预测表　11月，根据当年亚洲飞蝗发生情况和残蝗调查结果，整理数据资料，作出翌年发生预测，填写亚洲飞蝗翌年发生预测表（表9-81），按规定时间汇报。

3. 当年发生趋势预测表　春季，根据上年残蝗调查情况。春季卵存活率和发育进度调查情况，整理数据资料，填写亚洲飞蝗发生期预测表（表9-82）、亚洲飞蝗发生程度和发生面积预测表（表9-83），按规定时间汇报。

（一）亚洲飞蝗统计表

见表 9-74～表 9-86。

表 9-74　亚洲飞蝗卵越冬死亡调查记载表

调查日期	调查地点	调查生境	经度	纬度	海拔高度（m）	卵块数（块）	总卵粒数（粒）	死亡卵粒数（粒）	卵死亡率（%）	备注

注：调查生境指草滩、荒地、撂荒地、田埂、渠道和滩地等。

表 9-75　亚洲飞蝗蝗蝻发育进度调查记载表

调查日期	调查地点	调查生境	经度	纬度	海拔高度（m）	调查面积（m²）	总头数（头）	各龄蝗蝻、成虫的数量及其比率													备注
								1龄		2龄		3龄		4龄		5龄		成虫		
								数量（头）	比率（%）	数量（头）	比率（%）	数量（头）	比率（%）	数量（头）	比率（%）	数量（头）	比率（%）	数量（头）	比率（%）	雌雄比例	

表 9-76　亚洲飞蝗蝗蝻发生密度和面积调查记载表

调查日期	调查地点	调查生境	经度	纬度	海拔高度（m）	调查面积（m²）	总头数（头）	蝗蝻密度（头/m²）	群居型/散居型		备注
									类型	蝗群数量	

表 9-77　亚洲飞蝗天敌调查记载表

调查日期	调查地点	调查生境	调查面积（m²）	捕食性天敌						寄生性天敌比率（%）			
				蜘蛛（头/m²）	蚂蚁（头/m²）	步甲（头/m²）	蛙类（只/亩）	鸟类（只/亩）	其他	昆虫寄生	细菌寄生	真菌寄生	其他

表 9-78　亚洲飞蝗边境虫情调查记载表

调查日期	调查地点	调查生境	经度	纬度	海拔高度（m）	调查面积（m²）	平均密度（头/m²）	最高密度（头/m²）	群居型/散居型	备注

表 9-79　亚洲飞蝗残蝗密度普查记载表

调查日期	调查地点	调查生境	经度	纬度	海拔高度（m）	调查面积（m²）	总头数（头）	平均密度（头/m²）	最高密度（头/m²）	成虫雌雄比例	备注

表 9-80　亚洲飞蝗发生实况统计表

调查地点	发生期					不同虫口密度的面积					平均密度（头/m²）	最高密度（头/m²）	发生程度（级）	发生面积（hm²）	达标面积（hm²）	侵入农田面积（hm²）	防治面积（hm²）
	蝗蝻出土始期	蝗蝻出土盛期	3龄蝗蝻发生盛期	成虫发生盛期	成虫产卵盛期	0.02～0.10（头/m²）	0.11～0.30（头/m²）	0.31～0.50（头/m²）	0.51～1.0（头/m²）	>1.0（头/m²）							

注：每年11月30日前上报。

表9-81　亚洲飞蝗翌年发生预测表

调查时间	调查地点	普查面积(hm²)	取样点数(个)	有蝗点数(个)	有蝗样点比率(%)	残蝗面积(hm²)	不同密度的残蝗面积					残蝗平均密度(头/亩)	残蝗最高密度(头/亩)	残蝗最高密度面积(hm²)	最高密度出现地点	翌年发生预测				
							1～5(头/亩)	6～20(头/亩)	21～50(头/亩)	51～100(头/亩)	>100(头/亩)					现有宜蝗面积(hm²)	发生面积(hm²)	达防治指标面积(hm²)	发生程度(级)	主要发生区域

注：每年11月30日前上报。

表9-82　亚洲飞蝗发生期预测表

调查日期	调查地点	活卵胚胎发育进度及发生早晚					3月下旬至4月上旬平均气温(℃)	预计蝗蝻发生期和发生早晚			
		原头期(%)	胚转期(%)	显节期(%)	胚熟期(%)	比常年早/晚(d)		出土始期	出土高峰期	3龄高峰期	比常年早/晚(d)

注：每年4月15日前上报。

表9-83　亚洲飞蝗发生程度和发生面积预测表

调查日期	调查地点	卵越冬死亡率(%)	卵越冬死亡率比常年高/低(%)	现有宜蝗面积(hm²)	发生趋势预测			
					发生程度(级)	发生面积(hm²)	达标面积(hm²)	主要发生区域

注：每年4月15日前上报。

表9-84　新疆博斯腾湖蝗区亚洲飞蝗生活史（陈永林）

月份	1	2	3	4	5	6	7	8	9	10	11	12
旬	上、中、下	上、中、下	上、中、下	上、中、下	上、中、下	上、中、下	上、中、下	上、中、下	上、中、下	上、中、下	上、中、下	上、中、下
1953年	○○○	○○○	○○○	○○○ －－－	○○○	 ＋＋＋	 ＋＋＋	 ＋＋＋	 ＋＋＋ ○○	 ＋＋＋ ○○○	＋ ○○○	 ○○○
1969年	○○○	○○○	○○○	○○○ －－	○○○	○ ＋、	 －－ ＋＋＋	 ＋＋＋	 ＋＋＋ ○○	 ＋＋＋ ○○○	 ○○○	 ○○○
1980年	○○○	○○○	○○○	○○○ －－	○○○	○○ ＋	 － ＋＋＋	 ＋＋＋	 ＋＋＋ ○○	 ＋＋＋ ○○○	 ○○○	 ○○○
1985年	○○○	○○○	○○○	○○○ －－	○○○	○○ ＋	 ＋＋＋	 ＋＋＋ ○○	 ＋＋＋ ○○○	 ＋＋＋ ○○○	 ○○○	 ○○○

注：○为卵，一为蝗蝻，＋为成虫。

表9-85 新疆吐鲁番盆地和哈密亚洲飞蝗生活史（齐普林科夫，1954—1955）

蝗虫发育阶段	3 上中下	4 上中下	5 上中下	6 上中下	7 上中下	8 上中下	9 上中下	10 上中下	11 上中下
第1代									
卵	○○○	○○○	○						
蝗蝻		——	———	—					
成虫			+	+++	+++	++			
第2代									
卵				○	○○○	○○			
蝗蝻					——	———	—		
成虫						+	+++	+++	
卵							○○○	○○○	○○○

注：○为卵，—为蝗蝻，＋为成虫。

表9-86 新疆哈密亚洲飞蝗发生世代（张世孝，1982）

月份	3 上中下	4 上中下	5 上中下	6 上中下	7 上中下	8 上中下	9 上中下	10 上中下	11 上中下
第1代	○○○	○○○	○○						
		——	———	——					
			+	+++	+++	+++	+++		
第2代				○○	○○○	○○	○○		
					———	———	———	——	
					+	+++	+++	+++	
					○	○○○	○○○	○○○	

注：○为卵，—为蝗蝻，＋为成虫。

（二）亚洲飞蝗卵形态及胚胎发育特征

亚洲飞蝗产卵于卵囊中，卵囊黄褐色或淡褐色，长筒形，略弯曲，长50~75 mm；含卵粒55~115粒，占卵囊的2/3~4/5，一般排成四行，有时也出现排成五行的情况。卵囊上部和下部与卵粒之间具有褐色或微红色的泡沫状物质。卵囊外壁质软，是由褐玫瑰色的小室状泡沫物质形成，并常附有土粒。卵粒黄褐色，长7~8 mm，卵粒外壳具有小突起，其间则有细线相连。根据卵的发育进度将之分为原头期、胚转期、显节期和胚熟期四个时期，见表9-87、表9-88。

表9-87 亚洲飞蝗卵胚胎各发育时期形态特征

发育时期	形态特征
原头期	胚胎尚未发育，破壳后，用肉眼难以在卵浆中找到胚胎
胚转期	胚胎开始发育，破壳后，用肉眼可见芝麻大的白色胚胎
显节期	胚胎已形成，个体较大，几乎充满整个卵壳，眼点、腹部及足明显、足已分节
胚熟期	胚胎发育完全，体呈红褐色，待孵化

表9-88 30℃恒温条件下亚洲飞蝗越冬卵逐日胚胎发育特征（王元信，1990）

发育阶段	胚胎发育特征
越冬卵	胚胎头部已离开卵的后端，腹部前端开始分节，胚胎外形细长，呈狭Ⅴ形
第1 d	胚胎头部仍向后端，胸部、腹部宽度增大，呈宽Ⅴ形，腹部分节明显
第2 d	胚胎转移期，离开原位做180°反转，头向上背向转，呈U形
第3 d	胚胎转移完成，眼点出现色素，略呈新月形，位于卵长度1/2内
第4 d	胚胎向上端生长，达卵长的1/2~2/3，复眼色素增加，背面逐渐向前面愈合
第5 d	胚胎继续生长，卵黄完全包入体内，眼点还未达到顶部
第6 d	胚胎已占满卵的全部长度，卵黄包围完全，腹部各节、腹板与侧板已可区分，复眼酱色
第7 d	胚胎形体完整，复眼色素更深，触角分节明显，后足胫节顶端达第6腹节
第8 d	胚胎体壁灰色增多，复眼细褐色，中央有条横白线，后足胫节顶端达第8腹节
第9 d	体壁灰色加深，复眼黑色，身体各节全部长成
第10 d	孵化为蝗蝻

（三）亚洲飞蝗各龄期蝗蝻主要特征

卵孵化形成的若虫称蝗蝻，蝗蝻经5次蜕皮变为成虫。各龄蝗蝻除大小、色泽有差别外，形态上也有明显差别。各龄期蝗蝻主要特征如下：

1龄：触角13~14节。初期体长7~8 mm，末期9~10 mm。群居型体色橙黄色或黑褐色，无光泽；前胸背板具黑绒状纵纹，背板镶有狭波状的黄色边缘，中胸及后胸背板微凸。散居型体色为绿色、黄绿色或淡褐色。

2龄：触角15~17节，有时18~19节。体长10~14 mm。群居型体色橙黄色或黑褐色。前胸背板两条黑丝绒状纵纹明显；散居型多呈绿色、黄绿色或淡褐色，其前胸背板无黑色绒状纵条纹。翅芽较明显，顶端指向下方，但翅脉很弱且稀少。

3龄：触角22~23节。体长15~21 mm。体色同2龄。翅芽明显指向后下方，翅脉明显并增多，群居型翅芽呈黑色，散居型则为绿色或淡褐色。

4龄：触角21~25节。体长24~26 mm。前翅芽狭短，后翅芽呈三角形，皆翻向背方且常短于前胸背板。前翅芽被后翅芽所覆盖，翅芽色泽同3龄。端部皆指向后方，其长度可达到腹部第3节。

5龄：触角23~26节。体长：雄性25~36 mm，雌性32~40 mm。群居型体色呈黑褐色并具橙黄色；散居型为绿色、黄绿色或灰褐色。翅芽较前胸背板长或等长。前翅芽不短于后翅芽并被三角形后翅芽多覆盖。翅芽长度可达到腹部第4~5节。

（四）亚洲飞蝗成虫形态特征

亚洲飞蝗（Locusta migratoria linnaeus）属直翅目，短角亚目，蝗总科。成虫体形粗大，身体腹面具有细密的茸毛；体色绿色、黄绿色、灰褐色，多因型、性别、羽化后时间的长短以及环境背景而变化，颜顶角宽短。前端和颜面隆起相连，组成圆形的顶端；颜面垂直。触角丝状，细长。头侧窝消失。前胸背板的前端缩狭，后端较宽；中隆线较发达。由侧面看，中隆线呈弧形隆起（散居型）或较平直或微凹（群居型）。前胸背板高度和头宽的比数为1.05~1.22（平均1.16）；前横沟和中横沟较不明显，仅在侧片处略可看见；后横沟较明显，微微割断中隆线，几乎位于前胸背板的中部。前胸背板前缘中部明显向前突出，后缘呈钝角或弧形。中胸腹板侧叶间的中隔较狭，中隔的长度明显长于最宽处。后足股节匀称，其上隆线呈细齿状，内侧黑色斑纹宽而明显。前后翅均发达，超过后足胫节的中部；前翅光泽透明，顶端之半有四方形的网格，中脉域的中闰脉远离中脉而接近前肘脉。体长：雄性 35.0～50.0 mm，雌性 45.0～55.0 mm；前翅长：雄性 43.5～56.0 mm，雌性 49.0～61.0 mm。

亚洲飞蝗具变型特征，当种群密度大时成群居型；密度低时，为散居型。两型之间尚有中间型（或转变型），由高密度蝻群分散或低密度蝻群聚集而形成。群居型和散居型飞蝗不仅在形态和生物学特征上有明显区别，在猖獗为害周期上也不同。区别如下：

群居型：头部较宽，复眼较大。前胸背板略短，沟前区明显缩狭，沟后区较宽平，形成鞍状；由侧面看，前胸背板中隆线较平直或在中部微凹；前缘近圆形，后缘呈钝圆形。前翅较长，远远超过腹部末端。后足股节较短，较短于或相当于前翅长度的一半。E/F（E 为前翅长度：自前翅基部的前缘脉的会合处到顶端的长度；F 为后足股节长度：自股节基部顶端到端部的长度）的比值：雄性为 2.0～2.19，雌性 1.96～2.24。后足胫节淡黄色，略带红色。体色呈黑褐色且较固定，前胸背板常有两条绒状黑色纵纹。前翅长：雄性 43.0～55.0 mm，雌性 53.0～61.0 mm；后足股节长：雄性 21.0～26.0 mm，雌性 24.0～31.0 mm。

散居型：头部较狭，复眼较小。前胸背板稍长，沟前区不明显缩狭，沟后区略高，不呈鞍状；由侧面看前胸背板中隆线呈弧状隆起，如屋脊形；前胸背板前缘为锐角形向前突出，后缘呈直角形。前翅较短，略超过腹部末端。后足股节较长，通常较长于前翅长度的 1/2（其 E/F 的比值雌雄两性为 1.76～1.97）。后足胫节通常为淡白色。体色常随着环境的变化而改变，一般呈绿色或黄绿色、灰褐色等，前胸背板不具丝绒状黑色纵纹。前翅长：雄性 43.0～55.0 mm，雌性 53.0～60.0 mm。后足股节长：雄性 22.0～26.0 mm，雌性 27.0～31.0 mm。

中间型（或转变型）：头部缩狭不明显，复眼大小介于群居型与散居型之间。前胸背板沟前区缩狭不明显，沟后区较高，略呈鞍状。侧面观，前胸背板中隆线微呈弧状隆起。前翅超过腹部末端较多或略超过。后足股节略长于或几乎等于前翅长度的一半。体色变异较大，介于群居型与散居型之间，前胸背板无黑色丝绒状条纹或具不明显的暗色条纹。

（五）被寄生蝗虫虫体识别特征

昆虫寄生：活动迟缓，死亡虫体一般内部中空；细菌寄生：活动停滞，食欲减退，口腔与肛门带有排泄物等现象，死亡虫体软化，颜色加深，一般还带有臭味；真菌寄生：运动呆滞，死亡虫体有菌丝外生物附着表皮，虫体干枯或僵化。

（六）亚洲飞蝗各虫态发育历期

见表 9－89～表 9－91。

表 9－89 亚洲飞蝗越冬卵不同温度（恒温）下发育历期（d）（王元信，1990）

温度（℃）	36	32	30	28	21
平均历期	8.435 8	8.850 8	10.550 0	12.391 8	18.515 0

表 9－90 亚洲飞蝗各龄蝗蝻不同恒温下发育历期（d）（王元信，1990）

温度（℃）	1 龄	2 龄	3 龄	4 龄	5 龄	孵化～3 龄	孵化～羽化	3 龄～羽化
34.5	3.82	3.25	3.51	4.63	7.64	7.07	22.85	15.79
33.0	4.06	3.79	4.24	5.51	8.78	7.85	26.38	18.53
31.0	4.67	4.15	5.00	6.18	10.09	8.82	30.09	21.27
27.0	7.10	5.923	6.20	8.10	11.79	13.02	39.11	26.09
26.5	7.63	7.30	9.00	9.17	11.84	14.93	44.94	30.01
24.0	10.24	8.50	9.30	12.95	18.80	18.74	59.79	41.05

表9-91　亚洲飞蝗各龄蝗蝻自然变温下发育历期（d）（王元信，1990）

发育阶段	1龄	2龄	3龄	4龄	5龄
历期（d）	9.5	8.0	7.5	7.5	10.5
消除误差常数计算结果					
发育期	孵化期～3龄期	孵化期～羽化期	3龄期～羽化期	—	—
历期（d）	17.5	43.0	25.5	—	—
当年当期平均气温（℃）	20.6	21.8	22.1	—	—
计算得理论温度（℃）	24.7	26.8	28.1	—	—
理论温度与当年当期平均气温之差（℃）	4.1	5.0	6.0	—	—

（七）亚洲飞蝗卵及各龄蝗蝻发育起点温度和有效积温

见表9-92。

表9-92　亚洲飞蝗卵及各龄蝗蝻发育起点温度和有效积温（王元信，1990）

虫态	发育起点（℃）	有效积温（℃）	标准差（S_c）	标准差（S_k）	相关系数（r）
越冬卵	14.705 1	165.899 0	2.33	24.50	0.967 919
1龄期	18.291 5	60.681 6	—	—	0.997 751
2龄期	18.276 5	53.677 0	—	—	0.990 140
3龄期	18.939 0	56.672 0	—	—	0.968 970
4龄期	17.725 0	80.149 0	—	—	0.992 300
3龄期	15.310 5	148.560 0	—	—	0.970 789
孵化～3龄期	18.234 0	114.947 0	0.47	4.63	0.996 772
孵化～羽化期	17.295 9	402.474 0	0.65	20.60	0.994 786
3龄期～羽化期	16.984 5	283.981 0	0.98	21.68	0.988 541

二十、红火蚁化学防控技术规程

》》分类地位

红火蚁属膜翅目 Hymenoptera，蚁科 Formicidae，火蚁属 Solenopsis。

》》防控策略

按防控目标要求，结合地理环境，科学全面地监测红火蚁发生情况，确定防控的重点和具体方法；主要采用点面结合、诱杀为主的技术，选择合适的药剂防治红火蚁，并对发生区内高风险调出物品进行检疫处理；科学评价防控效果，指导下一步的防控工作，是红火蚁化学防控的主要策略。

》》防控适期

根据本地气候条件，每年开展2次全面防控。第1次防治在春季红火蚁婚飞前或婚飞高峰期进行，第2次全面防治选择在夏、秋季气候条件适宜时进行。

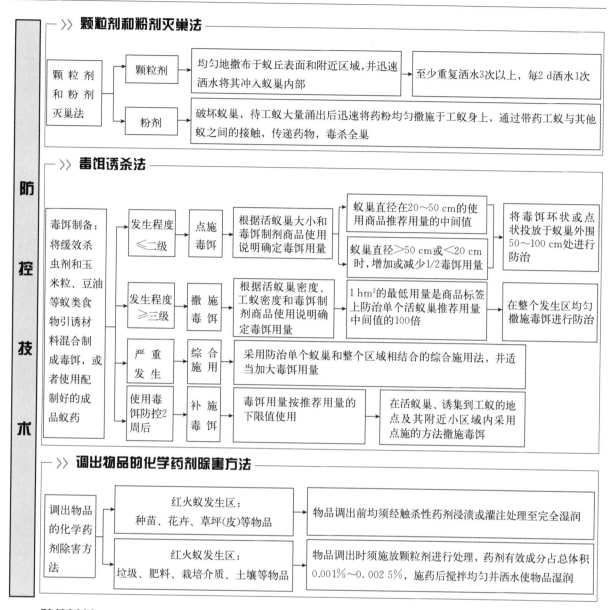

防控药剂

应选择安全、低毒、低残留的药剂进行红火蚁防控。以下一些杀虫剂对防治红火蚁有效：

1. 昆虫生长调节剂类　吡丙醚、烯虫酯、氟苯脲。

2. 拟除虫菊酯类　联苯菊酯、氟氯氰菊酯、高效氟氯氰菊酯、氯氰菊酯、高效氯氰菊酯、溴氰菊酯、氰戊菊酯、氟胺氰菊酯、氯氟氰菊酯、氯菊酯、生物烯丙菊酯、es-氰戊菊酯、七氟菊酯、四溴菊酯、烯丙菊酯、苄呋菊酯、聚醚菊酯、胺菊酯。

3. 抗生素类　阿维菌素、甲氨基阿维菌素苯甲酸盐、多杀菌素、乙基多杀菌素。

4. 恶二嗪类　茚虫威。

5. 新烟碱类　吡虫啉。

6. 脒腙类　氟蚁腙。

7. 有机氟类　氟虫胺、硫氟磺酰胺。

8. 苯基吡唑类　氟虫腈。

9. 有机磷类　毒死蜱、二嗪磷、乙酰甲胺磷、甲基异柳磷、敌敌畏。

10. 氨基甲酸酯类　甲萘威、苯氧威、残杀威。

11. 植物性　除虫菊酯、鱼藤酮。

>> **防控注意事项**

　　粉剂应在无风到微风天气情况下使用；在晴天、气温为 21～34 ℃或者地表温度为 22～36 ℃，地面干燥时投放毒饵，洒水后、雨天及下雨前 12 h 内不能投放。勿将毒饵与其他物质（如肥料）混合使用，并保持毒饵新鲜干燥。使用药液灌巢法时，在灌巢前不要扰动蚁丘。防治实施人员要做好防护工作。在施药区应插上明显的警示牌。

>> **防控效果评定**

　　根据《红火疫情监测规程》（GB/T 23626—2009）和《农药田间药效试验准则（二）第 149部分：杀虫剂防控红火蚁》（GB/T 17980.149—2009）的 5.2 部分监测红火蚁发生数量、评定防控效果，防控技术实施后 2～6 周内对发生区进行全面调查 1 次。

二十一、四纹豆象检疫检测与鉴定方法

>> **形态特征**

　　雌虫：雌虫体长 3～4 mm，体宽 1.4～2 mm。体近长卵形至椭圆形，赤褐色至黑褐色，体被金黄色细毛。雌虫每个鞘翅上通常有 3 个黑斑，在中部偏于侧缘的黑斑最大，端部黑斑次之，肩部黑斑最小，另外在第 3 行间的近基部和近端部各有一个近长方形的小黑斑。

　　雄虫：雄虫体长 3～3.5 mm，体宽 1.3～1.8 mm。雄虫鞘翅斑纹与雌虫相近，但较小，且界限不如雌性明显，颜色较淡，呈深黄褐色至赤褐色，肩部斑纹及第 3 行间内的小黑斑往往不明显或完全消失。四纹豆象的鞘翅斑纹在两性之间以及标准型和飞翔型之间个体差异较大。

　　幼虫：体长 3.0～4.0 mm，宽 1.6～2.0 mm。体粗而弯，呈 C 形。黄色或淡黄白色。

　　卵：卵圆形，淡黄色或乳白色，底部扁平，长 0.60～0.66 mm，宽 0.40～0.42 mm。

　　蛹：体长 3.2～5 mm，纺锤形，淡黄色。头部弯向第 1、2 对胸足后面，与鞘翅平合，长达鞘翅的 3/4。生殖孔周围略隆起，呈扁环形，两侧各具一褐色小刺突，但在初期蛹上不明显。

>> **生物学特征**

　　在广东 1 年可达 11～12 代。在热带地区，可在田间和仓内为害，在温带区主要在仓内进行为害。成虫或幼虫在豆粒内越冬，次年春化蛹。新羽化的成虫和越冬成虫飞到田间产卵或继续在仓内产卵繁殖，产卵期 5～20 d。幼虫 4 龄。成虫寿命一般不超过 12 d，生活周期为 36 d。个体变异很大，每一性别的成虫存在着两个型，即飞翔型和非飞翔型。

>> **检验方法**

　　表面检验：检查豆粒上是否带有虫卵，是否有成虫羽化孔和半透明的圆形小窗。

　　过筛检验：必要时用标准筛过筛检查有无成虫。

　　油脂检查法：取过筛检验完的样品 500～1 000 g，分成每 50 g 一组，放在浅盘内铺成一薄层，按 1 g 豆粒用植物油或机油 1～1.5 mL 的比例，将油倒入豆粒内浸润 30 min 后检查。被油浸的豆粒变成琥珀色，虫孔口种皮呈现透明斑，将有上述症状的豆粒挑出，镜下剖检。

　　抽查：抽查在现场进行。抽查前应对待检豆类的货主、产地、包装、唛头、品种、数量进行核实，对于需要检疫的则开件检查包装物内外部、货物内外部及环境四周墙壁、缝隙等处有无成虫。抽查方法按照 SN/T 0800.1—1999 的规定执行。

取样：取样结合抽查进行，参照 GB 15569—2009 及 SN/T 1453—2004 的规定执行。每件中抽取的样品不少于 100 g，总样品量不少于 2 kg。对产地或途经地为疫区的产品应适当增加取样量。发现带虫豆粒作为样品带回检疫实验室检验。

实验室检测

成虫： 截获的可疑活成虫，先放入毒瓶内杀死，若已经死亡，则需回软后再制作标本。将成虫头朝前背朝上放在整姿台上，用昆虫针穿刺右鞘翅的左上角，使针正好穿过右中足和后足之间。由于成虫个体较小，为防止插针时损坏标本，可以使用三角纸片黏虫法，昆虫针插在三角纸片的基部，将少许虫胶滴在三角纸片的端部，将标本粘在虫胶上。用三级台标定昆虫标本的高度，整姿干燥后加标签，记录标本的采集时间、地点、寄主和采集人等信息。

>> **标本处理**

卵、幼虫、蛹： 卵、幼虫和蛹的可疑标本放在乙醇-甘油保存液中备用，老熟幼虫应先在开水中煮 1～2 min 再放入乙醇-甘油液中保存。标本加注标签，并记录采集时间、地点、寄主和采集人等信息。如条件允许可做实验室饲养观察。将豆粒样品和可能带虫的豆粒装在玻璃瓶中，放置于光照培养箱中，温度 20～30 ℃，相对湿度 50%～70% 饲养，待成虫出现后再进行标本处理及鉴定。

>> **制 片**

将雄成虫腹部置于适量 10% 氢氧化钾或 10% 氢氧化钠溶液中，在酒精灯上加热煮沸 3～5 min 后取出，或在上述溶液中浸泡 24 h 后取出，置于体视显微镜下解剖观察外生殖器构造，必要时可将生殖器标本用霍氏液封片留存。

>> **镜 检**

将卵、幼虫和成虫置于体视显微镜下观察外部并测量相关数据。

>> **鉴 定**

成虫：成虫符合四纹豆象成虫典型形态特征和分类检索特征的，可鉴定为四纹豆象。

卵、幼虫、蛹：卵、幼虫、蛹符合四纹豆象卵、幼虫、蛹典型特征的，可鉴定为四纹豆象。

（一）试剂配制方法

1. 乙醇-甘油保存液 在 75% 的乙醇中加入 0.5%～1% 的甘油，混匀。

2. 10% 氢氧化钠或 10% 氢氧化钾溶液 在 90 mL 蒸馏水中加入 10 g 氢氧化钠或氢氧化钾，混匀。

3. 霍氏液 将 30 g 阿拉伯树脂胶放入 50 mL 蒸馏水中，50～80 ℃水浴加热，待树脂胶完全溶解后加入 200 g 水合三氯乙醛和 20 mL 甘油，用玻璃棒搅匀。60 ℃温箱中放置 2 h，用洁净玻璃棒及纱布过滤，黑暗中保存备用。

4. 还软剂 在玻璃还软器底部加入 2 cm 厚洗涤干净的细沙，加水并浸过细沙 1 cm，在水中滴入几滴甲醛。

（二）四纹豆象形态特征及豆粒被害状图

1. 成虫

（1）外形　雌虫体长3～4 mm，体宽1.4～2 mm；雄虫体长3～3.5 mm，体宽1.3～1.8 mm。体近长卵形至椭圆形，赤褐色至黑褐色，体被金黄色细毛。雌虫每个鞘翅上通常有3个黑斑，在中部偏于侧缘的黑斑最大，端部黑斑次之，肩部黑斑最小，另外在第3行间的近基部和近端部各有一个近长方形的小黑斑。雄虫鞘翅斑纹与雌虫相近，但较小，且界限不如雌性明显，颜色较淡，呈深黄褐色至赤褐色，肩部斑纹及第3行间内的小黑斑往往不明显或完全消失。四纹豆象的鞘翅斑纹在两性之间以及标准型和飞翔型之间个体差异较大。

（2）头部

① 复眼。复眼近U形隆起，凹陷部分宽而深，凹入处着生白色毛。

② 触角。触角着生于复眼凹缘开口处，11节，各节长度略大于宽度。雄虫明显锯齿状，雌虫锯齿略扩大。

（3）胸部

① 前胸背板。前胸背板黑褐色至黑色，似圆锥形，密生圆形刻点，被浅黄色毛；表面凹凸不平，中央稍隆起。前缘狭，后缘宽。前缘中央向后有一纵凹陷，后缘中央有瘤突1对，上面密被白色或黄色毛。

② 鞘翅。鞘翅长稍大于两翅的总宽，肩胛明显；着生黄褐色及白色毛。

③ 后足。外缘齿突大而钝，内缘齿突长而尖。

（4）腹部

① 臀板。臀板露出鞘翅外，近三角形，侧缘弧形。成虫经交尾、产卵后，臀板向腹面倾斜。雄虫臀板仅在边缘及中线处黑色，其余部分褐色，被黄褐色毛；雌虫臀板黄褐色，有白色中纵纹。

② 雄性外生殖器。雄性外生殖器的阳基侧突狭而直，端部呈宽匙状，顶生刚毛40根左右；外阳茎瓣三角形，两侧各有刚毛两列，每列4～6根。内阳茎端部骨化部分中央凹入很深，呈U形；中部大量的骨化刺构成2个直立的穗状体。囊部有2个骨化板或无。

2. 卵　卵圆形，淡黄色或乳白色，底部扁平，长0.60～0.66 mm，宽0.40～0.42 mm。

3. 老熟幼虫

（1）外形　体长3.0～4.0 mm，宽1.6～2.0 mm。体粗而弯，呈C形。黄色或淡黄白色。

（2）头部　头小，缩入前胸内，额前有明显褐色横纹，向两侧延伸包围触角基部。头部有小眼1对；额区每侧有刚毛4根，弧形排列，每侧最前的1根着生于额侧的膜质区；唇基有侧刚毛1对，无感觉窝。上唇卵圆形，基部骨化，前缘有多数小刺，近前缘有4根刚毛，近基部每侧有1根刚毛，在基部每根刚毛附近各有一个感觉窝。上内唇有4根长而弯曲的缘刚毛，中部有2对短刚毛。触角2节，端部1节骨化，端刚毛长几乎为末端感觉乳突的2倍。后颏仅前侧缘骨化，其余部分膜质，着生2对前侧刚毛和1对中刚毛；前颏盾形骨片后面圆形，前方双叶状，在中央凹缘每侧有1根短刚毛；唇舌部有2对刚毛。

（3）胸部及腹部　前、中、后胸节的环纹数分别为3、2、2。足3节，无爪。第1～8腹节各有环纹2条，第9、10腹节单环纹。气门环形，前胸及第1、8腹节的气门比其他节的略大。

4. 蛹　体长3.2～5 mm，纺锤形，淡黄色。头部弯向第1、2对胸足后面，与鞘翅平合，长达鞘翅的3/4。生殖孔周围略隆起，呈扁环形，两侧各具1褐色小刺突，但在初期蛹上不明显。

5. 为害状　幼虫蛀入豆粒内为害，豆粒被蛀成孔洞或完全蛀食成空壳（图9-2）。

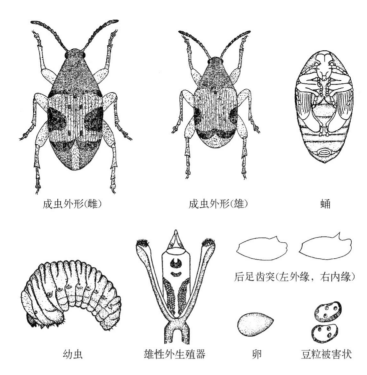

成虫外形(雌)   成虫外形(雄)   蛹

幼虫   雄性外生殖器   后足齿突(左外缘，右内缘)   卵   豆粒被害状

图 9-2 四纹豆象各期性状

注：引自洪若豪，《四纹豆象（*Callosobruchus maculatus* Fabr.）生物学特性和熏蒸方法研究》。

（三）六种瘤背豆象属 *Callosobruchus* 害虫（雄虫外部形态）检索表

1. 前胸背板有两条暗色纵纹······················灰豆象 *Callosobruchus phaseoli*（Gyllenhal）

  前胸背板无上述特征 ·· 2

2. 雄虫触角栉状·······························绿豆象 *Callosobruchus chinensis*（Linnaeus）

  雄虫触角锯齿状或弱锯齿状 ·· 3

3. 后足腿节内缘齿突极小或全缺，沿内缘基部 3/5 处有多数小齿突 ·································

  ································· 鹰嘴豆象 *Callosobruchus analis*（Fabricius）

  后足腿节内缘齿突大而尖 ·· 4

4. 后足腿节内缘齿突大而尖，不弯曲 ·············· 四纹豆象 *Callosobruchus maculates*（Fabricius）

  后足腿节内缘齿突大而尖，弯向端部 ·· 5

5. 身体短卵圆形，体长 2～3 mm ··············· 罗得西亚豆象 *Callosobruchus rhodesianus*（Pic）

  身体长卵圆形，体长 4.5～5.5 mm ············· 西非豆象 *Callosobruchus subinnotatus*（Pic）

  注：引自杨永茂、叶向勇、李玉亮、张生芳，《瘤背豆象属 6 种检疫性害虫概述》。

（四）六种瘤背豆象属 *Callosobruchus* 害虫（雄性外生殖器）检索表

8. 内阳茎囊部有骨化板 3 对 ·· 2

  内阳茎囊部有骨化板 1 对或缺失 ·· 3

9. 阳基侧突细长，端部尖细··················· 罗得西亚豆象 *Callosobruchus rhodesianus*（Pic）

  阳基侧突略粗，端部杓状 ··················· 灰豆象 *Callosobruchus phaseoli*（Gyllenhal）

10. 外阳茎瓣枪头状，基部缢缩 ················· 绿豆象 *Callosobruchus chinensis*（Linnaeus）

  外阳茎瓣三角形 ·· 4

11. 内阳茎端部骨化部分呈 U 形 ··············· 四纹豆象 *Callosobruchus maculates*（Fabricius）

  内阳茎端部骨化部分呈矩形 ·· 5

12. 阳基侧突直 ··························· 西非豆象 *Callosobruchus subinnotatus*（Pic）

  阳基侧突端部明显弯向外阳茎瓣 ············· 鹰嘴豆象 *Callosobruchus analis*（Fabricius）

  注：引自杨永茂、叶向勇、李玉亮、张生芳，《瘤背豆象属 6 种检疫性害虫概述》。

（五）植物有害生物样本鉴定报告

见表 9 - 93。

表 9 - 93　植物有害生物样本鉴定报告

植物名称				品种名称	
植物生育期		样品数量		取样部位	
样品来源		送检日期		送检人	
送检单位				联系电话	
检测鉴定方法：					
检测鉴定结果：					
备注：					
鉴定人（签名）： 审核人（签名） 鉴定单位盖章：					年　月　日

注：本单一式三份，检测单位、受检单位和检疫机构各一份。

二十二、黄顶菊综合防治技术规程

》》 黄顶菊的形态特征

根据以下特征，鉴定是否属菊科：头状花序，舌状花或管状花或两种都有，果实为瘦果。

根据以下特征，鉴定是否属管状花亚科：头状花序全部为同形的管状花，或有异形的小花，中央花非舌状，植物无乳汁。

根据以下特征，鉴定是否属堆心菊族：花序托无托片，头状花序辐射状，叶互生或对生。

由于我国堆心菊族植物包括 3 个属，即万寿菊属、天人菊属和黄顶菊属。黄顶菊属只有黄顶菊一种植物，与其他两个属的主要鉴别特征茎被绒毛，叶对生，头状花序小，全为黄色，舌状花不明显，种子无冠毛。

>> 防治的原则和策略

1. 防治原则 预防为主，综合防治。综合运用各种防治技术，防止或减少对环境和经济的为害，保护生态环境和农业生产安全。

2. 防治策略 根据黄顶菊发生的生境和为害等级制订具体防治策略。

>> 调查监测

参照 NY/T 1866 的规定调查黄顶菊发生生境、发生面积、为害方式、为害程度、潜在扩散范围、潜在为害方式、潜在为害程度等。掌握黄顶菊发生动态，防范黄顶菊传入或扩散，为防治提供决策依据。

主要防治措施

>> 防治措施

1. 农业防治 翻耕：春秋两季播种前，翻耕 5 cm 以上，抑制黄顶菊种子的萌发。覆盖：农田或果园，密实覆盖植物秸秆或覆盖黑色地膜遮光，降低黄顶菊出苗。

2. 物理防治 黄顶菊开花前进行人工拔除或机械铲除，将拔出或铲除的黄顶菊集中深埋或堆肥处理。

3. 化学防治 播前土壤处理或黄顶菊 4～6 叶期茎叶处理。

4. 替代控制 根据黄顶菊发生不同生境选择适宜的替代植物或植物组合。

5. 资源化利用 黄顶菊种子成熟之前，采集黄顶菊植株用作植物源染料、植物源杀虫剂和草粉饲料的原料。

不同生境综合防治措施

>> 不同生境防治

1. 农田 农田内：作物种植前可深翻土壤，减少黄顶菊的萌发。黄顶菊轻度发生时，可采取人工拔除或机械铲除。黄顶菊中度或重度发生时，化学防除。玉米田中可采用小麦秸秆覆盖技术，对出苗的黄顶菊辅以化防防除。农田周边：黄顶菊轻度发生时，可采取物理防治。黄顶菊中度或重度发生时，可在黄顶菊苗期采用草甘膦对靶喷雾。

2. 荒地 在黄顶菊出苗后，可施用氨氯吡啶酸、乙羧氟草醚、三氯吡氧乙酸或硝磺草酮进行防除，既能防治黄顶菊又可保护本地禾本科杂草。

3. 林地、果园 黄顶菊轻度发生时，可采取物理防治，人工拔除或机械铲除。黄顶菊中度或重度发生时，可施用硝磺草酮或乙羧氟草醚防除。替代植物可选择紫花苜蓿或其他禾本科牧草。

4. 沟渠、河坡 黄顶菊轻度发生时，可采取物理防治，人工拔除或机械铲除。黄顶菊中度或重度发生时，可施用氨氯吡啶酸定向喷雾。喷雾时选择无风天气，并加防护罩。适合种植替代植物的地区可在苗期采用草甘膦对靶喷雾。喷药 2 d 后，适当松土，替代植物可选择鸭茅、籽粒苋、柳枝稷等。

5. 路边 黄顶菊轻度发生时，可采取物理防治，人工拔除或机械铲除。黄顶菊中度或重度发生时，采用氨氯吡啶酸、氯氟吡氧乙酸或苯嘧磺草胺定向喷雾。

6. 有机农产品和绿色食品产地 遵照 NY/T 393、HJ/T 80 等标准的规定进行控制。

（一）不同生境黄顶菊的化学防治药剂选择及施用方法

见表9-94。

表9-94　不同生境黄顶菊的化学防治药剂选择及施用方法

生境	药剂	用量有效成分（g/hm²）	加水（L/hm²）	处理时间	喷施方式
小麦田	苯磺隆	15～30	450	苗后	茎叶处理
	2，4-D丁酯	33～54	450	苗后	茎叶处理
	麦草畏	108～144	450	苗后	茎叶处理
玉米田	烟嘧磺隆	30～60	450	苗后	茎叶处理
	硝磺草酮	75～150	450	苗后	茎叶处理
	硝磺草酮＋莠去津	75～150＋285	450	苗后	茎叶处理
	唑嘧磺草胺	38.4～48	450/750	播后苗前/苗后	土壤/茎叶处理
大豆田	乙羧氟草醚	45～60	450	苗后	茎叶处理
	乳氟禾草灵	108	450	苗后	茎叶处理
	灭草松	720～1 080	450	苗后	茎叶处理
	乙草胺	1 500～1 875	750	播后苗前	土壤处理
	异丙甲草胺	2 100～2 700	750	播后苗前	土壤处理
花生田	乙草胺	1 125～1 875	750	播后苗前	土壤处理
	异丙甲草胺	1 620～2 700	750	播后苗前	土壤处理
棉田	乙草胺	1 500～1 875	750	播后苗前	土壤处理
	异丙甲草胺	2 100～2 700	750	播后苗前	土壤处理
	嘧草硫醚	90～135	450	苗后定向	茎叶处理
绿豆田、芝麻田	异丙甲草胺	2 250	750	播后苗前	土壤处理
荒地	氨氯吡啶酸	54～504	450	苗后	茎叶处理
	三氯吡氧乙酸	400	450	苗后	茎叶处理
	硝磺草酮	75	450	苗后	茎叶处理
	乙羧氟草醚	30～60	450	苗后	茎叶处理
	草甘膦	615～123	450	苗后	茎叶处理
林地、果园	草甘膦	615～1 230	450	苗后	茎叶处理
	硝磺草酮	75～150	450	苗后	茎叶处理
	乙羧氟草醚	30～60	450	苗后	茎叶处理
沟渠、河坡	草甘膦	615～1 230	450	苗后	茎叶处理
	氯氟吡氧乙酸	90～150	450	苗后	茎叶处理
路边	草甘膦	615～1 230	450	苗后	茎叶处理
	氨氯吡啶酸	54～504	450	苗后	茎叶处理
	氯氟吡氧乙酸	108～180	450	苗后	茎叶处理
	苯嘧磺草胺	18～145	450	苗后	茎叶处理

（二）替代植物的种植方法

见表9-95。

表9-95 替代植物的种植方法

替代植物	学名	适宜生境	种植方法
紫穗槐	*Amorpha fruticosa* L.	路边	行株距50 cm×50 cm，幼苗移栽
荆条	*Vites negundo* L.	路边	行株距50 cm×50 cm，幼苗移栽
鸭茅	*Dactylis glomerata* L.	果园、荒地	行距30～40 cm，条播，播深为1～2 cm，播种量为22.5～30 kg/hm²
紫花苜蓿	*Medicago sativa* L.	农田、荒地、果园	行距为33 cm，条播，播种量为22.5～30 kg/hm²
小冠花	*Coronilla varial* L.	路边	行距为20 cm，条播（种皮磨破），播种量160～200 kg/hm²，覆土1 cm
向日葵	*Helianthus annuus* L.	农田、荒地	按照行株距为50 cm×50 cm，点播，每穴2～3粒饱满种子，播深8～10 cm
菊芋	*Cichorium intybus* L.	荒滩、荒地、路边	行株距为50 cm×33 cm，穴播块茎，播深7～12 cm
沙打旺	*Astragalus adsurgens* Pall	荒滩、荒地、	行距40～60 cm，条播，播种量为90～129 kg/hm²
柳枝稷	*Panicum virgatum* L.	荒滩、荒地	行株距50 cm×33 cm，幼苗移栽
高丹草	*Sorghum hybrid* Sudanense	荒地、草地、农田	行距为40～50 cm，条播，播种量为22.5～45 kg/hm²，播深1.5～5 cm
高羊茅	*Festuca arundinacea* Schreb.	荒地、草地、果园	均匀撒播，播种量为200～300 kg/hm²
黑麦草	*Lolium perenne* L.	荒地、草地、果园	行距为20 cm，条播，播种量15～25 kg/hm²，覆土1～2 cm

二十三、外来入侵植物监测技术规程——刺萼龙葵

形 态 特 征

1. 生境　生于农田、村落附近、路旁、荒地，气候温暖、沙质土壤，但在干硬的土地上和在非常潮湿的耕地上也能生长。刺萼龙葵极耐干旱，且蔓延速度很快，即使在牲畜栏里也能生长，常生长于过度放牧的牧场、庭院、路边和荒地、瓜地、中耕作物地及果园。

2. 茎　一年生草本，高30～70 cm，茎直立，基部稍木质化，自中下部多分枝，密被长短不等带黄色的刺，刺长0.5～0.8 cm，并有带柄的星状毛。

3. 叶　互生，柄长0.5～5 cm，密被刺及星状毛；卵形或椭圆形，长8～18 cm，宽4～9 cm，不规则羽状深裂及部分裂片又羽状半裂，裂片椭圆形或近圆形。先端钝，表面疏被5～7分叉星状毛、背面密被5～9分叉星状毛，两面脉上疏具刺，刺长3～5 mm。

4. 花　蝎尾状聚伞花序腋外生，3～10花。花期花轴伸长变成总状花序，长3～6 cm，果期长达16 cm；花横向，萼筒钟状，长7～8 mm，宽3～4 mm，密被刺及星状毛，萼片5，线状披针形，长约3 mm，密被星状毛；花冠黄色，辐状，径2～3.5 cm，5裂，瓣间膜伸展，花瓣外面密被星状毛；雄蕊5，花药黄色，异形，下面1枚最长，长9～10 mm，后期常带紫色，内弯曲成弓形，其余4枚长6～7 mm。

5. 子实　浆果球形，直径1～1.2 cm，完全被增大的带刺及星状毛硬萼包被，萼裂片直立靠拢成鸟喙状，果皮薄，与萼合生，萼自顶端开裂后种子散出，种子多数，黑色，直径2.5～3 mm，具网状凹。花果期6～9月。

>> **发生区的监测**

监测地点：在发生区，选取 20% 的下一级行政区域直至乡（镇）为单位，每个乡（镇）选取 3 个行政村，设立监测点。刺萼龙葵发生的省、市、县、乡（镇）或村的实际数量低于设置标准的，只选实际发生的区域。

监测时间：每年对监测点进行调查，时间为 5～9 月，刺萼龙葵的苗期和花期。

监测内容：包括刺萼龙葵的发生面积、发生程度、生态影响、经济危害等。

群落调查方法：样方法或样点法确定后，在此后的监测中不可更改调查方法。

1. 样方法　在监测点选取 1～3 个典型样地，每样地最少取 20 个面积为 2～4 m² 的样方。采用随机取样、规则取样、限定随机取样或代表性样方取样等方法。填写"刺萼龙葵监测样地调查结果记录"记录调查结果。

2. 样点法　在监测点选取 1～3 个典型样地，随机选取 1 条或 2 条样线，每条样线选 50 个等距的样点，也可参考"刺萼龙葵监测样点法中样线选取方案"确定取样方案。样点确定后，将取样签（方便获取和使用的木签、竹签、金属签等均可）以垂直于样点所处地面的角度插入地表，插入点半径 5 cm 内的植物即为该样点的样本植物，填写"刺萼龙葵监测样点（法）调查结果记录"记录调查结果。

发生面积与经济损失调查方法：采用踏查结合走访调查的方法，根据所有监测点面积之和占整个监测区面积的比例，推算刺萼龙葵在监测区的发生面积与经济损失。对发生在农田、果园、荒地、绿地、生活区等具有明显边界的生境内的刺萼龙葵，其发生面积以相应地块的面积累计计算，或划定包含所有发生点的区域，以整个区域的面积进行计算；对发生在草场、森林、铁路公路沿线等没有明显边界的刺萼龙葵，持 GPS 定位仪沿其分布边缘走完一个闭合轨迹后，将 GPS 定位仪计算出的面积作为其发生面积，其中，铁路路基、公路路面的面积也计入其发生面积。对发生地地理环境复杂（如山高坡陡），人力不便或无法实地踏查或使用 GPS 定位仪计算面积的，可使用目测法、通过咨询当地国土资源部门（测绘部门）或者熟悉当地基本情况的基层人员，获取其发生面积。在进行发生面积调查的同时，调查刺萼龙葵为害造成的经济损失情况。经济损失估算方法参见 NY/T 1861—2010 中 7.20，调查的结果按"刺萼龙葵监测点发生面积与为害调查结果记录格式"的要求记录。

生态影响评价方法：刺萼龙葵的生态影响评价按照 NY/T 1861—2010 中 7.1 规定的方法进行。在生态影响评价中，通过比较相同样地中刺萼龙葵及主要伴生植物在不同监测时间的重要值的变化，反映刺萼龙葵的竞争性和侵占性；通过比较相同样地在不同监测时间的生物多样性指数的变化，反映刺萼龙葵入侵对生物多样性的影响。监测中采用样点法时，不计算群落中植物的重要值，通过生物多样性指数的变化反映刺萼龙葵的影响。

标本采集、制作、鉴定、保存和处理：在监测过程中发现的疑似刺萼龙葵无法当场鉴定的植物，应采集制作成标本，并拍摄其生境、全株、茎、叶、花、果、地下部分等的清晰照片。标本采集和制作的方法参见 NY/T 1861—2010 的附录 G。或求助专家鉴定，标本采集、运输、制作等过程中，植物活体部分均不可遗撒或随意丢弃，在运输中应特别注意密封，标本制作中掉落后不用的植物部分一律烧毁或灭活处理。

监测结果上报与数据保存：发生区的监测结果应于监测结束后或送交鉴定的标本鉴定结果返回后 7 d 内汇总上报。

田间调查方法

田 间 调 查 方 法

》 潜在发生区的监测

1. 监测地点 在发生区，选取 20％的下一级行政区域直至乡（镇）为单位，每个乡（镇）选取 3 个行政村，设立监测点。刺萼龙葵发生的省、市、县、乡（镇）或村的实际数量低于设置标准的，只选实际发生的区域。

2. 监测时间 对监测点每年的 5～9 月进行。

3. 监测内容 监测刺萼龙葵是否发生，若发生，按上述发生区方法进行监测。

4. 调查方法

（1）踏查结合走访调查 对距离刺萼龙葵发生区较近的区域（尤其处于发生区下风区的）、与刺萼龙葵发生区有频繁的客货运往来的地区，应进行重点调查，可适当增加踏查和走访的频率（每年 2 次以上）；其他区域每年进行 1 次调查即可。

（2）定点调查 对港口、机场、园艺/花卉公司、种苗生产基地、良种场、原种苗圃等有对外贸易或国内调运活动频繁的高风险场所及周边，尤其是与刺萼龙葵发生区之间存在粮食、种子、花卉等植物和植物产品调运活动的地区及周边，进行定点跟踪调查。

监测结果上报与数据保存：潜在发生区发现刺萼龙葵后，应于 3 d 内将初步结果上报，包括监测人、监测时间、监测地点或范围、初步发现刺萼龙葵的生境和发生面积等信息，并在详细情况调查完成后 7 d 内上报完整的监测报告。监测中所有原始数据、记录表、照片等均应进行整理后妥善保存于县级以上的监测负责部门，以备复核。

（一）刺萼龙葵形态特征

1. 茄科植物的鉴定特征 一年生至多年生草本、半灌木、灌木或小乔木、有时具皮刺；单叶全缘、不分裂或分裂，有时为羽状复叶，无托叶。花两性、辐射对称。花萼合生，花后几乎不增大或极度增大，5 裂，常宿存。花冠合生，辐状，5 裂。雄蕊 3～6 枚，雄蕊与花冠裂片同数且互生，着生在花冠基部。雌蕊 1 枚，花柱细瘦，具头状或 2 浅裂柱头，中轴胎座，胚珠多数，稀少或至 1 枚。种子圆盘形或肾形。胚乳丰富，肉质。胚弯曲成钩状、环状或螺旋状，位于周边而埋藏于胚乳中，或直而位于中轴位上。

2. 茄属植物的鉴定特征 无刺或有刺的草本、灌木或小乔木。花冠辐状；花通常集生成聚伞花序或极稀单生，常腋外生。花萼有 5 萼齿或裂片，花萼在花后不显著增大，果实不包围浆果而仅宿存于果实基部。药隔位于两药室的中间，花丝着生于药隔的基部。浆果。

3. 刺萼龙葵种植物的鉴定特征 在放大 10～15 倍体视解剖镜下检验。根据种的特征和近缘种的比较，鉴定是否为刺萼龙葵。

（二）刺萼龙葵及其近缘种检索表

1. 全株生有密集、粗而硬的黄色锥形刺，花黄色 ························· 刺萼龙葵 *S. rostratum* Dunal

  全株无刺或部分有刺，花白色或紫 ··· 2

2. 花白色（稀青紫色），成熟浆果黑色；花萼的两萼齿间连接成角度 ·············· 3

  花紫色，成熟浆果红色；花萼的两萼齿间连接成弧形 ········· 红果龙葵 *S. alatum* Moench

3. 一年生草本，花序伞状或为短的蝎尾状 ·· 4

  亚灌木；花序短蝎尾状或为聚伞式圆锥花序 ········· 木龙葵 *S. suffruticosum* Schousb.

4. 植株粗壮，短的蝎尾状花序通常着生 4～10 朵花，果及种子均较大 ········· 龙葵 *S. nigrum* L.

  植株纤细；花序近伞状，通常着生 1～6 朵花，果及种子均较小 ······················

  ····················· 少花龙葵 *S. photeinocarpum* Nakamura et Odashima

（三）刺萼龙葵监测样地调查结果记录格式

刺萼龙葵监测的样地调查结果按表9-96的格式记录。

表9-96　刺萼龙葵监测样地调查结果记录表

调查日期＿＿＿＿＿＿＿＿＿　表格编号＿＿＿＿＿＿＿＿　样方序号＿＿＿＿＿＿＿＿＿　样方大小＿＿＿＿＿＿＿　m²

监测点位置＿＿＿＿＿＿省＿＿＿＿市＿＿＿＿县＿＿＿＿乡镇/街道＿＿＿村　经纬度＿＿＿＿＿＿生境类型＿＿＿＿

调查人＿＿＿＿＿＿＿＿＿＿工作单位＿＿＿＿＿＿＿＿＿＿＿＿职务/职称＿＿＿＿＿＿＿＿＿＿＿＿＿＿

联系方式（固定电话＿＿＿＿＿＿＿＿＿移动电话＿＿＿＿＿＿＿＿＿＿＿电子邮件＿＿＿＿＿＿＿＿＿＿＿＿＿）

植物种类序号	植物种类名称	株数（株）	覆盖度（%）
1			
2			
3			
4			
…			

注：表格编号以监测点编号＋监测年份后两位＋样地编号＋样方序号＋1组成。确定监测点和样地时，自行确定其编号。覆盖度样方内某种植物所有植株的冠层投影面积占该样方面积的比例。通过估算获得。

根据表9-96的调查结果，按表9-97的格式进行汇总整理。

表9-97　刺萼龙葵监测样地调查结果汇总表

汇总日期＿＿＿＿＿＿＿＿＿　表格编号＿＿＿＿＿＿＿＿＿＿　样方数量＿＿＿＿＿＿＿＿＿

汇总人＿＿＿＿＿＿＿＿＿＿工作单位＿＿＿＿＿＿＿＿＿＿＿职务/职称＿＿＿＿＿＿＿＿＿

联系方式（固定电话＿＿＿＿＿＿＿移动电话＿＿＿＿＿＿＿＿＿＿＿电子邮件＿＿＿＿＿＿＿＿）

植物种类序号	植物种类名称	样地内的株数（株）	出现的样方数（个）	样地内的平均覆盖度（%）
1				
2				
3				
4				
…				

注：表格编号以监测点编号＋监测年份后两位＋样地编号＋99＋2组成。

（四）刺萼龙葵监测样点法中样线选取方案

见表9-98。

表9-98　样点法中不同生境中的样线选取方案

生境类型	样线选取方法	样线长度（m）	点距（m）
菜地	对角线	20～50	0.4～1
果园	对角线	50～100	1～2
玉米田	对角线	50～100	1～2
棉花田	对角线	50～100	1～2
小麦田	对角线	50～100	1～2
大豆田	对角线	20～50	0.4～1
花生田	对角线	20～50	0.4～1
其他作物田	对角线	20～50	0.4～1
撂荒地	对角线	20～50	0.4～1
江河沟渠沿岸	沿两岸各取一条（可为曲线）	50～100	1～2

（续）

生境类型	样线选取方法	样线长度（m）	点距（m）
干涸沟渠内	沿内部取一条（可为曲线）	50～100	1～2
铁路、公路两侧	沿两侧各取一条（可为曲线）	50～100	1～2
天然/人工林地、天然/人工草场、城镇绿地、生活区、山坡以及其他生境	对角线，取对角线不便或无法实现时可使用 S 形、V 形、N 形、W 形线	20～100	0.4～2

（五）刺萼龙葵监测样线点（法）调查结果记录格式

见表 9 - 99。

表 9 - 99　刺萼龙葵监测样点（线）法调查结果记录表

调查日期＿＿＿＿＿＿　表格编号＿＿＿＿＿＿　样方序号＿＿＿＿＿＿　样方大小＿＿＿＿＿＿ m²

监测点位置＿＿＿ 省＿＿市＿＿县＿＿乡镇/街道＿＿＿村　经纬度＿＿＿＿ 生境类型＿＿＿＿

调查人＿＿＿＿＿ 工作单位＿＿＿＿＿＿＿＿＿＿＿ 职务/职称＿＿＿＿＿＿＿＿＿

联系方式（固定电话＿＿＿＿＿＿＿＿ 移动电话＿＿＿＿＿＿＿＿＿ 电子邮件＿＿＿＿＿＿＿＿＿＿＿ ）

样点序号	植物名称 I	株数（株）	植物名称 II	株数（株）	植物名称 III	株数（株）	植物名称 IV	株数（株）	植物名称 V	株数（株）
1										
2										
3										
...										

注：表格编号以监测点编号＋监测年份后两位＋生境类型序号＋3 组成。生境类型序号按调查的顺序编排，此后的调查中，生境类型序号与第 1 次调查时保持一致。样点序号选取 2 条样线的，所有样点依次排序，记录于本表。

根据表 9 - 99 的调查结果，按表 9 - 100 的格式进行汇总整理。

表 9 - 100　刺萼龙葵监测样点法（线）调查结果汇总表

汇总日期＿＿＿＿＿＿＿＿＿＿＿＿＿＿ 表格编号＿＿＿＿＿＿＿＿＿＿＿＿＿＿

监测点位置＿＿＿＿省＿＿市＿＿县＿＿乡镇/街道＿＿＿村　经纬度＿＿＿＿ 生境类型＿＿＿＿

调查人＿＿＿＿＿＿ 工作单位＿＿＿＿＿＿＿＿＿ 职务/职称＿＿＿＿＿＿＿＿＿

联系方式（固定电话＿＿＿＿＿＿＿＿ 移动电话＿＿＿＿＿＿＿＿＿ 电子邮件＿＿＿＿＿＿＿＿ ）

植物种类序号	植物名称	株数（株）
1		
2		
3		
...		

注：表格编号以监测点编号＋监测年份后两位＋生境类型序号＋4 组成。

（六）刺萼龙葵监测点发生面积与为害调查结果记录格式

刺萼龙葵监测点发生面积与为害调查结果按表 9 - 101 的格式记录。

表 9 - 101　刺萼龙葵监视点发生面积与为害调查结果记录表

调查日期＿＿＿＿＿＿＿ 表格编号＿＿＿＿＿＿＿ 样方序号＿＿＿＿＿＿ 样方大小＿＿＿＿＿＿ m²

监测点位置＿＿＿＿ 省＿＿市＿＿县＿＿乡镇/街道＿＿＿村　经纬度＿＿＿＿ 生境类型＿＿＿＿

调查人＿＿＿＿＿ 工作单位＿＿＿＿＿＿＿＿＿ 职务/职称＿＿＿＿＿＿＿＿＿

联系方式（固定电话＿＿＿＿＿＿＿＿ 移动电话＿＿＿＿＿＿＿＿＿ 电子邮件＿＿＿＿＿＿＿＿ ）

发生生境类型	发生面积（hm²）	为害对象	为害方式	为害程度	防治面积（hm²）	防治成本（元）	经济损失（元）
合计							

注：表格编号以监测点编号＋监测年份后两位＋年内调查的次序号（第 n 次调查）＋5 组成。

(七) 刺萼龙葵经济损失估算方法

1. 种植业经济损失估算方法　种植业经济损失＝农产品产量经济损失＋农产品质量经济损失＋防治成本。

农产品产量经济损失＝刺萼龙葵发生面积×单位面积产量损失量×农产品单价。

农产品质量经济损失＝刺萼龙葵发生面积×受害后单位面积产量×农产品质量损失导致的价格下跌量。防治成本包括药剂成本、人工成本、生物防治成本、防除机械燃油或耗电成本等。

示例：刺萼龙葵某年在某地麦田发生并为害，发生面积 1 000 hm²，当年当地对其中 500 hm² 开展了化学防治，喷施除草剂 2 次，每次每公顷药剂成本 100 元，每次喷药每公顷人工费用 150 元；对其中 200 hm² 开展了生物防治，释放天敌 2 000 000 头，每头天敌引进/繁育成本 0.01 元；对另外 300 hm² 进行了人工拔草，每公顷人工费用 600 元。当地未受为害的麦田当年平均产量为 6 000 kg/hm²，小麦平均收购价格为 1.6 元/kg，经过防治，受害的麦田当年平均产量为 5 600 kg/hm² 时，由于混杂刺萼龙葵的种子，小麦收购价格降为 1.4 元/kg。刺萼龙葵当年在该地区造成的种植业经济损失为：1 000 hm²×(6000 kg/hm²－5600 kg/hm²)×1.6 元/kg＋1 000 hm²×5600 kg/hm²×(1.6 元/kg－1.4 元/kg)＋2×500 hm²(100 元/hm²＋150 元/hm²)＋0.01 元/头×2000000 头＋600 元/hm²×300 hm²＝221 万元。

2. 畜牧业经济损失估算方法　畜牧业经济损失＝发生面积×单位面积草场牧草产量损失量×单位牧草载畜量×单位牲畜价值＋牧产品损失量×畜牧产品单价＋养殖成本增加量＋防治成本。

示例：某地牧场发生刺萼龙葵，发生面积 1 000 h 时，未进行防治，每公顷受害草场每年因此减产800 kg牧草（鲜重），4 000 kg 牧草（鲜重）载畜量为 1 头奶牛，每头奶牛价值 3 000 元。牧场饲养有 1 000 头奶牛，奶牛取食外来草本植物后产奶量下降，平均每头每年少产奶 10 kg，当年原奶收购价格为 2 元/kg；牧场饲养有 1 000 只绵羊，外来草本植物果实黏附于羊毛中，剪毛时需拣出，因此剪毛工作全年增加人工 100 个，人工单价 50 元。刺萼龙葵当年在该地区造成的畜牧业经济损失为：1000 hm²×800 kg/hm²×1/4000（头·kg）×3000 元/头＋2 元/kg×10 kg/头×1000 头＋50 元/（人·d）×100（人·d）＝62.5 万元。

3. 林业经济损失估算方法　林业经济损失＝刺萼龙葵发生面积×单位面积林地林木蓄积损失量×单位林木价格＋防治成本。

示例：某林区发生刺萼龙葵，发生面积 1 000 hm² 时，未进行防治，每公顷林地林木蓄积量每年因此减少 0.2 m³，每立方米林木市场价格平均为 3 000 元。刺萼龙葵每年在该林区造成的林业经济损失为：1000 hm²×0.2 m³/hm²×3000 元/m³＝60 万元。

(八) 刺萼龙葵监测潜在发生区调查结果记录格式

1. 踏查结果　刺萼龙葵潜在发生区的踏查结果按表 9 - 102 的格式记录。

表 9 - 102　刺萼龙葵潜在发生区踏查结果记录表

踏查日期_____监测点位置_____省 _____市 _____县 _____乡镇/街道 _____村 _____

经纬度_____生境类型_____调查人 _____工作单位 _____职务/职称 _____

联系方式（固定电话_____移动电话 _____电子邮件 _____)

踏查生境类型	踏查面积（hm²）	踏查结果	备注
合计			

注：表格编号以监测点编号＋监测年份后两位＋年内踏查的次序号（第 n 次踏查)＋6组成。

2. 定点调查结果 刺萼龙葵潜在发生区定点调查结果按表9-103的格式记录。

表9-103 刺萼龙葵潜在发生区定点调查结果记录表

定点调查单位＿＿＿＿＿＿＿＿＿＿ 位置＿＿＿＿＿＿＿＿＿＿＿＿ 表格编号＿＿＿＿＿＿＿＿

调查人＿＿＿＿＿＿＿＿＿＿ 工作单位＿＿＿＿＿＿＿＿＿＿ 职务/职称＿＿＿＿＿＿＿＿

联系方式（固定电话＿＿＿＿＿＿＿＿ 移动电话＿＿＿＿＿＿＿＿ 电子邮件＿＿＿＿＿＿＿＿ ）

调查日期	调查的周围区域面积或沿线长度	调查结果	备注

注：表格编号以监测点编号＋监测年份后两位＋99＋7组成。

二十四、扶桑绵粉蚧疫情监测技术规范

》》形态特征

扶桑绵粉蚧分为卵、若虫和成虫3种虫态。1龄若虫雌雄不易区分，体椭圆形，长约0.7 mm、宽约0.4 mm，臀瓣短。触角6节。五格腺分布在头、胸、腹部，头部有1对领状管腺，两对背孔清晰可见；18对刺孔群明显，多数只有1根主刺孔群毛。爪有1个发达小齿。2龄雌若虫体长约1 mm、宽约0.5 mm，臀瓣窄，触角6节，无五格腺。爪上有发达小齿。3龄雌若虫体长约1.5 mm、宽约1 mm，臀瓣窄，触角7节，足中等长。腹部有领状管腺；无多格腺和五格腺。雌成虫体卵圆形，浅黄色，体长约4 mm，被有薄蜡粉。在胸部可见0～2对、腹部可见3对黑色斑点。体缘有蜡突，均短粗，腹部末端有4～5对较长。除去蜡粉后，在前、中胸背面亚中区可见2条黑斑，腹部第1～4节背面亚中区有2条黑斑。雄成虫体细长，红褐色，长114～115 mm，触角10节，略长于体长的2/3，足细长，发达。腹部末端具有2对白色长蜡丝。前翅正常发达，平衡顶端有1根钩状毛。

》》为害症状

扶桑绵粉蚧主要为害植物的幼嫩部位，包括嫩枝、叶片、花芽和叶柄等，虫量大时也可寄生在老枝和主茎上。以雌成虫和若虫吸食植物汁液为害，可造成受害植株长势衰弱，失水干枯或死亡，亦可造成花蕾、花、幼铃脱落。分泌的蜜露诱发的煤污病可导致叶片脱落，严重时可造成植株死亡。在番茄和木槿上为害可造成茎叶甚至整个植株扭曲变形。

》》扶桑绵粉蚧与近缘种的区别检索表

1. 虫体腹面有五格腺，至少口器附近存在 ························· 绵粉蚧的其他种类
   虫体背、腹两面均无五格腺 ·· 2
2. 多格腺分布虫体背、腹两面 ·· 考氏绵粉蚧
   多格腺仅分布虫体腹面 ·· 3
3. 多格腺分布在第4～9腹节腹面中区，于各节后缘成横列或带；有个别在第6～7腹节亚缘区；触角通常8节 ·· 石蒜绵粉蚧
   多格腺分布在第4～9腹节腹面中区（少数个体在第5腹节有1～2枚），在第7腹节从节前缘至后缘都有；亦常分布在腹部腹面亚缘区，在第2～6腹节数量大致相当；触角通常9节 ·········· 扶桑绵粉蚧

>> 监测植物

　　锦葵科（7种）：扶桑、棉花、木槿、黄秋葵、玫瑰茄、苘麻、赛葵；茄科（6种）：番茄、茄子、辣椒、枸杞、龙葵、曼陀罗；菊科（12种）：艾蒿、苍耳、飞机草、飞蓬、加拿大蓬、金腰箭、孔雀草、苦荬菜、鳢肠、蟛蜞菊、豚草、银胶菊；葫芦科（5种）：南瓜、冬瓜、西瓜、苦瓜、丝瓜；旋花科（3种）：空心菜、甘薯、牵牛；大戟科（3种）：蓖麻、秋枫、铁苋菜；唇形科（1种）：一串红；豆科（1种）：截叶铁扫帚；禾本科（3种）：玉米、狗牙根、牛筋草；胡麻科（1种）：芝麻；姜科（1种）：山姜；金缕梅科（1种）：红花继木球；马齿苋科（1种）：马齿苋；木樨科（1种）：水蜡球；茜草科（1种）：驳骨草；秋海棠科（1种）：紫背天葵；苏铁科（1种）：铁树；梧桐科（2种）：马松子、梧桐；苋科（1种）：野苋菜；芸香科（1种）：脐橙；紫茉莉科（2种）：三角梅、紫茉莉。

>> 监测时间

　　5～11月，气温20～35℃时开展监测。各地可根据气候条件和寄主作物生长情况调整具体调查、监测时间。

监测方法

>> 未发生区监测

　　访问调查：根据扶桑绵粉蚧疫情发生特性，向疫情传入高风险区域农技人员、农民询问有无疑似扶桑绵粉蚧发生，详细记载访问结果至表9-104。

　　实地踏查：对访问调查中有疑似扶桑绵粉蚧的区域采取目测法进行大范围实地踏查，调查是否有田间为害状，如发现疑似粉蚧应采集样本带回实验室鉴定。

>> 发生区监测

　　选择有代表性作物及田块进行系统调查，在扶桑绵粉蚧发生高峰期，每周定作物、定田块调查一次，主要调查寄主植物嫩枝、叶片、花蕾等部位有无扶桑绵粉蚧，调查结果填入表9-105。

>> 鉴 定

　　现场鉴定：根据虫态特征以及作物受害症状做出鉴定，并采集有关标本。

　　实验室鉴定：监测中发现疑似样本，带回实验室利用解剖镜观察主要形态特征，进行鉴定。实验室难以鉴定的可填写表9-106，将样本送至有关专家进一步鉴定。并妥善保存第1份样本。

>> 监测报告

　　鉴定结果填入表9-107中。由植物检疫机构对监测结果进行整理汇总形成监测报告，见表9-108。

>> 标本保存

　　采集到的成虫、若虫浸泡在75%～80%乙醇溶液里，填写标本标签，妥善保存。

表9-104 扶桑绵粉蚧访问调查表

调查机构：

调查地点（填写到村组）			
被调查人姓名		联系方式	
寄主植物		生长地点	
种植面积		有无疑似扶桑绵粉蚧	
备注：			

调查人（签名）：

年　　月　　日

表 9 - 105 扶桑绵粉蚧田间监测调查记录表

调查地点： 调查机构： 调查人：

调查时间	作物品种	种植面积（hm²）	调查株数（株）	有虫株数（株）	有虫率（%）	备注

表 9 - 106 植物有害生物送检样本登记表

送样单位（盖章）					
通讯地址				邮编	
经办人		传真		E-mail	
生物类别		□真菌 □细菌 □病毒 □线虫 □昆虫 □杂草			
初步鉴定意见	中文名		学名		
	所属目		所属科		
	鉴定人		工作单位		
	联系电话		E-mail		
标本编号		标本数量		状态（虫态）	
采集地点	省（市、区） 市（州） 县（市区） 乡（镇） 村 组				
寄主植物		采集方式		处理方式	
采集场所		为害部位		为害程度	
症状/为害状描述及图片、生态环境描述（及图片）					
接收编号		接收人		联系电话	
接收方式		标本状态		接收时间	
鉴定人		鉴定结果			
联系电话		E-mail			
回复时间		回复方式			
标本（样品）保存编号					

表 9 - 107　植物有害生物样本鉴定报告

植物名称			品种名称	
植物生育期		样品数量	取样部位	
样品来源		送检日期	送检人	
送检单位		联系电话		
检测鉴定方法：				
检测鉴定结果：				
备注：				
鉴定人（签名）： 审核人（签名）： 　　　　　　　　　　　　　　　　　鉴定单位盖章： 　　　　　　　　　　　　　　　　　　　　年　　月　　日				

注：本单一式三份，检测单位、受检单位和检疫机构各一份。

表 9 - 108　疫情监测记录表

监测对象		监测单位	
监测地点		联系电话	
监测到有害生物（或疑似有害生物）的名称		数量	备注

（续）

监测方法：
疫情描述：
备注：
监测单位（盖章）： 　　　　　　　　　　　　　　　　　监测人（签名）： 　　　　　　　　　　　　　　　　　　　　年　　月　　日